「反日」と「反共」

戦後韓国における
ナショナリズム言説とその変容

崔 銀姫
Choi Eunhee

明石書店

序 章
「8.15」ドキュメンタリーシリーズとナショナリズム言説

1. 問題設定..10
    1.1 「8.15＝光復節」と「8.15」ドキュメンタリーシリーズ.........10
    1.2 反植民地支配ナショナリズム（Anti-colonial Nationalism）の
        跋扈...11
    1.3 戦後韓国における「反日」と「反共」の言説をめぐる
        構造的関係性 13
    1.4 韓国の「民族主義」をめぐる理論的展開と課題 17
    1.5 ナショナリズムに関する理論的前提...........................21
    1.6 分析対象の範疇 25
2. 先行研究..27
3. 方法論としてのバフチンの「対話」のアプローチ 32
    3.1 「対話」に関わる主要概念....................................34
    3.2 「対話」のアプローチのロジック............................36
4. 「8.15」ドキュメンタリーシリーズと
    ナショナリズム言説のダイナミズム 45
    4.1 「8.15」ドキュメンタリーにおける
        様々なナショナリズムの言説................................45
    4.2 各章における分析対象の「8.15」ドキュメンタリー番組.......47
    4.3 テクストの構造的枠組 49
5. 各章の概要..51

第1章

様々な「反植民地支配ナショナリズム（Anti-colonial Nationalism）」
「前景」としての1940～1950年代

1. 植民地時代の「反植民地支配ナショナリズム」........................66
    1.1 「反日」と「反共」（＝領域Ⅰ）.........................67
    1.2 「反日」と「親共」（＝領域Ⅲ）：初期韓国人共産主義者たち....70
2. 「反共（Anti-communism）」の公共化.........................72
    2.1 李承晩と米軍政の「反共」政策.........................72
    2.2 李承晩政権（＝48年体制）と「反共」体制（＝領域Ⅱ）........74
3. 「民族主義的民主主義」の出現：
    『思想界（*Sasangge Monthly*）』創刊（1953）..........................76
4. 小結.........................77

第2章

「8.15」ドキュメンタリーシリーズと
初期のナショナリズム言説（1960～1970年代）

1. 「革命政府」とテレビ放送の開始...................................82
2. 「8.15」記念ドキュメンタリー（KBS）........................89
3. 初期の「8.15」ドキュメンタリーとナショナリズムの言説...........92
    3.1 「8.15特集」4部作シリーズ第3部『光復の歓喜』
        （1977.8.13放送）.........................92
    3.2 番組分析.........................93
    3.3 「8.15」ドキュメンタリー『光復の歓喜』における
        「民族主義」の言説.........................96
4. 小結...................................104
【番組テンプレート】『光復の歓喜』（1977.8.13放送）.........................106

第3章

激動の時代と「移民韓国人」(1980年代)

1. 時代背景...116
2. 番組の概要と番組分析..................................118
3. 移民と「ネーション」の言説...........................120
   3.1 言説Ⅰ：「貧困」からの脱出......................122
   3.2 言説Ⅱ：「韓国人」の矜持........................123
   3.3 創造された「ネーション」と
       「トランスナショナリズム」の言説...........125
4. 小結...127
【番組テンプレート】『移民韓国人、このように成功した：第1部　洋服屋三兄弟』
　（1983.8.8 放送）.....................................130

第4章

他者性としての「中産階層」

1. 時代背景：転換期としての「民主化（democratization）運動」
　（1987 年）...140
2. 番組分析..144
   2.1 番組概要.....................................144
   2.2 番組のプロット...............................145
3. 第3の言説の芽生え...................................148
   3.1 「ネーション」と「中産階層」の言説............148
   3.2 「ネーション」と「民主化」の言説.............152
4. 小結：「新・韓国人論」の台頭.........................154
【番組テンプレート】『韓国人の一日』（1987.8.12 放送）.....157

第5章

「在日」への覚醒（1990年代以降）

1. 時代背景：「克日」や「知日」という新たな言説の登場.............170
2. 番組概要.............173
   2.1　二つの番組のプロット.............176
   2.2　二つの番組の共通点と差異.............180
3. 「在日」のアイデンティティ.............181
   3.1　5人の「在日」.............181
   3.2　韓国人と「在日」たちの間.............182
4. 「ネーション」の拡大と「新・ナショナリズム」の言説.............186
   4.1　「在日」と「民族差別」.............186
   4.2　「在日」と「大衆的スター」.............188
5. 小結.............190
【番組テンプレート】光復50周年特集『まだ終わっていない金の戦争』
　（1995.8.14放送）.............193
【番組テンプレート】光復節特集『在日、悩む魂』（2009.8.14放送）.............203

第6章

過去・現在・未来:「戦争」と被害者（2010年代以降）

1. 時代背景.............220
2. 番組の概要.............221
3. 番組の内容と「ナショナリズム」の言説.............224
   3.1　ドイツと「過去」の言説.............224
   3.2　日本と「過去」の言説.............228
   3.3　国家を超える「過去」の言説.............229
4. 小結：「反日」を超えて「反戦争」へ.............232
【番組テンプレート】8.15企画『戦争と日本4部作　第4部忘却する国、
　贖罪する国』（2014.8.22放送）.............235

終　章
ナショナリズム言説の歴史的展開と展望

1.　総括...248

2.　結論...260

3.　展望...272

参考論文及び参考文献...277

韓国公共放送における歴代「8.15」ドキュメンタリーシリーズ目録.........293

年　表...310

あとがき...317

「8.15」ドキュメンタリーシリーズと
ナショナリズム言説

1.　問題設定

1.1　「8.15＝光復節」と「8.15」ドキュメンタリーシリーズ

　国民統合と言論統治の一環として 1961 年に韓国初の本格的なテレビ放送（ソウルテレビジョン放送局：国営放送局[1]、現 KBS の前身）が始まった。この時期、テレビ放送の開始とともに編成された番組枠の一つが、「8.15 記念（企画・特集）ドキュメンタリー」（以後「8.15」ドキュメンタリーと統一する）シリーズというイデオロギー装置（Ideological State Apparatuses ＝以下 ISA）であった[2]。本書における分析対象のテクストは、1961 年に国民国家（Nation State）のナショナリズムを広げるために一つのイデオロギーの宣伝装置として始まった、以来現在まで持続的に生産されている韓国のテレビ放送の中の「8.15」ドキュメンタリーシリーズである。アルチュセール（Althusser, Louis）は、抑圧的な国家装置（State Apparatus ＝以下 SA）は暴力によって機能する反面、国家のイデオロギー諸装置（ISA）はイデオロギーによって機能すると言った（Althusser 1971：145）。それでは、戦後韓国において毎年「通過儀礼」のように生産されてきた「8.15」のイデオロギー装置の中では、支配的イデオロギーをめぐる闘争が具体的にどのような言説と表象としてテレビ放送で語られてきており、そして社会関係的に消費されてきたのだろうか。果たして当のイデオロギー装置の内実とは何だったのか。

　そもそも、韓国において「8.15」は日本とは大きく異なる。韓国の場合「8.15」は「光復節」といって、韓国政府が制定（法律 53 号：1949 年 10 月 1 日に指定）した 5 大国家的祝日（National Holidays）の中の一つである。すなわち、「8.15 ＝光復節」とは、国家的な慶事の日であり、国民的な祝祭の日の意味を持つ。しかしながら、「8.15 ＝光復節」は喜びの「祝日」だけではなく、「植民」だったという抑圧の恥辱な記憶と隣りあわなければならない。したがって国権喪失の過去の記憶を招いた主体である日本帝国主義への韓国側の抵抗は、植民地時代が終わっても変わらず、「反日」の集団的な意識として、祝日とセットのように刻印されてきた。

　他方で、韓国における「反日」の言説は、「反日」だけではなく、「抗

日」や「親日」「克日」「知日」等の言葉を生み出し、さらに「反日」＝
「愛国者（patriot）」のようなナショナリズムのメタ言説に繋がってきた側
面もあった[3]。こういった状況の中で韓国公共放送（KBS）が制作してき
た「8.15」ドキュメンタリーシリーズは、韓国の政権が代わり、社会的・
経済的状況や大衆的な関心と認識が変わっても、テレビ放送開始から現在
に至るまで制作・放送され続けられている。

　果たして戦後 KBS が毎年継続的に制作・放送してきている歴代「8.15」
ドキュメンタリーシリーズにおいて、近代韓国における凡そ 36 年間に亘
る日本帝国主義による「植民」の記憶はどのように想像・創造されてきた
のだろうか。また、戦後韓国ではナショナリズムの言説の二つの軸となっ
てきた「反日」や「反共」といった言説は歴代「8.15」ドキュメンタリー
シリーズのイデオロギー装置においてどのように表象されてきて、またど
のように変容してきたのだろうか。そして、韓国のテレビ放送の開局とと
もに凡そ半世紀の間に亘って制作され続けられてきた歴代「8.15」ドキュ
メンタリーシリーズの言説において支配言説をめぐる他者とのせめぎ合い
の流れがあるのならば、そういった言説の特徴とは何であって、また（言
説の他者とのせめぎ合いは）どのように表象されながら変わってきたのか。そ
してその背景にはどのような原因があったのだろうか。

1.2　反植民地支配ナショナリズム（Anti-colonial Nationalism）の跋扈

　ルーンバ（Loomba, Ania）は著書 *Colonialism/Post colonialism* の中で、ナ
ショナリズムをめぐる近年の最も影響力ある研究としてアンダーソン
（Anderson, Benedict）の *Imagined Communities* を取り上げながら議論を繰り
広げていた。ルーンバは、「ヨーロッパの支配階級による反動的で保守的
なナショナリズムである公式ナショナリズム（official nationalism）[4] が実は
ヨーロッパだけではなくアジアやアフリカの植民地へと拡大していた」、
そして「国民国家というネーションの形態がアメリカやヨーロッパの経験
を基本的な単位として想像されたものとして、植民地ではバイリンガルの
ネイティブの知識人がナショナリズムの意識を作る決定的に重要な役割を
果たした」というアンダーソンの主張を引用しながら、このことから「反

植民地支配ナショナリズムもヨーロッパの政治的・知的歴史によって形作られ、その可能性が開かれた」と述べていた（Loomba 1998：185）。

　他方で、ルーンバはこうしたアンダーソンの主張に対する反論としてインドの反植民地支配ナショナリズムにおける文化的な構築物としての「差異」について語ったチャタジー（Chatterjee, Partha）の主張を対比していたが、実際チャタジーは下記のように反論しながら反植民地支配ナショナリズムは主権者としての独自の領域を創造していると主張した。

　　　世界の（ヨーロッパやアメリカ以外の）別の場所でのナショナリズムが、既にあるヨーロッパやアメリカで形作られてきた「基本的な単位（modular）」を借用してしか自らの想像の共同体を作れないのならば、一体想像すべき何が残っているのか。（Chatterjee 1993：5）[5]

　さらにルーンバは、「文化とは、歴史と同じく、拡大し続け成長（developing）する現象（phenomenon）である」と言ったカブラル（Cabral 1994：61）を引用しながら、「ネイションもまた絶えることなく想像し直さなければならない（re-imagined）」と言った（Loomba 1998：198）。

　それでは、上記のチャタジーの主張の通りにインドにおけるナショナリズムの独自性（つまり、アンダーソンの論考における「共同体」の内実に関わる問題）があるとするのならば、韓国の所謂反植民地支配ナショナリズムの性格はどのように説明できるのか[6]。歴史とその背景は異なるものの、「植民地」の記憶を共有している韓国の反植民地支配ナショナリズムの独自性とは何か。

　本研究の考察対象であるポストコロニアル時代の戦後韓国の「ナショナリズム」の言説をめぐる所謂「拡大し続け成長する現象」（Cabral 1994：61）を分かるためには、植民地下（戦時中）の反植民地支配ナショナリズムの言説をめぐる「差異（difference with the "modular" forms）」としての「他者性」や、関連する言説の意味範疇を「前景」として確認する作業が不可欠となる。そしてこうした作業は、ルーンバの語った「絶えることなく想像し直さなければならない」という、ネーションへの想像力をめぐる歴史性と多

声性を探る入り口となる。

1.3　戦後韓国における「反日」と「反共」の言説をめぐる構造的関係性

　しかしながら解放後凡そ 70 年が過ぎている現在も、私たちは所謂「コロニアルの時代」の言説空間を生きている現実を否めない。今なおコロニアルな思想の遺産があるのならば、課題は、コロニアルな「境界侵犯（Transgression[7]）」に対するポストコロニアルの時代における清算となる。そして、「境界侵犯」をめぐる政治的かつ社会的、また文化的な側面の歴史的な流れの再確認が必要となる。要するに、「どう捉えるべきなのか」の解答を求めるための切り口を探すためである。具体的に言うならば、例えば現に日本や韓国では「反日」や「親日」等の言説が書籍や新聞、テレビ、そして一般人の中で驚くほど習慣的かつ日常的に使用されている。21 世紀のグローバルなデジタルメディア時代の到来がもたらした変化は様々な局面において甚だしい変化を巻き起こしてきたにもかかわらず、「対日本」や「対韓国」に関する言説の空間は相変わらず過去を踏襲しているように見受けられる。

　とりわけ戦後韓国のナショナリズムに関わる言説の変容を「反日」と「反共」の二つの言説の軸から考察するという本書の問題設定の課題を明瞭にすべく、その一環として可能性としてのいくつかの言説をめぐる構造的な関係性を図 A-1 のように配置した。図 A-1 について簡単に説明すると、図の横の軸は「植民地主義（Colonialism）」を、縦の軸は「共産主義（Communism）」を配置した。こうした配置によって見えてきた図 A-1 の四つの各領域は、Ⅰ「反日」と「反共」、Ⅱ「親日」と「反共」、Ⅲ「反日」と「親共」、Ⅳ「親日」と「親共」と区分できる。

　図 A-1 の各領域の詳細については第 1 章の中で具体的に考察する予定であるので、ここでは理解のために事例を挙げながら簡潔に説明を付けておく。例えば、1940 年代の場合、Ⅰには（抵抗的）民族主義（者）（ex.「上海・重慶の臨時政府関係者」や、「在米の韓国人コミュニティと（バイリンガルのネイティブの知識人の）李承晩」）などが該当する。植民地時代の韓国の場合、特に国外では所謂「民族主義者」による「闘争」や「運動」等の抵抗が絶えず、

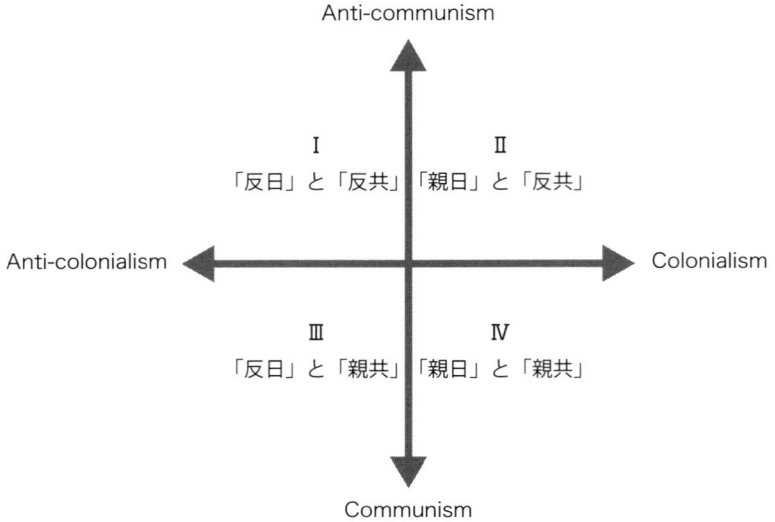

図 A-1　戦後韓国における「反日」と「反共」の概念をめぐる構造的関係性
出典：筆者作成

異なった形で「民族主義」が維持されていた。そして、凡そ 36 年間続い
ていた日本の植民地時代が終わり漸く解放を迎えた韓国において、（解放直
後米軍政が始まったので）「国家主義」ではなく「民族主義」が上下を問わず
絶対に死守すべきイデオロギーとして人々の中で再び広く共有されてきた
のである。

　しかしながら、こうした「反日」と「反共」の領域（＝Ⅰ）はまだ国民
国家の概念のないコロニアル時代における民族闘争の理念をその前身とす
る完全な独立と閉鎖的な民族主義（「外」の全てを拒否するという所謂単一の民
族主義＝単一語＝ Monoglossia）を目指すという、「現実的」というより「理想
的」なイデオロギーに偏った側面を否めない。また「反日」と「反共」と
いっても例えば、その言説の背景（＋「反米」、＋「親米」、＋「反ソ」、＋「反
中」等）によって各々の言説の意味範疇は多様に広がる可能性を想定でき
る。そして同じ語彙として「反日」と「反共」の領域であっても、1940
年代のⅠの領域の言説の内実と 2000 年代のⅠの領域の言説の内実は異な
ることも容易に想像できる。

次に、図 A-1 の Ⅱ の領域には、主に「親日派」（例えば、40 年代解放後に組織された「韓国民主党」などの当時の所謂保守派たち）が該当する。Ⅲ の領域には、植民地時代の韓国人の共産主義者たち、すなわち例えば、植民地時代に日本や、満州、中国、ロシア、ヨーロッパで「反日」の一環として共産主義の新知識に共感・支持した人たちが該当する。そして具体的には解放後組織された、例えば「朝鮮共産党」（1940 年代南朝鮮の共産主義者たち）や朝鮮人民共和国（1945 年 9 月組織）の関係者たち、朝鮮民主主義人民共和国（北朝鮮）樹立関係者たちが挙げられる。Ⅳ の領域には例えば、植民地時代に所謂「親日派」であった人たちの中で解放後最終的に住処として北朝鮮を選んで越北した人たちが該当する。

　ここで図 A-1 から想定できる「仮説」は以下の通りである。

　まず、Ⅲ の領域に該当する言説から注目したい。すなわち、コロニアル言説としての「反植民地支配ナショナリズム（民族主義）」＝「反日」＝「反日」活動の一環としての国外の「共産主義」活動と国内への輸入＝国外と国内にて共産主義の普及と拡散＝「親共」、という韓国では植民地時代（特に 20 年代初期～ 40 年代半ば頃）において一種の連続的な流れができ上がった点が挙げられる。

　第二に、すなわち上記の第一の言説の領域（Ⅲ）をめぐる背景から分かるように、こうした背景が所謂「反日」＝「親共」という言説をめぐる「ズレ」を生むきっかけ（原因）を作ったのではないかという仮説が立てられる点が挙げられる。つまり、1920 年代初期から 1940 年代半ば頃の Ⅲ の領域の言説が戦後（解放直後）に繋がる中で、解放直後から米軍政の混乱期において利権の争いや葛藤がさらに浮き彫りとなった「祖国＝民族」のための「反日」を主張する「反共」と「親共」といった二つのイデオロギーをめぐるズレは、所謂同じ「民族主義」を讃える異なる理念として戦後の民衆の言説空間だけではなく、やがて「南」と「北」への民族分断や朝鮮戦争等の戦後韓国の現代史の運命の舵を切った決定的な要因となったと考える。

　第三に、終戦と解放、米軍政の実施と多数の親日派の勢力によって支えられていた初代大韓民国政府の樹立（1948 年）、そして 1950 年勃発した朝

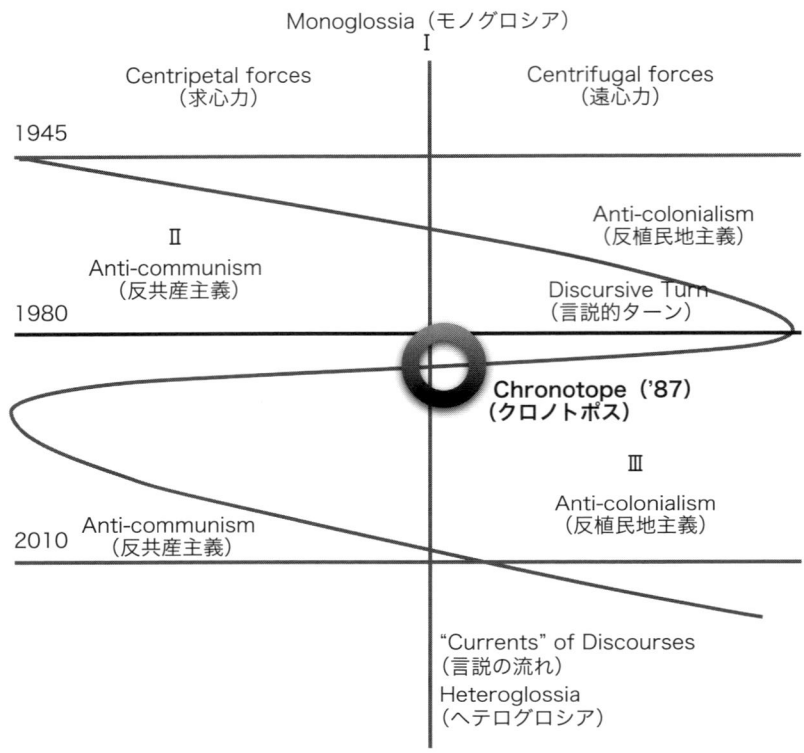

図 A-2 「反日」と「反共」の言説の流れ
出典：筆者作成

鮮戦争（1950-1953 年）と続いた当時の韓国の状況において「民族主義」の形成を支えた現実的な言説は、コロニアル時代の「反日」ではなく「反共産主義」＝「反共」＝「反・北朝鮮」という言説が最も強力な支配言説となっていて、図 A-1 からいうと、ⅢとⅠからⅡへと急激的かつ強引的な言説移動への働き掛けがあったと考えられる点が挙げられる。こうした変化、すなわち初代韓国政府時代において最も強力な支配言説となった「反共」という言説が、その後再び激動の時代の中で変化していく。本文で詳細に検証するが、テクストの実証的な分析を通じて得られたこうした流れを簡単に視覚化したのが図 A-2 である。図 A-2 で確認できる最も目立つ変化は1980 年代後半に見えてくる「言説的ターン（discursive turn）」である。

最後に、上の第三の仮説で取り上げたように 1980 年代末の支配言説
（「反共」から「反日」へ）の転換が読み取れるものの、1940 年代から 1950 年
代の韓国の「民族主義」をめぐる言説空間は少なくとも、「反日」や、「反
共」「親日」「親共」、そして（図の中では表記していないが）米軍政（1945-1948
年）や朝鮮戦争の中の米軍と連合軍による介入の歴史によってでき上がっ
た「親米」や「反米」「反ソ」「親ソ」「反中」という様々な言説が複雑に
混合していたこと、そして当時でき上がったこうした複雑な流れが現実的
には暫く維持されていたのではないかという点が挙げられる。

1.4　韓国の「民族主義」をめぐる理論的展開と課題

　そこでまず、これまで戦後韓国における「民族主義」をめぐる理論的な
展開はどのように行われてきたのかを検討する。本書における先行研究に
関する詳細な検討は次節に譲るが、ここではとりわけ韓国における「戦後
韓国の『民族主義』考察」というテーマだけに絞って先行する論考を検討
することとする。こうした先行的考察を振り返りつつ検討する理由は本書
の方向性のための道標としての今後の課題が浮き彫りになると考えるから
である。

　まず、韓国の「民族主義」に関わる既存の先行研究の特徴と問題点を体
系的にまとめたキム・ドンソンの『韓国民族主義研究』（1995）は示唆に富
む。著者キムは、1950 年代半ば以降アメリカの比較政治学者を中心とし
た「民族主義」研究の流れを「統合理論（integration theories）」的アプロー
チと「葛藤理論（conflict theory）」的アプローチに分類しながら各々研究理
論の可能性と問題点を紹介しつつ、こうしたアメリカの研究における支配
的な傾向は、「結局民族主義とは欧米の政治文化の複製もしくは模倣品と
して、欧米以外の地域における近代的社会部門の登場と連携しているとい
う欧米中心の探求的眺望に基づいている」と言った（キム・ドンソン 1995：
366）。こうした著者キムの視点は、上記の 1.2 の中で取り上げた、インド
の反植民地支配ナショナリズムの文化的構築物をめぐる欧米との差異につ
いて語ったチャタジーの主張（Chatterjee 1993）に通じているのが分かる。
また、著者キムは、これまで行われた韓国の「民族主義」のテーマの先行

研究に対して辛辣に批判しつつ、下記のような四つの問題点を指摘した（キム・ドンソン 1995：381）。

第一に、アメリカでは政治発展と民族主義との相関関係について持続的な研究や方法論が提示されてきたが、韓国ではこうした社会科学的方法論の有効性に関心さえなかった。

第二に、韓国民族主義に関する社会科学的な研究は、アメリカのパラダイムや分析方法を用いながらも、これに対する体系的な批判が行われなかった。

第三に、したがって韓国民族主義に関する社会科学的な分析は、「近代化＝国民建設＝民族主義」という欧米優越中心的パラダイムの枠（注：欧米の政治文化の複製もしくは模倣品）から逃れられなかった。

第四に、こうした結果、韓国の民族主義に関する研究が、叙述や、概念をめぐる論争、主観的規範の提示に留まってしまい、変動的な現実に対する体系的な分析については手抜きになってしまった。

他方で、シン・ギウクは著書『韓国民族主義の系譜と政治』の中で、韓国の「民族主義（nationalism）」の性格を冒頭から「エスニック・ナショナリズム（ethnic nationalism）」と断定した上で、韓国では民族（nation）の概念とは種族（ethnic）や、人種（race）とも混淆的な含意のものであると言い、こうした韓国における「民族主義」の特徴をめぐる光と陰、すなわち「補償と見返り」をめぐる韓国社会の政治的かつ歴史的な系譜を説明していた（シン 2006）。著者シンは在米研究者であるので、韓国の「民族主義」をより遠近法的な視点から解釈できたかも知れない。

しかしながら無論、戦後韓国において「民族主義」を擁護・主張する理論だけがあったのではない。特に韓国の「民族主義」の源流を考証的に主張してきた「史学」の領域の研究者の中には、近年のポストモダニズムや、国家主義（statism = nationalism）による「民族主義」への批判に対する反論をテーマとして論じていた者もいた（カン・ジョンフン 2008）。また、「2000年代になってから韓国社会、特に知識人の間では、『民族主義は謀叛である[8]』という標語が代弁するように、『民族主義』について不便さと不必要さを訴える脱近代的（post-modern）の気流が拡大している」（キム・ギオク

2009：43）とする論考、そして、既存の韓国の「民族主義」の未来志向的な代案として、「種族・血統のナショナリズム」から「市民・領土的ナショナリズム」や「国際社会に貢献するナショナリズム」への転換の必要性を主張した論考も登場した（ユン・インジン＆キム・ギオク 2005）[9]。

　こうした流れの中で最近の研究成果では、韓国における「民族」と「民族主義」の概念的な受容をめぐる歴史社会的な考察（パク・チャンスン 2016）が注目に値する。この先行研究の中で著者パクは、「民族」という概念が知識人の中で広く拡散されたのは 1910 年代の日本の朝鮮留学生たちが発行していた雑誌の『學之光』や、中国へ亡命した朴殷植による小説『夢拜金太祖』を筆頭とするが、1919 年の 3.1 運動[10] は「民族」という概念が知識人だけではなく大衆的な次元まで拡散されたきっかけとなったと言った[11]（パク・チャンスン 2016：255）。しかしながらこのパクの書物の中で最も注目したい論考は、1920 〜 1930 年代の韓国の民族主義は「文化的民族主義」の性格が主流であったが、1930 年代の皇民化政策や日本ファシズムの影響によって「民族的ファシズム」へ転換した後、「解放後台頭してきたいくつかの単一民族論[12] によって『エスニック・ナショナリズム』、すなわち『血統的民主主義』へと後退する退行的様子を見せた」と批判した点である（パク・チャンスン 2016：263）。要するに、植民地時代の国権を奪われた時代に広く用いられたエスニック（文化的）な「民族」の概念とは異なる「単一（血統）民族論」を主張するエスニック・ナショナリズムが急浮上してきたのは植民地時期ではなく、「解放直後のことで、その理由は何より民族分断の危機を前にこれを防ぐための民族的団結を強調するためであった」（パク・チャンスン 2016：256）。

　確かに韓国の学術界において、歴史的な歩みの観点から総合的に考えた場合、韓国の場合は「ナショナリズム」という語彙ではなく、（「民族主義」への批判があるにもかかわらず）「民族主義」の全てを否定できないだけではなく、「ナショナリズム」より「民族主義」の語彙の選択がより正統な表現であるという認識が一般的である[13]。

　そうであるのならば、韓国の「民族主義」の内実とは何か。現に「エスニック・ナショナリズム」の（特に「血統 = race」主義の）ナショナリズム理

論の限界については多々報告されているのが実情だが[14]、韓国において戦後 70 年余りの間、「民族主義」をめぐる支配言説の創造や変容はどういったものであって、その背景には何があったのか。そしてテレビ放送開始からの 60 年余りの間、例えば具体的に日常の公共のマスメディアの中で「民族主義」はどのような言説と表象で構築されながら人々の間で共有されてきたのか。

　以上の韓国で行われてきたこれまでの先行研究を踏まえつつ本書を進めていくために浮き彫りとなった課題をまとめるのならば、次のようなことが挙げられる。

　第一に、本書では、1961 年開局以来現在に至るまで、KBS が毎年継続的に制作・放送し続けてきた「8.15」ドキュメンタリーシリーズというイデオロギー装置の中の言説の変容に注目するすることで韓国のエスニック・ナショナリズムという「民族主義」の内実を明らかにしなければならない。

　第二に、韓国のナショナリズムに関連して植民地時代の韓国では「反植民地支配ナショナリズム」[15] としての所謂「反日」と「反共」や「反日」と「親共」の性格を特徴とする「民族主義」ができ上がっていたが、果たしてこうした言説は戦後にはどのように連続しながらまたどのような（アンダーソンの論考における）所謂「共同体」の内実へと変わっていたのかを考察しなければならない。

　第三に、歴代の「8.15」ドキュメンタリーシリーズにおける戦後韓国の「民族主義」に関わる「反日」と「反共」という二つの支配的な言説とその歴史的な流れをめぐる問題設定を検討するためには、バフチンのイデオロギー装置における意識のモノローグ化への批判や階級闘争という思想に基づいた「対話（dialogue）」のアプローチが有効である点が挙げられる。その理由はまず、コロニアル時代の反植民地支配ナショナリズムが含意する「他者性」、すなわちヨーロッパやアメリカ式のモジュラーと異なる「共同体」について注目する必要があるからである。また、「反日」や「反共」のように常に他者へのまなざしを意味している「反」＋「日本帝国」や「反」＋「共産主義」の言説が含意する「他者性」についても検討する

必要があるからである。そして、（これまでのメディア関連先行研究のようにテクスト分析だけに満足するのではなく）テクストとコンテクストとの関係性をも視野に入れて支配言説を生み出してきた歴史のダイナミズムを解釈するアプローチがどうしても必要となってくるからである。「ダイアロジズム（dialogism）」において「意識の受容力（capacity）は他者性（otherness）に基づいている（Holquist 1990：18）」と言われているように、常に「他者性」を理念的に想定するバフチンの思想はこういった脱中心化の言説をめぐるイデオロギー作用を捉える場面において最も有効的である。なおその有効性に関する説明は第 3 節で詳細に記述する。

　第四に、以上を踏まえつつ今後目指すべき韓国の「民族主義」の研究のためには、既存の欧米の理論を用いてそのままを韓国の状況に嵌め込むような方法論ではなく、既存の理論や方法論の応用や拡張、もしくは既存のパラダイムの転換といった応用的方法論から韓国社会の政治的かつ社会的なダイナミズムを掬い上げつつ、どのようにナショナルなアイデンティティの言説が構築されながら「ネーション」を夢見てきたのかという問いを実証的に解釈しなければならない [16]。

1.5　ナショナリズムに関する理論的前提

　ナショナリズムの研究は 1980 年代の、上記 1.2 で既に取り上げたアンダーソン（Anderson, Benedict）の実績をはじめ、ゲルナー（Gellner, Ernest）やスミス（Smith, Anthony. D.）、ホブズボーム（Hobsbawm, Eric John）による所謂「古典」のナショナリズム論が理論的な軸となってきた（詳細は参考文献を参照されたい）。こうした「古典」の理論以後にも無論様々なナショナリズム関連研究が行われきたが、本書のナショナリズム理論に関する立ち位置は、まず、イギリスの代表的な研究者であるブルイリー（Breuilly, John）がやってきたような比較研究ではない点が挙げられる [17]。次に、本書は、所謂「古典」から長年蓄積されてきたナショナリズムという言葉の由来や定義に関して考察し直す研究でもない。本書では、グリーンフェルド（Greenfeld, Liah）の歴史社会学的な考察（*Nationalism*：1992）を参考にしつつ、ブルイリー（Breuilly 1993［1982］：6）や、ブルーベイカー（Brubaker 2015：66）、ミ

ラー（Miller 1995：22）といった一連の論考を含めて、韓国におけるナショナリズムの「理解」の仕方の変容を考察する。つまり、本書の狙いは、「ナショナリズム」概念そのものの考察ではなく、「韓国はどのようにナショナリズムを実践してきたのか」、言い換えると「どのようなナショナルアイデンティティを構築してきたのか」といった点にあるのである。これこそが、「8.15 ＝ 光復節」の特別な祝祭日を記念するための「8.15」ドキュメンタリーシリーズが構築してきた放送空間を解析するという本書の狙いの問題所在であると考えるからである。

1.5.1 「民族」と「ネーション」

　韓国の場合、前節（1.4）の韓国の先行研究の検討で分かったように、韓国の「民族（nation）」の概念はスミスの主張した近代以前の古代から存在して継承されてきたエスニック（ethnic）な共同体としての「エトニー（ethnie）」という意味に近い（Smith 1986）[18]。そして、韓国の場合、韓国の「民族（nation）」の概念は単一民族であるという「血統 ＝ 人種 ＝ race」を中心とするという主張やこうした見解を支持する報告が学界の人たちに既に多く見出されている[19]。こうした韓国のナショナリズムをめぐる見解は韓国のナショナリズムを「民族主義」として命名している根拠ともなってきた。

　しかしながら、既に多く論考が発表されてきたように「ネーション」は近代の産物として、アンダーソンの「想像の共同体」のように近代のメディアの介入によって作られた抽象的な概念であるとともに、ルーンバが言ったように「絶えることなく想像し直さなければならない（Loomba 1998：198）」という変化する性質のものであって、「極度に多様な現象（塩川 2008：20）」でもある[20]。

　本書における理論の枠組については、「戦後韓国のナショナリズムの変容」を検討するという本書の狙いに鑑みて、そして韓国において本格的な国民国家としての「ネーション」の形態は 1948 年初代政府樹立になって初めて成立するものなので、本書では、「韓国」が研究対象となっていることや韓国のナショナリズムの概念的かつ実証的な特性を活かす必要性が

あると判断することから、「民族（nation）」とは韓国ならではの種族（eth-nic）や人種（race）、国民といった特徴を含意する「複合体としてのネーション」の意味として「ネーション」と区別して使う。なお、「ネーション」の場合は、ミラーの政治学的アプローチからの定義に依拠する（Miller 1995）。ミラーは、ネーションとは、「①共有された信念と相互関与によって構築され、②歴史の中で長期に亘る広がりを持ち、③能動的な性格として（active in character）、④ある特定の領土に結びついており、⑤固有の公共文化によって他の共同体から区別された共同体である」と言った（Miller 1995：27）[21]。この、「ネーション」に関するミラーの見解は一見平凡に見えるが、「ネーション」の性格として「能動性」をその主要な特徴の一つとして捉えている点は示唆に富む。例えば、ブルイリー（Breuilly 1993[1982]）の比較研究に依拠しつつ、「ナショナリズム」の類型をさらに拡大させながら分類した佐藤は、「ナショナリズム」の二つの局面の中の一つを「ネーション概念の正当性を強力に主張する思想と運動」として定義していた（佐藤 1995：115）が、つまり所謂「帰属意識」の局面だけではなく「思想と運動」の局面としてのナショナリズムの積極的な意味（性格）を概念化したことにはミラーの考えるネーションの「能動性」が含意されていると捉えられる。「8.15」ドキュメンタリーシリーズにおいて「ネーション」の能動性がどのように語られてまた表象されてきたのかを本書で考察することは、アンダーソンの論考における所謂「想像の共同体」という均質的に回収された神話に抗う内実を可視化する作業にも繋がるはずである。

1.5.2 「民族主義」と「ナショナリズム」

　韓国の研究者たちが戦後の韓国のナショナリズムを「エスニック・ナショナリズム（ethnic nationalism）」と命名する場合その理由は、韓国における「民族」の概念が持つ歴史性や古典性、伝統性、そして単一性（＝単一語 Monoglossia）といった集団的イメージへの固執に由来する。
　しかしながらミラーがナショナリティの神話的要素を否定しながら、ナショナリティの開放性や多様性を強調している（Miller 1995：4-5）ように、

すなわち、「ナショナリティ」や「ナショナリズム」の用語の意味は未だに定着しておらず、それぞれ独自のニュアンス[22]を帯びている（Miller 1995：7）。

とりわけ、本書では戦後韓国における「8.15」ドキュメンタリーシリーズの言説の実証的な分析を通して様々な「ナショナリズム」の発生や変化を考察するが、例えば「民族主義」への膠着の背景には、「ナショナリズム（Nationalism）が韓国で『民族主義』としてコミットされて広く共有されてきたのは植民地時代と分断時代、つまり国家がないか、または不完全な時期を過ごしたからである」と言われている（パク・チャンスン 2016：257）。「したがって国権喪失と民族分断の 20 世紀時代における韓国でのナショナリズム、すなわち民族主義は現状を打破しようとする運動の最も重要な理念となった」（パク・チャンスン 2016：257）のである。要するに、韓国のナショナリズムは、1.3 で検討したように、植民地時代に「反日」の言説を共有する「反植民地支配ナショナリズム」という一つの「対抗的」思想や「抵抗的」運動としてそもそも「能動的」に出現したのである。

その後、植民地時代からの解放とともに始まった「国家作り」の一環として「国民国家」主導の所謂「公式ナショナリズム（Official Nationalism）」が戦後初めて韓国に出現した。これは、アンダーソンの言う、バイリンガルの海外留学派やブルジョワ知識人のインテリの巡礼（pilgrimage）による「公式ナショナリズム」として部分的に説明できる（Anderson 1991：110-111）。

しかしこうした「国民国家」主導の「上から」の「反共」といった支配的言説で国民を動員していた「公式ナショナリズム」はその後民主化を主張する「下から」のナショナリズムの抗争が出現することで劇的に変化する。無論、戦後韓国では民衆レベルでの「対抗的な」運動や様々な闘争、葛藤は続いてきたが、これまでの「上から」の「公式ナショナリズム」を構築してきたナショナリズムの言説に対する革命的な変化をもたらした「下から」の抗争が全国民的なレベルで起きたのは 1987 年の民主化のための「6 月抗争」であった[23]（第 4 章で詳細に検討する）。

筆者は一つの仮説として、本書で既存の「公式ナショナリズム」への抵抗的ナショナリズムの運動として戦後韓国のナショナリズムをめぐる言説

の変化を説明できると考えている。なぜならば、実証的な分析結果における戦後韓国の「ナショナリズム」の言説の流れを鳥瞰的に見てみる際に見えてくる特徴として、1980年代後半の最も大きな転換（discursive turn）がクッキリと表れてきたからである。無論、「8.15」ドキュメンタリーシリーズというイデオロギー装置の中でどのように、そしていかなる所以によってこうした転換が組み込まれたのかを究明するプロセスが必要となるものの、1980年代後半の「中産階層」を中心とした一般市民による「抗争」を決定的な転換点として標することができると考えられる（1.3の図A-2を参照）。その後、番組分析の結果、1990年代以降のナショナリズム言説は「在日」のアイデンティティを中心に「ネーション」の多様性へまなざしが拡大されていたことや、「戦争」を再考するテーマを中心に日本や韓国だけでなく「戦争」に関わりのあった中国や東南アジア、そしてドイツといった国境を超える「被害者」という「過去を共有するネーション」としてまなざしが拡大していた。こうしたことから想像され直された「ナショナリズム」への覚醒が確認できると考えたが、その要因の一つとしてはグローバル化による様々な局面[24]における根本的な変動の影響があったからであろう。

1.6　分析対象の範疇

　さて、韓国の「民族主義（nationalism）」をめぐる言説の変容を検討するための本書の実証的な研究対象は1961年開局以来現在に至る半世紀余りの間にKBSが毎年継続的に制作・放送し続けてきた「8.15」ドキュメンタリーシリーズというイデオロギー装置である。こうした対象を用いた考察の目的は、戦後のテレビドキュメンタリーシリーズにおけるナショナリズムの言説の変容を中核に持ちながら、近代韓国の約36年間に亘る「植民」の記憶が模索してきた「反日」と「反共」という言説を中心とするナショナリズムの他者性について文化的・社会的・政治的、そして国内だけでなく国際的な動向の文脈を複合的に交えつつ総合的に検討するためである。こうした考察を通して得られる点は下記の二つが挙げられる。

　第一に、戦後のポストコロニアル時代における韓国（韓国人）のナショ

ナルアイデンティティの想像と創造の変遷や歴史的な変容をめぐる言説の連続性（もしくは非連続性）が解釈できる点である。

　第二に、戦後凡そ半世紀の間のテクストにおける言説の他者性を明らかにすることで戦後の韓国ならではの「民族主義」をめぐる特徴と変容の全貌が検討できる点である。

　他方で研究対象をめぐる限界としては、本書の巻末に添付した資料（韓国公共放送における歴代「8.15」ドキュメンタリーシリーズ目録）の目録から分かるように「8.15」ドキュメンタリーの映像の一部が現在失われて閲覧できない点が挙げられる。特に、KBS の 1962 年度の放送年鑑[25]には 1960 年代の「8.15」ドキュメンタリーの放送に関する記録があるものの、現在韓国放送局が保有しているアーカイブスの中で 1960 年代の映像は皆無である。また 1970 年代の映像もごく僅かだけしか残っていない。そして 1980 年代の映像も比較的多く消失しているのが実情である。こうした現実的な状況と限界を踏まえて本書におけるドキュメンタリーを用いた実証的な分析は各々番組の制作・放送された時代的な背景や歴史的流れの観点、そして制作者側の意図をできる限り損なわず捉えるように注力した。

　ところで本書で取り上げるテレビドキュメンタリーの条件は、とりわけ現存する映像を対象とするが、① 1961 年から 2015 年まで KBS が制作・放送した「8.15」もしくは「光復〇〇周年」記念（企画・特集）ドキュメンタリーシリーズ、② 1961 年から 2015 年までの間で KBS が制作・放送した「国権侵奪〇〇周年記念」の特別（企画・特集）ドキュメンタリーシリーズ、③ 1961 年から 2015 年まで間で KBS が制作・放送した「建国記念〇〇周年記念」の特別（企画・特集）ドキュメンタリーシリーズ、そして、④放送日を基準とした場合、毎年 8 月 15 日前後（7 月半ば〜9 月初旬頃）に編成されたドキュメンタリーに限定する。なお本書では、現在 KBS のアーカイブスが保有する該当する番組（246 本）の中で閲覧可能な番組として 180 本を対象とした（詳細は、巻末の「韓国公共放送における歴代『8.15』ドキュメンタリーシリーズ目録」を参照して欲しい）。

　概観すると、対象となった歴代「8.15」ドキュメンタリーシリーズの性格は下記のような特徴が挙げられる。すなわち、①継続的：1960 年代以

降現在に至るまで毎年制作・放送されている点、②特定的：「8月15日」終戦記念日前後に放送される点、③理念的：番組のテーマがナショナリズムやアイデンティティ関連の内容に偏っている点、④事象的：ドキュメンタリージャンルの基本的な形式である社会的出来事や歴史的な事象（Fact）をもとに制作している点、⑤反復的：過去から現在までの番組アーカイブスを見てみるとテーマや内容、人物、素材などを繰り返し使って制作・放送している傾向があるのが分かる点、⑥歴史的：歴史的な重要人物や、歴史的な事件などが主なテーマとして登場する点、⑦大衆的：テレビのマスメディアを媒体とするので内容やテーマなどは基本的に大衆向け（国民意識を注視）となっている点、⑧時事的：当該時代や社会の動きや国際情勢に敏感なポピュリズムの性格のジャーナリズムの志向である点、等が挙げられる。

2. 先行研究

「ナショナリズム」の関連の先行研究としては、アンダーソン[26]をはじめ、ゲルナー[27]とスミス[28]、ホブズボーム（Hobsbawm, Eric John）による所謂「古典」が欠かせない。特にアンダーソンの著書は本書の中でも度々引用するが、ナショナリズムという産物が韓国をはじめとするアジア地域への巡礼[29]の形で伝播されたという「国民国家」に関するナショナリズムの拡大が説明できる一冊である。これに対するアンダーソンの「ネーション」をめぐる根拠的な実証的限界への批判を交えながら日本とドイツにおけるネーションの形成やナショナリズム形態の差異を述べた論考もある[30]。

一方で、日本のナショナリズムの思想と理論に関しては、丸山眞男の敗戦直後からの数多の論考がまず挙げられる。丸山の、欧米から輸入された日本のナショナリズムの形成をめぐる歪みや、天皇制的精神構造への逸脱、日本のファシズムへの結束、そして戦後のナショナリズムへの連続等に関わる刺激的な論考は既に人口に膾炙してきたが、こうした丸山眞男に関する研究実績だけではなく、在日や、日韓関係に関するテーマを踏まえたナ

ショナリズムへの経験的な知見を綴った姜尚中や、日本社会（文化）における日本の「ナショナリズム」の解釈に挑んできた酒井直樹、小森陽一、大澤真幸、小熊英二の実績は、植民地時代より日本から少なからず影響を受けてきた戦後の韓国を理解する上で参考になる。

　また、本書の方法論として用いたバフチンの理論について言うのならば、既存の二元論を超えた日常的な「祝祭」における「境界侵犯」の文化政治としての文化研究（Cultural Studies）の可能性を提示した吉見俊哉の研究（1997）が挙げられる。そして「アメリカ」との接点と消費に関する日本のナショナリズムの構造を批判的に考察してきた実績[31]も見逃せない。

　他方で、言語学や文学、人類学、心理学だけではなく、社会学や、哲学、文化批評、メディア研究など学際的に膨大な影響を与えてきたバフチンの思想に関する研究は、バフチンの『フランソワ・ラブレーの作品と中世・ルネッサンスの民衆文化』が 1968 年に英訳されることで、以来 1970 年代にはバフチンのカーニヴァル論（carnivalesque）を新たな文化装置として捉えようとする研究が多数続いた。特に、バフチンのカーニヴァル概念における人類学的な二元的階層間の権力的支配の問題をより広い境界侵犯（Transgression）の現象として転換させたストリブラスによる文化研究の業績である『境界侵犯：その詩学と政治学』（Stallybrass, P & White, A）は欠かせない。そしてマイケル・ホルクウィスト（Holquist, Michael）は、本書の文末の参考文献からも確認できるように、バフチンの多数の著書[32]の翻訳及び編集に携わってきて、ある意味ジグザグのバフチンの思想の展開[33]を分かりやすく、そして「英語」でまとめるなど、ロシア以外の世界では十分に解明できていなかったバフチンの業績を確立させた。その後、こうしたバフチンの従来の仕事を一つの認識論として総合的かつ概要的にまとめたホルクウィストの著書が Dialogism（1990）である。ここには長年バフチンの研究に貢献してきたホルクウィストのバフチンへの理解と評価が明確かつ簡潔に整理されている[34]。ホルクウィストに相応する日本における代表的なバフチン理論の研究者としては桑野隆が挙げられる。

　バフチンの思想のメディア研究への拡張に関する代表的な先行研究としてはロバート・スタム（Stam, Robert）の挑戦[35]は視聴覚メディアを対象と

するという本書との共通の対象の側面において刺激的であった。スタムは
バフチンの思想の左翼的な文化批評への応用についても論考[36]を出して
いるが、スタムの観点はバフチンの思想の拡張として今後も有効に用いら
れると思われる[37]。

　また、韓国の「民族主義」に関する先行研究としては、「民主主義」の
観点から初期の李承晩政権を考察した論文としてバク・チャンピョウがま
とめた「民主主義観点から見た48年体制の特性と遺産」（2008）が挙げら
れる。そして、戦後韓国の「民主主義」の成立や、変容を歴史的な観点か
ら積極的に考察した社会学としては、チェ・ジャンジブの『民主化以後の
民主主義：韓国民主主義の保守的起源と危機』（2002）や、『民衆から市民
へ：韓国民主主義を理解する一つの方法』（2009）が示唆に富む。

　なお、『植民地遺産、国家形成、韓国民主主義』（鄭根植、李柄天編2012）
は戦後韓国の様々な側面、すなわち政治的理念や、司法・法律、言論、教
育、工業化、都市、売春などに分類して現代に至る植民地以後の残骸の問
題を深層的に考察した有意義な先行研究である。そして、曺喜昖編の『韓
国の政治社会的支配言説と民主主義動学』（2003）は、時代と社会における
支配言説と対立言説を取り上げながら考察している点で比較的斬新な視点
の考察が目立つ先行研究である。いずれも「反日」と「反共」といった二
つの言説の誕生、そして受容と変容していく過程や背景が読み取られる先
行研究であるものの、具体的な方法論や分析方法が提示できていない。

　解放前後のアメリカの韓国政策[38]（米軍政）に関する研究として参考に
なる『解放前後米国の対韓政策』（ジョン・ヨンウク2003）は韓国の民族運動
とアメリカの対韓国政策との対応関係を基本的な対立の軸として捉えなが
ら論理的かつ緻密に政策の変化を検討した代表的な先行研究である。

　朴正煕体制の政策や理念に関する先行研究としては、李柄天が編集した
『開発独裁と朴正煕時代：我が時代の政治経済的起源』（2003）と曺喜昖が
著した『動員された近代化：朴正煕開発動員体制の政治社会的な二重性』
（2010）が当時の政治や、経済、社会等の側面について幅広く考察している
点で重要な参考文献として挙げられる。

　また先行研究において「歴史学」の実績は欠かせないが、例えば戦後の

韓国の歴史を考察した同じ類の異なる名称として、韓国では「韓国学」や「(韓) 国史」「現代史」「韓国概念史」「運動史」などがある。いずれも「歴史学」として分類され、其々膨大な実績を残している。まず、日本帝国時代から解放へ、そして戦後初代韓国政府樹立に至るまでの現代史における「民族主義」の運動の緻密な調査と独創的な観点の記述が目立つ『韓国現代民族運動研究：解放後民族国家建設運動と統一前線』(徐仲錫 1991)は韓国初期の民族運動関連の歴史研究において重要な先行研究である。

　李承晩を中心とした植民地時代から解放後までの民族主義をめぐる韓国の情勢をまとめた歴史学の『雩南李承晩研究』(ジョン・ビョンジュン 2005)も李承晩がアメリカの韓国人社会やアメリカの政治家と軍部との接点をどのように持ってきて利用してきたのかが詳細に記録されている面で示唆的である。その他、1940 年代の李承晩政権の理念に関する歴史研究については、キム・ヘス「政府樹立直後李承晩政権の統治理念正立過程」(1995)や「李承晩と北進統一：1950 年代極右反共独裁の解剖」(徐仲錫 1995)、そしてヨン・ジョンウンの「李承晩の一民主義の斉奏と論理」(2004) の考察が挙げられる。

　「反共」の言説の歴史的な変容を考察するために参照した歴史研究としては、『韓国共産主義運動史』(Scalapino, A. Robert & 李庭植 2015) が体系的かつ示唆的であった。また『パルゲンイの誕生：麗順事件と反共国家の形成』(金得重 2009) の実績も解放後の共産主義の受容と変容が理解できる重要な歴史記録として評価できる。

　「反日」関連の文学における先行研究としてはまず、林鐘国著『親日文学論』(1966) が挙げられる。この『親日文学論』は「日韓条約」(1965 年)をめぐって 1960 年代の激しくなっていた「反日」社会を背景に一種の文学の批評として刊行されたものである。

　「親日派」のことといえば、民族問題研究所が推進してきた『親日派とは何か』(1997)、そして「日帝＝日本帝国」時代の清算をその目的とする『親日派人名辞典』(2009)、チョ・セヨルがまとめた「親日人名辞典編纂の争点と意義」(2010) などが挙げられる [39]。21 世紀のグローバル化時代になっても「なぜ『親日派』の言説は無くならないのか」という疑問を含

めて韓国の現代史における「反日」の言説に関わるその変容と背景が読み取れる先行研究である。

　また、「反共」の言説の側面から関連する文学の先行研究としては、『朝鮮戦争期文学言説と反共プロジェクト』（ソ・ドンソク 2012）や『スキャンダルと反共国家主義』（ゴン・イムスン 2010）、そして、「反共」の言説の受容と消費をめぐる文学的な動きを総括的にまとめた『反共主義と韓国文学の近代的動向Ⅰ・Ⅱ』（キム・ジンギ編 2008・2009）が参考になる。

　朝鮮戦争に関する代表的な研究は、*The Origins of the Korean War*, vol.1/2（Cumings, Bruce 1981/1990）がまず挙げられる [40]。主にアメリカの観点からまとめられたカミングスの著作は戦後韓国へのアメリカの政策や朝鮮戦争勃発前後関連の韓国国内情勢の詳細な記録が注目されたものの、戦争勃発の背景に関する歴史記述の真偽をめぐっては冷戦の時代が終わった 1990年代以降にソ連や中国から新しい歴史記録が発見されることで論争が再び湧き上がった [41]。そして、続々と公開された新しい資料を網羅しつつ朝鮮戦争をめぐるソ連や中国、北朝鮮、日本、東北アジアを見つめ直した和田春樹の『朝鮮戦争全史』も欠かせない。

　メディア関係の先行研究としては下記のような考察が挙げられる。まず、「反共」映画をめぐる文化のポリティクスを扱った比較的新しい先行研究としては『敵対と動員の文化政治：韓国反共映画の制度化』（ジョン・ヨンゴン 2015）が注目される。メディア史とメディア社会史の領域の中では、『韓国メディア社会文化史』（ユウ・ソンヨン、バク・ヨンギュ、イ・サンギル編著 2007）や、『韓国放送 80 年、その歴史的考察』（ジョン・ジンソク、キム・ヨンヒ他著 2008）、そして『韓国社会のメディア出現と受容 1880-1980』（キム・ヨンヒ 2009）が分かりやすい。また、韓国放送学会編『韓国放送の社会文化史』（2011）も本書のテーマに関連するラジオやテレビ放送などマスメディア研究における戦後韓国社会とメディアとの関わりが読み取れる点で参考になる。

　なお、朝鮮戦争中に誕生した画期的な雑誌として『思想界（*Sasangge Monthly*）』の存在は先行研究として欠かせないであろう。『思想界（*Sasangge Monthly*）』は混沌としていた朝鮮戦争中の貧困と飢えが蔓延していた韓国

社会の中で知への憧れと情熱だけで「公共性」を媒介とする「民族主義的民主主義」の言説空間の構築を試みた知識人たちの挑戦として、大学生や民衆から大きな反響を呼ぶ（「4.19 革命」（1960 年）の触媒や拡大に影響したと評価されている）など当時の韓国社会においては稀な出来事として記憶される。その故に、この『思想界（*Sasangge Monthly*）』に関わる先行研究は少なくない[42)]。

3. 方法論としてのバフチンの「対話」のアプローチ

　本書の分析対象である歴代の「8.15」ドキュメンタリーシリーズにおける戦後韓国のナショナリズムに関わる「反日」と「反共」という二つの支配的な言説とその歴史的な流れをめぐる問題設定を検討するためには、マルクス主義における言語哲学として言説をめぐるイデオロギー的階級闘争を捉えたバフチンの「対話」のアプローチが最も有効であると考える。その有効性として主に次のような四つの理由が挙げられる。

　第一に、最も注目すべき理由としては、バフチン理論の根幹を成しているのが他ならぬ「他者」への想像力、すなわち「他者性（otherness）」にある点が挙げられる。つまり、バフチンの対話の思想（ダイアロジズム dialogism）において「意識の受容力（capacity）は他者性に基づいている（Holquist 1990：18）」からである。

　第二に、バフチンの対話において他者性を前提とする関係性（relativity）とは、自己（self）と他者（other）という短絡的な意味だけではなく、テクストにおける著者（author）と読者（reader）や主観的な（subjective）個人と客観的な（objective）標識などの意味以上の、求心的（centripetal）な力と遠心的（centrifugal）な力、すなわち所謂「中心（center）」と「周辺（not center）」との関係性といった社会的かつ歴史的な文脈における脱中心化といった関係性までを意味するからである。

　第三に、したがって、このような対話をめぐる関係性の中においてテクストの意味は固定的でなく、経験的かつ相対的に活性化するものとして「言語は社会化された世界（socialized world）」であるものとして捉えられる。

すなわち、バフチンの対話の原理において「世界」とは、テクスト分析だけに満足するのではなく、常に相互テクスト性（intertextuality）が様々な形で多様に働いている関係性を持つ「共存（co-exist）」（Bakhtin 1981：292）のコンテクストとの混合性としての性格を持つものであることを意味する。つまり、バフチンが「存在するのはコミュニケーションすること[43]」、また「対話が終わると全てが終わる[44]」と言ったように、バフチンの哲学の典型としての対話は、相互性と対話のための開放性に支えられる「流動性（flux）」をその特徴とするのである（Clark & Holquist 1984：251）。

第四に、対話の実践を支えるバフチンの「表象の理論（Theory of Representation）」が注目したのは社会化された「差異（difference）」にあるからである[45]。

以上、要するに、「8.15」ドキュメンタリーシリーズにおけるナショナリズム言説を分析することは他ならぬ言説やテクストをめぐる「他者」との絶えまない関係性の中における境界（border zone）やその変化、すなわちイデオロギーの進展（ideological development）の歴史的かつ社会的な流れへの総体的な解釈であると言えるが、こうした包括的な解釈のためにはバフチンの能動的な対話の思想のアプローチが最も示唆に富むのである。

実際、ロシアをはじめヨーロッパや北米に比べて日本での認知度は比較的低い方だが、バフチンの思想は、言語学や人類学、心理学だけではなく1970 年代イギリスを中心に萌芽して以来、世界中に人文社会科学をめぐる新しいパラダイムを切り開いたカルチュラル・スタディーズの学問的方向性や、カルチュラル・スタディーズ関連の文化批評と貴重なメディア研究に驚くほどの影響を及ぼした。例えば、スタムはその事例として、ロバート・アレンやイーエン・エング、シャーロット・ブランズドン、タニア・モドレスキー、デヴィッド・モーリー、スチュアート・ホール、ジョン・フィスクの名を著書で挙げている（Stam 1989：21）。

こうしたスタムの列挙の以前にも 1920 年代のロシアの形式主義と差別化されるバフチンの思想（形式主義に関してバフチンは沈黙していた）がその後はフィルムやニューメディアにおいて理論化されるほど熟していたことを、初期のカルチュラル・スタディーズの著名な学者であるレイモンド・ウィ

リアムズの 1984 年に書かれた著書を事例にペキーは論じていた（Pechey 1989：41）[46]。

　日本の場合、例えば、1990 年代初期日本でカルチュラル・スタディーズの学問的な立地を確立させたフロンティアの吉見は、カルチュラル・スタディーズにおけるバフチンの影響について、「カルチュラル・スタディーズはバフチンのパースペクティヴと、決定的とも言える仕方で響き合っていた。ホールは、七〇年代以降のカルチュラル・スタディーズが、いかに当時はヴォロシノフのものとされていた『マルクス主義と言語哲学』に強い影響[47]を受けていたかを確認している」と記述している（吉見 1997：50）。

3.1 「対話」に関わる主要概念

　それでは、バフチンの「対話」の思想とは何か[48]。本書に関連する主なキーワードからまず整理しておきたい。

　「対話」の思想における重要な概念の中の一つとしてポリフォニー（polyphony）がある。バフチンの考える「世界」とは「競い合う様々な意味の広大な堆積」であり、「多様なエネルギーを統合できる単一語など不可能な多言語混淆[49]」でもあり、そして「活動（activity）」である[50]（Holquist 1990：24）。この場合、「存在（existence）」とは、「出来事（event）」であり、また「実存（Being）の唯一の統合的な出来事」である（Holquist 1990：24）。そして「実存（Being）」は同時性の「共存（co-being）[51]」を意味するのである（Holquist 1990：24）。実際、例えば、バフチンを「小説の主要な理論家として地位を確立させた論文（Holquist 1990：107）」の中の一つである『ドストエフスキーの詩学の諸問題』（1929）の中で、バフチンが「ポリフォニー小説」としてのドストエフスキーの偉業を讃えながらその本質として取り上げていたのは他ならぬ、他者の言葉に対する登場人物間の関係性としてのダイアロジズムであった（Clark & Holquist 1984：240-241）。要するにバフチンの言うポリフォニーの現象はダイアロジズムの別名に過ぎない（Clark & Holquist 1984：242）。バフチンはドストエフスキーのポリフォニーを（主体的な声たちとしての）人間の存在における対話の意味という、より広い

意味として捉えるべきだと考えた（Clark & Holquist 1984：251）。

　そしてもう一つの主要コンセプトであるバフチンのクロノトポス（chro-notope）[52]の概念は、文学の芸術的な表現における「時間的かつ空間的な関係の本質的な相互関係」（Bakhtin 1981：84）を意味するものとして、「一つの単位としての文学テクストの分析のための一組の応用法としてだけではなく、（クロノトポスの概念は、）時代とテクストとの間の関係を分析する手段として、そしてより広い社会的歴史的分析のための基本的な手段として利用できるだろう（Holquist 1990：113）」と捉えられる[53]。要するに、バフチンのクロノトポスの概念は、単なる技法的なテクストのプロット（plot）の分析や物語の装置（device）だけではなく、芸術（art）と人生（life）に関わる複雑な関係が分かる方法をも示してくれるとともに、このクロノトポスの概念はテクストをめぐる所謂「コンテクスト」との相互テクスト性を説明する際に一つの理論的な根拠を提示している点で本書の狙いを遂行するために有効な概念となる。さらにバフチンの仕事を構築学（architec-tonics）との観点から説明する場合、バフチンが「完成（consummation）」より多種多様性を強調したことも一貫的なバフチンの視座が覗ける点で示唆的である。構築学において、バフチンのクロノトポスの概念は最も重要になるが、それは個人と個別の実体との関係における同時性を構成する場合[54]や、時間的空間的な変数によって成立する関係性を説明する必要によるものである[55]（Holquist 1990：151）。クロノトポスの概念[56]はバフチンにとって「最も直接的な現実の形式」であった（Holquist 1990：151）。そしてクロノトポスの概念は森（forest）ではなく木（tree）（＝独自の同時性の社会＝文化）の哲学（Holquist 1990：153）を支える対話の存立様式であるとも言える。

　以上、「対話」に関わる主要な概念を中心にバフチンの対話の思想について検討した。それでは実際にバフチンの対話のアプローチにおける理論と実践とのロジックはどのように関連づけられるのか。以下 3.2 にて検討する。

3.2 「対話」のアプローチのロジック

3.2.1 「対話」という思想と芸術的な「実践」

　単純化を恐れず言えば、「対話」とは、文学や芸術などのテクストにおける（をめぐる）他者性（外在性）を浮き彫りにすることによって文化の閉鎖性や一面性を克服しようとするアプローチ及び思想であると定義できる。

　その理由としては「対話」の核となる思想が文学やアートにおける「脱中心化」の芸術的な実践に注目した点をまず挙げなければならない。実際バフチンは、「意識をモノローグ的に捉える態度は文学だけではなく他のイデオロギー的創造物の領域でも支配的である。（中略）集団のことや多様な創造勢力のことを云々している場合ですらも、統一性が依然として一つの意識のイメージによって、つまり国民精神、民族精神、歴史精神などによって例示されている」と言った（Bakhtin 1929：78-79）。

　こうした近代のヨーロッパにおける資本主義の一つの特徴としての意識のモノローグ化への批判や戦いこそがバフチンの「対話」の思想の原点と言えるが、バフチンが自身の「対話」の思想を芸術的な本格的実践として説明できる最も相応しい作家として指目したのがドストエフスキーであった。本書で特に注目するキーワードが、3.1で紹介した他ならぬバフチンがドストエフスキーの方法論として命名したポリフォニーという概念である。ポリフォニーについてバフチンは、「それぞれに独立して溶け合うことのない多数の声や意識、価値を持った声たちの真のポリフォニーこそ、まさしくドストエフスキーの小説の基本的な特徴である」（Bakhtin 1929：7）と言っているが、こうした意識され意味付けられた社会の中の様々な言葉としての関係性をバフチンはテクストにおける対話的関係の「実践」として捉えたのである。要するに、「ドストエフスキーの芸術的な眼の基本的なカテゴリーは生成ではなく〈共存〉と〈相互作用〉である。彼は世界をもっぱら空間として見たり考えたりするのであって、時間として考えてない」（Bakhtin 1929：43、なお引用文の中の〈　〉は筆者が強調のために付けたものである）のである。当時において、バフチンのモノローグ化への批判として捉えられる「対話」理論は先駆的な思想であった。

　実際バフチンは対話やポリフォニーの理論に関連して「言語の類型」を

下記のように分類している（Bakhtin 1929 = 2013：170）。

I　話し手の意味上の最終的な審級の表現となっている、直線的・直接的に対象に向けられた言葉

II　客体としての言葉（描写された人物の言葉）

III　他者の言葉を志向する言葉（二声の言葉）

1　一方向の二声の言葉

2　多方向的な二声の言葉

3　能動的タイプ（投影された他者の言葉：他者の言葉は外側から作用する。他者の言葉との相互関係は極めて多種多様な形式をとることができるし、また他者の言葉による歪曲の度合いも多種多様である）

　しかしながら、言語学や文体論ではなく、社会学のカテゴリーに属する本書におけるバフチンの対話のアプローチのロジックには、バフチンの言葉を借りるのならば「どのような言葉がその時代のその社会のグループの中で支配的であり、言葉のどのような屈折形式が存在し、何が屈折媒体となっているのかの問題こそが、芸術的な言葉の社会学にとって第一義的な意味を有している」（Bakhtin 1929 = 2013：175）ことが優先的に挙げられるのである。つまり、（こうした社会学に深入りせずバフチンは線引きをしているが）「権威的で安定した媒体を通して屈折させられた文化的な言葉（Bakhtin 1929 = 2013：175）」を社会的である言葉の本性の通りに言葉が置かれている社会へ解放させることで見えてくる「他者性」こそが本書では問われるべき点である。

　本書におけるバフチンの「対話」のアプローチの有効性は、本書の冒頭で記述したように、本書における実証的な研究対象である「8.15」ドキュメンタリーシリーズは所謂イデオロギー装置として企画されて執行されてきたという前提の設定から出発している点によることがまず挙げられる。つまり、（上記の）バフチンの理論的ロジックによって、戦後韓国における近代のイデオロギー装置としての「8.15」ドキュメンタリーシリーズには「反日」や「反共」の支配言説によって意識化されていたという仮説が成

立するからである。そして次に、こうしたモノローグ化の変容や裂け目として様々な声たちを戦後の韓国社会の空間的な歩みの中で「他者性」として探るという本書のテーマこそがバフチンの言った「社会学の第一義的意味」としての方向性と重なっている点が挙げられる。

とはいえ、「反日」と「反共」という二つの支配的な言説とその歴史的な流れをめぐる問題設定を文学や、新聞、雑誌といった活字メディアではなく、放送のドキュメンタリーというジャンルを対象に検討することは公共的な言説の次元において意識受容的差異が想定されるため、これに対しては補足が必要となる。要するに、テクストにおいてバフチンの「対話」のアプローチのロジックを可能とさせる要であるポリフォニーの「声たち」は二つ（活字と映像）のメディア空間における言説の位置付けのギャップの架け橋としても働くが、この際の架け橋を可能とさせるのがテクストの中の人々となるのである。つまり、本書ではテクストの中の「ネーション」と言い換える。というのも、文学や新聞、雑誌の主人公や登場人物といった対象の人たちによって構築される活字メディアにおける支配的な言説やポリフォニーな言説の形成は何しろ、テレビドキュメンタリーの中では登場人物やナレーターによって表象されて支配的な言説やその他のポリフォニーを生産・消費することに相応することとなるからである。要するに、媒体（活字と映像）は異なるものの、闘争や批判を孕んだ能動的な人たち（ネーション）の意識の循環的かつ複合的な空間として公共の言説空間を捉える必要がある。こうしたテクストにおける脱中心的に活性化された言説的実践をコンテクストに照らし合わせながら読み取ることこそがバフチンの対話の思想の根拠を支える今日の社会学的な理解と言える。

3.2.2　文化研究における「対話」の応用と位相

ここからはバフチンの対話の理論が既存の形式主義や構造主義のパラダイムとどのように異なっており、学際的に膨大な影響を与えた中で（言語学や文学だけではなく）文化批評やメディアをめぐる文化研究においてはいかなる可能性があったのかについて触れておきたい。

バフチンの「対話」の思想をダイアロジズム（dialogism）として命名し

たホルクウィストは、「ダイアロジズムの哲学の先行者は〈物質（matter）〉と〈精神（spirit）〉のギャップを克服しようとした新カント派（Neo-Kantians）に見出せる」（Holquist 1990：17）、と言った。つまり19世紀後半「科学」の発展の浮上と「絶対精神（Absolute Sprit）」のヘーゲルの哲学の衰退との反目の中で相対性（relativity）や不一致（non-coincidence）の新しい視座としてヨーロッパに浮上したのが所謂ダイアロジズムであった（Holquist 1990：17）。バフチンは、カントの言う「精神（mind）と世界（world）との間には橋渡し不可能なギャップがある」ことを受け入れながらも他の認識論（episte-mologism）とは異なる知識の場は一元的（unitary）ではないと主張した（Holquist 1990：18）。バフチンは（存在において）克服不可能な「差異」を主張し、分離と同時性は存在の基本条件であるものと考えた（Holquist 1990：20）[57]のである。

　また、主に小説等のロシア文学を対象としながら論考を発表してきたバフチンの思想を文化理論として再び脚光を浴びさせた代表的な人物の一人がロバート・スタム（Stam, Robert）であるが、スタムはバフチン没後の1980年代の末にフィルム映画を中心に分かりやすい事例を駆使しながらバフチンの理論を説明した。その著書[58]の中で「対話の思想はバフチンの思想と方法論において最も重要」（Stam 1989：187）と釘を刺した（Stam 1989：188）[59]。スタムは、バフチンの対話は必ずしも文学や芸術の中だけの限定的なものではなく日常的な発話（speech）をも指している意味でより根源的（radical）な視座であると言った（Stam 1989：190）。また、バフチンの対話はテクストに入り込んでいる「流れ（series）」に関心を寄せる（Stam 1989：190）。そして最も注視したいのは、「言語の理論と文学批評における既存の形式主義（formalist）や構造主義（structuralist）のパラダイムだけではなく、外在的階級－歴史的決定論や外在的イデオロギー決定論のマルクス主義のパラダイムへの答えとしてバフチンの相互テクスト性の再構成は捉えられる」（Stam 1989：190）といった点である。すなわち、バフチンの対話の概念は、ある起源や影響の跡を追う文学史的伝統を超えるものとして全ての流れを貫いて相互活性化させるより複雑な拡散（dissemina-tion）として、やがてバフチンの言う「文化の激しく深い流れ（Powerful

deep currents of culture）」（Bakhtin 1986：3）を引き起こすことに関心を寄せる
（Stam 1989：191）のである。

　一方、バフチンの対話の理論を高く評価した記号学者のトドロフはバフ
チンの言説への思想的な概念をバフチンの著作『ドストエフスキーの詩学
と諸問題』（1929）の中の文面を下記のように引用しつつまとめて記してい
た（Todorov 1984：25）。

　　　言説、すなわちその具体的な生きた全体（living totality）における
　　言語（language）
　　　言説、すなわち具体的な全体的現象（phenomenon）としての言語
　　（language）
　　　言説、すなわち発話（utterance）

　抽象的な定義であるものの、要するにバフチンにとって言説とは、「具
体的かつ生きている相対性（totality）の言語（language）である」と言え
る[60]。

　「言説（discourse）」の概念について確認ができたところで、そもそもバ
フチンの思想の中で考えられる「テクスト（text）」の範囲とは何だろうか。
対話の理論は、バフチンの主なテクストであったロシア文学だけではなく、
スタムの言う映画やその他のメディアの領域へまでに拡張ができるのだろ
うか。

　バフチンは、「テクストのないところに研究の対象もなく思考の対象も
ない」と言った（Bakhtin 1986：103）。そしてバフチンの意味するテクスト
とは「包含（implied）のテクスト」を意味するもので、文学だけではなく
アート（音楽や美術の理論と歴史）を含む「諸々の記号の整然とした複合体」
の広い意味として捉えられる」と言った（Bakhtin 1986：103）。また、「各々
の発話（utterances）は相互に無関心なことはなく、自分だけで存在するこ
とはない。つまり互いに意識しているし、反映している。（中略）各々の発
話は反響（echoes）と残響（reverberation）で満ちており、コミュニケーショ
ンの領域における共同性（communality）によって関係を持っているもので

ある」と言った（Bakhtin 1986：91）。

　スタムは現に映画を「テクスト」として捉えるのは言説の常識であるにもかかわらずバフチン理論に注目する理由として、「バフチンは日常の言説と総体としての芸術的実践を包含する広範な記号論を展開した」もので、「バフチンの全ての文化的発話をテクストとして捉える観点（＝ pantextual idea）」や、「テクストのプロセスにおける聴覚的（metaphor of voice）であり視覚的（metaphor of vision）でもあるバフチンのメタファー（metaphor）への観点 [61] は、文学などの言語メディアから映画のような視聴覚メディアに向かう段取りを容易にする」からであると述べていた（Stam 1989：18-19）。

　またスタムは、「1970 〜 80 年代の映画言語学の衰退の中で構造主義と記号論との補い合いの必要性をまさにバフチンは知っていたように思われるが、バフチンの理論をラカン（Lacanian）のポスト構造主義（poststructuralist）の記号論として捉えるのは難しい」もので、「アルチュセール（Althusserian）のマルクス主義やラカン（Lacanian）の精神分析、バルト（Barthesian）のテクスト性（textuailsm）が入り込んだ映画理論が言語化（languaged）現象から装置（apparatus）や欲望する観客（desiring spectator）へと移動した」と言う（Stam 1989：53）。その中でアルチュセールとラカンのモードの現代映画理論において言うならば「バフチンとラカンは主体（subject）に関心を持った共通点があるが、バフチンは他者（the other）からラカンは言語（language）を通じてという差異がある。そしてアルチュセールの理論ではイデオロギーとは基本的に主体（subject）を構成するものと見ていたが、バフチンにとってイデオロギーとは社会的ヒエラルキーの力（sociohierarchical power）そのものであると考えた」とバフチンの視座の特徴を述べた（Stam 1989：54）。そして、バフチンの思考は、「周縁的である一切のものに一貫して共感を示している点で左派の文化政治的（cultural and political）な分析に甚大な貢献をした（Stam 1989：233）」と評価しながら、特に、この「中心（center）」と「周辺（periphery）」に関心を示すことからバフチンの思考は現代の「ポストモダニズム（postmodernism）と大きな関連性がある」と言った（Stam 1989：234-235）[62]。

　なお表現手法 [63] において言えば、スタムが「最近の精神分析的映画理

論は抽象的な概念に覆われている反面、バフチンは日常的なメタファー（dialogism、tact、polyphony）によって展開する」と説明したが（Stam 1989：54）、こうした比較はバフチンの方法論が単に映画だけではなく、同じ映像媒体である本書の研究対象のテレビドキュメンタリーを分析する方法論においても応用できる点で有効である[64]。

　現在のデジタルメディア時代において見れば時代遅れの言い方である印象を払拭できないものの、スタムはバフチンの視点から見るならばマスメディアは「イデオロギー的諸記号の複合的ネットワーク」であり、テレビは「バフチンの雑種の小説の現代版としての電子マイクロコスモスである」と捉えた（Stam 1989：220）。そしてスタムはバフチンの理論が存分に利用できてこなかったことを指摘しつつ、「ブルジョワのヘゲモニーの頼もしい騒音」ではなく「創造的な参加者（participants）や労働者（works）、オーディエンスであり」また、「対抗（resist）し、圧力（pressure）をかけ、解読（decode）できるものである」と言った（Stam 1989：220）。つまり、バフチンの対話によるテレビの視座は、常に多言語混淆（heteroglossia）であるので「制作者やテクスト、コンテクスト、読者・観客のそれぞれにおいて、求心力と遠心力、そしてヘゲモニーと反抗的なものを持っている」（Stam 1989：221）と捉えたのである。そして最後にスタムは、バフチンの最も重要な貢献として「バフチンの概念はマスメディアに応用できる根本的な文化批評の可能性を示唆した」と評価した（Stam 1989：239）。

3.2.3　本書における「ネーション」への射程

　ここからは、言語や言説をめぐる歴史性に焦点を合わせて本書における「ネーション」への射程と「対話」のアプローチの拡張との可能性について検討する（図A-3を参照されたい）。アンダーソンの論考における出版や新聞などの書物のメディアによる所謂「想像の共同体」という均質化された「ネーション」の像は、「8.15」ドキュメンタリーシリーズの中ではナレーターや登場人物の語り（または表象）による「ネーション」の像に重なる。しかしながらこうした「ネーション」の言説の変化には、ドキュメンタリー制作手法の変化も注目しなければならない。すなわち、初期のテレビ

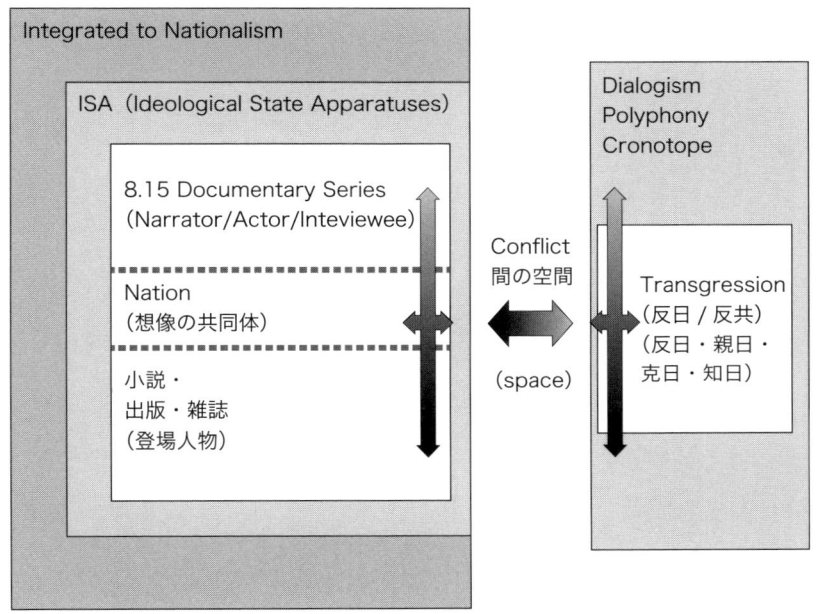

図 A-3 「ネーション」への射程と「対話」
出典：筆者作成

　ドキュメンタリーのような解説的なドキュメンタリーにおける「ネーショ
ン」と、1980年代以降頻繁に使われてきた「街中インタビュー」や「知
識人の登場」といった一般人（ネーション）がドキュメンタリーの中に取り
上げられることとは、「主体」への視点が一元的な言説から多様化してい
くことで「差異」が生じてくるからである。

　他方で、クローリーは、1980年代末にまとめた論考の中で、バフチン
の理論、特に対話の思想をめぐって主に二つの特異点に注目していた。そ
の一つ目は、バフチンが言説の力は動的なものとして言説の形式は社会的
かつ歴史的な葛藤（social historical conflict）の連続であると考えた点である
（Crowly 1989：179）[65]。そして二つ目は、言語史家によってバフチンの対話
の思想における多様性が排除されてしまい、バフチンの対話の思想が大き
な意味で二項対立（binary opposition）として過剰に単純化されたといっ
た[66]点であった（Crowly 1989：184）。

こうした観点は、例えば、ド・マンが 80 年初期の論文の中で虚構（fiction）と事実（fact）をめぐる詩学における二項対立（binary opposition）の過剰な単純化の問題点についてバフチンの外在性（exotopy）[67]の用語を用いて論じた思考に関連する。ド・マンは「外在性は互いに異なる文化的かつイデオロギー的な単位の関係に関わる」もので、「階級より国家間や宗教間の争いに適合する」と言った（De Mam 1983：109）。続けて「バフチンのダイアロジズムはもはや形式的、記述的、そして言語に関係するものではなくなる。（中略）文学テクストの形式研究が重要な理由はそれが言語内の関係から文化間（intercultural）の関係へと繋がるからである。ここまでくると虚構と事実の二項対立は意味が無くなる。いかなる差異においても問われるのは間（between）の空間（space）である」と言った（De Mam 1983：109）。

　以上で検討したようにバフチンの対話の視座から考えるのならば、本書において言説の境界侵犯を見出すことが優先的に問われると考えられる。その理由は、次の二つである。

　第一に、本書の問題設定の範疇がポストコロニアル時代の韓国の「反日」と「反共」を軸とする「ナショナリズム」の言説の成立と想像された「ネーション」の変容を考察するためであるからである。

　第二に、本書の狙いが方法としてはバフチンの対話の理論から「8.15」ドキュメンタリーのテクストを対象に「反日」と「反共」の言説の布置を考察するとともに、戦後韓国のポストコロニアルな時代のナショナリズムをめぐる言説の流れをめぐる変容（特に 1980 年代のズレや逆転現象）の背景を総合的に考察するものであるからである。

　本書では、こうして引き出された対話の視座の可能性と課題を踏まえながら、戦後韓国のナショナリズムの言説をめぐる歴史的な歩みから「ヘゲモニーのための熾烈な戦い（struggle）によるイデオロギーの進展（Ideological Development）」（Bakhtin 1981：346）や「文化の激しく深い流れ（Powerful deep currents of culture）」（Bakhtin 1986：3）の軌跡、そしてその原因と背景を検討することで戦後韓国における韓国ならではのナショナリズムの特徴とその性格を明らかにする。

なお、具体的な番組の構想的枠組や実証的な番組分析による公共の空間における言説の変容のダイナミズム、そして仮説としてのテクストにおけるネーションへのまなざしやナショナリズム言説の変容の歩みといった本書における問題設定に関する「対話」のアプローチの拡張に関わる内容は次節より詳しく説明する。

4. 「8.15」ドキュメンタリーシリーズとナショナリズム言説のダイナミズム

4.1 「8.15」ドキュメンタリーにおける様々なナショナリズムの言説

　歴史的な視点からナショナリズム言説のダイナミズムを示した表 A-1 は、本文で実証的に検討する「8.15」ドキュメンタリーシリーズにおける戦後韓国のナショナリズムをめぐる様々な言説を可視化させた仮説の一つである。

　表の中の、「時間軸（Time）」は解放後から本書の分析対象である「8.15」ドキュメンタリーシリーズの対象の期間（1961 ～ 2015 年）を表記した。この「時間軸（Time）」はバフチンの理論のキーワードの中の一つの「クロノトポス」として既に概念的な説明はしているが、表の中のクロノトポスの意味範疇は戦後の韓国におけるナショナリズムの言説の連続や生成、変容が検討可能な時間と空間を意味するある場（locus）として捉えられている。

　表の中のポリフォニー（polyphony in documentaries）は、本書で分析対象とした 180 本の「8.15」ドキュメンタリーシリーズのテーマに関わるキーワードを民族主義の主体的な声たちという多義性（polysemy）としてピックアップしたものである。スタムはメディア分析におけるバフチンのポリフォニーの概念について「ポリフォニーは共存性（coexistence）を意味するが単なる融合する一つの意識になることではなくダイアローグのダイナミズムをもたらすこと」と述べた（Stam 1989 : 229）。スタムは、「（ポリフォニーは）バフチンがドストエフスキー作品[68]の中のイデオロギーの色々な複合的な入り組みの動きを示すために提示された概念として、何らかのテ

表 A-1 「8.15」ドキュメンタリーシリーズにおけるナショナリズム言説

Time		Polyphony in Documentaries（ポリフォニー）
1940	日本帝国 植民地時代	
1945	（1945-1948） 米国軍政期	
1950 1955	（1948-1960） 李承晩（1-3 代）	
1960	（1960-1962） 尹潽善（4 代）	
1965 1970 1975	（1963-1979） 朴正熙（5-9 代）	「光復」「民族」「受難」「新しい祖国」 「南北統一」「近代」「自由」「平和」「日本」 「日帝 36 年」「南太平洋」「冤魂」「在日韓国人」
1980	（1979-1980） 崔圭夏（10 代）	
1985	（1980-1988） 全斗煥（11-12 代）	「韓国」「韓国人」「移民」「8.15」「光復」「北朝鮮」「離散」「釜関 連絡船」「38 線」「36 年」「被爆者」「強制徴用」「倭色」「鴨緑江」
1990	（1988-1993） 盧泰愚（13 代）	「独立運動家子孫」「朝鮮総督部」「原爆」「日本」「独島」「日本 教科書」「日本通信」「サハリン」「独立軍」「太平洋戦争」
1995	（1993-1998） 金泳三（14 代）	「日韓基本条約」「望郷歌」「韓国の未来」「靖国」「戦犯裁判」 「在日」「独立軍」「韓民族」
2000	（1998-2003） 金大中（15 代）	「対馬」「南北離散家族」「従軍慰安婦」「独立戦争」「歴史教科 書」「小泉」「W 杯」「アジア」「広島」「在日の祭り」「民族言論」 「パラオ」「韓日協定」「沿海州」
2005	（2003-2008） 盧武鉉（16 代）	「日露戦争」「記憶」「独島」「開放空間」「靖国」「金子文子」「朝 鮮皇族」「李承晩」「8.15」
2010	（2008-2012） 李明博（17 代）	「李承晩」「高宗」「光化門」「在日」「因縁」「敵対」「共存」「変 化」「対決」「独島」「光復軍」「抗日闘争基地」「満洲独立闘争」 「戦争」「反日武装闘争」
2015	（2012-2016） 朴槿恵（18 代）	「統一」「韓国人の健康」「戦争」「日本」「望郷」「朝鮮総督部」 「戦犯」「南京」「裕仁」「終戦勅書」「忘却」「贖罪」「日清戦争」 「日露戦争」「東アジア」

出典：筆者作成

クストだけではなく、テクストの外部の状況における複数ある声の共存性
に注目するものである」とも言った（Stam 1989：229）[69]。つまりダイアロ
ジズムと多言語混淆（heteroglossia）の二つの用語によってデザインされる
のと同じ現象のポリフォニーは単に異種混淆だけを意味するのではなく
「結果としていろんな声を超える何か（something）を引き起こすこと」
（Stam 1989：229）を意味する[70]。

　まとめると表 A-1 の本書の対象となった凡そ 180 本の歴代の「8.15」ド

キュメンタリーシリーズにおける戦後韓国の「民族主義」をめぐる言説の
ダイナミズムは、「8.15」ドキュメンタリーシリーズにおける「ナショナ
リズム」をめぐる言説の変容とバフチンの「対話」との関係性への想像力
を刺激する史料であると言えよう。

4.2　各章における分析対象の「8.15」ドキュメンタリー番組

　巻末添付資料で確認できるが、「8.15」ドキュメンタリーシリーズのテ
クストは1961年から現在まで毎年制作・放送されてきている。こうした
現象はテレビ局だけではなく、実際に戦後韓国社会において「8.15」に関
わる問題意識が持続的に繋がっていて公共的な言説空間を媒介に共有され
てきていることを意味する。

　他方で、本書の問題設定の狙いに応じるべく、本書では時代的な継承や
時代状況の変化と形成の側面から分析対象を選択しなければならなかった。
本文で取り上げたテクストは表A-2の通りである。

表A-2　各章における分析対象の「8.15」ドキュメンタリー

章	番組・タイトル	放送局・放送日	主人公・対象	時代背景	テーマ
2	「8.15特集」4部作シリーズ第3部『光復の歓喜』	KBS、1977.8.13	祖国	光復32年5.16クーデター	統一祖国
3	8.15海外企画8部作シリーズ『移民韓国人、このように成功した』第1部『洋服屋三兄弟』	KBS、1983.8.8	ハン氏三兄弟	朴正熙政権終焉言論統廃合	移民韓国人
4	8.15企画『韓国人の一日』	KBS、1987.8.12	ハン・サンジン教授	5.18抗争6月抗争	韓国人中産階層
5	光復50周年特集『まだ終わっていない金の戦争』	KBS、1995.8.14	金嬉老	金嬉老事件(1968.2)光復50周年	民族差別
5	光復節特集『在日、悩む魂』	KBS、2009.8.14	チュ・ソンフン（秋山成勲）、鄭大世、梁邦彦、姜尚中	韓流ブーム(2004)日本大衆文化開放	在日とアイデンティティ
6	8.15企画4部作シリーズ『戦争と日本』第4部『忘却する国贖罪する国』	KBS、2014.8.22	ドイツ日本	ドイツ元大統領の謝罪、憲法改正（安倍首相）嫌韓デモ	戦犯と補償

出典：筆者作成

表 A-3　各章における「8.15」ドキュメンタリー番組の選定理由

章	番組タイトル（放送日）	選定理由及び背景
2	「8.15 特集」4 部作シリーズ 第 3 部『光復の歓喜』（1977.8.13 放送）	KBS アーカイブスの中で、1970 年代の、制作者や放送日、番組内容の全てが確認できる現存する最も古い映像として貴重な資料であった。
3	8.15 海外企画 8 部作シリーズ『移民韓国人、このように成功した』『第 1 部　洋服屋三兄弟』（1983.8.8 放送）	KBS アーカイブスの歴代「8.15」ドキュメンタリーシリーズの中で、唯一の「8 部作」シリーズとして全編海外ロケの特別企画だったことと「南米移民」のテーマを取り上げた唯一の番組であった。
4	8.15 企画『韓国人の一日』（1987.8.12 放送）	初期の番組制作経緯とは違って結果的に戦後韓国の現代史の中で政治的・社会的に大きな節目となった 1987 年の「6 月抗争」を背景に「中産階層」というネーションをテーマとした唯一の番組であった。つまりこれまでの「8.15」ドキュメンタリーシリーズの企画の意図やテーマからは「ズレ」があると判断した。制作当時の 1987 年の「6 月抗争」の大きな歴史のうねりがその原因である。
5	光復 50 周年特集『まだ終わっていない金の戦争』（1995.8.14 放送）	日本の「民族差別」として注目されていた金嬉老事件をテーマとした唯一のドキュメンタリーであった。また KBS アーカイブスの歴代「8.15」ドキュメンタリーシリーズの中で「在日＝ザイニチ」という日本語がそのまま KBS の公共放送の中で常用語として使われ始めた時期である 1990 年代の初の「在日」テーマのドキュメンタリーであった。
5	光復節特集『在日、悩む魂』（2009.8.14 放送）	2000 年代に漸く変わりつつあった在外同胞への認識や「在日＝ザイニチ」という日本語がそのまま公共放送のタイトルとして使われた事実とともに、「韓国人」にとってはまだ不十分な認識の中に置かれていた「在日」のアイデンティティへの覚醒を訴えた斬新な試みの番組であった。
6	8.15 企画 4 部作シリーズ『戦争と日本』第 4 部『忘却する国　贖罪する国』（2014.8.22 放送）	KBS アーカイブスの歴代「8.15」ドキュメンタリーシリーズの中で「戦争」をテーマとした番組は多いが、2010 年代になって再び「戦争」をテーマとして取り上げながら、「過去」を日韓だけの問題ではなく、東アジアやグローバルな観点から考え直そうという試みが注目されたテクストであった。

出典：筆者作成

　また表 A-2 に明記した各々のテクストを選択した背景には、戦後韓国社会において「8.15」という一つの言語をめぐる集団的な含意や思想がテレビ放送のドキュメンタリーという形式の中で凡そ 60 年間持続的に「継承」されてきたという事実的理由と、しかしながらその中で見えてきた所謂「変化」という既存の価値観からの切れ目やズレを見逃してはいけないという解釈のための戦略的判断があったからである。こうした番組選定の背景については表 A-3 で簡単ながらまとめた。

4.3 テクストの構造的枠組

表 A-4（テクストの構造的枠組）は、テクストとコンテクストとの相互テクスト性の関係性を既述したバフチンの「対話」理論を応用してテクストを分析するための一つの提案として作成したものである。

テクストにおけるプロット（Plot）とストーリー（Story）はバフチンの言う、自己と他者の関係性や求心力と遠心力（Centripetal forces / Centrifugal forces）の関係性とも繋がる概念として捉えられる（Holquist 1990：114）。

さらに、本書では「8.15」ドキュメンタリーシリーズという映像メディ

表 A-4　テクストの構造的枠組

Documentary　ドキュメンタリー			
Text (loophole discourse[71]) テクスト （言説の抜け穴）	Tact[72] (= Metaphor of Vision /Metaphor of Voice[73]) 手法（視覚メタファー / 聴覚メタファー）	Narrative 物語	Texts 台本
			Studio apparatus スタジオ装置
			Editing 編集
		Rhetoric[74] 修辞	Metaphor メタファー
			Contradiction 矛盾
			Excess 誇張
			Irony アイロニー
			Joke ジョーク
		Narrator ナレーター	Accent アクセント
			Intonation イントネーション
			Rhythm リズム
		Film Dramaturgy[75] フィルム演出	Camera Placement カメラ位置
			Camera Acting 移動
			Camera Framing 枠取り
			種類（3D/4K/8K）
		Tracks 音声 / 音響	Music 音楽
			Noise ノイズ
			Written Material 字幕
			Dialogue ダイアローグ（対話）
			Lyric リリック
			Narration ナレーション
		Editing 編集	Reenact 再現
			Insert 挿入
			against/discredit 配置

出典：筆者作成

アを対象に分析するので、テクストを再び二つに分類した。すなわち、視覚メタファー（Metaphor of Vision）と聴覚メタファー（Metaphor of Voice）である。そして、各々の視覚メタファーと聴覚メタファーに該当する様々な手法（Tact）はとりわけ表に書いてある分類項目がテクストの構成要素として挙げられる。

　表 A-4 の映像的表現手法の Tracks の中の W.M（Written Material：字幕）は、声を出して演出する場合と字幕だけが画面上に流れる場合があるので、テクストによっては聴覚メタファーに属する場合と視覚メタファーとして捉えられる場合が異なるが、とりわけ本書の分析では視覚メタファーとして分類した。

　なお、本書ではレトリック（Rhetoric）という手法（Tact）の中の矛盾（Contradiction）に特に注目した。なぜならば、本書の目的は歴代の「8.15」ドキュメンタリーシリーズにおける戦後韓国のナショナリズムに関わる「反日」と「反共」という二つの支配言説の歴史的な流れにおける仮説を検討することであるが、「矛盾」がこうした「8.15」ドキュメンタリーシリーズにおけるポリフォニーを分析するために有効だと考えたからである。「矛盾」はイデオロギーの複合的な入り組みの動きを示す装置、すなわちテクストを活性化させるとともに、テクストにおける所謂イデオロギーの進展を創り出すために提示される有効な装置である。こうしたテクストにおける「矛盾」について、例えば、テレビの文化研究の代表的な人物であるフィスク（Fiske, John）は「利害（interest）をめぐる葛藤（conflict）は矛盾（contradiction）を通して表現できる」と言った（Fiske 1987：88）。また、「イデオロギーとは現実と理想とする社会との関係の間の矛盾を取り除くように作用する（Fiske 1987：88）」ものであって、「矛盾は対立する（speaking against）ことを通じて表現される」（Fiske 1987：88）ものであるが、「矛盾は対立する意味以上の多義性（polysemy）に関わるものである。すなわち、多言語混淆（heteroglossia）や多義性（polysemy）、そして矛盾（contradiction）はテクストにおける社会的差異と不平等が表象される方法として、相互関係づけられた概念である」と言った（Fiske 1987：90）。

　しかしながらフィスクのこうした視点はそもそもバフチンの理論から影

響を受けたもので、この「矛盾」への視座は、「社会的かつ歴史的な文脈における求心的と遠心的な力の関係性として多言語混淆に繋がるのである（Bakhtin 1981：291-292）」というバフチンの考えに連続している。実際にフィスクはバフチンの「ダイアローグ（dialogic）」の言葉を著書で引用しながら「いかなる言葉の使用をめぐっても歴史的かつ社会的な状況との間で対話（dialogic）を含意していること」と主張した（Fiske 1987：90）。フィスクは「テレビを含めた言葉は一方的な媒体（one-way medium）にはあり得ない」とまで言っているが（Fiske 1987：90）、つまりフィスクはバフチンの理論に根底から共鳴していたのであった。

　バフチンは「イデオロギーの進展は言語的かつイデオロギー的な様々な考え方や方法、方向性、価値の中でのヘゲモニーのための私たちの内部の熾烈な闘争である」と言った（Bakhtin 1981：346）。つまり、バフチンの言語をめぐる視座は、「言語自体がイデオロギーではないが、言語はイデオロギー領域（domain of ideology）であり、その領域は矛盾の力の場として捉えるべきであ」り（Stam 1989：54）、そして、そのイデオロギーとは、「言語と主体性の共通領域に圧力をかける社会的ヒエラルキーの力の問題である」とバフチンは考えた（Stam 1989：54）。要するに、「8.15」ドキュメンタリーシリーズにおける「反日」と「反共」という二つの支配言説をめぐるイデオロギー領域を分析するための「矛盾」というテクスト装置は主として言語や言説をめぐるイデオロギー作用と歴史的な変容、すなわちイデオロギーの進展の流れをめぐる対話の思想に循環しながら辿り着くのである。

　本書において「8.15」ドキュメンタリーシリーズのテクストに関わる言説分析を上記の表 A-4 のバフチンの対話の理論を応用して作成した構造的枠組を念頭に置きながら考察していくことによってテクストとコンテクストとの間の言説の権力作用をめぐる求心的な力と遠心的な力との闘争の場をめぐる関係性をも構造的に読み取ることができると考える。

5. 各章の概要

　本書は序章と本文（1 〜 6 章）、そして終章という三つの構造に構成され

ている。そして第2章から第6章までは各々の章で取り上げているテクストの内容の概要の紹介と言説分析をしているが、読者の理解を助けるために冗長な記述になることを覚悟の上で各章の末尾には分析対象とした番組のテンプレートを章ごとに添付した。各章の概要は下記の通りである。

まず序章は、本書のコンセプト（問題設定）や先行研究、方法論について述べた。

第1章では、1940〜1950年代に絞って植民地時代の「反植民地支配ナショナリズム（Anti-colonial Nationalism）」の様々な言説の成立や解放後の韓国における連続と変化を、本書で分析する1960年代以降の「民族主義」の前景として検討した。解放直後の米軍政時代と韓国初代政府の初期の理念とは「反共」として近接していた。またこうした1940年代解放後初期の情勢が以後の韓国の民族主義の言説に与えた影響と連続の側面（『思想界（*Sasangge Monthly*）』創刊（1953）など）についても書き加えた。

第2章は、1960〜1970年代における民族主義の言説について、1961年に始まった本格的なテレビ放送の開始とともに登場した「8.15」ドキュメンタリーシリーズの紹介や現在閲覧できる現存の番組の中で最も古い「8.15特集」4部作シリーズの中の第3部『光復の歓喜』（1977.8.13放送）の番組を取り上げて検討した。当時の「8.15」ドキュメンタリーシリーズは制作手法や番組内容・テーマにおいてイデオロギー装置としてその役割が明確に枠付けられていたのが分かった。

第3章では、1980年代初期の番組である、8.15海外企画8部作シリーズ『移民韓国人、このように成功した』（1983年放送）を取り上げた。このシリーズは歴代初の「8部作」のシリーズである点や当時はまだ希少であった海外企画取材番組である点などから当の放送局の事情を考えると画期的な試みであったと捉えられる。本書では8部の中で『第1部洋服屋三兄弟』（1983.8.8放送）を重点的に考察したが、1980年代の「8.15」ドキュメンタリーシリーズの中で「反日」や「反共」の言説は語られていなかった。限定的なまなざしが見つめる先にはもう一つの「ネーション」としての「移民韓国人」があった。また、この時期の言説は貧困の近代韓国を乗り越えた「勤勉さ」や伝統的な儒教の教えである「親孝行・家族愛」などで

支えられた韓国人のメンタリティーとしての「矜持」を強調するという韓国人というアイデンティティの「動員」のためのまなざしであった。

第4章では、1980年代半ば以降の番組である『韓国人の一日』（1987.8.12放送）を取り上げて考察した。1987年の「6月抗争」を背景とするこの番組は既存の「8.15」ドキュメンタリーシリーズの言説から変わ・っ・て・い・た・。すなわち、序章で「仮説」の一つとして取り上げていた戦後韓国の「民族主義」の流れの言説的なターン（discursive turn）の決定的なクロノトポス（chronotope）は『韓国人の一日』というテクストの中にあって、そしてその遠景のクロノトポス（chronotope）は1987年「6月抗争」が挙げられると考えた。大勢の韓国人が戦い通した全国民的な「民主化運動＝1987年6月抗争」は「8.15」ドキュメンタリーシリーズの中では社会構成体としての「中産階層＝韓国人」の意識こそが今後の韓国の民族的民主主義の方向性に繋がるという言説を生み出していた。

第5章では、1990〜2000年代の番組の中で二つの番組を取り上げて比較しながら考察した。すなわち、光復50周年特集『まだ終わっていない金の戦争』（1995.8.14放送）と光復節特集『在日、悩む魂』（2009.8.14放送）である。「金嬉老事件」を番組の素材とする『まだ終わっていない金の戦争』の「在日」と大衆的に認知度の高い4人の「在日」（スポーツ選手や音楽家、知識人）の比較で見えてきた言説は、一方では「在日」と「差別」を、他方では「在日」と「共存」という、「在日」へのまなざしの「差異」が読み取れた。他方で、この時期になって漸く再び「ネーション」への再認識、すなわち「在日＝ザイニチ」のアイデンティティと「自己（韓国人）」のアイデンティティを問い直すという「ネーション」の再構築への試みが垣間見えてきた。

第6章では、2010年代に放送された、8.15企画4部作シリーズ『戦争と日本』（2014.8.22放送）を取り上げた。戦後60年以上が過ぎていた時点で再び「戦争」をテーマとした「8.15」ドキュメンタリーシリーズの試みは、日韓両国だけではなく、東アジアや中国、ヨーロッパまでを視野に入れながら取り上げられていた。4部作シリーズの各サブタイトルは、第1部が『戦犯となった朝鮮青年』、2部が『南京の記憶』、3部が『裕仁と終戦勅

書』、4部が『忘却する国、贖罪する国』であった。本書では4部『忘却する国、贖罪する国』を重点的に検討した。

　終章では、本文の第1〜6章までの番組分析や言説の変容の検討を総括するとともに、序章で取り上げていたいくつかの問題設定を「8.15」ドキュメンタリーシリーズの中で厳選したテクスト事例を実証的に分析して得られた言説の特徴や変化の結果を用いながら、戦後韓国におけるナショナリズム言説の変容を文脈的に捉え直しつつ、言説の生成の背景とズレのプロセスとして総合的に論じた。最後には、「8.15」ドキュメンタリーシリーズという所詮イデオロギー装置の枠であるが、しかしながら政治経済的な情勢や社会文化的な状況、そして社会構成体である民衆とともに揺れてきた足跡を再確認する必要性を強調した。その後韓国におけるナショナリズムの「進展」をめぐる今後の可能性と課題について若干の見解を述べた。

注
1) KBS が国営から「公社」として再出帆したのは維新政権下の1973年3月3日である。なお、その2年前の1971年からは既存の公務員とは異なる「別正職」として放送専門要員（新入社員）の募集が行われた。
2) アルチュセール（Althusser, Louis）は、国家装置（AE/SA）とは異なる国家のイデオロギー諸装置（AIE/ISA）の特徴として以下の二つの点を取り上げている。すなわち、国家装置とは違って国家のイデオロギー装置は複数存在可能である点、公的な領域ではなく私的な領域に属している点である。本書で取り上げている「8.15」ドキュメンタリーシリーズは、アルチュセールの国家のイデオロギー諸装置の事例の中では「情報（the communication ISA)」のイデオロギー装置に最も近接しているが、「文化的（cultural ISA)」領域とも関わっているという視点は重要であると思われる。なお、番組事例に関する詳細な内容は第2章1〜2節を参照されたい。
3) パトリオティズムがせめぎ合いの中でナショナリズムへと変質していくことを歴史的な視点から論じているヴィローリの著書は参考になる（Viroli（1995 = 2007))。
4) Anderson（1991：83-111）を参照されたい。
5) If nationalism in the rest of the world have to choose their imagined community from certain "modular" forms already available to them by Europe and the Americas, what do they have left to imagine?
6) アンダーソンは事例として日本の植民地下の韓国に言及しているが、アンダーソン

が著書で取り上げている日本帝国と「朝鮮＝ Korea」との関係の記述だけでは実情が見えてこない（Anderson 1991：110）。

7）この語彙の出典（原著）は、Stallybrass, Peter & White, Allon（1986）*The Politics and Poetics of Transgression* である。関連する参考文献と論文としては、正木恒夫（1995）や、Greenblatt, Stephen（1980）、吉見（1997）が挙げられる。「境界侵犯」とは、「象徴的転倒」に対する定義にあてはまると言われているが、「象徴的転倒」とは、手広く言って、ひっくりかえし、反対し、捨て去るあらゆる行為、あるいは、通常受け入れられている文化的価値、約束、価値、規範——言語、文学、芸術、宗教、社会、政治といったあらゆる局面において——に対して、何らかの形で異議を申し立てること、と定義できる（Stallybrass, Peter & White 1986 ＝ 1995：33）。

8）イム・ジヒョンの著書（1999）のタイトル。イムの専攻は西洋史。挑戦的なタイトルの割には「民族主義」への体系的な考察や論理的な批判ではなく著者の思い入れの表現と恣意的な主張が目立つ論考となっていた。

9）「民族問題の再省察：民族主義と国民的アイデンティティ」をテーマとした社会学者のユンの論文は、戦後韓国の「民族主義」を「抵抗的民族主義」や「実用的民族主義」「開かれた民族主義／普遍的民族主義」に分類しつつ、調査分析を通した考察から導かれた結論として「民族主義」の代案を提示したものである。

10）「3.1」運動と「民族主義」との関連については金森（1985：13-20）も参照されたい。

11）バク・チャンスンは、1920 年代の『東亜日報』や『朝鮮日報』『開壁』などの新聞や雑誌の創刊も「民族」という語彙の大衆的な拡散に寄与したと言った（2016：255）。

12）例えば、白南雲の「連合性新民族主義」や、李範奭の「民族青年団」、李承晩と安浩相の「一民主義」などが挙げられる。

13）ユン・インジン＆キム・ギオク（2005）や、金賢淑（2006）、キム・ギオク（2009）などの論文を参照されたい。

14）グローバル時代における「エスニック・ナショナリズム」に背反する証拠としては「多文化主義」が挙げられる。スミスの古典（*The Ethnic Origins of Nations* by Smith, D. Anthony［1986］や *National Identity* by Smith, D. Anthony［1991］）だけではなく、Connor（1994）や Negri, Antonio, Hardt, Michael（2000）または大澤（2004）や、大澤（2009：2-35）を参照されたい。

15）「反植民地支配ナショナリズム（Anti-Colonial Nationalism）」に関連して、「統一国家形成後に進展した国家ネーション形成過程にとって一つの分水嶺となったものとして、マイノリティーの『エスニック・ナショナリズム』の発生があった」という（佐藤 2000：51）。

16）そして一つ加えておきたい点は、今後、独自の韓国の「民族主義」を解釈していくためには、「民族主義」をめぐる文化的な実践の実証的な研究対象（テクスト）への拡大や開発、そして各々の研究対象に応じた具体的かつ理論的な方法論の開発と応用にも積極的に取り組むことが重要な課題であるという点である。

17）なお、ブルイリーの比較研究の対象において韓国の事例は英文の先行研究資料の不足のせいかも知れないが、総770ページ以上のボリュームの中で僅か2ページだけの、無いに等しいレベル（Breuilly 2013：466-467）となっていた点をつけ加えておきたい。

18）1.2の中でも取り上げたアンダーソン（Anderson, Benedict）の「想像の共同体 *Imagined Communities*（1991）」だけでは「民族」と「ネーション」の区別は付かない。それは、アンダーソンが「近代」の産物として「共同体（Imagined Communities）」を想定したからである。すなわち、「民族」と「ネーション」の区別には二つの言葉の概念的な出現をめぐる歴史的な配慮が必要となる。だがここでは、論点のズレや紙面上の問題もあるのでこれまで行われてきた「民族」と「ネーション」の概念的な議論をめぐる膨大な先行研究の実績の記述を省いて、主として韓国における「民族」の概念の特徴に注目した。

19）ユン・インジン＆キム・ギオク（2005）や、カン・ジョンフン（2008）などを参照されたい。

20）「ネーション」の定義については佐藤の論考（佐藤1995）が注目されるが、佐藤はネーションを「共同体」ではなく、ネーションの諸概念の交換・競合し合うある種の「場」であると捉えた（佐藤1995：106）。また、「ネーションの発生はしばしば知識人や政治的リーダーによるネーションの発見、そして著作や運動によるネーションの宣言に由来しているもの」で、これは通常「ナショナリズム」と呼ばれるものであると言った（佐藤1995：110）。こうした視座は「ナショナリズム」の概念を「ネーションの形成と構築のための思想や運動」として捉えて、「ネーション」と「ナショナリズム」との相互的関係性の理解を容易にするメリットがある。

21）こうした「ネーション」の概念を軸としたナショナリズムの理解の仕方、すなわちナショナルアイデンティティ（またはナショナリティ）の有する特徴としては、神話的要素や倫理的義務、そしてナショナルな自己決定の権利が挙げられる（Miller 1995）。

22）すなわち、「ネーション」とともに「ナショナリズム」の意味や形態は地域や時代によって様々に変化する産物である（佐藤2000：51）。

23）こうした「下から」の運動としてのナショナリズムに関する理論的な枠組について本書では、ジェフ・イリー（Eley, Geoff）のドイツにおける「過激ナショナリズム（Radical Nationalism）」に関する論考（1992）や、ブルイリー（Breuilly 1993[1982]）の比較研究の中で取り上げられている「反植民地支配ナショナリズム」の特徴とインドとケニアにおける反植民地支配ナショナリズム事例研究に関係性を持つ。

24）佐藤2009：26-27.

25）「5.16革命以後初めて迎えた8.15光復節に付き、ソウル中央放送局とソウル国際放送局では8.15光復節16周年と5.16革命100日を記念する大々的な特集放送を8月13日から8月末までに至る長期間に亘って実施した。（中略）ドキュメンタリー『感激の8.15』など意欲的なプログラムを放送した」（『KBS年鑑1962』韓国放送文化協會、p.122）。

26）Anderson, Benedict（1983）*Imagined Communities: Reflections on the Origin and Spread of Nationalism.*

27）Gellner, Ernest（1983）*Nation and Nationalism.*

28）Smith, D. Anthony（1986）*The Ethnic Origins of Nations.*

29）ポストコロニアリズムの知見の先行研究としては、Said, Edward W.（1978）*Orientalism* が挙げられる。そして、コロニアリズムの理論については Williams, Patrick & Chrisman, Laura（eds.）（1994）*Colonial Discourse and Post-Colonial Theory: A Reader* が分かりやすい。また、グローバル化と文化政治の関係性を取り上げた Appadurai, Arjun（1996）*Modernity at large: cultural dimensions of globalization* をはじめ、グローバル化と経済・政治的（economic politics）な側面を考えさせる Negri, Antonio, & Hardt, Michael（2000）*EMPIRE* は示唆的である。そして、Sassen, Saskia（2006）*Territory, authority, rights: from medieval to global assemblages* は、所謂国家や国民、理念と社会文化的変容との関係性を探る本書の内容を進めていく上で、新鮮な知見を提示してくれる先行研究である。

30）佐藤（1995）佐藤（2000）など。

31）「メディアとしての天皇制」（2002a）や、『親米と反米』（2007）、『天皇とアメリカ』（2010）、続いて『夢の原子力』（2012）など。

32）*The Dialogic Imagination*（1981）, *Speech Genres and Other Late Essays*（1986）, *Art and Answerability*（1990）など。

33）ある意味ジグザグ進行のバフチンの著作におけるこのような限界を踏まえて、スタムはバフチンのバラエティーに富む多くの仕事の中で「総合性（synthesis）」を紡ぎだす必要性をアピールした（Stam 1989：189）。

34）また、ホルクウィストとともにバフチンの生涯と業績をまとめたカテリナの著書（Clark, Katerina and Michael Holquist（1984）*Mikhail Bakhtin*）もバフチンを理解するために欠かせない。そして、言語学や、コミュニケーション、文学におけるバフチンの貢献に関する先行研究と言えば、著名な記号学者であるトドロフの功績（Todorov, Tzvetan（1981）*Mikhail Bakhtin: Le Principe Dialogique*）も示唆に富んでいる。トドロフは、著書の中で言語学を中心としたバフチンの思想の概念的範疇を提示するとともに、バフチンの言語学と文学へのパースペクティヴな思想の可能性を裏付けている。

35）Stam, Robert（1989）*Subversive Pleasures: Bakhtin, Cultural Criticism and Film*

36）Stam, Robert, Mikhail Bakhtin and Left Cultural Critique Gardiner, Michael（ed.）（2003）*Mikhail Bakhtin*, Vol.3, pp.259-285.

37）実際に、比較的最近である 2000 年代にも、バフチンの思想が、社会学（例えば、Nielson, Greg Matc（2002）*The Norms of Answerability: social theory between Bakhtin and Habermas*）や、言語学（例えば、Bandlamudi, Lakshmi（2017）*Difference, Dialogue, and Development: A Bakhtinian World*）、組織論（例えば、Lorino, Philippe & Tricard, Benoît（2012）The Bakhtinian Theory of Chronotope（Time–Space Frame）Applied to the Organizing Process, *Constructing Identity in and Around Organizations*, Oxford University）等で引き続き応用・拡張されている点は、バフチンの思想の可能性と課題を開拓していくという面において鼓舞的な現象と捉えられる。

38）アメリカの SWNCC（State-War-Navy Coordinating Committee：国務陸軍海軍三省調整委員会）の資料を主な研究対象としつつ、アメリカによる戦後の新たな世界秩序の構築をマルチスケール（Multi-scale）のアプローチから見直した『終戦から冷戦へ：アメリカ SWNCC と戦後東アジアの ‘新秩序’』（2017）は必要とされながら不十分だった領域を補充した研究である。

39）歴史的な視点を活かしつつ「親日」の言論や言論人に関する考察をまとめた『戦争期の言論と文学』（ジョン・ジンソク 2012）が、日本帝国時代から解放後、そして朝鮮戦争に至るまでのイデオロギーに揺れていたメディア（主として新聞）をめぐる人々の動きを理解する上で参考になる。

40）その他、Cumings, Bruce（2010）*The Korean War*、それから Holliday, Jon と共著の *Korea: The Unknown War*（1988）などがある。

41）カミングスの研究は朝鮮戦争におけるアメリカの責任回避に偏っていた点や戦争の原因をめぐる内戦論を強調しすぎた点で「修正主義」として批判された。なお、朝鮮戦争の勃発と起源に関して北朝鮮の急進的軍事主義による「内戦論」に比重を置いた研究であるパク・ミョンリム（2014）もカミングスの研究とともに「朝鮮戦争」の原因を究明しようとした研究として挙げられる。

42）単行本としては『思想界と 1950 年代文学』（キム・ゴンウ 2003）や、近年の研究としては、思想界研究チームによる『冷戦と革命の時代、そして思想界』（2012）等が参考になる。

43）（To be is to communicate.）

44）（When the dialogue is finished, everything is finished.）

45）なおバフチンが注目した「差異（difference）」に関連して言えば、ホルクウィストは 1979 ～ 80 年に「アレゴリー（Allegory）」と「表象（Representation）」という各々のテーマで 2 回行われたシンポジウムの中で「表象の政治学（The Politics of Representation）」という論考を発表している。ホルクウィストは、「バフチンのダイアロジズム（dialogism）の実践を最もよく説明できる表象の理論（Theory of Representation）は、実はバフチン自身の理論である」と言った。その理由についてホルクウィストは下記のように説明した。

　フロイト研究（Freudianism）の中でバフチンは、「フロイトによる二つの異種の分別としての意識と無意識という区分（distinction）を差異（differences）として定義し直した」。そして、「意識と無意識における差異（differences）をイデオロギーの共有する非公式的な意識（unofficial conscious）の言語と公式的な意識（official conscious）の言語による内的な発話（inner speech）と外的な発話（outward speech）として捉え直した」（Holquist, Michael 1981b：177）。

　また「こうした言語的なものは、しかし主体にではなく、社会的なグループに属しているとバフチンは考えた」（Holquist, Michael 1981b：177）。

46）取り上げられたレイモンドの著書は、Williams, Raymond（1983）*Writing in society*（Verso modern classics）Verso である。なお、初版 *Bakhtin and Cultural Theory* の中に収録されている Pechey（1989）On the borders of Bakhtin: dialogisation, decolonisation は 2001 年の改訂版には載っていないが、1980 年代頃のバフチンの理論をめぐる激しかった論争の状況が伝わる一考として参考になる。

47）ホールは、バフチン（ヴォロシノフ）がイデオロギーの意味と階級の帰属化の問題を言説の離合集散する闘争の場として置き換えたと述べている（Hall 1986）。

48）著名な記号学者であるトドロフは、「バフチンの認識論（epistemology）は言語（language）理論に基づいている。彼の文学史は人間学的省察（anthropological reflexion）に導く。そして対話の原理（dialogical principle）は対象が何であれ、彼の支配的な（dominant）テーマとなっている」とバフチンの伝記を締め括った（Todorov 1984：13）。

　また、1970 年代半ば以降から意欲的な著作活動を通してバフチン分析に貢献してきたバフチン研究の先駆者の一人であるマイケル・ホルクウィスト（Holquist, Michael）は、「バフチンの哲学はプラグマティズム的（pragmatically）な知識理論であり、より詳しく言えば人間の言語使用方法から人間の行為を把握しようとする現代の認識論（epistemology）の一つである」と言った（Holquist 1990：15）。また続けてホルクウィストは、バフチンの認識論の中でもダイアローグ的（dialogic）言語概念は際立っているとともに、バフチンの全ての仕事はダイアローグの原理によって活性化され、支配されていることから、バフチンの生涯に亘る仕事を導く前提としての明白なマスターキーはダイアローグ（dialogue）であると言い、バフチンの仕事を説明する統合的な用語として「ダイアロジズム（dialogism）」を提案した（Holquist 1990：15）。

　そしてポール・ド・マンは、1983 年に発表した論文で、ホルクウィストの「dialogism」というタイトルの著作（1990）より先にダイアロジズム「dialogism」を論文のタイトルとして使っていた。ド・マンはバフチンの評判を「人文科学の領域における最も重要で 20 世紀の最大の文学理論家」（Todorov 1984）、そして「20 世紀の主要な思想家の一人」（Holquist ed. 1981）として紹介しながら、バフチンのその他の主要コンセプト（例えば、chronotopose, refraction, heteroglossia, carnivalesque）の中で最も注目された概念として「ダイアロジズム（dialogism）」に言及した（De Man 1989：106）。

49）バフチンの対話をめぐる主要コンセプトとして他者性とともに、多言語混淆（heteroglossia）が挙げられる。バフチンの多言語混淆とは一つの「状況（situation）」であると言えるが、この状況とは世界を様々な言語の混沌とした集まりとして見なすだけではなく、無数の言説の中から選ばれた特定の言説で応答を枠づけしなければならない状況として捉えられる（Holquist 1990：69）。

50）バフチンは、状況（situation）について、「発話の行為の空間と時間、発話の対象とテーマ、及び起こっている事柄に対する話し手の関係」という三つの側面

（aspect）を挙げている（Todorov 1984：42）。

51）ホルクウィストの「co-being」の類似した概念として、スタムは「in-between」と表現した（Stam 1989：218）。

52）バフチンはこの用語について、そもそも「数理生物学（mathematical biology）で用いられている用語の文学研究に若干の隠喩（metaphor）としての導入である」と言った（Todorov 1984：14）。一方、こうした背景についてトドロフは、「芸術の進化と科学の進化は——等しくイデオロギーの進化に結び付けられている。（中略）自然科学と人文科学の間には歴史的な並行関係が存在する」と解読した（Todorov 1984：14-15）。

53）さらに敷衍するならば、バフチンは、「クロノトポス（chronotope）によって、物語の筋が結ばれ、また解かれる」と言った（Bakhtin 1981：250）ように、小説の物語（narrative）の意味を明瞭にするツールとしてクロノトポス（chronotope）の限定的な概念を用いた。他方で、「反映され創り出される（作品の）クロノトポスとは描き出されたこの世界の実在のクロノトポスに由来する」と言い（Bakhtin 1981：253）、芸術（art）と人生（life）を、言葉や価値、そして行為の多言語混淆（heteroglossia）としての、同じ現象として捉えるとともに、こういった相互作用がダイアローグを基本的な範疇のダイアロジズム（dialogism）にすると考えた（Holquist 1990：111）。

54）バフチンは「個人のイデオロギーの進展とはヘゲモニーのための熾烈な戦い」と主張した（Bakhtin 1981：346）ように、バフチンは、「人が自己（self）になるのは、言語の混淆（hybridization）のプロセスを通じてである」とともにまた、バフチンにとって説得的な言説とは、「相互作用（interaction）や戦い（struggle）」の「同化（assimilation）」を通じて他者の言葉（voices）を「自分の言葉」にすることで認められるのであった（Bakhtin 1981：346）。要するにダイアロジズム（dialogism）とは常に他者との関係性の中で混合的なものであり、常に他者との協同的な仲介的な立場の自己であることを大前提とする視座であると言える。

55）ダイアロジズム（dialogism）の構成要素（例えば、自己と他者、著者と主人公、越境、発話等）全ては、根本的に構築学的なツールであることは言うまでもない。

56）クロノトポス（chronotope）の概念は、「アインシュタインの相対性理論とは異なる時間と空間の概念が分離できない文学批評のための隠喩（metaphor）として捉えられる」（Bakhtin 1981：84）。

57）バフチンのダイアロジズム（dialogism）はアインシュタインの相対性理論に近い側面がある（Holquist 1990：20）。

58）*Subversive Pleasures: Bakhtin, Cultural Criticism, and Film*（1989）

59）バフチンのダイアロジズム（dialogism）における限界として、スタムは相互個人的コミュニケーションと権力の布置や生産方式との関係についてバフチンは全く踏み込まなかったため、バフチンの分析には「仲介（mediation）」の理論が欠けていると言った（Stam 1989：188）。そしてある意味ジグザグ進行のバフチンの著作におけるこのような限界を踏まえて、スタムはバフチンのバラエティーに富む多くの仕事の中

で「総合性（synthesis）」を紡ぎだす必要性をアピールした（Stam 1989：189）。

60）「言説の概念の文体論（stylistics）は（芸術家の研究の外の）公共的な空間（例え
　　ば、広場や、大通り、町、村）や、社会的な集団や世代、時代などの言説の社会的生
　　活へ拓けた（Bakhtin 1981：259）文化的な産物である」と言える（Stam 1989：19）。

61）「バフチンの視覚（sight）と声（voice）という主要な文彩（tropes）は、その根源
　　的な表現においては、視覚的でも音声的でもない何かを表すためのものである。むし
　　ろそれは、時間（time）と空間（space）の概念、所謂『アインシュタイン』を用い
　　ることでもっと明確に表現できる状況である」（Holquist 1990：164）。

62）スタムは、バフチンの哲学を映画記号論の立場から説明しているが、「バフチンは、
　　ソシュール（Saussurean）の伝統に乗っている一枚岩の言語という概念を支持する記
　　号論ではなく、言語も例外なく単一言語と多言語混淆との対話的相互作用であると言
　　い」（Stam 1989：52-53）、「バフチンのメタ言語学は、多様な映画言語に対して相対
　　的かつ多元的であり、中心的かつ支配的ではなく周辺的かつ周縁的なことがその特徴
　　である」と言った（Stam 1989：53）。

63）さらにバフチン思想のメディアへの応用と拡張の側面において敷衍するならば、そ
　　もそもバフチンは「ジャンル（genres）」をテクストの「空間（space）」として考え
　　た。バフチンはジャンルについて、「求心力と遠心力が激しく相互に作用するレベル
　　において、両者の相互の闘争（struggle）が所謂テクストと呼ぶ空間（space）を生み
　　出す」もので、「この種の（同時性に構造を与える）空間は、ある特定の言説が認知
　　可能な時ジャンルに融合する場合にのみ生じうる」と言った。そして、「ジャンルは
　　集合的現象（collective phenomenon）であるが、文体（style）は個別的（individual）
　　なもの」として、「小説性は、言語を（個別のレベルではなく）認識論（epistemol-
　　ogy）と社会的力学（social dynamics）のレベルとして扱う」と捉えた（Holquist
　　1990：70-71）。要するに、バフチンの考えるジャンルとは、所謂「ジャンル」という
　　内的意味以上の、潜在的に社会政治的な（sociopolitical）カテゴリーとしての外的か
　　つ社会的なヘゲモニーの領域と関係するものである（Bakhtin 1986：78, 132）。こう
　　した視点は、小説というテクストだけではなく、その他のメディアのジャンルへのバ
　　フチンの理論の拡張を裏付けていると捉えられる根拠として、本書の主な研究対象と
　　して検証するテレビのドキュメンタリーのジャンルまでの可能性へと導いている。

64）関連する参考文献として、ジョン・フィスク（1987）や崔（2017）がある。

65）クローリーが最初に注目した「言説における動的な歴史的葛藤の見方」は、上記の
　　ツヴェタン・トドロフ（Todorov, Tzvetan）や、マイケル・ホルクウィスト（Holquist,
　　Michael）、ロバート・スタム（Stam, Robert）によるバフチン理論への説明の中で既
　　に言及されている内容と重複しているのが分かるが、「19世紀のイギリスの英語の事
　　例を挙げながら単一言語（the unitary language）や標準語（the standard language）の
　　成立がナショナルな欲望による国民統合だけではなく、帝国主義言語という世界中に
　　文化的なヘゲモニーとして広がり、そして方言や階層、ジェンダー、人種等をめぐっ
　　て『黙らせる（silencing）』といった現象によって『差異の階層化（hierarchized）』を

構築した（Crowly 1989：190)」という言語をめぐるコロニアルな言説に繋がる文化研究の論点をバフチンのダイアロジズム（dialogism）の主張をもって歴史的に確認させた点は注目に値する。

66）二項対立（binary opposition）としての過剰な単純化（oversimplification）の問題点についてクローリーは、「二項対立を避けるべき」で「異なる言説の形式に関わる政治的な文脈の重要性に気づくことで論理的な結論が引き出せる」と言い、「これこそが特定の歴史的事例の考察と探求をする意義である」と言った（Crowly 1989：192)。

67）ホルクウィストはこの exotopy（外的場）を outsideness（外在性）として訳していて、ダイアロジズムにおいて、この用語は常に空間的で時間的であると言った（Holquist 1990：31)。

68）そもそも「ポリフォニー（polyphony)」とは、1929 年新版の『ドストエフスキーの詩学の諸問題』の中で、バフチンが「主に構造の問題、すなわちドストエフスキーがいかなる形式的手法によって、作者が最小限しか介入することなく登場人物たちが自分たち自身の声で語ることを可能にし、それによって新しいジャンルを生み出したか」という問題を論じているが、ここでバフチンがこのジャンルを「ポリフォニー小説（polyphony novel）と呼んだ」（Clark & Holquist 1984：239-240）ことに由来する。

69）文化を例に取ると、ジェンダーや職業、年齢、階級、場所などが異なる集団の声こそが文化として存在するので、文化そのものはポリフォニー的であると言える。

70）さらにスタムは、バフチンのダイアロジズム（dialogism）は、徹底的に関係性を支持するので、単なる多元論（pluralism）とは下記のように異なると記した（Stam 1989：231)。第一に、発話（utterance）や言説（discourse）は、権力の影響による変形に関係性を持つ。第二に、バフチンは見解における擬似的類似性（psedoequality）ではなく、周辺的で抑圧された周縁的な非公式的な見解に共感を寄せる。第三に、バフチンは、多元論の「許す」「大目に見る」に対して、「ポリフォニーは祝祭性、相互的（reciprocal）、置換性の見解である」とする（Stam 1989：231)。すなわちバフチンにとって言説（discourse）とは、互いに排除するのではなく、互いに交錯（interest）するものである（Stam 1989：233)。

71）バフチンの「抜け穴（＝ loophole)」について、ホルクウィストは自身の The politics of Representation の論文（Holquist 1981b：174）の中で下記のように説明した。すなわち、「抜け穴（＝ loophole)」とは、「バフチンの *Marxism and Philosophy of Language* のテクスト（text）がバフチンの一種のダイアローグ空間（the kind of dialogic space）になっていること」という意味のメタファーである。また、ロバート・スタム（Stam, Robert）が、「抜け穴言説（＝ loophole discourse)」について映画の表現を例えながら説明した内容は「抜け穴（＝ loophole)」を理解する上で参考になる（Stam 1989：197-198)。

72）バフチンは日常的な言語交換の中における形式的（formative)・構成的（organizing force）な力を言葉の臨機応変さ（speech tact）と呼んだが、こうしたバフチンの

（speech tact の）概念を映画理論と分析に非常に有効な概念としてフィルムに応用したのがスタムであった。バフチンの考えた言葉の臨機応変さとは、日常生活の中の発話におけるジャンルやスタイルを決めるある一つの礼儀として広い意味で捉えられる。スタムは関連するフィルムにおける臨機応変さの説明を比較的詳しく書いていた（Stam 1989：45-48）。

73）（Bakhtin 1981：327, 434）（Stam 1989：18-19）（Holquist 1990：164）が参考になる。

74）フィスクはテクストの多義性を生み出すテクスト装置として五つ（Irony, Metaphor, Joke, Contradiction, Excess）を取り上げている（Fiske 1987：85-93）。

75）Stam（1989：46）。

様々な「反植民地支配ナショナリズム
（Anti-colonial Nationalism）」

「前景」としての1940〜1950年代

1. 植民地時代の「反植民地支配ナショナリズム」

　序章で先述したが、図 A-1（戦後韓国における「反日」と「反共」の概念をめぐる構造的関係性）の中で、韓国における植民地時代の「反植民地支配ナショナリズム（Anti-colonial Nationalism）」の言説としては主に二つ（＝ⅠとⅢ）の領域が該当する。

　こうした分類は構造的かつ相対的な線引きに過ぎないかも知れないが、言説をめぐる複雑な権力闘争の歴史の流れを説明するためにこうした視覚化させた図式化を用いて論理の展開を明瞭化させる。

　さらに、こうした視覚化の試みは、解放以前の本論の「前景」としての植民地時代の「反植民地支配ナショナリズム」に関わる代表的な組織と活動を紹介しつつ、解放後まで連続するこの時期にでき上がっていたナショナリズムの言説についての詳細な検討をサポートしてくれるのである。

　1940 年代の韓国を中心とした情勢に関連しては学術的な研究が既に多岐に亘ってなされてきたが（先行研究や参考文献を参照されたい）、関連する時

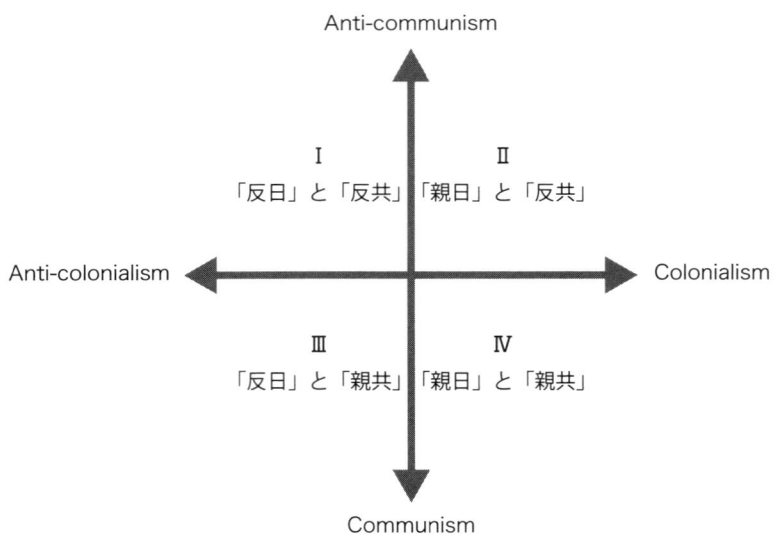

図 A-1　戦後韓国における「反日」と「反共」の概念をめぐる構造的関係性（再掲）
出典：筆者作成

代について行われてきた膨大な先行研究を本書に再度書き写すような疲弊をできるだけ避けるために、本章では次の二つの点に注意しながら記述を進めたい。

第一に、本書では、図 A-1 で分類・設定した関係図式としての各領域（本文ではとりわけ、Ⅰ「反日」と「反共」の領域を、その後、Ⅲ「反日」と「親共」の言説）を念頭に置きながら各々の言説の歴史的展開を検討する。

第二に、第 1 章の射程である 1940 年代から 1950 年代までの、植民地時代から解放直後までの韓国政治において中心的な位置に長く君臨してきた重要な人物である李承晩に主に注目する。本文では特に李承晩の解放前後の政治的な政策を射程の中心に置きながら「反日」と「反共」の言説の生成をめぐる歴史的背景と展開を記述する。

1.1 「反日」と「反共」（＝領域Ⅰ）

戦後の韓国において最も強力な支配言説として「反日」と「反共」（＝図 A-1 のⅠの領域）が成立するプロセスの背景には、解放以前の主に二つの所謂「独立運動家」たちの組織とそのリーダーの存在に遡らないといけない。すなわち、一つの組織は駐米外交委員部とその委員長として委任された（1941 年 6 月 4 日）李承晩である。他方で、もう一つの組織は、上海・重慶の大韓民国の臨時政府と臨時政府主席であった金九であった。なお、大韓民国の臨時政府（＝「臨政」）は、最初上海（1919 年 4 月）に創設されてから→杭州（1932 年 5 月）→嘉興（1935 年 11 月）→鎮江（1937 年春）→長沙（1937 年 12 月）→廣東（1938 年 7 月）→柳州（1938 年 11 月）→綦江（1939 年 5 月）→重慶（1940 年 9 月）へと移動した（ゴ 2004：480）。

しかし方法としてここでは主に李承晩の活動や政治的路線を中心に述べていく。なぜならば、第一に、本書の射程は「戦後韓国のナショナリズムをめぐる言説の変容」であるが、戦後の韓国における「民族主義」をめぐる言説を理解するためには、1919 年大韓民国臨時政府の初代大統領（1919 ～ 1925）として選出されるとともに、解放後樹立した韓国政府（1948.8）の初代大統領（1948 ～ 1960）となった李承晩の活動の軌跡と韓国社会に与えた影響が重要視されると思うからである。実際に例えば、解放直後の混沌

とした情勢の中で李承晩の政治的な勝利の原因と過程を1870年代の李承晩の生い立ちから1960年代の韓国から追放され没落するまで綿密に考察したジョン・ビョンジュンは、解放の政局の中で李承晩の役割は（李承晩に対しては両極端な評価に分かれているにもかかわらず）歴史上強力なものであって、国家の理念や体制、性格などに至るまで現代史の主要な方向性へ影響を及ぼしたリーダーであったと言った（ジョン2005：30）。

　第二に、李承晩の政治的な路線の軌跡は臨時政府との関係から読み取れる点が多いため、李承晩を軸に述べることで、臨政やその主席であった金九の活動と思想や政治的な路線も自然に説明される利点がある。実際に、李承晩の独立運動を考察したゴ・ジョンヒュ（高珽烋2004）は著書の中で、李承晩と臨時政府との関係を主に三つの時代に区分している。すなわち、葛藤期（1919-1925）、断絶期（1925-1941）、協力期（1941-1945）である（ゴ2004：213）。ゴは、米日戦争が予見されていた1941年4月、李承晩が再び駐米外交委員部の委員長に任命されて、対米外交の全権を臨時政府より委任してもらったことが、解放後韓国の大衆的な支持を獲得できたきっかけとなった（その後結局大統領となる）と捉えている（ゴ2004：213）。

　第三に、植民地時代における所謂「ブルジョワ民族主義」の言説が解明できる点が挙げられる。要するに、李承晩が1912年から33年間アメリカで亡命生活をしたにもかかわらず初代大統領にまで登りつめたのは、李承晩が国内の人脈と支持基盤を常に持っていたからである。つまり例えば、培材學堂（ベジェハクダン）や、独立協会と万民共同会、ソウルYMCA、そして1920年代の凡太平洋朝鮮協会や、太平洋問題研究会朝鮮支会、興業倶楽部など、李承晩の支持基盤のネットワークが存在していた（ゴ2004：520）。注視したいことは、こうした李承晩の支持基盤の団体の人物像である。すなわち、李承晩の支持団体のメンバーたちは「エリート知識人」たちの、アメリカ式の自由民主主義と資本主義の体制に憧憬する、所謂「ブルジョワ民族主義者」と呼ばれる人たちとして、解放後彼らは保守右翼の求心点となった（ゴ2004：520）点である。つまり、こうした所謂「ブルジョワ民族主義者」たちが、戦後の韓国の支配言説を生み出す構造的な他者として位置付けられるのである。

ところで韓国のブルジョワ民族主義者たちの先頭にいた李承晩の政治的な思想や路線については、「独自的かつ明確な思想や理念より、現実に当面した立場や路線を重視した」という分析が支配的である（ジョン 2005：37）。李承晩は、典型的な「親米派」として、解放以後は「親米」よりは「反共」「反ソ」「反北」「反託（反信託統治）」を前面に、これこそ「民族主義」の具体的な表現であると語ったという（ジョン 2005：31）。また、李承晩の「対日」認識については、「現実主義的かつ多勢遂行的なもので、信念に基づいていたのではなく、個人的な利害によって変化した」（ジョン 2005：103）。そして、既に知られているように、対日において李承晩は解放前までは独立運動家たちの露骨な反日運動や暴力的な反日闘争に反対していた。こうした対日に関する李承晩の政治的な立場は一見平和主義者のように見受けられるが、李承晩の対日路線はアメリカの対日関係と深く関係しており、「反日」と「融和」的な姿勢を当時の情勢の動きに合わせて交互に主張するという、実利を図る（日和見主義と批判された）路線だったのである（ジョン 2005：106）。

他方で、1941 年結成された在米韓族連合委員会という独立運動機関（委員長：李承晩）の内部の分裂と対立の中でも、臨政の主席であった金九に李承晩は外交の能力を信頼されていて、解放後も臨政や金九との関係を持続していたことは、李承晩が戦後有力な指導者として大衆的な支持を得る主要なポイントとなった。また、李承晩は 1944 年の時点において、米軍情報機関の情報調整局（COI：Coordinator of Information）や、戦略諜報局（OSS：Office of Strategic Services）と接触しており、その他経済界や政治的組織の事業にも手を伸ばすなど、戦後朝鮮半島における国家樹立の土台構築に既に着手していたという（ジョン 2005：237）。

いずれにせよ要するに、李承晩をはじめとする初期の韓国の「ブルジョワ民族主義者」たちは、図 A-1 の「反日」と「反共」の I の領域に属していた代表的な組織として、戦後の混沌の中で権力構造上の典型的な支配言説を生産できる（＝図 A-1 の領域 I から領域 II へ変化）条件的な優位に立っていたのである。

1.2 「反日」と「親共」（＝領域Ⅲ）：初期韓国人共産主義者たち

　解放後まで韓国国内に「共産党」は存在しなかった。また、所謂初期の韓国人共産主義者たちは、マルクス主義に関する理論的な知識は実際に殆どなかった（ロバート・スカラピノ＆李廷植 2015：69）。さらに、所謂初期の韓国人共産主義者たちの一次的な関心は、イデオロギーに関する関心ではなく、むしろ韓国の国権回復であった（ロバート・スカラピノ＆李廷植 2015：69）。つまり、所謂初期の韓国人共産主義者たちは、植民地時代の「反植民地支配ナショナリズム（Anti-colonial Nationalism）」、図 A-1 の領域Ⅲ（＝「反日」と「親共」）に属すると分類できる。例えば、ホールがイデオロギーの定義について説明する際に主張した点は「近年のイデオロギータームはマルクス主義のテクストにおけるよりずっと広範かつ記述的で解放されている」といったことが挙げられるが、実際にホールは、イデオロギータームを「社会的思考のあらゆる組織された形態（all organized forms）を指すために使う」と言った（Hall 1996：27）。こうした点から考えるなら、初期の所謂韓国人共産主義者たちにとって見れば、（反共）イデオロギーとは、マルクス「理論」を広げることよりは民族解放のための「実践」的拠り所に過ぎなかったと言える。

　こうしたマルクス・レーニン主義の理念より「民族主義」的性向の強かった初期の植民地時代の韓国人共産主義者たちは、日本帝国主義の厳しい抑圧と処罰によって国内では根を下ろせず、ロシアや中国、満州、そして日本といった国外で活動をしていたが、解放とともに解放直後の韓国社会に勢力を広げていって、初期の「建国準備委員会」の主要メンバーや、朝鮮人民共和国（1945.9 組織）、朝鮮共産党（1945.8 再組織）、朝鮮人民党（1945.11 結成）、また解放後の韓国と周辺国家の間における新しい地政学を形成する傀儡（朝鮮民主主義人民共和国＝北朝鮮）、そして地下組織などに合流するなど、戦後に連続していたのである。

　韓国における「反日」と「親共」のイデオロギー形成についてより具体的に見てみると、韓国国内で正式に共産党が組織されたのは、1925 年（朝鮮共産党：1925.4）であったが[1]、こうした時代的な背景には、1919 年「3.1 運動」後に統治のスタイルを変更した日本帝国の文化政治時代（1919-1936）

があった。この時期、朝鮮半島では進歩的な団体が活発に結成されるとともに、『朝鮮日報』や『東亜日報』、『時事新聞』が 1920 年に創刊される（厳密に言うならば朝鮮総督府より許可が下りた）など言論活動も活気があった（ジョン・ジンソク 2001：228、スカラピノ＆李 2015：137-138）。また当時は日本ではマルクス主義が高潮していた時期であって、日本の社会民主主義者や共産主義者などの急進主義の影響を受けて、日本の中で韓国人共産主義者が急速に増えてきたという（スカラピノ＆李 2015：142）。

　しかしながら、東北アジアをはじめ、特に韓国における共産主義運動は、コミンテルン（国際共産党）の支配下にあったにもかかわらず、基本的には少数派の若者によって展開された「小ブルジョワ運動」であり、学生、労働者、農民に影響を与えるための散発的な行動をする思想団体の運動に過ぎなかった（スカラピノ＆李 2015：250-251）。そして、こうした韓国共産主義者の急進的な知識人や小知識人たちは、様々異なる地域での各々の組織や異なる人脈を持っていたので、互いに極端な葛藤関係の様相のままに解放を迎えていた（スカラピノ＆李 2015：378）。解放後の 1946 年は、韓国の南側において共産党の勢力がピークに達していた時期として捉えられるが、しかし、共産党の急激な左傾化やそして戦闘的な戦術は米軍政の支配の中で益々対立が表面化されて、最終的に共産党は拘束され崩壊して地下（裏）の世界に潜る始末となった。要するに、植民地時代の「反植民地支配ナショナリズム」の図 A-1 の中の、領域Ⅲ（＝「反日」と「親共」）に属する所謂初期の韓国人共産主義者たちや南側の共産党の勢力は、組織の中の分裂とともに、解放後結局大衆から見放された。

　他方で、解放後韓国の北側はソ連軍が駐屯することによって（1945.8.24）、朝鮮半島はアメリカとソ連との政策とイデオロギーの対決の場となったかのように、米軍政となった南側と北側は情勢が全く異なってきた。植民地時代から活動を続けてきた国内派の共産主義者のリーダー（朝鮮共産党・党首）であった朴憲永は、北朝鮮の共産党の創建（1945.10.10）とソ連の支持と後援を背負っていた金日成の登場によって、権力的に不利になってきて、逃亡した北朝鮮で結局粛清された。つまり、北朝鮮労働党（1946.8）と朝鮮民主主義人民共和国（1948.9.9）の共産主義者たちは、図 A-1 の「反日」

と「親共」(＝領域Ⅲ) に属するものの、植民地時代の所謂「反植民地支配ナショナリズム」の民族主義的共産主義者たちとは異なる、ソ連の政治理念と体制の播種人となって (その後は「主体思想」へと路線変更) 変質し続けていった。そして、こうして膠着してきた北側の共産主義者たちは、その後間もなく、朝鮮半島における同族殺戮の朝鮮戦争を起こす火種となるのであった。

2. 「反共 (Anti-communism)」の公共化

2.1 李承晩と米軍政の「反共」政策

　解放直後韓国国内では、解放後の治安維持やアメリカの進駐を意識して、中道左派の「建国準備委員会 (代表：呂運亨)」が迅速に結成された (1945.8.16 発足)。他方で、左派中心の「統一前線」の勢力は解放直後その勢力を拡大していて、「建国準備委員会」の中でも左派的な性格が濃くなっていた。その後、「建国準備委員会」をもとに「人民共和国」(1945.9.5) が成立されるものの、解放後の韓国に上陸する準備をしていたアメリカと国内の右翼勢力は、左派を警戒して重慶の「臨時政府」や金九を支持するなど、対立していた (徐 1991：208-210)。

　こうした解放後の左派と右派の対立と葛藤の混沌とした情勢の中で、さらに火を着けた決定的な出来事がモスクワ協定 (1945.12.16-26) で決定された朝鮮半島の「信託統治」のニュースであった。当時の朝鮮半島をめぐるモスクワ協定 (1945.12.16-26) の信託の問題をめぐる『東亜日報』の誤報事件 [2] (1945.12.27) は有名な事件であるが、これを機に朝鮮半島における統一政府の建設は遠退くこととなった。

　他方で、解放直後韓国における米軍政の初期の占領政策 [3] の軸にあったのは「反共」(&「反ソ」) であったと言っても過言ではなかった。その一環として米軍政は、韓国の共産党や共産主義者を徹底的に封鎖する反面、共産主義と対立していた所謂「親米派」であり「右派」である李承晩や「韓国民主党」を後援した。

　解放直後李承晩は、重慶の「臨時政府」の金九 (1945.11.23 帰国) より素

早く解放政局に加わっていて（1945.10.16 帰国）、民族の指導者としてのイメージを植え込むなど、指導者としての支持を民衆に訴えていた。李承晩が植民地時代の「ブルジョワ民族主義者」及び解放後は「保守右翼」の求心点となった背景は先述（1.1）したが、こうした李承晩の路線変更は、図A-1 の I の領域（＝「反日」と「反共」）から II の領域（＝「親日」と「反共」）への移動となったと言える。こうした背景には、主に三つの原因が挙げられる。

　第一に、解放後帰国した李承晩は、自身の政治資金の援助や支持勢力の政治的な基盤として、政治的には「韓国民主党」と、そして経済的には「大韓経済保国会」を結成（1945.12）して連携していた。特に「大韓経済保国会」のメンバーたちは、ソウル中心の工業や、鉱業、金融業に従事する経済人の組織として、殆どが植民地時代日本帝国に同調した所謂「親日派」という説が有力である。植民地時代の「親日派」が解放後に生き残るための免罪符的な一種の保険として、そして解放後の韓国産業における利権の確保のために、政治の路線的に見て身辺の安全が保証されると思われた李承晩を支持することとなったのである（ジョン 2005：580-591）。

　第二に、解放直後李承晩の路線は、「親日派」や植民地時代の遺産の清算を要求する民衆に応じるのではなく、むしろ米軍政の主導下、日本帝国時代の旧行政組織や旧警察組織の復元や復活、従来の「親日派」の人たちの再登用や再任などに偏った[4]。解放直後の米軍政の主要占領政策は、「反共」（共産主義の勢力を取り締まる目的）の強化にあったために、総督府官僚体制の復活や親日派官吏の再任用、日本帝国の下に存在していた国立警察機構の温存と強化、親日派警察の復帰、「韓国民主党」との協力など右翼派との同盟強化、「人民共和国」の不法化の主張と人民委員会の強制解散などといった左翼への弾圧が行われた（イ・ヘスク 2008：132-133）。

　第三に、次項（2.2）で詳細に検討するが、初代政府の樹立と初代国会の出発とともに始まった「親日派」を清算するための「反民族行為特別調査委員会」の設立（1948.10.22）や反民族行為処罰法改定案（1949.7.6）が結局実を結ばず失敗となった背景には、「反民族行為特別調査委員会襲撃事件」などといった李承晩と彼を擁護する勢力と他方の反対派との激しい葛藤と

暗闘が原因であった。李承晩は徹底的な「反共」主義者であったが、その反面疑いのない「親米派」であって、そして日和見主義的な「親日派」という大統領の座を維持するためだけの路線を選んだのであった。要するに、解放直後漸く成立した初代政局の不安定な立場の李承晩にとって、植民地時代の過去の「清算」より自分の支持基盤の安定と拡大が優先されていた。こうした側面、すなわち「親日派」の経済的組織（＝「大韓経済保国会」）と「親日派」の政治的組織（＝「韓国民主党」）から援助と支持勢力の基盤を固めていたことで、解放直後の李承晩の路線は、総合的に見て、「反共」の「親日派」（＝領域Ⅱ：「親日」と「反共」）へと傾いていたのである。

2.2　李承晩政権（＝ 48 年体制）と「反共」体制（＝領域Ⅱ）

　「第二次米ソ共同委員会」の決裂（1947.8）以後、朝鮮半島の問題は UNへ上程された。李承晩は、李承晩の主張する南側だけの単独政府樹立案や単独総選挙実施案に反対していた国民議会及び臨政の代表であった金九と決別した（1947.9）。もはや、中道派のリーダーであった呂運亨もいなくなった（暗殺：1947.7）韓国（南側）に、李承晩や米軍政、そして韓国民主党の前に立つものは存在しなかった。李承晩は南側の単独総選挙（1948.5.10）と大統領選挙（1948.7.20）の勝利によって、大韓民国の初代政府の初代大統領となったのである（1948.8.15）。

　しかしながら他方で、初代政府が誕生した後も、麗順（ヨスン）事件[5]（1948.10.19）など共産主義者の反乱や闘争が一般民衆を巻き込んで頻繁に起きた。李承晩は「戒厳法」（1948.11.24）や、内乱行為特別処置法を修正した「国家保安法」（1948.12.1）[6] を公表しながら軍事的な方法で徹底的に反乱軍や共産主義者を封鎖するなど、「反共」の拘束力は民間人まで及ぶほど日常化していた。

　この時期（1948 ～ 1950 年）に注視したい点は、本書の目的である「戦後韓国におけるナショナリズムをめぐる言説の変容」がどのように展開してきたのかである。こうした問題に関連する二つの重要な事案として、下記の 2 点が挙げられる。

　第一に、初代政府の初期議会の国会議員の中で「少将派」たちの活躍で

ある。

　第二に、初代政府の国会の中で「少将派」たちが中心となって、所謂
「親日派」の清算のための「反民族行為特別法」（1948.9.22公布）が制定され
「反民族行為特別調査委員会」が結成された点である。

　ところがこの、植民地時代の清算（＝所謂「親日派」の清算）のための「反
民族行為特別法」と「反民族行為特別調査委員会」は、その後、国会内部
の既得権であった所謂「親日派」たちの妨害と李承晩と「少将派」たちと
の対立、そして、「国会プラッチ事件」（1949.5.8）という南労働党（南共産主
義党）と国会との連累が発覚することで自ずと衰退していた。そして、少
将派議員の多数は、でき上がったばかりの国家保安法によって検挙される
こととなった。結果的に、不安的な政局の中で、李承晩政権の中心的な人
脈を占めていた「親日派」の清算の動きは鈍くなってきた。そして、「親
日派」の処理問題を含めて植民地時代のコロニアルな境界侵犯の社会全般
における様々な認識的な問題に関する検証や、民衆的な合意などの対策の
ための解決の方向性も隘路に陥ってしまったのである。

　さらに、追い討ちをかけるように、1950年に勃発した朝鮮戦争（6.25）
は、李承晩体制の「右翼反共主義」を拡大させる起爆剤となるとともに、
戦争や避難生活に苦しんだ南の一般民衆にとっても、「共産主義」への抵
抗や、「反共」の支持、そして「反・北朝鮮」の意識的浸透が促された。
また国際情勢的には、朝鮮戦争の休戦（1953）を境に、東アジアを中心と
する冷戦時代が世界的に深化していくこととなったのである。

　韓国の現代民族運動に関する研究を重ねてきた徐仲錫は李承晩の48年
体制に対して、戦後韓国における「親日派反共主義」[7] もしくは「極右
反共主義」を作り上げた政権であると名指した（徐 1996：123-124）。要する
に、48年体制は、図A-1のⅡの領域（＝「親日」と「反共」）に属するが、性
格としては、民族主義的左派や、（政治的判断により）反共産主義的民族主
義右派までを敵視した極端的な「反共」体制（＝「極右反共主義」）であった
という（徐 1996：14-19）。植民地時代が終わってから間もない時期に、朝鮮
半島において「国家とは何か」、そして「民族とは何か」といった問題を
国民のレベルで考える余裕も時間も持たないまま、民族対立は局地的葛藤

からやがて世界強大国が参入する朝鮮戦争へと至るのであった。

　まとめると李承晩の 48 年体制は、戦後の朝鮮半島に「親日」と「反共」の言説の領域を構築するとともに、「反日」から「反共」へと転換させながら「南と北」という言説と分断体制を膠着させてしまった政権となったのである。

3. 「民族主義的民主主義」の出現：
『思想界（*Sasangge Monthly*）』創刊（1953）

　初代韓国政府の大統領となったものの、実際李承晩は政治家としての統治理念に関しては明確なイデオロギーやビジョンを持っていなかった（キム・スジャ 2004：438）。唯一の李承晩の統治理念として研究されてきたのが [8]、結局失敗に終わったものの、李承晩が初代政府樹立後慌ただしく作った「大韓国民党」（1948.10）の党是であった「一民主義」であった（キム・スジャ 2004：448）。要するに、「一民主義」は、一党の理念として出発したものであるが、以後、麗順（ヨスン）事件（1948.10.19）など共産主義者たちの内乱と混乱の経験を経て、「一民主義」は「統合」から「反共」の内容を加えて、「一民主義民族運動」として拡大していた（キム・スジャ 2004：450）。実際「一民主義普及会」という全国的な組織網を作って大衆団体の国民運動の理念として広げるなど、結果的には有名無実なものになったものの 1960 年代までは存続した（キム・スジャ 2004：457）。歴史学者の徐仲錫は、「一民主義」が、「民族主義」の理念というより、「反共」を武器として排他的かつ作為的な政治扇動の手段のために利用されたと李承晩をはじめ「一民主義者」たちを批判している（徐 1997：175）。

　他方で、こうした解放後の政局や朝鮮戦争で疲弊化した韓国社会の中に登場したのが、『思想界（*Sasangge Monthly*）』の創刊であった [9]（1953.4～1970.5、代表：張俊河）。初期の『思想界（*Sasangge Monthly*）』は典型的な学術誌であったが、二年後の 1955 年から、小説など文学やエッセイ、欧米の思想、古典、経済理論、当時はまだ少数であった大学生向けの企画物などを掲載することで、教養を強調した総合月刊誌へと変わった（チェ・ガンミ

ン 2005：52)。

『思想界（*Sasangge Monthly*)』は、既存の 48 年体制への批判と李承晩による政治理念との決別や、新知識や民主主義の理念の普及を目指した、近代韓国社会における文化啓蒙的な「民族主義的民主主義」の言説の出現を促した最も影響力のあるメディアであった。こうした側面から『思想界（*Sasangge Monthly*)』は、単に当時は稀であった新しい学術知識と情報を届ける雑誌の創刊というメディア史研究の領域における意義以上の、戦後間もない韓国社会においてメディアを媒介とする所謂「知」の大衆化に貢献した公共的空間の開拓者であるとともに、戦後韓国の「民族主義」をめぐるイデオロギーの公共的なジャーナリズム空間の代案として、その後「4.19 革命」(1960.4.19) という民主化運動の台頭に繋がる土台を作ったと評価できる。その後も「民族的民主主義葬式」(1964.5) という「韓日条約(1965)」反対の大々的な社会運動に繋がるなど、本書の「民族主義」の言説の変容を考察する上で『思想界（*Sasangge Monthly*)』の位相は意義深い。

4. 小結

　本章では、本書のテーマである、「反日」と「反共」を中心とした戦後韓国のナショナリズムの言説をめぐる歴史的な流れの考察のために、1940 年代から 1950 年代の韓国における政治的な激動の情勢を優先的に検討した。要するに、戦後の韓国の民族主義をめぐる主な二つの言説である「反日」と「反共」の言説は「反植民地支配ナショナリズム」に由来するからである。反植民地支配ナショナリズムの抵抗の運動や組織としてでき上がっていた主な二つの流れが、すなわち、一方は在米韓国人コミュニティを中心とするエリート知識人が中心となっていた所謂「ブルジョワ民族主義者」たちのグループと上海・重慶の大韓民国の臨時政府（臨時政府主席：金九）の勢力（＝領域Ⅰ：「反日」と「反共」）が、他方では日本や、ロシア、中国、ヨーロッパへ留学や移住していた人たちによる初期の韓国人共産主義者たちのグループ（＝領域Ⅲ：「反日」と「親共」）があった。初期の韓国人共産主義者たちの一次的な関心は、マルクス主義の共産主義などのイ

デオロギーではなく、むしろ韓国の国権回復（＝領域Ⅲ：「反日」と「親共」）
であった（スカラピノ＆李廷植 2015：69）。

　しかしながら解放直後の朝鮮半島をめぐる国際的な情勢や、国内政治勢
力間の葛藤、そして米軍政と共産主義者との間の葛藤は、結局「反共」の
イデオロギーを国是とする初代政府を誕生させた（＝領域Ⅱ：「親日」と「反
共」）。さらに初代政府樹立後凡そ約 2 年後の 1950 年勃発した朝鮮戦争の経
験は、政治的には「極右反共政府」の確立を、そして韓国社会においては
「反共＝反左派＝反北朝鮮」というズレを公共的に正当化させつつ固定化
させていった。

　以上の、植民地時代から解放、初代政府樹立、そして 1950 年代に繋が
る歴史的かつ言説的な概略は、第 2 章から検討する「8.15」ドキュメンタ
リーというイデオロギー装置を用いた実証的な考察に繋がる。こうした言
説の流れに関わることとなる意味でこの時代を「前景」として捉えた。こ
うした「前景」から続いていく以降の流れの性格はさらなる「屈折」なの
か、もしくは「連続」なのか。次章から詳しく考察する。

注

1）1925 年 11 月、1926 年 6 月、1928 年 2 月の 3 回に亘って共産党員たちは日本警察に
　よって大々的に検挙された。また進歩的左翼の共産主義者たちの民族主義の団体で
　あった「新幹會」が 1931 年 5 月に強制的に解散されたことを機に、朝鮮内の共産主
　義の組織は崩壊し、地下組織となった（スカラピノ＆李 2015：229）。
2）記事の見出しは、「蘇聯は信託統治主張　蘇聯の口実は三八線分領占領　米国は即時
　独立主張」であった。
3）米軍政の占領政策に関する先行研究としては、米軍政時期の韓国の中道派や中道政
　策を中心に取り上げたジョン・ヨンウク（2003）と、韓国社会との関係性を綿密に
　記録したイ・ヘスク（2008）の研究が参考になる。
4）米軍政の政策から考察した研究としては、ジョン（2008）や、イ・ヘスク（2008）
　の研究が参考になる。
5）麗順（ヨスン）事件や、4.3 済州抗争に関連する考察として、金得重他（2007）と金
　得重（2009）が参考になる。
6）「国家保安法」の改定によって『京郷新聞』が廃刊となった（1959.4.30）。
7）李承晩の「親日派」擁護と支持基盤として利用した「親日」的な軌跡の詳細な記述
　に関しては、徐仲錫（1996：134-140）が分かりやすい。

8）李承晩の「一民主義」に関する代表的な先行研究として、キム・ヘス（1995）や、徐仲錫（1997）、キム・スジャ（2004）が挙げられる。

9）代表的な関連先行研究として、キム・ゴンウ（2003）や、思想界研究チーム（2012）がある。

第 2 章

「8.15」ドキュメンタリーシリーズと
初期のナショナリズム言説（1960〜1970年代）

1. 「革命政府」とテレビ放送の開始

　初めて韓国でテレビ放送が出現したのは1956年5月の民間商業テレビジョン放送の会社が設立したHLKZ-TVであった。しかし、開局間もない1957年に経営者が変わることでDBC-TVへと社名が変わったが、開局後2年足らずの1959年にDBC-TVは火災によって閉局。テレビ放送は中断となった。その後、再びテレビ放送が開始されたのは、1961年クリスマスイブの実験放送と大晦日の開局を経て、1962年からの定期的な放送が開始されて今に至るKBS-TV（HLCK）であった。こうした背景には、「5.16クーデター」（1960.5.16）とともに登場した「革命政府」と、朴正煕政権（＝63年体制）の誕生があった。5.16革命政権は新聞や通信に対しては縮小方針であったものの、放送に対しては拡大する政策をとった（カン1999：158）。つまり、国営のKBS-TV（当時社名はソウルテレビジョン放送局：HLCK）の開局（1961.12.31）は革命政府の「事業」の一環として、積極的に推進されたのである。

　実際に『東亜日報』の記事には下記のような当時の放送の事情が書かれていた。

開局急ぐテレビ放送局（東亜日報1961.11.8付、朝刊4面）

　南山放送局反対側の丘の下の国営テレビジョンスタジオは、建造工事の最中である。去る10月10日急に着工されたこのTVスタジオは12月24日クリスマスイブに開局する予定で昼夜24時間の作業が続いている。

　我が国の最初の民間テレビHLKZは51年5月この地に初めてテレビ文明を導入して以来2年9ヶ月の間あらゆる開拓期の苦闘を味わってきたが、火災によって烏有に帰してしまった。

　その後出発点に戻されたテレビの再建運動は民間人によって何回も計画されてきたが実現に至らず、その中今回の革命政府の発案によって国営テレビの建設が着手されたのである。

（お断り：日本語訳は筆者。下線は筆者が強調のために引いたものである。以下同様）

さらに、次の年（1962年）には下記のような、（不備の中でも促進する）本格的なテレビ放送開始の宣伝記事が載っていた。

KBSテレビ放送本格化（東亜日報1962.1.16付、夕刊4面）
　昨年12月31日開局したKBSテレビジョン（HLCK）は15日から定期放送を開始した。KBSテレビジョンは開局から2週間1日2時間ずつ実験的な放送をやってきたのだが、これからは1日4時間から4時間半の、週間の基本編成による本格的な放送段階に入ることになる。
　HLCKの基本番組は、子供17.5％、主婦家庭3.6％、時事報道13.3％、社会教養11.6％、音楽7.3％、演芸娯楽23.8％、映画22.5％。
　週30時間編成されるが施設が完備され次第今年末からは放送時間を延長する計画である。
　現在KBSテレビジョンは2台のカメラと2台のフィルム映写機を動かして放送中であるが、「スウィッチング」の不備によって完全な生放送はできていない状況である。

　しかしながら本格的なテレビ放送が始まったという上記の新聞記事が出されていても、表2-1から分かるように、1960年代初期、実際にテレビを家庭内で見ていた人は限られたごく僅かな人たちだけであった。こうした低い普及率の原因は、テレビ受像機の国内生産ができない国内事情もあって、全てが輸入品に頼っていたことと、テレビ受像機の価格が庶民のレベルでは手の届かない高価であったからである[1]。それでは実際に、1960年代のテレビ受容状況はどうだったのか。まず、1960年代のテレビジョン受像機の普及率から検討する（表2-1、図2-1）。

表 2-1　テレビ受像機普及推移 [2]

年度	登録台数	世帯普及率	分 布			
			ソウル	地方	都市	農村
1957	3,000		100		100	
1960	15,000		100		100	
1962	30,000		100		100	
1963	34,774	0.7	100		100	
1964	32,402	0.6	100		100	
1965	31,710	0.5	100		100	
1966	43,684	0.8	100		100	
1967	73,224	1.3	88.8	11.2	100	
1968	118,262	2.1	75.0	25.0	100	
1969	223,695	3.9	67.0	33.0	100	
1970	379,564	6.3	63.7	36.3	94.5	5.5
1971	616,392	10.1	59.7	40.3	92.0	8.0
1972	905,363	14.3	56.2	43.8	90.1	9.9
1973	1,282,122	19.9	49.3	51.7	86.7	13.3
1974	1,618,617	24.2	43.6	56.4	82.5	17.5
1975	2,061,072	30.3	40.3	54.7	77.3	22.7
1976	2,809,131	41.1	35.3	64.7	71.7	28.3
1977	3,804,535	54.3	32.5	67.5	69.7	30.3
1978	5,135,496	70.7	29.5	70.5	66.6	33.4
1979	5,967,952	79.1	26.6	73.4	63.3	36.7

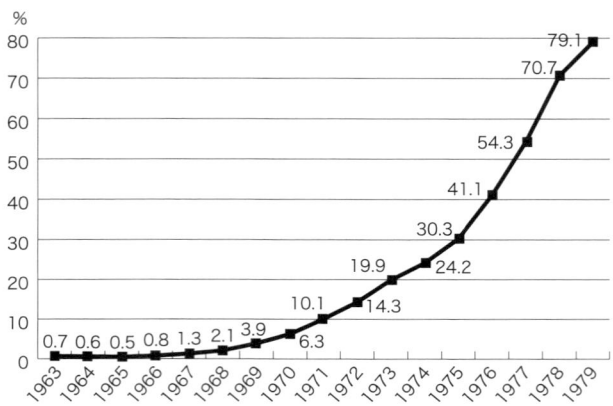

図 2-1　テレビ受像機の世帯普及率

それでは、実際に 1960 年代の韓国人の生活水準はどうだったのか。表
2-2 と図 2-2 は戦後の韓国の GDP 推移である。

表 2-2　韓国の一人あたり GDP 推移（単位：ドル）[3]

年　度	GDP	年　度	GDP
1953	67	1966	103
1954	70	1967	142
1955	65	1968	169
1956	66	1969	210
1957	74	1970	253
1958	80	1971	289
1959	81	1972	319
1960	79	1973	396
1961	82	1974	541
1962	87	1975	594
1963	100	1976	802
1964	125	1977	1,011
1965	105	1978	1,400

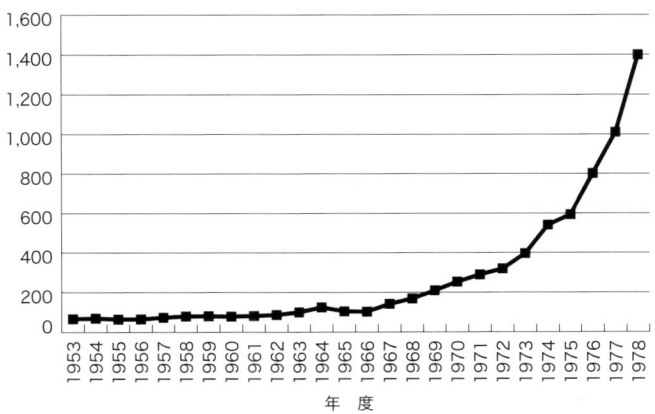

図 2-2　韓国の一人あたり国民所得の推移（単位：ドル）

表 2-3　国民の学歴構成比 [4]（単位：%）

年度	小卒以下	中卒	高卒	大卒以上
1947	95.0	4.4		0.6
1955	91.8	5.3	1.7	1.3
1966	79.6	11.1	5.6	3.7
1970	73.4	11.5	10.2	4.9
1975	65.5	14.8	13.9	5.8
1980	55.3	18.1	18.9	7.7

　革命政府時代に入った 1960 年代初期、韓国の一人あたりの国民所得が漸く 100 ドルに達したのが 1963 年であったことから、当時の韓国社会は世界の「貧困国」の中にいた点は注視すべき点である。

　そして 1960 年代半ば、農村中心の一次産業型社会に依存していた韓国において、国民の教育事情も表 2-3 から分かるように、全国民の 80％弱を占めていたのが小学校卒の割合であった。

　つまり、上記のデータから総合的に見て読み取れる点は、本格的なテレビ放送を積極的に推進していた初期の革命政府の方針と、当時の韓国国民の生活事情はかなりかけ離れていたということである。こうした革命政権の放送媒体への集中的かつ急進的な推進の理由は、「確かに革命委員会と戒厳司令部の示達事項及び布告文の伝達と事態の進展を誠実に報道することで国民にとって正しい政局判断を図るためであった」（韓国放送公社 1977：332- 333）。

　先にも触れたが、5.16 革命以後の革命政権のメディア戦略は、比較的批判的であった既存の新聞に対しては弱体化を図る一方、権力と資本の結託した放送に対しては開発独裁を正当化するとともに国民動員のために放送を利用するため、投資を拡大していた（カン 1999：162）。また、ラジオ放送に関して言えば例えば、革命政府の 1962 年の公報事業の中で重要視された「大きな事業」として、農漁村に「ラジオを送る運動」が実施されていたという（『KBS 年鑑』1963：24）。こうした国民的な「運動」は革命政府の放送への執着が窺えるメディア戦略であるとともに、その後の 63 年体制による所謂「開発動員」[5] の政治の除幕であると考えられる。

表 2-4　1962 年の地域別情報源（単位：%）

	新聞	ラジオ	テレビ	情報源なし	他人	その他	無返答	合計
ソウル	39.3	34.1	0.6	8.4	16.8	0.3	0.3	100
市	28.2	23.8	0.2	20.7	26.2	0.7	0.2	100
区	25.8	25.8	-	17.8	28.6	2.0	-	100
村	8.6	28.7	0.2	27.9	34.1	0.3	0.3	100
不明	-	9	-	6	11	1	-	27
合計	16.9	28.1	0.2	23.6	30.4	0.6	0.2	100

「農漁村にラジオを送る運動」

　革命政府の重農政策による公報事業の一つとして実施された農漁村にラジオを送る運動こそ、この年にあった公報事業の中で特に優れた大きな事業であった。

　全国に約 1 万 5000 近い自然部落が全くラジオを持っていないという驚くべき数字を把握した公報部では最も効果的で、早急なラジオ普及策を検討した結果、ラジオを送る運動を凡国民運動として展開することと決定、公報部内にその本部を設置して各部に支部を設置して、各種言論を動員して、この運動に応じることを訴えた

（KBS 年鑑 1963：24）

　なお、1962 年公報部が実施した「情報源」に関する世論調査結果は表 2-4 のようになっていた（公報部 1962：27）[6]。

　表 2-4 から以下の点が読み取れる。

　第一に、革命政府初期における情報源としてのメディア消費の割合は、ソウルの場合、新聞とラジオのメディアが主な情報源であった（例えば、ソウルの場合、新聞→ラジオ→他人→情報源なし（世間の動きを分からず）の順であって、テレビは僅か 0.6％だった）。

　第二に、農村の場合は、まだ「メディア」という意味や役割が定着できておらず、「知り合いや友人、隣人など」の他人からの口コミが世の中の情勢を知る主な情報源の一つであった（例えば、農村の場合は、他人→ラジオ→情報源なし（世間の動きを分からず）→新聞の順番であった）。

第三に、1962年革命政府の初期、ソウルと地方（農村）の上記のような差異が生じた理由としては、既に確認した通りに、当時都市と農村の格差が深刻な状況であって、農民たちは「新聞」を読めない非識字者が多く、農村は「ラジオ」や「テレビ」など文明には殆ど恵まれていない貧しい社会であったからである。

　第四に、全体的な傾向として、戦後20年弱、韓国はまだ所謂「郷土」中心の村単位の「知人」依存型の、移動性が極めて少ない社会であったことが分かる。つまり、1960年代初期の韓国民衆の情報源は、ラジオが最も愛されて消費されていたが、相変わらず韓国社会は他人の「口コミ」からの情報に依存する傾向や、世の中の情勢の情報が全く分からないまま生活していた人たちが高い割合であった。

　第五に、1955年李承晩政権ではKBSの上位組織が国務総理直属機関である「公報處」から大統領直属機関の「公報室」へと変更するなど道具化が進んだ（趙杭済 2014：67）が、1960年代初期の革命政府の時代には、「農漁村にラジオを送る運動」や、当時の民衆の「情報源」などに関わる調査及び事業、関連業務を担当していた部署が「公報部」という機関となってきた。こうした背景には放送をめぐる国家管理の根幹となる法的な整備と放送の専門性への確保という必要性によって1961年に「電波管理法」、1963年に「放送法」が制定されたことがあった。

　他方で、初期（1960年代）のテレビ受容者たちにとってテレビ消費は、開発独裁や国民動員の政権宣伝の、所謂「国家作り」の介入とは異なる方向で、テレビドラマなどから流れる欧米の先進的な技術や生活文化の様式から「国家」を認識していたという興味深い調査結果[7]もあるが、極端な貧富の格差のあった国全体の比率（表2-1）から見てみると、この調査結果はごく僅かな富裕層だけに偏ったデータに過ぎないのが分かる。

　韓国のテレビ消費が変わっていくのは、その後1966年からのテレビ受像機の国内生産が可能となる技術的な進歩によって、また1970年代には国民所得が増加するという追い風によって、1970年代以降になってテレビ普及率が急激に上がっていったのであった（図2-1参照）。そして1970年代半ば以降漸くテレビ受像機の世帯別普及率が50％を超えていくことと

なり、その後、韓国においてテレビは所謂「大衆媒体」として変貌していくのであった。

2.「8.15」記念ドキュメンタリー（KBS）

1962年に初めて発刊された『KBS年鑑』に「テレビジョン」の欄が登場したのは、翌年の1963年に刊行された年鑑からであった（『KBS年鑑』1963：172）。『KBS年鑑』に初登場したテレビジョンの欄の中には、「基本プログラム」とは別途に「中継及び特輯放送」の欄が設けられていて、下記のように紹介されていた。

　「中継及び特輯放送」
　　特輯放送は決まった制作費予算の範囲内で捻出すべきなので少なからず苦労があったにもかかわらず慶祝記念日行事期間または季節的時事面に至るまで隈なく放送されたがその重要な概要は下記の通りである。
　　　○ 3.1 特輯
　　　○ TV局　百日パーティー
　　　○ 4.19 特輯
　　　○ 5.16 特輯
　　　○観光の日特輯
　　　○ 6.25 特輯
　　　○通貨改革特輯　座談及び解説
　　　○ 8.15 特輯
　　　○納涼特輯

（出典：『KBS年鑑』1963：175-176）

（各番組名は省略）

つまりテレビ開局初年度から「特輯放送」が企画されており、「特輯放送」の枠の中には9つの企画が編成されていて、その中には「8.15特輯」

の枠が存在していた。より詳細に「8.15特輯」の枠の中身（番組）を見てみると、次のように書かれている。

○ 8.15特輯：TV劇『感激で泣いた日』『韓国の受難史』『私は見た（フィルム構成）』[8)]『屈しない絶叫』『日本帝国下の武力闘争（映画）』『再び咲いたムグンファ』（子供劇）、演劇バラエティーショー他　　　　　　　　　　（出典：『KBS年鑑』1963：176）

つまり『KBS年鑑』で確認する限り、上記の「8.15特輯」の枠で企画・放送された番組群の中に記されていた『私は見た（フィルム構成）』番組が恐らく初の「8.15」記念ドキュメンタリーであったと推測できる。

他方で1962年の『KBS年鑑』には、「8.15慶祝及び革命百日記念特輯放送」欄の紹介の中に、初めて「ドキュメンタリー」というジャンルとして記述された番組が記録されていた（『KBS年鑑』1962：122）。

「8.15慶祝及び革命百日記念特輯放送」

5.16革命以降初めて迎える8.15光復節を期して、ソウル中央放送局とソウル国際放送局では、8.15光復節16周年と5.16革命100日を記念する大々的な特集放送を8月13日から8月末に至るまで長期間に亘って実施した。（中略）

ソウル国際放送局では北朝鮮同胞に送る番組として『8.15解放の歴史的背景』『8.15慶祝民謡祭』、録音構成『8.15直後の南北韓』、そして3.1運動当時から8.15を経て6.25へ至るまで南北韓同胞がよく歌っていた歌と思い出話で構成した『歌に思い出をのせて』、放送劇『嗚呼、我が祖国』、ドキュメンタリー『感激の8.15』など、意欲的なプログラムを制作・放送した。　　（出典：KBS年鑑 1962：122）

しかしながら1962年の『KBS年鑑』の中で紹介されていた「ドキュメンタリー」番組は、まだテレビ放送のなかった時代であったので、ラジオ番組のジャンルをランダムに分類した名称としてのジャンルに過ぎないと

図2-3　8.15記念ドキュメンタリー撮影風景

出典:「1962年トピックス」(『KBS年鑑』1963、巻頭に掲載された写真集の中から抜粋)

考えられる。

　こうしてテレビ放送開局の初年度 (1962年) から始まった「8.15」記念ドキュメンタリーは、その後も毎年持続的に企画・放送されて、結局「8.15」ドキュメンタリーシリーズとなって現在に至っているのである (巻末「韓国公共放送における歴代『8.15』ドキュメンタリーシリーズ目録」参照)。

　なお、この時期 (1962年) のテレビの対人口普及率を世界的に比較してみると、アメリカが30.6%、イギリスが23.5%、日本が11.2%、そして韓国は僅か0.001%であった (出典:KBS年鑑1963:巻末添付資料、出典の原著は1962年の World Radio TV Handbook (1961年11月編集完了) である)。ちなみに「世界各国のラジオ受信機普及率」に掲載された中で、ラジオの対人口普及率は、アメリカが94%、イギリスが30.5%、日本が18.7%、そして韓国は5.4%であった (出典:同上)。

3. 初期の「8.15」ドキュメンタリーと ナショナリズムの言説

3.1 「8.15特集」4部作シリーズ第3部『光復の歓喜』（1977.8.13放送）

　既に前節で検討したように、韓国において本格的なテレビ放送が始まってから編成された枠によって定期的な番組づくりが可能となった1962年度より、「定規（注：定期の意味）」ではないが「特集」の枠の中で「8.15」ドキュメンタリーは制作・放送されていた。しかしながら、60年代の「8.15」ドキュメンタリーは、制作・放送されたという記録は残っているものの、現在KBSのアーカイブスの中で閲覧のできる状態の映像は一本もない。実際に、巻末の添付資料の「韓国公共放送における歴代『8.15』ドキュメンタリーシリーズ目録」を見て分かるように、番組の「タイトル」や、制作され実際に放送までされたことが確認できる「放送日」、そして番組の責任者と言える「制作者」の名前が確認できる、現存する最も古い映像は、1976年放送『8.15特集』4部作シリーズの中で唯一残っている第2部『民族の前進』である。そして、翌1977年にも、同じく『8.15特集』4部作シリーズが制作・放送されていて、その中の三つが現存している。

　ここからは、本書の狙いである「戦後韓国におけるナショナリズム言説をめぐる変容の考察」を遂行するために具体的な分析的事例として「8.15」ドキュメンタリーシリーズを対象として検討する。そして対象として、本章ではまず、現存する「8.15」ドキュメンタリーの中で最も古く、さらに比較的シリーズの映像が現存している、「タイトル」や、「放送日」「制作者」の全てが確認できるという条件を満たす、1977年の「8.15」ドキュメンタリー4部作シリーズ『8.15特集』を取り上げて分析する。

　63年体制の朴正煕政権の終焉を迎えていたこの時期、初期の革命政府の事業の一環として積極的に推進されたテレビ放送の中の「8.15」ドキュメンタリーは何を表象していたのだろうか。そして、李承晩の48年体制の後、革命政府によって政権が変わってから韓国における「民族主義」の

言説が語っていたのは何か。韓国の「民族主義」の言説は 48 年体制から 63 年体制になってどのように変わってきたのだろうか。または変わっていなかったのか。序章で筆者が取り上げたいくつかの「仮説」を軸にイデオロギー装置であるテレビ放送の中の「8.15」ドキュメンタリーシリーズを実証的に検討する。

1977 年放送された光復 32 周年記念『8.15 特集』4 部作（1977.8.11-14）の中の第 3 部『光復の歓喜』（1977.8.13 放送）の放送時間は 33 分で、番組の企画・構成はチェ・ジョンクック（최종국）が担当した [9]。『8.15 特集』番組は 4 部作シリーズとして編成されているが、各々のタイトルは、1 部『民族の受難』、2 部『暗黒期の闘争』、3 部『光復の歓喜』、4 部『有徳の現場』となっている。なお、現在、4 部『有徳の現場』は映像が残っていないので、番組の内容の確認はできない。

本章で第 3 部『光復の歓喜』（1977.8.13 放送）を取り上げる理由は、『光復の歓喜』の番組内容が本書の歴史的な射程と近接している（1945 ～ 1977 年）からである。つまり『光復の歓喜』は、韓国の歴史的な歩みを 4 部作に分けて制作・放送した『8.15 特集』というシリーズとして編成された中の第 3 部の番組として、1945 年光復から 5.16 革命や朝鮮戦争を経て当時 1977 年に至る時期に該当する内容となっていたのである。

番組制作の手法としては白黒の記録写真や、新聞記事、過去の記録フィルムを使っており、韓国の歴史の節目に関係する戦争や、その他の歴史的な事件、政治家などの重要人物を取り上げながら、既に完成されている台本をもとに「解説者」が視聴者に語りかけるタッチの、最も典型的で古典的なスタイルで作られたドキュメンタリーとなっている。

3.2　番組分析

番組は、序章の方法論で取り上げたバフチンの対話のアプローチに基づいて分析を行う（章末の番組テンプレートを参照されたい）。

テクストのドキュメンタリーという映像メディアを対象に分析するので、テクストは二つに分類される。すなわち、視覚メタファーと聴覚メタファー（Metaphor of Vision と Metaphor of Voice）である。そして、各々に該当

表2-5 【番組テンプレート】(『光復の歓喜』1977.8.13 放送)の一部

Text	
Metaphor of Vision	Metaphor of Voice
PAN 風景：山脈 光化門 38 線 統一路 万歳する市民たち 1:00	光復 32 年今日。 祖国はどこに立っているのか。 分断祖国の悲劇は 32 年前 815 解放。 あの日の光栄だけの祖国の空の下にただ我が愛国する一つの 心で熱望していた統一自主独立の意志をまだ遂行できていな いのである。 （TRACKS/Noise民衆の万歳の音）

する様々な手法は、テクストの構造的分類項目（p.112、表 A-4 参照）に従って分析した。なお、Tracks の中の W.M（Written Material：字幕）は、Metaphor of Voice に属するより Metaphor of Vision として捉えられると考えた。そして、番組構成（Plot）への理解を促すとともに、番組の時間的な展開を知らせるために便宜上番組タイムを追加して記した。なお、本章で言説の分析のために用いたテクスト装置（devices）はレトリック（Rhetoric）の中の矛盾（Contradiction）である。番組全体の分析結果に関しては章末の番組テンプレートの通りであるが、例えば、アレンジした番組の構造的な分析枠の一部だけを紹介すると表 2-5 のようになる。

　それではまず、番組の内容の流れを確認するために、『光復の歓喜』のプロット（plot）から具体的に検討する。

【番組プロット】(『光復の歓喜』1977.8.13 放送)

（0:00）プロローグ

→（4:50）日本降伏 /1945. 8. 15 ソウル駅広場で歓喜する民衆たち（6:00）

→（6:40）植民地時代の回想→ソ連軍平壌進駐（8:03）/ 米軍進駐（8:36）/ 臨時政府要人たち帰国（10:30）/ 金日成登場（11:11）

→（11:50）過去の歴史：日朝修好条規 / 日本帝国の膨張（日中戦争・太平洋戦争）

→（14:20）現実へ戻り：信託統治に反対するデモ群衆（15:30）

→（15:30）共産党偽造紙幣事件 /（15:47）虚偽宣伝中の共産党

- → （15:50）米ソ共同委員会 / 第二次 UN 総会（16:25）/UN 韓国委員団
- → （17:46）暗殺事件（宋鎭禹、呂運亨、張德秀）
- → （18:22）金九先生 38 戦を超える / 決裂 /（19:30）金九先生の葬式
- → （20:15）5.10 選挙 /（20:50）憲政国会 /（21:21）政府樹立宣布式・李承晩大統領就任
- → （21:50）李承晩大統領の日本訪問
- → （22:36）中共軍 /（23:16）麗水順天反乱事件 /（24:25）智異山共匪討伐
- → （25:05）金日成主席誕生 / 北朝鮮の戦争準備 / 軍事訓練する人民軍
- → （25:50）南の軍隊の事情（27:22）
- → （27:22）国会プラッチ事件
- → （28:05）米軍撤収 / 米軍撤収反対デモ / アメリカの不後退防衛線（アチソン・ライン）宣布 / ダレス訪韓
- → （30:00）朝鮮戦争勃発
- → （30:54）エピローグ
- → （33:00）完

（注：括弧の中は映像のタイム。以下同様）

　上記のプロットから見えてくる番組の特徴は下記の三つが挙げられる。

　第一に、番組は、主に三つの内容に分類できる構成となっていた。すなわち、「プロローグ」（4 分 50 秒尺）と「エピローグ」（2 分 10 秒尺）を序論と結論として、番組の本題（本論）に当たる部分は凡そ 26 分間の尺を使って過去の歴史（1945.8.15 ～ 1950.6.25）を叙述的に解説する構成であった。

　第二に、尺の配分から見てみると、番組の「プロローグ」と「エピローグ」のナレーションは番組尺全体の約 5 分の 1（7 分 /33 分）に該当していて、比較的比重を置いているのが分かった。特に番組のテーマや内容の側面において考えると、この部分こそ、所謂「神」の声（= voice）としての解説者（制作者）の意図や、制作者側のテーマへの意志が集約されており、いくつかの決まった語彙を繰り返し使いながら語っていた。

　第三に、そして実際に、番組の「プロローグ」と「エピローグ」は、ナレーション（Narration）や、映像の編集（Editing）、音響や音楽のトラック

（Tracks）の使い勝手が統一されて類似していた。こうした手法から、解説者（制作者）が強調したいと考えている所謂「語り＝言説」を冒頭と最後に繰り返し使うことで視聴者に強く訴えようとする狙いが窺えるのであった。

3.3 「8.15」ドキュメンタリー『光復の歓喜』における「民族主義」の言説

それでは、番組における言説はどうなっているのか。これに関しても、図 A-1「戦後韓国における「反日」と「反共」の概念をめぐる構造的関係性」の四つの領域の言説を番組に関連させながら考える。

3.3.1 時代的背景

番組『光復の歓喜』が制作放送されたのは既述した通り 1977 年 8 月である。本書の第 1 章では 1940 年代の李承晩政権の樹立から 1960 年の 4.19 革命による李承晩政権の崩壊までに言及したが、その後、1960 年 5.16 革命によって権力を握った朴正煕の 63 年体制がさらに「独裁的な政権」へと変貌していくのが 1972 年 11 月の維新憲法への改憲からであった。

この終身的な独裁政治を可能とする維新憲法によって大統領選挙が実施されることとなり、朴正煕は第 8 代大統領に再選された（1972.12、単独出馬、賛成得票率 99.9％）。

経済的な側面で言うと、1 節で見た通りに 1960 年代半ば韓国一人あたりの国民所得は 100 ドル程だったが、1970 年代は、韓日条約協定（1965）や、ベトナム派兵（1964 ～ 1965）、「第三次経済開発 5 年計画（1972 ～ 1976）」の一環である「重化学工業育成政策」への主力産業変換、そして「新しい町作り運動」の開始（1970 ～）などによって極度の貧困の状況から抜け出すという「近代化」への土台を作っていた時代であった。

他方でこの時期のメディアの事情は、国営テレビの開局（KBS、1961）に続き、最初の民間テレビ局である東洋 TV（＝ DTV）が 1964 年 12 月に誕生、続けて民間放送の MBC-TV も開局した（1969.8）。最初の民間放送の東洋 TV はその後 TBS-TV へと社名が変わったが、当時 TBS-TV の音楽番組な

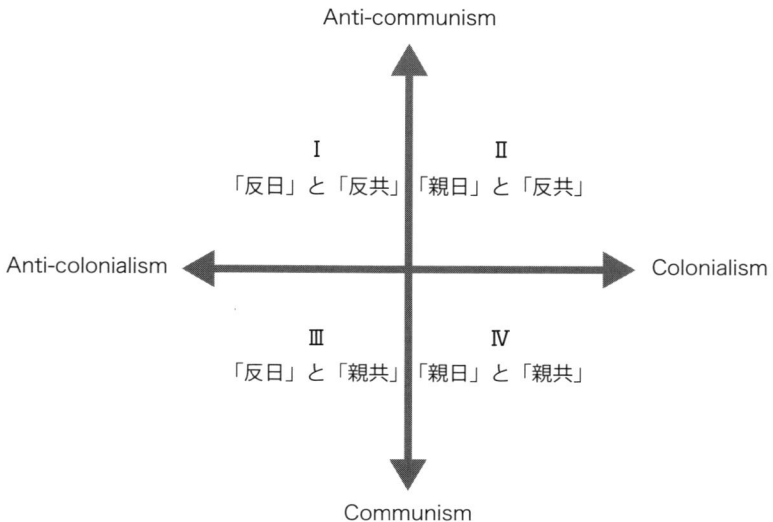

図 A-1　戦後韓国における「反日」と「反共」の概念をめぐる構造的関係性（再掲）
出典：筆者作成

どの娯楽番組は人気があったという（カン 2004（3）：307-309）。また韓国映画は、記録[10] によると、1969 年には年間 229 本が制作されて 1 億 5000 万人を動員したという。この 1969 年は韓国映画の最高潮期であったが、その後テレビ普及によって徐々に下降線を辿った。なお、この時期、言論（新聞）統制のための「言論倫理委員会法」（1964.8.5）も施行されていた。

3.3.2　「ネーション＝統一民族」の言説

　それでは、番組『光復の歓喜』（1977.8.13 放送）の言説は、図 A-1 の中でどの領域に該当するのか。またそれはどのように説明できるのか。既に 3.2 で述べたように、番組『光復の歓喜』における制作者の意図や、制作の目的が最も表象されているプロットと言えば、番組の中のプロローグとエピローグの部分であったので、まずはプロローグとエピローグのナレーションを、次に本題における「共産主義（者）」への言説、最後は本題における「日本帝国 / 日本」への言説、といった順序で、ナレーションを中心に取り上げながら分析する。

ナレーションを中心に分析する理由は、これもまた序章で述べたバフチンの「言説」への概念によるものであり、特に番組『光復の歓喜』はビジュアル（画像＝vision）よりは語り（ナレーション＝voice）に依存する典型的な「解説的」手法のドキュメンタリーであるからである。

　まず、プロローグの言説の特徴としては下記の点が挙げられる。

　第一に、ナレーションに頻繁に登場する語彙として、「民族」「祖国」「同胞」「民主」「新」「統一」「自立」「自決」が挙げられている点である。

　第二に、特異点としては、「新しいページ」や、「新しい近代史」「新しい祖国」「新しい起源」のように、「新（しい）」が強調されている点である。

　第三に、1977年当時を「近代」と名指している点は、「独裁開発」の政府のスローガンであった「自立経済」の語彙とともに、互い響き合っている点である。

　第四に、繰り返し使用された言葉の内容から、番組は「民族」や「同胞」を時代的な課題として「祖国統一」の言説を最優先視する「ネーション」を軸とするナショナリズムのイデオロギーの言説が主流となっている点である。

　第五に、結局制作者の「声」の目的・意図は、結果的に「統一民族」の「ネーション」の構築を強調している点である。

　次に、エピローグの言説の特徴としては下記の点が挙げられる。

　第一に、エピローグのナレーションでもプロローグで頻繁に登場した語彙である「民族」や、「祖国」「同胞」「民主」「新」「統一」がよく使われている点である。

　第二に、特異点としては、プロローグと重なっているが、「新時代」や「新起源」「新しい歴史」という、「新（しい）」を強調している点である。

　第三に、制作者の意図・目的は、プロローグと同じく「民族統一」であることと、そして「民族統一」こそ「新時代」に繋がることとを強くアピールしている点である。

　第四に、総合的に、ドキュメンタリーでは新しい「ネーション」を構築するという新しい「民族主義」が力強く強調されている点である。こうした点から、「8.15」ドキュメンタリーは、積極的なナショナリズムのイデ

表2-6　番組プロローグの言説

プロローグ			
Time	TRACKS（Narration）	Contradiction	言説
1:00	光復 32 年今日。 祖国はどこに立っているのか。 分断祖国の悲劇は 32 年前 8.15 解放。 あの日の光栄だけの<u>祖国</u>の空の下にただ我が愛国する一つの 心で熱望していた<u>統一</u>自主独立の意志をまだ遂行できていな いのである。		祖国 統一
1:35	（TRACKS/Noise 民衆の万歳の音） 815 光復は<u>自由</u>の<u>新紀元</u>。 民主独立の創世記。歓喜と感激だけの熱狂の除幕であった。 五千年歴史の上に、あのように民族が一つになって歓喜と総 和の歓声で天地を振動させた瞬間があったのか。 しかしあの瞬間は大変短かった。息をする暇もなく内外の挑 戦がなだれこんできた。赤い渦巻きは国土と民族を分断さ せ、20 世紀の人類最大の悲劇をこの地に広げた。 （TRACKS/Noise 民衆の万歳の音／民衆の争う音／デモ群衆の 声）ES 民族を大事にして国を愛する指導者は数多く明滅したが、誰 一人も危機を克服する原動力である国論の統一と民族の総和 を叶えなかった。<u>同胞</u>は民族の主体性を失い彷徨する中で、 混沌と沈静の悪循環を重ねていた。 これが光復 32 年前半期の歴史を汚した痛恨の記録である。	歓喜と総和の 歓声 vs. 民族 分断、悲劇 国論の統一と 民族の総和 vs. 混沌と沈静の 悪循環	自由 新紀元 統一 民族 同胞
	しかし 5.16 の黎明。 （TRACKS/Noise ラッパの音） （TRACKS/Noise 行進する軍人の足音・歓迎する人々） やがて民族の彷徨は新しい歴史創造の松明の前に<u>民族</u>の意志 を握って試練を克服した後衛の<u>祖国</u>の発展の<u>新しいページ</u>を 創造し始めた。	民族の彷徨 vs. 民族の意志	5.16 （クーデ ター） 民族 祖国 新しい ページ
4:50	歴史は語る。 試練と光栄の民族史を。 <u>黎明の新しい近代史</u>。 （TRACKS/Music 行進曲） 怒号する産業の熱狂。<u>民族</u>中興の脈拍。<u>民族</u>大平和の力軍は <u>民族</u>自決の意志の前に<u>新しい祖国</u>を捕捉する。 私たちが立っているこの地に<u>統一の新しい起源</u>を開拓する。 ファラン精神の継承を、<u>民族</u>総和の予知を。自立経済の土台 を。伝統文化の創造を。 （TRACKS/Noise 鐘の音） <u>祖国</u>よ、私たちに力をください。	試練と光栄の 民族史 vs. 黎明 の新しい近代 史	民族 新しい 近代史 新しい 祖国 統一 新しい 起源 祖国

オロギー装置としての媒体であったと言える。具体的に言うと、番組全体
に表象されていたイデオロギーは、（南北統一による）「新しい」民族主義で
あるとともに、「新しい民族主義」とは二つとなってしまった「民族」を
一つに統一させる、つまり一つの「ネーション」を構築するという、ナ
ショナリズムの言説であった。

表 2-7　番組エピローグの言説

エピローグ			
Time	TRACKS（Narration）	Contradiction	言説
30:54	（TRACKS/Noise民衆の万歳の音） 民族歓喜のあの日。 五千年青磁空の下でソウル駅には太極旗がはためいて、独立万歳の歓声が広がった。しかし歓喜と感激だけの栄光のあの日だった。 光復32年今日。ソウル駅広場は完全自立の新時代を約束してくれている。 今日も民族は職場で、街で、祖国の繁栄と平和のために自立精神と総和団結で世界の中の韓国の矜持を守る。		民族 新時代 祖国 韓国の 矜持
	南大門は見守っている。 民族哀感の受難を、6.25の悲劇を、そして今日の民族中興を。 光化門は知っている。 民族受難の歴史と教訓の上に建てられた自主国防、自立経済の基盤を。	民族哀感の受難、6.25の悲劇 vs. 民族中興、自主国防、自立経済	南大門 光化門 民族
32:09 33:00	明け染める新しい歴史の前に国は自由と平和の意思に念を押す。 そして統一祖国の新起源を。 （TRACKS/Music行進曲） やがて32年待ち望んできた南北統一の念願を叶えるであろう。 （TRACKS /Noise鐘の音） 祖国よ、私たちに力をください。 （TRACKS /Noise鐘の音） 完		新しい 歴史 自由 平和 統一祖国 新起源 南北統一 祖国

3.3.3「反共」の言説

　それでは次に、本題の言説を見てみる。番組の主な言説は「反共」の言説となっているが、例えば表2-8のような場面のナレーションでは「反共」の言説が特に強調されていた。

　本題の内容における「反共」の言説をめぐる特徴としては下記の点が挙げられる。

　第一に、上記のナレーションの中では、

　　「左翼」＝「共産党」＝「北朝鮮共産党」＝「共産分子」＝「反乱軍」＝「ゲリラ」＝「北朝鮮」

のように各々の語彙が区別されておらず同じ言説として使われている。

表 2-8 「反共」の言説

Time	TRACKS（Narration）	Contradiction	言説
Text（以下3列）			
15:30	その渦中でも、<u>左翼</u>は、朝鮮精版社偽造紙幣事件、鉄道総スト、大丘暴動などテロと破壊を重ねた。		左翼
19:14	平壌の街 しかしこうした民族の模索は<u>北朝鮮共産党</u>の<u>政治的な計略</u>によって踏みにじられてしまった。	民族の模索 vs.北朝鮮共産党の政治的計略	北朝鮮共産党 計略
23:16	（TRACKS/Music 緊迫したイメージ） 政府樹立 2 ヶ月後、1948 年 10 月 19 日。<u>麗水</u>に駐屯していた 14 年隊は<u>共産分子</u>の<u>扇動</u>によって反乱を起こした。<u>反乱軍</u>は麗水、求禮、高城を占領して殺人と放火の犯行を起こした。警察官と右翼団体要人、良民が<u>処刑・殺害</u>されて燃えている街並みに倒れていた。<u>共産党の悪質な脅し</u>と<u>扇動</u>に巻き込まれた<u>暴徒たち</u>。罪のない同族をむやみに<u>虐殺</u>する共産党の行為は祖国を同族相争で<u>血</u>に染めた 6.25 南侵の前奏曲であった。	罪のない同族 vs.むやみに虐殺	麗順事件 共産分子 処刑 殺害 共産党 扇動 暴走 虐殺 血
24:25	麗水、順天の一部の<u>反乱軍</u>は智異山に逃げてあちこちで山岳地域を根拠地として<u>北朝鮮</u>から潜入した<u>ゲリラ</u>と合流、村落を襲撃して領民を苦しめながら南韓の社会秩序を攪乱、破壊することに血眼となっていた。		反乱軍 北朝鮮
25:05	軍事訓練する<u>人民軍</u> 他方で、北朝鮮の青年団体と大学、工場、農村など、軍事予備訓練を実施した。このように北朝鮮では<u>戦争準備に狂奔</u>していた。		人民軍 北朝鮮 戦争準備に狂奔
27:22	1949 年 6 月下旬。 所謂国会プラッチ事件は世の中を揺さぶった。国会副議長金ハクス をはじめ、国会議員 10 名ほどの少将派は<u>共産党プラッチ</u>指揮のもとで、<u>北朝鮮</u>と内通しながら政府政策に反対するとともに、国会の摩擦を増長して、反政府反米的な国会活動をしながら内部崩壊を図った。彼らは、米軍の撤収を前に、UN 韓国委員団を訪問して米軍撤収の際の軍事顧問団の設置に反対する意見まで提出して軍の弱体化を狙った。	国会 vs.反政府反米的な国会活動 内部崩壊、軍の弱体化	国会プラッチ事件 共産党 北朝鮮
30:00	（TRACKS/Noise 銃弾/爆撃の音） 1950 年 6 月 25 日早朝。 休日の平和を破って、タンクの波は地軸を揺さぶりながら入って来て同族の心に砲火を投げ込んだ。 遂にこの地を<u>血の海</u>にさせた。 （TRACKS/Noise 汽車の汽笛の音）	平和 vs.砲火、血の海	6.25 勃発 同族の心に砲火 血の海

第二に、ナレーションの言説において、

①「左翼」＝「事件」＝「スト」＝「テロ」

②「共産党」＝「虚偽宣伝」＝「北朝鮮共産党」＝「計略」

③「共産分子」＝「扇動」＝「反乱」＝「殺人」＝「放火」＝「暴

徒」＝「虐殺」
　④「反乱軍」＝「ゲリラ」＝「襲撃」＝「狂乱」＝「破壊」
　⑤「北朝鮮」＝「戦争」＝「血」

のような言説的展開が繰り広げられている。
　第三に、本題のストーリーの展開を「共産主義」の言説を中心に見てみると主に、

　「現在：（共産主義による）祖国分断の悲劇」
　→「過去：（共産主義者たちによる）様々な事件」
　→「過去：（北朝鮮共産党による）6.25 朝鮮戦争」
　→「現在：（北朝鮮共産党による）分断祖国」

のように、「反・共産主義」＝「反・北朝鮮」を強調している。
　第四に、以上、番組の本題の内容や、番組全体の尺における「反・共産主義」＝「反・北朝鮮」に関わる尺の配分などを総合的に判断してみると、要するに、番組本題のキーとなる言説は他ならぬ「反共」＝「反・北朝鮮」＝「現体制の維持」のイデオロギーが隠れていた、国民を動員する言説であった。

3.3.4「親日」の言説
　それでは次に、本題の言説の中で「親日」の言説を見てみる。例えば表2-9のような場面のナレーションでは「親日」の言説が強調されていた。
　これに比べて、「反日」の言説は、番組序盤の日本帝国による植民地時代の回想の僅かな尺だけが与えられていた。すなわち、過去の歴史を説明する内容の白黒の記録写真を使った、僅か尺 30 秒程度の場面だけであった。該当するナレーションは表 2-10 の通りである。
　以上、本題の内容における「反日」と「親日」の言説をめぐる特徴としては下記の点が挙げられる。
　第一に、番組のナレーションで言いたかったのは、植民地時代の「反

表 2-9 「親日」の言説

Text			
Time	TRACKS（Narration）	Contradiction	言説
21:50	（TRACKS/Music 活気のある明るいイメージの曲） 日本。 李承晩初代大統領は過去我が民族を侵略した日本の地を訪問した。日本の街には李承晩大統領を歓迎する人だかりができた。	民族を侵略した日本 vs. 日本の街には李承晩大統領を歓迎する人だかり	日本訪問 自主独立
22:32	過去、我が領土であった対馬を戻して欲しいという李承晩大統領の提案は自主独立をした我が国権の堂々とした叫びだったのである。		

表 2-10 「反日」の言説

Text			
Time	TRACKS（Narration）	Contradiction	言説
6:40	踏みにじられて、分断されたこの土地、この同胞よ。 36 年間国を奪われて歴史と言語、名前さえ奪われた我が民族は、再び返して戻したこの地の自主独立に念を押した。	奪われた歴史と言語 vs. 自主独立	植民地時代回想
7:13			
7:25	しかし、痛恨の民族史はこの土地この民族にまた一つの試練の場を広げるとは。		

日」の独立運動や親日清算などではなく、「植民地時代」は橋渡し程度のような歴史的事実として使われていたことである。『光復の歓喜』という番組タイトルとなっているが、光復を迎えたものの「共産主義」の登場によって分断された民族の歴史を語っていた。要するに、『光復の歓喜』のドキュメンタリーにおける反コロニアル言説や、「反日」の言説は特に目立っておらず、番組のテーマと実際の番組言説は距離があった。

　第二に、言説的には「反日」ではなく、どちらかと言うと「親日」の言説のドキュメンタリーである点が挙げられる。特に、上記の「（21:50）李承晩の日本訪問と歓迎する人の波」などの場面は、番組全体の内容の展開から見ても「果たしてこの場面は必要だったのか」という唐突な挿入（Editing/insert）となっている印象を拭えなかった。番組では「反日」の言説ではなく、むしろ植民地時代の日本と韓国との関係を払拭しようとする意図があったかも知れないが、この「李承晩の日本訪問」の場面の挿入はプロット編集の側面から見て不自然さや、内容の展開の側面から見ても疑義を抱かせる。

　第三に、番組の内容の中で言及が少ないので明確な結論は差し控えたい

が、結果論的に言うのならば『光復の歓喜』の番組の本題における言説は、「反植民地支配ナショナリズム」の「反日」ではなく、「反共」と「親日」の言説が強調された領域Ⅱに属する言説であった。

4. 小結

　韓国における本格的なテレビ放送は、1962年1月から始まった。1960年初期の韓国社会は4.19運動と5.16革命に続く混沌期で、当時は革命政府によって占領されていた。革命政府は、政策の一環として「放送」を主力事業の一つとして推進した。しかしながら、1960年代初期の韓国社会は、「衣食住」の基礎的な生活も不安的な状況であったので、「テレビ」放送が始まっていてもテレビはごく限られた富裕層の一部だけのメディアであった。

　他方で、1962年当時、KBSの定規放送の枠は、「基本プログラム」枠と「特輯プログラム」枠に分けられていた。「8.15」ドキュメンタリーは、1962年放送初年度から「特輯」番組の枠の中で制作放送されていた。しかしながら、現在保存されている映像は、1970年代半ば以降の番組の一部であった。

　本章では、「8.15」ドキュメンタリーシリーズのアーカイブスに現存する映像として、最も古くて、映像の内容やタイトル、放送日、制作者の全てが確認できる、『8.15特集』シリーズの中で時代的に本章の対象と近かった『光復の歓喜』(1977.8.13放送) を中心に分析した。

　番組は序章で取り上げたバフチンの理論を応用して作った構造的分析枠を軸に考察した。

　番組『光復の歓喜』(1977.8.13放送) の分析の結論としては、下記の三つの点が挙げられる。

　第一に、本文の分析結果からも分かるように、番組におけるストーリーと言説の展開は、「対立する (speaking against)」という短絡的な手法が頻繁に使われていた。

　第二に、分析結果を総合的にまとめると、48年体制から63年体制とそ

の以降に至るまで、「親日」と「反共」の理念（＝領域Ⅱ）は一つの「民族主義」のイデオロギー装置として根強く膠着されていて、1977年制作・放送された「8.15」ドキュメンタリー『光復の歓喜』はそれに続く歴史認識の一つの流れ（currents）となっていた点が挙げられる。

　第三に、1970年代後半、ドキュメンタリーにおける「民族主義」の言説の中で一つに集約されるキーワードとしては、「反共」のイデオロギーから導かれた（共産主義＝北朝鮮の崩壊による）南北の「民族統一」が挙げられる。要するに、1970年代韓国において「統一」とは、南側のイデオロギーによって南北が一つになった「民族像」といった新しいネーションを強調していたのであった。

　第四に、結果的に『光復の歓喜』（1977.8.13放送）は、Ⅱの領域の言説（「親日」と「反共」）に該当する、すなわち「反共」の「統一祖国」への（維新政権の方針の）「新しい動員」のナショナリズムといった言説のドキュメンタリーであった。

【番組テンプレート】『光復の歓喜』（1977.8.13 放送）

Text	
Metaphor of Vision	**Metaphor of Voice**
PAN 風景	BGM（荘厳）
光化門 PAN 38 線 統一路	**Na** 光復 32 年今日。祖国はどこに立っているのか。 分断祖国の悲劇は 32 年前 8.15 解放。あの日の光栄だけの祖国の空の下にただ我が愛国する一つの心で熱望していた統一自主独立の意志をまだ遂行できていないのである。
万歳する市民たち 1:00	
	（TRACKS/Noise 民衆の万歳の音）
写真：市民たち	**Na** 8.15 光復は自由の新紀元。 民主独立の創世記。歓喜と感激だけの熱狂の除幕であった。五千年歴史の上に、あのように民族が一つになって歓喜と総和の歓声で天地を振動させた瞬間があったのか。
ソウル市内 1:35	**Na** しかしあの瞬間は大変短かった。息をする暇もなく内外の挑戦はなだれこんできた。 ES（爆撃の音）
廃墟となった町 38 線	**Na** 赤い渦巻きは国土と民族を分断させ、20 世紀の人類最大の悲劇をこの地に広げた。
2:00	（TRACKS/Noise 民衆の万歳の音 / 民衆の争う音 / デモ群衆の声）ES
混乱国会 デモ群衆	**Na** 民族を大事にして国を愛する指導者は数多く明滅したが、誰一人も危機を克服する原動力である国論の統一と民族の総和を叶えなかった。同胞は民族の主体性を失い彷徨する中で、混沌と沈静の悪循環を重ねていた。 これが光復 32 年前半期の歴史を汚した痛恨の記録である。
	EM（ラッパの音）
W.M〈5.16 革命〉	**Na** しかし 5.16 の黎明。
行進する国軍	（TRACKS/Noise ラッパの音）
	（TRACKS/Noise 行進する軍人の足音・歓迎する人々） やがて民族の彷徨は新しい歴史創造の松明の前に民族の意志を握って試練を克服した後衛の祖国の発展の新しいページを創造し始めた。
PAN 風景	BGM（荘厳）
統一路	**Na** 歴史は語る。試練と光栄の民族史を。黎明の新しい近代史。
太極旗	（TRACKS/Music 行進曲）
PAN 街風景 行進する国軍 文化財	**Na** 怒号する産業の熱狂。民族中興の脈拍。民族大平和の力軍は民族自決の意志の前に新しい祖国を逢着する。 私たちが立っているこの地に統一の新しい起源を開拓する。 ファラン精神の継承を、民族総和の予知を。自立経済の土台を。伝統文化の創造を。
W.M〈815 特集〉	（TRACKS/Noise 鐘の音）ES
W.M〈第 3 部 光復の歓喜〉	**Na** 祖国よ、私たちに力をください。
4:50	ZI 朝日
W.M〈原爆投下〉	
W.M〈日本天皇降伏〉	

ラジオ聞く市民		
W.M〈1945. 8. 15	（TRACKS/Noise 天皇裕仁の声）ES	
ソウル駅広場〉	（TRACKS/Noise 群衆の万歳の音）ES	
太極旗		
W.M〈ミズーリ艦上〉 6:00	**Na** 1945 年 8 月 15 日。日本の降伏により黙示録的な第二次大戦は終結して、我が民族は日本帝国の鎖から解放された。（TRACKS/Noise 群衆の万歳の音）	
6:30	**Na** この世に感激の歓声が爆発して国旗がはためいて、全国刑務所からは独立志士たちが洪水のように放されて出て来た。（TRACKS /Noise 群衆の万歳の音）	
6:40 植民地時代回想		
7:00 強制労役光景	**Na** 踏みにじられて、分断されたこの土地、この同胞よ。36 年間　国を奪われて歴史と言語、名前さえ奪われた我が民族は、再び返して戻したこの地の自主独立に念を押した。	
7:25 38 線	しかし痛恨の民族史はこの土地この民族にまた一つの試練の場を広げるとは。アメリカとソ連二つの国の軍隊は朝鮮半島の戦後処理のために暫定的な措置として北緯 38 度線を軍事分界線とした。これは世界的な心理戦争の時代の序曲であり、人類の悲劇が全て集約された現場であった。また、この土地に民族主義勢力と共産主義勢力の間の紛争と衝突を暗示する境界線であった。	
8:03 W.M〈ソ連軍平壌進駐〉		
W.M〈北朝鮮でも光復は太極旗の下に〉	**Na** 第二次世界大戦が終わりに近づいて来た 8 月 8 日、ソ連は急いで宣戦布告をして、8 月 12 日に羅津に進駐して北朝鮮を完全に掌握した。（TRACKS/Music 厳粛）	
8:36 W.M〈米軍ソウル進駐〉	**Na** そして米軍はソ連軍より 1 ヶ月後の 9 月 8 日、ホッジ中将の指揮下 14 軍団が仁川に上陸、ソウルに進駐した。私たちは解放させてくれた連合軍を熱く歓迎するとともにそして光復の歓喜の中で政治の真空状態で混乱に陥っていた南韓に軍政を始めた。	
W.M〈逃げる日本軍〉	**Na** 祖国の光復、解放の日、どれくらい待ち望んでいた日なのか。三千万が一つになって 3.1 独立万歳を叫んだあの日の歓声と、上海から海外で国を失った悲しさの中で血と涙の滲んだ痕も感激のこの日のことで燃え上がった。どれくらい懐かしんだ祖国だったのか。亡命人事と海外同胞は懐かしい祖国の地へ戻って来た。	
9:30 船から降りる人々 帰国する人たち	（TRACKS/Noise 鐘の音）ES	
09:35 PAN 三角山風景	**Na** あの日が来るのならば三角山が起きて踊り、韓江の水が翻って立ち上がるあの日が、この命が切られる前にあの日がくるのならば、私は鳥のように鐘路の鐘を頭でぶつけて片鱗になっても嬉しく死ねるのに、何の恨が残るだろう。あの日が来て、嗚呼あの日が来て、広い道を泣きながら走り、転がり、この身の皮でも抜いて太鼓を作って肩に担いで歓喜の列の先頭に立っておろう。	
10:30 W.M〈臨時政府要人還国〉 歓迎する人々	**Na** 一生祖国独立のために闘争して来た老独立闘士たちを百姓たちは懐かしい父母を迎えるように歓迎した。10 月 10 日にはアメリカから李承晩博士が戻って来て、11 月 23 日には金九主席と 20 名ほどの臨時政府の要人たちが個人資格として戻って民族陣営に結束した。	

11:00 金日成登場 11:11	**Na** 他方、北朝鮮では 10 月 14 日、ソ連軍小座だった金日成を書記長とする朝鮮共産党北朝鮮分局を平壌へ設立させて、ソ連の傀儡になる政権樹立に着手した。これこそ金日成がソ連、中共と秘密軍事協定を締結して、ソ連の支配下で軍備を強化して、武力敵化統一を達成しようとする侵略準備の始まりであった。急な日本帝国の敗北、米ソの分割占領によって南と北は二つの 8.15 解放が渦巻いていた。
	（TRACKS/Music 哀愁）
11:50 W.M〈日朝修好条規〉 11:54 条約書	**Na** こうした不幸は既に 101 年前の 1876 年 2 月 26 日日朝修好条規による開港の歴史から始まったのである。この条約は、近代化された列強と向き合う準備のないこの地に列強勢力の上陸を促進させて政治的な混沌をもたらして挙げ句は国の主権を日本に奪われた。李氏朝鮮末、数隻の軍艦に恐れていた事実は辛い民族的恥辱であった。こうした封建的体制が外から来る衝撃によって揺れてしまい、外来文物を受け入れることに主体性を備えなかった。
12:55 W.M〈日本帝国膨張〉 13:00 爆撃する飛行機	**Na** しかも日本の軍国主義が大陸に広がっていた 1937 年から解放の日まで全ては日本の戦争遂行政策のもとにあったので、政治経済文化など搾取と抑圧を受けていて、韓国は日本の兵站基地に変わってしまった。
戦争	ES（飛行機爆撃の音）
爆弾が落ちる街	**Na** こうして戦時体制に抑えられてうめいていた我が民族は何の準備のない状態で解放を迎えられて一斉に日本の統治体制が崩れた混乱の空白の中で自己体制を持たないまま、激変と極限の混乱を重ねていたのである。
14:20 反対するデモ群衆 W.M〈信託統治反対〉	（TRACKS/Music 緊迫）EM **Na** 1945 年 2 月 27 日。 モスクワ協定で採択した 5 年間の 4 ヶ国による信託統治案が発表されたことで全国的に反託闘争が起きて、李承晩博士と金九先生を先頭に決死闘争に突入した。
	（TRACKS/Noise 群衆の「反託」と叫ぶ声）ES
群がるデモ群衆	**Na** 北朝鮮でも曺晩植先生を中心に反託の民族隊列は野原の火のように立ち上がった。8.15 解放を独立として理解していた我が民族にとって信託統治案は大きな衝撃であった。確かにカイロ宣言は韓国の自由と独立を公約したのではないか。本当にバラバラと切り離された同胞が再び一つになって即時無条件的独立を切に求める民族総和の姿であった。しかし共産党はモスクワの指令によって、数日間の間に態度を翻して賛託声明を出すことで、政局を緊張と混乱の中に追い込んだ。
	（TRACKS/Noise 群衆の「反託」と叫ぶ声）ES
W.M〈共産党偽造紙幣事件〉 15:30 新聞記事 15:47 W.M〈虚偽宣伝に血眼となった共産党〉	**Na** その渦中でも、左翼は、朝鮮精版社偽造紙幣事件、鉄道総スト、大丘暴動などテロと破壊を重ねた。
15:50 W.M〈米ソ共同委員会〉	（TRACKS/Music 緊迫）EM **Na** いよいよ 1946 年 3 月 20 日。 米ソ両軍司令部はモスクワ協定の決定を実践するためにソウル徳壽宮にて 1 次共同委員会を開いた。しかし臨時政府樹立のための協議対象に反託意志を持っている団体とは協議対象となれないというソ連軍の固執によって 1 次、2 次の共同委員会が全て決裂した。
16:25 W.M〈第二次 UN 総会〉	**Na** 戦後処理問題に関して米ソの冷戦が表面化することで韓国問題の解決は UN へ上程されて南北総選挙を実施することを決議した。

16:43 W.M 〈UN韓国委員団〉 17:15 李承晩 17:18 新聞記事 CU	**Na** その後、1948 年 1 月、UN韓国委員団が韓国に派遣されて使命に関する書簡を米ソ両軍司令官に伝達したものの、ソ連軍の拒否によって、北朝鮮との接触が不可能となり、全韓国地域における選挙は不可能となって民族分裂はさらに深まった。結局、UNは、可能な地域、つまり南韓だけの総選挙を決議することに至った。
17:46 新聞記事の写真 W.M〈宋鎮禹〉 W.M〈呂運亨〉 W.M〈張徳秀〉	**Na** 祖国の独立のために一生を闘争して来た民族主義指導者たちが結局手を繋がなかったことは大きな民族的な不幸であった。李承晩博士の南韓単独政府樹立運動、金九先生の南北協議論、金奎植の左右合作運動、反託運動で結束していた 3 人の指導者は統一政府樹立のキーであった米ソ共同委員会が決裂してから各自路線を異にした。 解放後、南北左右に分裂された政治的な混乱の中、指導者の暗殺が横行した。宋鎮禹、呂運亨、張徳秀。
18:05	**Na** UNが南韓だけの総選挙実施を決議したことで南朝鮮労働党中心の左翼勢力は政府樹立を妨害するための最後の悪あがきとしてスト、殺害など悪質な行為を起こした。
18:22	**Na** 北朝鮮がUN監視下の総選挙を拒否することで南韓だけの単独選挙となると、金九先生と金奎植博士などの独立志士たちは民族自決主義原則による南北協議を通して統一の糸口を探そうとした。
W.M〈金九先生 38 戦を超える〉 金九 FS	**Na** 1948 年 4 月 19 日朝。京橋荘の前は修羅場となった。金九先生の北行の道を決死反対する群衆の争乱は悲愴だった。しかし金九先生は同じ祖先の血と骨を引受ける同じ民族が分かれることは防ぐべきであると、決然と平壌を訪ねた。
19:14 平壌の街	**Na** しかしこうした民族の模索は北朝鮮共産党の政治的な計略によって踏みにじられてしまった。
19:30 W.M〈金九先生の葬式〉	民族の偉大なる星。金九先生は 4 発の弾丸によって挫折した。しかし指導者の愛国精神と立派な人格は我が民族の松明となって燃え上がるだろう。
葬式に参加する民衆	（TRACKS/Music 哀愁）BGM **Na** 白い雪を踏みながら野原の真ん中を行く時 むやみに乱れた足取りをするな 今日の自分の足取りは後で来る人たちの道しるべとなるのだろう（TRACKS/Music 哀愁）BGM
20:15 W.M〈5.10 選挙〉 李承晩夫妻投票 20:50 W.M〈憲政国会〉	**Na** 私たちの統一のための努力にもかかわらず、南北分断の壁は固くなって来て、やがて 1948 年 5 月 10 日 UN 監視のもとで総選挙が南韓だけ実施された。有史以来、初めて主権を行使する国民は神聖なる票を投じることで、この地に初めて民主主義の歴史を紡いでいた。この時期、198 名の憲政議員が選出されたが、人口比例によって北朝鮮の大票のために 100 席を残した。総選挙で圧勝した李承晩博士は米軍政の時誕生した過渡立法議院と民主議院を廃院して、1948 年 5 月 31 日歴史的な憲政国会初開院式で議長として選出されて、国会は李承晩博士を初代大統領に選出して就任式を行った。 （TRACKS/Noise 李承晩の声）
21:21 W.M〈政府樹立宣布式〉	**Na** こうして UN と世界友邦たちは大韓民国政府を朝鮮半島の唯一の合法政府として承認した。
21:26	**Na** 北朝鮮は 48 年 8 月 25 日最高人民会議代員選挙を形式的に実施した。それで最高人民委員会議第一次会議にて所謂朝鮮民主主義人民共和国を樹立して金日成が首相となって政権を掌握した。
21:50 W.M〈李承晩大統領の日本訪問〉 22:32	（TRACKS/Music 活気のある明るいイメージの曲） **Na** 日本。 李承晩初代大統領は過去我が民族を侵略した日本の地を訪問した。日本の街には李承晩大統領を歓迎する人だかりができた。過去、我が領土であった対馬を戻して欲しいという李承晩大統領の提案は自主独立をした我が国権の堂々とした叫びだったのである。

22:36 W.M〈中共軍〉 新聞記事	**Na** 1949 年中国の内戦は終わった。中共軍は北京を占領、建国を宣布して台湾は自由中国蔣介石総統が統治した。こうした周辺情勢の中で韓国政府は樹立当時から派閥対立によって混乱な状態であった。こうした国内情勢は北朝鮮の共産集団を鼓舞させる結果となった。
23:14 23:16 W.M〈麗水順天反乱事件〉 死体 廃墟となった麗水順天	（TRACKS/Music 緊迫）EM **Na** 政府樹立 2 ヶ月後、1948 年 10 月 19 日。麗水に駐屯していた 14 年隊は共産分子の扇動によって反乱を起こした。反乱軍は麗水、求禮、高城を占領して殺人と放火の犯行を起こした。警察官と右翼団体要人、良民が処刑・殺害されて燃えている街並みに倒れていた。共産党の悪質な脅しと扇動に巻き込まれた暴徒たち。罪のない同族をむやみに虐殺する共産党の行為は祖国を同族相争で血に染めた 6.25 南侵の前奏曲であった。政府は直ちに戒厳令を宣布して軍警を急派、約 2 ヶ月に亘って叛逆集団を完全に鎮圧した。
24:25 W.M〈智異山共匪討伐〉	**Na** 麗水、順天の一部の反乱軍は智異山に逃げてあちこちで山岳地域を根拠地として北朝鮮から潜入したゲリラと合流、村落を襲撃して領民を苦しめながら南韓の社会秩序を攪乱、破壊することに血眼となっていた。
25:05 サインする金日成 WS W.M〈北朝鮮の戦争準備〉 軍事訓練する人民軍	EM（緊迫） **Na** ソ連の共産主義膨張政策を朝鮮半島に実現するために平壌から来た金日成は所謂人民共和国を樹立してすぐソ連中共と秘密軍事協定を結んだ。 そして中国内戦に参戦していた韓国人民部隊 5 万名とソ連にいた韓国院部隊 5000 名を平壌へ召喚、彼らを核に二つの装甲師団を含めて 24 師団に既に創設されていた人民軍を大幅に増強した。他方で、北朝鮮の青年団体と大学、工場、農村など、軍事予備訓練を実施した。このように北朝鮮では戦争準備に狂奔していた。
25:50 軍歌演奏 軍歌を歌う軍人たち	（TRACKS/Music アコーディオン演奏、軍人たちの軍歌） **Na** 38 線南側は北側より国防の側面で遅れていた。人民軍が創設された後 1 年も遅れた 1949 年の春に漸く国軍が発足される段階にいた。既に侵略のための戦争準備を組織化してチャンスを窺っていた北朝鮮共産集団の前に国軍の士気は感傷と秩序のない状態に止まっていた安易な平和に浸っていた。
27:22 W.M〈国会ブラッチ事件〉	**Na** 1949 年 6 月下旬。 所謂国会ブラッチ事件は世の中を揺さぶった。国会副議長金ハクスをはじめ、国会議員 10 名ほどの少将派は共産党ブラッチ指揮のもとで、北朝鮮と内通しながら政府政策に反対するとともに、国会の摩擦を増して、反政府反米的な国会活動をしながら内部崩壊を図った。彼らは、米軍の撤収を前に、UN 韓国委員団を訪問して米軍撤収の際の軍事顧問団の設置に反対する意見まで提出して軍の弱体化を狙った。
28:05 W.M〈米軍撤収〉 28:23W.M〈米軍撤収反対デモ〉	**Na** ところで、予定通りに米軍は韓国政府樹立後 1948 年末と 1949 年まで 500 名の軍事顧問団を残して撤収した。当時、韓国軍の装備は若干の旧式小銃と軽飛行機の数台があっただけ。それで韓国民たちは武器を提供するようデモをしながらアメリカの傍観的な態度を恨んだ。
28:40 地図：不後退防衛線（アチソン・ライン）	**Na** 1950 年になってから韓国に対する共産党の破壊工作は熾烈となり始めた。特に、アメリカのアチソン国防長官の、韓国はアメリカの防衛戦の外であるという発言に刺激を受けた北朝鮮は侵略準備を急いだ。
28:55 W.M〈ダレス訪韓〉	他方でダレスアメリカ国務長官が訪韓して 38 線を視察した。ロバートソンアメリカ軍事顧問も北朝鮮の侵略可能性を一蹴した。
29:10 人民軍	**Na** やがて 1950 年 3 月。ソ連のスターリンは北朝鮮の侵略に賛同。金日成は祖国統一民主前線の名で偽装平和工作を巧みに図りながら、38 線一帯に兵力を終結した。また北朝鮮は南北協議提案と民族陣営指導者の曺晩植と南韓で捕まった李舟河, 金サンヨンとの交換を提案した。しかし約束した日、交換場所に現れなかった。

29:50 田植えする韓国農民たち	こうした北朝鮮の侵略準備の前に韓国の山の麓は6月の深緑の中で田植えの最中であった。 （TRACKS/Noise 銃弾/爆撃の音）ES
30:00 W.M〈6.25 勃発〉 走るタンク 避難する人たち	**Na** 1950 年6月25日　早朝。 休日の平和を破って、タンクの波は地軸を揺さぶりながら入って来て同族の心に砲火を投げ込んだ。遂にこの地を血の海にした。
30:45	（TRACKS/Noise 汽車の汽笛の音）ES
30:54 統一路	（TRACKS/Noise 民衆の万歳の音）ES **Na** 民族歓喜のあの日。 五千年青磁空の下でソウル駅には太極旗がはためいて、独立万歳の歓声が広がった。しかし歓喜と感激だけの栄光のあの日だった。
ソウル市内 光化路	**Na** 光復 32 年今日。 ソウル駅広場は完全自立の新時代を約束してくれている。 今日も民族は職場で、街で、祖国の繁栄と平和のために自立精神と総和団結で世界の中の韓国の矜持を守る。
31:40 南大門	**Na** 南大門は見守っている。 民族哀感の受難を、6.25 の悲劇を、そして今日の民族中興を。
31:55 光化門	**Na** 光化門は知っている。 民族受難の歴史と教訓の上に立てられた自主国防、自立経済の基盤を。
32:09 PAN ソウル市内	明け染める新しい歴史の前に国は自由と平和の意志に念を押す。 そして統一祖国の新起源を。 （TRACKS/Music 行進曲）EM
統一路	**Na** やがて 32 年待ち望んできた南北統一の念願を叶えるであろう。 （TRACKS /Noise 鐘の音）ES **Na** 祖国よ、私たちに力をください。 （TRACKS /Noise 鐘の音）ES
33:00	完

＊お断り：上記の番組テンプレートは下記の凡例に従って作成したものである。なお、次ページの凡例は第 2 ～ 6 章における番組分析全てに関して同様に使用された。

凡　例

音声・音楽・音響	ショットサイズとアングル		
A = Audio TM = Theme Music BGM = Back Ground Music EM = Effect Music Int = Interview ES = Effect Sound Na = Narration On = On mike	BS = Bust Shot WS = Waist Shot NS = Knee Shot FS = Full Shot LS = Long Shot MS = Middle Shot	CU = Close Up LA = Low Angle ZI = Zoom In ZO = Zoom Out HA = High Angle PAN = Panoramic View	1S = one Shot 2S = two Shot 3S = three Shot GS = group Shot

テクストの構造的枠組（表 A-4 再掲）

Documentary　ドキュメンタリー			
Text （loophole discourse） テクスト （言説の抜け穴）	*Tact*（= Metaphor of Vision /Metaphor of Voice） 手法（視覚メタファー / 聴覚メタファー）	Narrative 物語	Texts 台本
			Studio apparatus スタジオ装置
			Editing 編集
		Rhetoric 修辞	Metaphor メタファー
			Contradiction 矛盾
			Excess 誇張
			Irony アイロニー
			Joke ジョーク
		Narrator ナレーター	Accent アクセント
			Intonation イントネーション
			Rhythm リズム
		Film Dramaturgy フィルム演出	Camera Placement カメラ位置
			Camera Acting 移動
			Camera Framing 枠取り
			種類（3D/4K/8K）
		Tracks 音声 / 音響	Music 音楽
			Noise ノイズ
			Written Material 字幕
			Dialogue ダイアローグ（対話）
			Lyric リリック
			Narration ナレーション
		Editing 編集	Reenact 再現
			Insert 挿入
			against/discredit 配置

出典：筆者作成

注

1）1960 年代初期、米の 1 叺（かます）の値段が 1 万 8000 ファンだったが、14 インチテレビ受像機の値段は 12 万 7000 ファンだったという（キム・ヨンヒ 2009：282）。
2）キム・ヨンヒ（2009：281）、ジョ・ハンジェ（2014：76）から引用。
3）『経済統計年報』（韓国銀行発行）、キム・ヨンヒ（2009：271）から引用。
4）キム・ヨンヒ（2009：272）から引用。
5）李柄天他（2003）や、曺喜昖（2010）を参照されたい。
6）または、キム・ヨンヒ（2009：290）が参考になる。
7）マ・ドンフン（2011：203）

8）日本のテレビ放送におけるドキュメンタリーというジャンルの誕生に関しては崔（2015）を参照されたい。崔は、ラジオの「ラジオ構成」というジャンルからテレビ放送草創期の「フィルム構成」へ連続するプロセスを『日本の素顔』という日本における初の本格的なテレビドキュメンタリーシリーズを素材に論じている。

9）台本はホ・グンウ（허근우）、解説者はキム・ヒョンジク（김현직）、音楽担当はキム・ヨンファン（김용환）である。

10）カン・ジュンマン『韓国現代史散策：1960 年代編（3）』2004：307-309

第 3 章

激動の時代と「移民韓国人」(1980年代)

1. 時代背景

　第 2 章で検討したように、1970 年代のドキュメンタリー『光復の歓喜』
（1977 放送）のナショナリズムの言説の特徴は、図 A-1 の区分の中でⅡの領
域（＝「親日」と「反共」）に属するものとして、南北に分断された民族の
「統一」（民主主義（＝南側）による統一）を民族的使命とする新しい「ネー
ション」の構築のナショナリズムを強調する言説であった。つまり、「親
日」と「反共」の理念を国民動員の手段として戦略的に利用してきた 48
年体制の「民族主義」の言説は、63 年体制の朴正煕政権における国家的
な政策の一環のイデオロギー装置として始まった初期の「8.15」ドキュメ
ンタリーシリーズの中でも連続していたのである。特に、63 年体制の朴
正煕政権は、「反共法」の制定と公布（1961.7）や、「日韓条約」締結（1965.
6）、「ベトナム戦争派兵」[1]（1964 〜 1965）を大胆に執行していったが、実
際に当時の韓国社会では「反・共産主義」の理念を広げる「ベトナム戦
争」関連テーマの歌謡曲[2]と映画が流行っていて、また韓国の反共映画
の制度化による「反共映画」のブーム[3]や、テレビでも「反共ドラマ」[4]
のブームが続いていた。

　他方で、国民の一部では「日韓条約」締結（1965）のへの批判から市民
運動と学生デモが再燃した[5]が、当の政府は非常戒厳令を発令して抑圧
した。こうした一連の事態によって知識人や大学生たちを中心に「反日」
の感情が高ぶるなど、国家権力と一般民衆との葛藤と対立が表面化してい
た。当時文学界ではこうした葛藤と対立に関連して植民地時代の遺産の清
算を訴えるために春園（李光洙）などの著名な文学家たちの植民地時代の
親日行為や作品活動を告発する『親日文学論』（林鐘国・1966）が刊行され
た。他方で、63 年体制の朴正煕政権の間、「親共」のイデオロギー的な表
現の自由を抑制する「筆過（ピルファ）」事件（1965）[6]などが起きるなど、
文学や芸術の世界まで「反共」のイデオロギーを押し付けた権力の暴力的
な圧力が横行していた。

　これに対して経済的な側面においては、統計によると韓国は 1977 年に
100 億ドルの輸出を達成できていて、1980 年代に入ってからは漸く比較的

物価が安定するという好景気が続いていたという[7]。一方でメディア政策としては、「言論統廃合」[8]（1980）によって、国家による言論統制がさらに体系的な体制のもとに置かれるようになっていた。

　63年体制を代弁するもう一つの言説としては「近代化」が欠かせないが、「開発」と「動員」という言説が一つにパッケージされたこうした一連の国家主導の近代化の波の中で、1960年代初期に国民の中では経済的な貧困と不安な社会状況を理由に海外へ移住する人たちが本格的に増えてきた。南米のアルゼンチンの場合、韓国からの移住者の殆どは「農業移民」であった。本章で分析する研究対象のドキュメンタリー番組ではアルゼンチン移民者の中で「衣類商売」で成功した韓国人を取り上げているが、その他のシリーズに登場する南米のアルゼンチンなどでの移住の場合は農地購入による韓国政府の計画的な「農業移民政策」による移民が紹介されていた[9]。ところで、そもそも韓国人のアルゼンチンへの移民の歴史にはどういった経緯があったのか。ここでは韓国人が遥か遠い南米への移住を決心した状況をめぐって若干の歴史的な説明が必要となると考えられる。

　記録によると韓国人の南米への最初の移民は凡そ1030人くらいの規模の1905年のメキシコ移民であった。当の移民は「労働契約」移民または「奴隷生活」移民と記録されているように、メキシコと韓国との国交のないままのメキシコ農場主協会と国際移民ブローカーと日本大陸植民会社による一種の詐欺まがいの集団的越境であった[10]。その後、1950年代朝鮮戦争の捕虜たちが住処の第三国として選んだ一つが南米のアルゼンチンであった[11]。そして、1960年代、韓国政府の移民奨励政策によって、本格的な南米への韓国人移民が始まった。1970年代の移民者たちは、1960年代は農業移民の人たちが殆どだったのに比べて、階層や職業が多様となってきた。そして1980年代にはアルゼンチンと韓国との投資移民協定が成立することで投資移民が急増した。本章で取り上げる番組に登場する韓国人の主人公の兄弟と家族は、1960年代の初期移民世代の家族として、番組制作の1980年代には衣類事業で成功してアルゼンチンの中心街に韓国人のコミュニティを築き上げていた初代移民世代の人たちであった。

2. 番組の概要と番組分析

　8.15 海外企画 8 部作シリーズ『移民韓国人、このように成功した』は、1983 年 8 月 8 日から 2 週間（月曜から木曜まで 4 回分 × 2 週 = 8 回）かけて放送された。このシリーズの特徴としては下記の点が挙げられる。

　第一に、巻末の添付資料「韓国公共放送における歴代『8.15』ドキュメンタリーシリーズ目録」で確認できる通り、「移民」をテーマとしたドキュメンタリーはこれが最初で最後の番組となっている点である。

　第二に、同様に「8 部作」のシリーズで企画・制作された「8.15」ドキュメンタリーも、これが最初で最後の番組となっている点である。

　第三に、「8.15」ドキュメンタリーの中で「海外企画」として制作するために、海外オールロケ（南米と北米）となったのはこれが初めての試みであった点である。

　第四に、以上の三つの特異点から、『移民韓国人、このように成功した』シリーズは意欲的に企画された、KBS の当年度の主力の特集番組であったのが分かる[12]。つまり、既存の事例とは異なる、「破格的」な制作費と編成の時間枠を執行しながらこうした番組を制作・放送した裏には、1980 年「言論統廃合」によって規模的に大きくなってきた KBS の懐事情はあったものの、当然ながらその他の当時放送局側の強い「意図」があったはずである。

　それでは、8.15 海外企画 8 部作シリーズ『移民韓国人、このように成功した』はどのような番組だったのか。本章では、8 部作のシリーズの中で、第 1 作目を主としたテクストとして取り上げて詳細に検討する。その理由は、まずシリーズの最初の放送分であるのでシリーズのテーマの本質的な狙いが集約されていたと判断したことと、他の 7 番組のテーマや手法を見てみると各々対象と撮影地は異なっているものの 8 部全編における基本的な制作方針（テーマ）と手法が類似していたので第 1 作目が代表作として相応しいと判断したことである。

　それではまず番組のテーマや内容の流れを確認するためにプロットを検討する。第 1 部『洋服屋三兄弟』（1983.8.8 放送）の番組のプロットは下記の

通りである。

イントロ

→ （00:58）三兄弟の登場：街を歩いている 3 兄弟

→ （1:27）移民韓国人の町アルゼンチン・バリオ・リバラビア〈通称 109
　　村〉紹介

→ （2:54）ブエノスアイレス中心街

→ （3:11）ハン兄弟のパゴダ商会 in ブエノスアイレス

→ （3:26）三兄弟の紹介

→ （4:35）三兄弟の商売の街：衣類卸売商店街「オンセ」地域 in ブエノス
　　アイレス中心街

→ （5:25）長男ハン・ヨンチャン氏の登場（長男の事業成功事例）

→ （8:33）韓人商人会を組織：第二のパゴダ商会

→ （8:55）次男ハン・ヨンチョン氏の登場（次男の事業成功事例）

→ （12:30）三男ハン・ヨンジュ氏の登場（三男の事業成功事例）

→ （17:00）新聞記事（韓国人の進撃）

→ （17:30）回想：移民初期の過去：ハン氏家族が乗ってきた貨物船
　　〈1966.12-1967.2〉

→ （18:00）三兄弟の苦労話

→ （19:25）苦労話で涙声の三男

→ （20:10）初期の商売：八百屋

→ （20:36）海を眺める長男の顔：ラ・プラタ川の河口

→ （21:26）事業の転換期 1：牛のカルビ（アサド）用炭の商売

→ （24:10）事業の転換期 2：革ベルトの商売

→ （24:57）お母さんの 70 歳誕生パーティー：家族全員集合

→ （26:19）移民家族と家族愛 1：イ・ソンヒ（36）、長男の妻

→ （27:05）移民家族と家族愛 2：チョ・ジョンエ（35）、次男の妻

→ （27:55）移民家族と家族愛 3：パク・ヨンスク（32）、三男の妻

→（28:16）韓国人としての矜持：散歩する三兄弟

→（28:59）プロローグ

→（29:38）完

　上記の約30分尺のプロットをもっと単純化して番組の流れをまとめると、下記のようになる。

「プロローグ」

→韓国人移民の土地（アルゼンチン）

→三兄弟の事業の紹介

→移民初期の苦労を回想

→事業の成功

→親孝行と家族愛の三兄弟

→韓国人の矜持

→完

　上記の通りに、非常にシンプルなストーリーの展開と単純な構成で作られているのが分かるが、こうした二項対立の装置を積極的に用いることの利点としては、ストーリーのテーマが明確になるとともに、（持続性はないものの番組を見ている間に）説得力ある「動員」の効果が比較的期待できる点が挙げられる。以上番組の流れが確認できたので次は番組の言説を検討する。

3. 移民と「ネーション」の言説

　『洋服屋三兄弟』においては図A-1の中の言説、すなわち「反日」や「反共」「親日」「親共」のような言説は見当たらない。つまり、1980年代初期のKBSの意欲的かつ破格的な企画として制作された「8.15」の特集番組の狙いは、既存の「流れ」から「近代化」へと変貌を追求していたのである。章末に添付した番組のテンプレートを確認してみれば分かるが、本

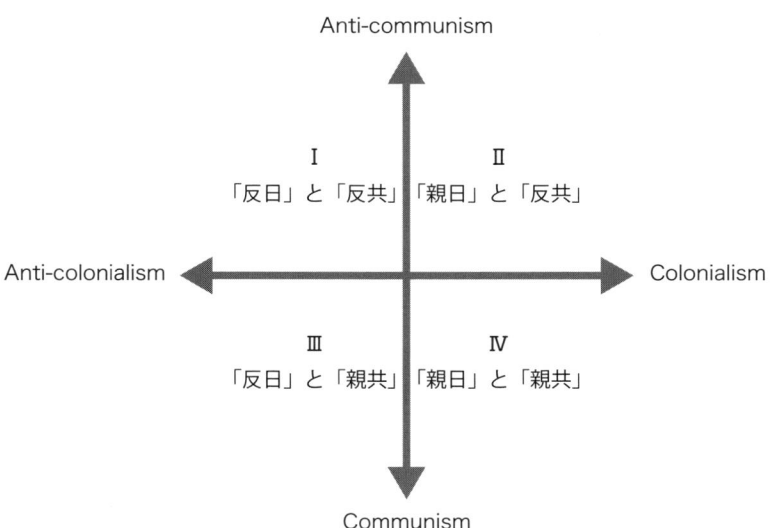

Anti-communism

I
「反日」と「反共」

II
「親日」と「反共」

Anti-colonialism ← → Colonialism

III
「反日」と「親共」

IV
「親日」と「親共」

Communism

図 A-1　戦後韓国における「反日」と「反共」の概念をめぐる構造的関係性（再掲）
出典：筆者作成

　章の対象となる『洋服屋三兄弟』に、図 A-1 のような「理念的」な言説は
もう相応しくなくなっていて、産業的や経済的、近代化の言説がナショナ
リズムの言説と化していた。要するにこの番組では、所謂「帝国 / 日本」
や「共産主義 / 北朝鮮」といった「他者」ではなく、「韓国人」という
「自己」を他者化しつつナショナルなアイデンティティの表象づくりに取
り組んでいたのである。
　そして映像の中の「韓国人」とは、「移民韓国人 = 在外同胞」として韓
国の「外」にいるものの、所謂「韓国人としてのメンタリティーを忘れて
いない同胞である」というナショナルな像を構築していくために、誇らし
い「韓国人」としての強い「民族主義」の言説を強調していた。1980 年
代初期のこうした言説的流れは、恐らく 1960 年代から 1970 年代まで続い
た 63 年体制以降の朴正煕による独裁開発政策のなごりであろう。それで
は、具体的に言説の特徴について、以下の言説分析を通して詳細に検討す
る。

3.1 言説Ⅰ：「貧困」からの脱出

　『洋服屋三兄弟』の番組における代表的な言説として、まず「貧困」からの脱出が挙げられる。こうした言説は、下記のように現実の対立（conflict）を対置させることでストーリーを展開する構造で表象されている。

①「貧困」vs.「巨商」＝「109村」vs.「ブエノスアイレス中心街」

「貧困」	「巨商」
バリオ・リバラビア町「109村」	「ブエノスアイレス中心街」
（1:27） 貧しい労働者のために1940年代末作られたここバリオ・リバラビアは、通称109番バスの終点	（4:35） 首都ブエノスアイレス中心街に位置する衣類卸売市場のオンセ地域は、他の商店街に比べて店舗の賃貸料が高く、ユダヤ人の談合や商売術に抑えられ、ハン氏兄弟が進出する当時でも、進んで前に出ることは難しいことだった
（1:33） 韓国人にとっては忘れることのできないところとして、70年代半ばまで、移民韓国人の殆どがここに居住し	（3:26） 今は商店街の中に卸売商店2ヶ所、生地商店1ヶ所、そして裁断工場1ヶ所を経営する巨商に成長した

②「韓国人」vs.「ユダヤ人」＝「下請け」vs.「掌握」

「韓国人」	「ユダヤ人」
（2:10） 「下請け」（韓国人は、ユダヤ人から毛糸を供給してもらい、早朝から休まずに機械を動かしながら製品を作り出す）	（4:26） 「掌握」（アルゼンチン商業の現実は、事実上、ユダヤ人が掌握していて、現在でもこの国のユダヤ人60万人程度がこれに従事している）
（7:50） （現在）三兄弟の飛躍的な成長には、周囲のユダヤ人までもが舌を巻いた。	（17:00）新聞記事 （逆転）ユダヤ人たちも、最近集会などの会合を開き、韓国人商人に対する対策を練っているほどである。

　以上は、番組で表象されていた経済的な側面における移民韓国人の言説であったが、初期移民韓国人の「貧困」と「成功」の状況を、バス終点の「貧民街」と首都の「中心街」を対比することで劇的に変貌した移民者たちの位相を表象していた。そして、両方ともディアスポラである「韓国人」と「ユダヤ人」を対比させることによって、現在の移民韓国人の成功の裏にある（強い結束力と精神力の民族として知れわたっている「ユダヤ人」に負けないくらいの）韓国人のメンタリティーを強調していた。つまり、番組の表現手法は二つの葛藤（conflict）がストーリーの展開を支えているが、初期

は「ユダヤ人」からの「下請け」の仕事をしながら貧民街の「109村」に住んでいた移民韓国人の代表としてのハン氏三兄弟が、今はアルゼンチンの首都の中心街で成功した洋服屋として、以前から中心街を掌握していた「ユダヤ人」たちを脅かすほどに成長しているという内容の展開であった。こうした二つを対立させる展開の手法は単調でありながら分かりやすい構造となっているので、番組のテーマを受け手に伝えたいという送り手の意図が比較的活かせるという利点がある。まとめるのならば、ここのメインの言説は「貧困」から「巨商」へと「成功した移民韓国人」が挙げられる。

3.2 言説Ⅱ：「韓国人」の矜持

　『洋服屋三兄弟』の番組の二つ目の代表的な言説としては、「韓国人の矜持」というナショナルなアイデンティティの構築が挙げられる。番組では、下記のような言説を用いて、所謂「韓国人」のアイデンティティを表象していた。すなわち、番組において「韓国人のメンタリティー」とは「意地」や、「勤勉さ」、そして「助け合い」の三つの言説で語られると言っていた。ナレーションを詳細に検討すると下記の通りになる。

①「意地」＝「根性」＝「粘り」

Time	TRACKS
イントロ	**W.M.** 1.初期の逆境や苦難、これら全てと戦いながらより良い将来を目指してきた移民の韓国人。（中略）今や世界各地で<u>意地</u>の韓国人として輝いている。 2. 南北アメリカ大陸を舞台に<u>根性と粘りで成功した移民韓国人</u>の誇らしい姿
5:25	**Na** 意地っ張りのハン氏三兄弟の長男であるハン・ヨンチャン氏は、ここオンセ地域で現在、パゴダ商店という看板の下で、卸売店舗を2ヶ所経営している。

　つまり、上記のナレーションから「意地」や、「根性」「粘り」といった類似の語彙が繰り返し使われているのが分かるが、言ってみれば番組では「韓国人論」の第一条件は苦難を乗り越えてやがて成功を手にするという、「意地」と「根性」の「粘り」を取り上げていたのである。

②「勤勉さ」＝「一生懸命」

Time	TRACKS
5:40	**Na** ハン氏三兄弟が生地市場への進出を決めたのは、<u>韓国人の勤勉さがあれば何でもできるという自信があったからだ</u>という。
10:13	**Na** <u>韓国人の気質は勤勉さである</u>と答えていたという。
エピローグ	**Na** 彼ら兄弟は、言っています。<u>一生懸命生きて来たし、</u>

　番組で「韓国人論」の条件として「意地」の次に取り上げたのが、「勤勉さ」と「一生懸命さ」であった。1960年代半ば以降韓国の近代化のための独裁開発の動員の政策は政権が終わってもそのなごりが「韓国人論」に化けて新たに「動員」していたのが分かるのである。

③「助け合い」＝「親孝行」＝「家族愛」

Time	TRACKS
8:33	**Na** 最近オンセ商店街に多く進出している韓国人たちが<u>経験不足や言語障壁のために受けやすい不利益を少しでも防ごうと、韓人商人会を組織し、活動を行っている。</u>
22:46	**Na** お金が貯まっても、<u>109村に残して来た両親を忘れることはできませんでした。</u>寂しい海外生活の上、さらに<u>親とも離れ離れになっていることがとても気の毒だった</u>からです。
26:19	**Int**（お母さん70歳誕生パーティー）<u>週1回は、必ず会ってお昼を一緒に準備して</u>います。子供たちも仲良くなれるし、私たち義姉妹もいろんな話をしながら過ごしています。結婚して14年目です。私たちは、同乗者です。同じく移民家族でした。義妹たちも同じく移民家族です。
27:55	**Int** 異国の地で三兄弟が、それぞれ家庭を持ち、<u>一緒に働きながら幸せに暮らすことは、私としては、とても誇らしいです</u>

　番組で所謂「韓国人論」として三番目に取り上げた言説は、「助け合い」や、「親孝行」「家族愛」といった韓国の重要な伝統となっている儒教的な教えであった。確かに韓国における「礼儀」への拘りは韓国人が持っている「美しい」徳目として学校教育や一般社会の中でも重んじられてきた倫理である。

　以上、三つの言説をまとめるのならば、番組で挙げられていた「韓国人論」とは、「『意地』や『勤勉』そして『家族愛』をそのメンタルの特徴とする共同体」、となる。

　そして、番組の最後のエピローグは下記のようなナレーションで締め括

られていた。

④忘れることのなかった「韓国人としての矜持」

Time	TRACKS
28:59 エピローグ 29:38	**Na** 彼ら兄弟は、言っている。一生懸命生きて来たし、<u>決して韓国人としての矜持を忘れたことはなかった</u>と。 （TRACKS/Music テーマ曲） 完

　番組エンディングのナレーションは「韓国人」であることを「忘れたことはなかった」という釘を刺すような語りで締め括られていた。つまり、韓国から見れば地理的にも、そして文化的にも相当離れている南米の国へ移民した韓国人が貧困から巨商へ成功した裏には「決して韓国人としての矜持を忘れたことはなかった」からであるという、「韓国人で良かった」のような結論を強調する番組作りであった。そして、移民韓国人として成功事例である番組の三兄弟のような人たちは同じ領土ではないがやはり同じ「韓国人」であるという、ネーションへの回帰と虚像の再生産であった。しかしながら、そもそも移民者にナショナルなアイデンティティを外から構築しようとするのはなぜなのか。文化的アイデンティティとナショナルなアイデンティティとの境は何なのか。次項で掘り下げてみたい。

3.3　創造された「ネーション」と「トランスナショナリズム」の言説

　本章で取り上げた番組では結局何を言いたかったのだろうか。以上で検討した結果から、8.15 海外企画 8 部作シリーズ『移民韓国人、このように成功した』第 1 部『洋服屋三兄弟』の言説は、移民韓国人を対象に在外同胞としてのナショナルなアイデンティティを構築しようとするものであった。すなわち、「在外同胞＝貧困から巨商へ成功＝意地・勤勉・親孝行＝韓国人の矜持＝韓国人論＝ネーション」というナショナリズム言説の等式が構築されていた。つまり番組のナレーションを中心とした上記の分析結果によると、貧しくて苦しい移民生活を克服できたのは、同じ民族の「韓国人としての矜持」を持ち続けたからだそうだ。具体的には、「意地」があって、「勤勉」で、そして「親子孝行・家族愛」の助け合いによって支

えられる所謂「白衣民族[13)]」の伝統の「韓国人論」という血統的かつ文化的なナショナリズムの言説であった。

　要するに、63年体制から始まった朴正熙による「反共」の動員と「開発」の動員といった独裁開発政権が終わったばかり（注：朴大統領は1979年銃撃され死亡）の1980年代初期、63年体制の朴正熙によって積極的に推進されてきたKBSの「8.15」ドキュメンタリーシリーズのまなざしが見つめていたのは、「日本」でもなく、「北朝鮮」でもなく、「韓国人」という自己アイデンティティであった。すなわち、番組におけるメインの言説は、既存の国是のイデオロギーであった「反共」ではなく、境界侵犯的「反共」としての、「韓国人論」であったのである。つまり番組で限界的であるものの、まなざしの先にあったのは、滞在する領土は異なっているものの、「在外同胞」がネーションであるということを強調していた。そしてその内容は、韓国人としての「矜持」を忘れず生きている意味での一種の「移民ナショナリズム[14)]」に繋がっていた。番組ではこうして作られた「韓国人論」を強調することでナショナルなアイデンティティを語っていたのであった。敷衍すれば例えば、日本の『文化ナショナリズムの社会学』を著した吉野耕作が文化ナショナリズムの定義を説明する中で、文化ナショナリズムが問われるのは「ネーションの文化的アイデンティティが欠如していたり、不安定であったり、脅威にさらされている時に、その創造、維持、強化を通してナショナルな共同体の再生を目指す活動である」（1997：11）と言っているように、移民地の異国で韓国人コミュニティが少数派になることで文化的なアイデンティティは脅威に晒されるのだが、『洋服屋三兄弟』は遠い異国でも純粋な韓国人としての「儀」と「礼」を守りながらそして韓国のテレビドラマを家族ぐるみで見ながら「ネーション」としての集合的な連帯感を維持しつつ、韓国人としての位相を世界に知らせる貢献をしていた。こうした意味で、番組の言説は、「文化ナショナリズム」としてありながら、（戦争中の遠隔地からの物資の支援やプロパガンダの活動をしていた日本の移民者とは異なるものの）「移民ナショナリズム」に通じる側面もあると考える。

　他方で、しかしながら文化的アイデンティティとは、「ディアスポラ的

経験は、ある必然的な異質性と多様性の認識によって、つまり差異と矛盾することなく、差異とともに、差異を通じて生きる『アイデンティティ』という概念によって、ハイブリディティによって定義できる」とホールが言った（Hall 1990：235）ように、個体を定位させようとする権力やメディアとは異なる差異の切れ目に宿りながら対話していくものである。

　次の第4章で検討するが、こうした限定的な射程であったものの、他者ではなく自分に向いている「他者ではない他者」への省察的（reflexive）ナショナリズムの言説への転換的流れは徐々にその後も続いていた。

4. 小結

　1980年代初期の「8.15」ドキュメンタリーである、8.15海外企画8部作シリーズ『移民韓国人、このように成功した』第1部『洋服屋三兄弟』（1983.8.8放送）の問いは、韓国人のアイデンティティを再確認しながら再構築するものであった。当の番組において、「反日」や「反共」「親日」「親共」のような言説は見当たらなくなっていて、「韓国人づくり」のための限定的ながら省察的なまなざしが表象されていた。

　詳細に見てみると、『洋風屋三兄弟』は韓国人としての「矜持＝アイデンティティ」が主とした言説となっていて、こうした民族的アイデンティティを表象する韓国人の矜持の具体的な事例として、また三つの言説、すなわち、「意地」「勤勉さ」「助け合い：親孝行・家族愛」が挙げられていた。これまでの既存の「8.15」ドキュメンタリーシリーズの主な言説であった「反日」や「反共」の言説からのこうした変化については下記の点が考えられる。

　第一に、「8.15」ドキュメンタリーシリーズの制作側にとって、長年続いていた朴正熙による独裁体制の急な終焉（朴正熙銃殺：1979）はまだ日が浅いものの、既存の体制のイデオロギーからの脱皮と思考の転換の必要性を考えていたと読み取れる。

　第二に、第一に取り上げた事情の背景として韓国社会の側面において言えば、海外輸出100億ドルを突破（1977）するなど経済的に安定期に入っ

てきた点や、韓国で開催されることとなった1986年のアジア競技大会と1988年ソウル五輪の開催を控えているなど、韓国が近代化に没入してきた過去から所謂「外＝海外」への認識が広がり始めていたことがこうした海外移民による在外同胞の活躍像を番組として企画・制作した背景であったと推察できる。

第三に、他方で、放送局の事情として言えば、1980年11月の国家による「言論統廃合」によって強制的にKBSを中心とした放送改編が行われて、結果的にKBSは規模的に巨大放送局となっていた。要するに、歴代「8.15」ドキュメンタリーシリーズの中で見てみれば今回のような画期的な番組編成は注目される点であるものの、KBSによるこのような桁はずれの番組制作の環境（制作資金や、編成規模など）は国の介入によって必要条件が整ってきていたからこそ可能だったことを証明するアイロニカルな事実を反映するドキュメンタリーシリーズであった。

第四に、番組の中の「移民韓国人」の言説は、当時の国家次元の「移民」政策の問題点や改善のための国の責任や課題云々ではなく、極度の貧困と極限の苦境を乗り越える韓国人としてのメンタリティーと韓国人論を裏付けようとする「矜持」という虚像の言説に訴えることで同じ民族性を共有する「ネーション」として韓国人像を創り上げて「動員」しようとした。つまり、朴正煕の63年体制から70年代終わりまで続いた国家による「反共」の動員と「開発」の動員の言説は、長い間（1960〜70年代）に亘って韓国社会における北朝鮮からの挑発への護国と戦後の貧困の克服のための象徴的なスローガンとして支配的に膠着させられていただけに、こうしたある意味洗脳化されてきた韓国人のメンタリティーは（移民先での）苦難にも屈しない「ネーション」を強調する大韓民国の国民というナショナルアイデンティティの言説として連続しつつ表象されていたと解釈できる。

第五に、しかしながら、現に移民のコミュニティにとって文化的なアイデンティティとはナショナルなアイデンティティの次元と異なっていることと、ディアスポラにおける「二重性」という言説における差異への問いとは元への回帰を意味するものではなく、差異と差異との間における受容と生産の連続的な対話のようなものであることを忘れてはいけない。

以上、まとめると、1980 年代初期の「8.15」ドキュメンタリーである、8.15 海外企画 8 部作シリーズ『移民韓国人、このように成功した』第 1 部『洋服屋三兄弟』（1983.8.8 放送）における言説の特徴は、国家次元の移民政策の矛盾や国民安全保障の問題点を提示するという類の方向性とは正反対の、移民に関わる全ての矛盾と苦労を一人の個人が克服する所謂「矜持」の「韓国人論」を強調することで「ネーション」を主張するという、「反共」や「反日」の言説とは異なってきたものの相変わらずナショナルなアイデンティティとして「動員」しようとするナショナリズムの言説の限界を漏出していたと言える。

　他方で、本章で取り上げられた番組は、既存の所謂「他者」へ向けていたまなざしから、限定的なものの、ネーションとしての自己を他者化する省察的ナショナリズムを表象するまなざしへと変わっていく転換が確認できたという点では注目すべきテクストであった。

【番組テンプレート】『移民韓国人、このように成功した：第 1 部　洋服屋三兄弟』
（1983.8.8 放送）

Text	
Metaphor of Vision	Metaphor of Voice
空を飛んでいる飛行機 W.M〈初期の逆境や苦難、これら全てと戦いながらより良い将来を目指してきた移民の韓国人。ハワイへの農業移民から始まった我が民族の海外進出は、凡そ 80 年余りの年月が過ぎ、今や世界各地で意地の韓国人として輝いている。 　このプログラムは、光復 38 周年を迎え、海外へ進出した 170 万人余りの韓国人の中で、約 80 万人の韓国人が暮らしている南北アメリカ大陸を舞台に根性と粘りで成功した移民韓国人の誇らしい姿を合わせて 8 回に亘って現地取材で放送します。 ・第 1 部：洋服屋三兄弟 ・第 2 部：草原を走る 10 世帯 ・第 3 部：密林の中の異邦人 ・第 4 部：ペンを投げ捨てて荒地へ ・第 5 部：アルゼンチンのバレーボール魔術師 ・第 6 部：裸足で走る ・第 7 部：アメリカパソコン界を揺るがした男 ・第 8 部：技術一筋で成し遂げた企業〉	（TRACKS/Music テーマ曲：活気に満ちたイメージ）TM
0:58 W.M〈8.15 特別海外企画 2 週連続移民の韓国人、こうして成功した〉 W.M〈第 1 部：洋服屋三兄弟〉 ZI 街を歩いている三兄弟	
1:27 W.M〈アルゼンチン〉 W.M〈バリオ・リバラビア——通称 109 村〉	BGM
PAN バリオ・リバラビア町	Na アルゼンチンのブエノスアイレス中心街から南西に 6 キロほど離れている住宅街。貧しい労働者のために 1940 年代末作られたここバリオ・リバラビアは、通常 109 番バスの終点ということで、アルゼンチンに住んでいる韓国人たちは 109 村と呼んでいる。
1:57	Na 1200 棟のレンガ家屋で作られたこの地域は、韓国人にとっては忘れることのできないところとして、70 年代半ばまで、移民韓国人の殆どがここに居住し、一緒に夢を描いていたところでもある。

130

2:10 W.M〈現在は、撤去対象地域として指定。新築や改築は一切禁止〉	**Na** 韓国人は、ユダヤ人から毛糸を供給してもらい、早朝から休まずに機械を動かしながら製品を作り出す根性を見せてきた。このような努力の末、今はアルゼンチンに移住している5000人余りの韓国人の殆どがアルゼンチンの中心街に進出し、衣類製造業や食品店経営など、生活の基盤を築き、現在ここでは5世代の韓国人たちが将来を夢見ながら生活している。ハン・ヨンチャン氏三兄弟も、ここで逆境を乗り越え、今やブエノスアイレス衣類卸売市場のオンセ地域で急成長している兄弟商人として登場している。
2:54 W.M〈ブエノスアイレス中心街〉 街・人込み	（TRACKS/Noise 車の音）
3:11 W.M〈ハン氏兄弟のパゴダ商会——ブエノスアイレス〉	
3:26 W.M〈ハン・ヨンチャン（45、長男）〉CU	**On** 今日、暑いからか時間が遅いね、どうかしたか？
W.M〈ハン・ヨンチョン（42、次男）〉	**On** 今朝は、車も多く、止める場所もなかったので何周かしているうちに遅くなりました。
W.M〈ハン・ヨンジュ（38、三男）〉	**On** 天気のせいなのか、売上が心配で。
長男 話中の三兄弟	**On** 今日は、聞きたいことがあるんだが、生地の……
4:00	**Na** 人口の97%がヨーロッパ系の白人で構成されているアルゼンチンには、ブラジルの次に多い約5000人余りの韓国人が移住している。ハン氏三兄弟は、1976年ここオンセ地域商店街に韓国人としては初めて進出し、今は商店街の中に卸売商店2ヶ所と生地商店1ヶ所、そして裁断工場1ヶ所を経営する巨商に成長している。
4:26	**Na** アルゼンチン商業の実権は、事実上、ユダヤ人が掌握していて、現在でもこの国のユダヤ人60万人程度がこれに従事している。
4:35 W.M〈衣類卸売商店街「オンセ」地域——ブエノスアイレス中心街〉	**Na** 特に、首都ブエノスアイレス中心街に位置する衣類卸売市場のオンセ地域は、他の商店街に比べて店舗の賃貸料が高く、ユダヤ人の談合や商売術に抑えられ、ハン氏兄弟が進出する当時でも、進んで前に出ることは難しいことだった。しかし、7年の間に、韓国人の商店80店舗がオンセ地域に出店し、衣類業に従事している他の韓国人たちもこの地域への進出を急いでいて、ユダヤ人商店街として呼ばれていたこの地域も状況が大きく変わってきている。
5:25 W.M〈長男のハン・ヨンチャン氏〉	**Na** 意地っ張りのハン氏三兄弟の長男であるハン・ヨンチャン氏は、ここオンセ地域で現在、パゴダ商店という看板の下で、卸売店舗を2ヶ所経営している。
5:40 W.M〈卸売なので規模は小さく60坪ほどの店〉	**Na** ソウルで事業経験を持っている長男のハン氏は、体格も良く性格も活発で、三兄弟を一つにまとめていて、現地顧客に対しても販売の手腕を十分に発揮している。 この商会は、7年前、月15万ペソ、韓国ウォンで30万ウォンの賃料で三兄弟が初めて商売をスタートさせた店でもある。
お店の中 買い物する人たち 店員さんたち	これまで殆どの韓国人は技術と資本を持たず、主に109村でユダヤ人の下請けで、毛糸のセーターを作る編物業に従事していた。

	ハン氏三兄弟が生地市場への進出を決めたのは、3人の韓国人の勤勉さがあれば何でもできるという自信があったからだという。
	（TRACKS/Dialogue 長男の声）
6:22 長男の顔CU	**Int** 殆どがユダヤ人なのに、韓国人が生き残れるのか、このような心配の念を持ってまずは心の準備をしました。最初から中心街には入れず、少し離れた場所に店を構えてユダヤ人に妨げのない範囲内で値段などを少しずつ調整しました。
6:54 店の中の風景	**Na** ユダヤ人の商人たちは、当時オンセ商店街を殆ど掌握していて、利潤幅を50％から100％まで見ていた。セーターを売り始めたハン氏兄弟は、当時アメリカドルで8ドルのセーターから2ドル程度の利潤を上げたが、これは当時109村で働いていた韓国人たちとの協力で価格競争ができたからである。長男は今のように卸売を担い、次男と三男は109村からセーターを供給してもらい、中小都市の卸売商店を誘致することに専念した。3人それぞれが分担して一所懸命働いたことで、ユダヤ人たちとの競争で生き残り、1年の間で常連の取引先も100ヶ所余り確保することができた。
7:40	最初の1年が勝負どころだったが、安価と信用で顧客と接していたため、彼らの事業も日々繁盛していった。
7:50 街の風景	**Na** 長男のハン氏は、兄弟会議の末、セーター以外の品目も扱うことになり、79年にはユダヤ人が経営していた商店を20万ドルで買い入れ、第二のパゴダ商会として成長させ、80年には45万ドルで市内工場地区に裁断工場を建て、去年にはオンセ商店街の中に三兄弟名義の生地卸売店舗をオープンさせた。三兄弟の飛躍的な成長には、周囲のユダヤ人までもが舌を巻いた。
8:17 W.M〈服の価格（5月現在、1ドル＝9万2000ペソ）〉	フォークランド戦争以降、服1着で100万ペソを超えるなど激しいインフレの中で、殆どの商人たちが大きく窮地に追い込まれる中、ハン氏の店だけは相変わらず中小都市からの常連客が後を絶たない。
8:33 W.M〈第二のパゴダ商会〉CU 8:40 W.M〈韓国人が経営するオンセ地域内の衣類商会〉	事業が安定すると、ハン・ヨンチャン氏は、最近オンセ商店街に多く進出している韓国人たちが経験不足や言語障壁のために受けやすい不利益を少しでも防ごうと、韓人商人会を組織し、活動を行っている。 ハン氏兄弟が中心となり、オンセ商店街の韓国人たちは成長していこうとする。
8:55 W.M〈次男のハン・ヨンチョン氏〉 街を歩いている次男	**Na** 三兄弟の中でも営業社員と呼ばれるほど忙しい人が、次男のハン・ヨンチョン氏だ。韓国で商科大学に通い、ここに移住してきた次男のハン氏は、軍服務時の経理経験を活かして、今まで兄弟の財産を管理している。生地の購入から裁断工場の経営、銀行業務の処理など、一人で全部を担っているため、時間に追われて殆どを営業社員のように回っている。朝7時頃に家を出て、兄弟会議が終わると、彼の忙しい日課が本格的に始まる。税金を払う、小切手の入金、下請け業者に支払う現金を下ろすなど、兄弟の信用に関わる仕事でもあるので彼は毎日1、2回以上銀行に寄る。
9:50	**Na** 忙しい中でも多様で実用的なモデルを探すため、田舎者のように街中を見出す。三兄弟が今の商店街に進出した初期には、主に中小都市の中流層以下を対象とした安くて流行遅れでない多様なモデルの衣類が効果的だったからだ。

10:13 運転する次男 10:20 W.M〈裁断工場〉	**Na** 彼がやっと自分で経営する裁断工場に寄るのは、昼頃になる。工場でデザインされた半製品を韓国人の縫製業者や現地人に半分ずつ下請けで出している。次男のハン氏は、三男の店に生地を供給し、新しいモデルに使用する生地を選ぶため、午後には再び取引先へ向かう。 **Na** 忙しく飛び回る彼の姿を見て、楽天的な気質のアルゼンチン人たちは不思議に思ったりもする。その都度、彼は朝鮮戦争の 1.4 後退の経験談を交えながら韓国人の気質は勤勉さであると答えていたと言う。それもそうで、三兄弟は進出初期、地方の顧客を誘致するために数十種類のセーターを鞄に入れ、全国を飛び回っていたのである。
11:07 W.M〈生地取引先（現地人会社）〉	**Na** 彼によると、1 年の半分は、地方で現地顧客を探し回っていたと言う。彼は、今の成功は、一所懸命真面目に働き、信用を失わなかったからだと強く信じている。
11:20 次男の顔 CU	（TRACKS/Dialogue 次男の声） **Int** 一日の日課を書いてそれを追っていきますと、ある時は一つや二つできないこともあります。時間に追われるのが最も心配です。そして、去年からフォークランド戦争で外貨が不足していて、布に対する輸入禁止令が出されました。お金があっても輸入できない状態です。どうしようもなく、国内の布にしか頼れませんが、韓国人の使用する量が凄く多いので、今後、韓国の優れた技術者と機械を輸入し、韓国と共同で布工場を建てれば、布購入の心配を解消できると思うし、原価も安く抑えられますので、ユダヤ人との競争でも優位に立てる、私はそう思います。
11:54 W.M〈韓国人移住者の 70%である 3500 人余りが縫製業種に従事〉	
12:30 W.M〈三男のハン・ヨンジュ氏〉 三男の取引相手との握手 電話する三男	**Na** 21 歳でアルゼンチンに移住したが、韓国の大学で学んだスペイン語のお陰で、兄弟の事業においても相当な役割を担ってきたのが三男のハン・ヨンジュ氏だ。殆どの南米地域がそうだが、アルゼンチンでもスペイン語を話せる三男の役割は、重要だった。彼は現在、ハンファテックスという生地卸売商会を経営しながら、長男の店の顧客と現地の衣類製造業者の相談に応じている。彼の行動範囲は現在、100 坪余りのこの商会に限定されているが、ハン氏兄弟がオンセ商店街で今のように繁盛するまで、重要な役割を担ってきた。
13:20	**Na** 彼は、地方の取引先の信用度を調べる仕事を 7 年間続けている。韓国人として、この国の慣行を知らない上、言葉もままならないので、一つ間違えば騙されたり失敗したりする東洋からの移住者をよく見かけるからだ。
13:38	**Na** 特に、小さい資本でスタートした兄弟としては、一度のミスが命取りになるので、取引先の身分や財産関係などを徹底的に調べ、実際に彼らの前取引先や居住先に出向いて、一々信用関係を確認してきたのである。
13:48 14:12	**Na** 彼は、相手の信用調査はもとより、相手に対しても徹底的に信用を守るため、縫製下請け業者や原糸販売業者にも小切手の取引日などを欠かさず記録し、必ず約束を守るようにしている。ユダヤ人商店街地区で、韓国人が定着することは容易ではなかった。ハン氏兄弟は、だからこそユダヤ人たちの商売手法を注視し、彼らの長所や短所を把握することで彼ら独自の商術を実践していた。

第 3 章　激動の時代と「移民韓国人」（1980 年代）　　133

14:26 三男の顔CU	（TRACKS/Dialogue 三男の声） **Int**ユダヤ人たちの商売術が暴露されたことは、この国の商業界に多くの衝撃を与えました。彼らなりの礼儀は、一つ、人を上手く使うこと、二つ、代金をできるだけ遅れて支払うこと、三つ、代金の支払いはいつも2回以上に分けてすること、四つ、人より暗算が速いこと、など緻密な商法が出てきましたが、代金の支払いをできるだけ遅らせるということが、私たちにとっては商機として繋がったと思います。余裕があれば、期日前であっても代金を支払うことで、一つひとつ信用を築いていくことを目的に今まで事業を続けてきています。
15:30	**Na**三兄弟がアルゼンチンに移住してきて17年の間、各自で仕事に熱中し、収入はそのまま貯金し、必要に応じて集中的な投資を行った結果、今やオンセ商店街の巨商として成長することができた。アルゼンチンの経済事情が良くない最近でも、一月に270億ペソ、米ドルで30万ドルの売上を上げる三兄弟。それぞれが家庭を持っていながら、三兄弟が同じ金額を銀行から下ろして生活費に当てていることを周りの人々はそう簡単には信じようとしない。彼らの成功を機に、オンセ商店街は韓国人の新たな活動の舞台と化している。
16:13 BS 16:15 W.M〈アルマンド・アゴスティノ──アルゼンチン繊維生産協会総務〉	（TRACKS/Dialogue アゴスティノ氏の声） **Int**ここオンセ商店街は、伝統的に繊維系列の商売をしてきたユダヤ人が半数以上を占めています。残りの商店街は、少数民族であるドイツ人とレバノン、シリアなどのアラブ人、そして韓国人が経営しています。
16:39 W.M〈オンセ地域700ヶ所の衣類商会の内、韓国人が経営する商店が80ヶ所に増加〉	**Int**何年か前までも、この地域の韓国人は数も非常に少なく、当時は主にユダヤ人の商店に納品する下請け業者に過ぎなかったので、今は事情が大きく変わりました。韓国人は仕事に非常に積極的で、市場の需要に上手く適応していると思います。
17:00 新聞記事CU	**Na**現地メディアは、韓国人が進撃するという表現で、オンセ商店街の変化を伝えている。 顔色が黄色く、それほど大きくない韓国人は、現地人たちにとっては決して馴染みのある顔ではないからである。 ユダヤ人たちも最近、集会などの会合を開き、韓国人商人に対する対策を練っているほどである。
17:30 W.M〈ハン氏家族が乗ってきた貨物船 1966.12-1967.2〉 17:50 家族写真 W.M〈移住直後のハン氏家族──109村で撮影〉	（TRACKS/Noise船の汽笛） （TRACKS/Music穏やかなイメージ） **Na**ハン氏三兄弟がご両親とともに韓国を離れたのは1966年の12月。2ヶ月間の船よいとの戦いの末に到着したアルゼンチンでは、誰一人、喜んでくれる人はいなかった。
18:00	（TRACKS/Dialogue 長男の声）
18:03 三兄弟の苦労話CU タバコを吸いながら話す長男WS	**Int**記憶は、生々しい。到着して埠頭に降り立つと、全く東西南北の方向感覚さえなくて。幸いにも一人知り合いのお家を訪ね、何日か泊まった後、109村に入りました。大変なのは、言葉も知らない、地理も知らない、風習も違う。昼と夜が逆で、季節も異なる。全部、韓国とは正反対ですね。そんなところで食べていくために、何をすれば良いのか。
18:22 W.M〈109村〉	2ヶ月間、言葉を習い、地理を覚え、商売をするためには何が必要なのか、真剣に悩みました。

19:25 涙声の苦労話（三男）WS CU	**Int** 職探しに出かけた時のことですが、サパテリアという店で、靴を販売する店だと思って入ったことがあります。社長から、靴を作ったことがあるかと聞かれて、はいと答えたら、その店は靴を修理する店だったんです。靴を受け取りカッターを手に持ったら足の匂いが酷かったんです。先ほど脱いだばかりの靴だったようでした。涙が出た。移民にきて、こんな仕事をしないといけないのかと思い、その店を出ました。家に戻り、父にその話をしたらやめなさいと。その時、心が痛みました。
20:10 W.M〈最初の商売である八百屋——レティロの板屋〉	**Na** 2ヶ月近く、何の仕事もせず、時間だけが過ぎてしまった。兄弟は、話し合いの末、野菜でも売りに出ようと合意した。アルゼンチンに降り立ってから、2ヶ月で初めての商売に出たラ・プラタ川河口のレティロという板屋の村一帯は、16年の歳月を忘れようとしたのか、今やその痕跡でさえ見ることはできなくなっている。
20:36 海を眺める長男	**Na** 全財産の150ドルを資金に、店をスタートしたが、初日の売上は、何と1ドル80セント、韓国ウォンで千数百ウォンだった。スペイン語も分からず、八百屋も初めてだったので仕方がなかったのだろう。
20:37 W.M〈ラ・プラタ川の河口〉PAN 船	**Na** レティロ一帯は、貧しい埠頭労働者が集まってくるところで、他の韓国人たちも店を構えていたが、その時までも編物業は知られておらず、肉体労働をするか小規模の食品店を営むかであった。
20:58 海を眺める長男	**Na** 主に不法入国者である埠頭労働者を相手にしながら八百屋を始めた彼らは、新しいアイディアを思いついたのだ。
21:15 長男の顔CU	**Na** 埠頭労働者たちが安いアサドを楽しく焼いて食べる姿を見て、兄弟は、炭の小分け売り商売に確信を抱いた。
21:26 W.M〈牛のカルビ（アサド）〉	当時、レティロ一帯には、小分けした炭を売る店は、全くなかったからだ。
21:55 熱弁する長男の顔CU	（TRACKS/Dialogue 長男の声） **Int** 中間の卸売を通さずに直接、炭を1キロ、2キロ入りで作って売り、多くの利益を得ました。この国の人々は、どんなに寒くてもマスクを着けないし、マスクが医者か泥棒が着けるものだと思っています。私が、マスクを着けて炭を小分けする姿を見ながら、みんなはこう言いました。炭の商売人ではない、泥棒だと。
22:46	**Na** しかし、三兄弟は昼夜働き、8ヶ月で3000ドルを稼ぐことができた。お金が貯まっても、109村に残して来た両親を忘れることはできなかった。寂しい海外生活の上、さらに親とも離れ離れになっていることがとても気の毒だったからだ。ハン氏兄弟が生活する当時は、他の韓国人と2世帯だけが居住していた。彼ら兄弟は、炭の商売で儲けた資金で、再び食品店を開いた。三兄弟が順番を決め、早朝市場で仕入れをし、夜の12時過ぎまで店を開け、他の店よりも安く商売をすることで常連客も増えた。
運転する三男 23:23 W.M〈1968年から家族が生活しながら食品店を営んでいた109村の家〉	

23:30	**Na** 2年間、ある程度の儲けが出たが、もともとこの地域には、商店街地区があり、それ以外の地域では商売ができないことになっていた。このことを知らずに商売を続けていたハン氏兄弟は、1969年のクリスマスを2日前にして、追放通告を受けることになる。仕方なく彼らは、店を閉め、市内のビラ街に引っ越した。
24:00 W.M〈15年ぶりに109村で会う近所のおばさん〉	
24:10	**Na** ハン氏兄弟がここで2年近く食品店を経営しながら下した結論は、この国に適合する業種を選び、最も生地購入がしやすい革ベルト工場を開くことだった。そして、看板も、海外で自立精神を貫こうとパゴダ商会と名付けた。再び、初めての事業だったので、苦労したが、三兄弟とともに忍耐や粘りで常連客を増やし、結局、オンセ商店街に進出しようと夢見たのも、革ベルト生産の経験やここで貯めていた資金がその背景となったのだ。
24:20 W.M〈革ベルト工場を営んだ場所 - 市内のビラ街〉	
24:57 W.M〈母親の70歳誕生日パーティー〉	（TRACKS/Noise 家族や親戚の誕生日の歌） （TRACKS/Noise 乾杯の音） **Na** 地球の反対側、異国の地に移住して17年。彼らには、辛くて涙を流しながらの歳月だったが、今は、決して寂しくない。 韓国式のブルゴギがアサドという牛のカルビに代わり、子供たちの韓国語の発音が少し不安定なこと以外には、3代一緒にキムチが食べられ、近所の親戚たちとも一緒に住めるようになった。
25:50	（TRACKS/Music 家族が「母の恩恵」の歌を合唱）
26:19 W.M〈イ・ソンヒ（36）、長男のハン・ヨンチャン氏の妻〉CU	（TRACKS/Dialogue 長男の妻） **Int** 週1回は、必ず会ってお昼を一緒に準備しています。子供たちも仲良くなれるし、私たち義姉妹もいろんな話をしながら過ごしています。 結婚して14年目です。私たちは、同乗者です。同じく移民家族でした。義妹たちも同じく移民家族です。
27:00	（TRACKS/Dialogue 制作者） **Int** 夕方、お家では、どう過ごしていますか。
27:05 W.M〈チョ・ジョンエ（35）、次男のハン・ヨンチョン氏の妻〉CU	（TRACKS/Dialogue 次男の妻） **Int** 夜には、子供たちも学校から戻り、食事も終わっているので、子供たちの学校の準備を手伝い、その後は、主に韓国ドラマやビデオを観ています。今までに「家内」「忘れられない」「三姉妹」「普通の人」などを観ました。ビデオは、こちらにレンタルショップがあります。多く観られていると思います。韓国の風習、礼儀作法などは、ビデオを通じてでも少しは教えられるのかなと思います。
27:55 W.M〈パク・ヨンスク（32）、三男のハン・ヨンジュ氏の妻〉CU	（TRACKS/Dialogue 三男の妻） **Int** 異国の地で三兄弟が、それぞれ家庭を持ち、一緒に働きながら幸せに暮らすことは、私としては、とても誇らしいです。兄弟がパゴダ三兄弟と呼ばれるように、私たちも、パゴダ三姉妹として呼ばれるように、できる限り努力していきます。
28:16 W.M〈アルゼンチンの国会議事堂前〉 散歩する三兄弟	（TRACKS/Dialogue 長男の声） **Int** 現地の人たちが、パゴダといったら殆どの品物を出してくれるような状況ですが、移民初期の気持ちを今も忘れずに、家族みんなで心を一つにして働くということが私たちには、大きな力になります。

| 長男

広場の鳩と行き交う人たち
28:59
広場から三兄弟ZO

空を飛んでいる飛行機

29:38:00 | **Int**知恵があったり、資本があったりして成功したわけでもないので。この国では、パゴダ三兄弟、またはハン氏三兄弟と呼ばれています。

Na彼ら兄弟は、言っている。一生懸命生きて来たし、決して韓国人としての矜持を忘れたことはなかったと。
（TRACKS/Music テーマ曲）TM

完 |

音楽：イ・ヨンム
撮影：バク・ヒョンコク、チェ・ヨンチョル
企画・構成：オ・グァングン、キム・グァンソク

注

1）1964年9月一次派兵、1965年2月二次派兵、1965年10月三次派兵が行われた。

2）「猛虎は行く」や「我らは青龍だ」の歌謡曲は当時の小学校生徒たちの最も人気のある愛唱曲であった。また、「ベトナム派兵の歌」「赤いマフラー」「はためく太極旗」などは、公報部によって国民愛唱曲に指定されたという（ジョン 2015：250）。

3）当時韓国では所謂戦争映画や諜報映画、スパイ映画などがお正月プログラムの定番となっていたという（ジョン 2015：251）。詳しくはジョン（2015）を参照されたい。

4）例えば、1970年代まで続いた人気番組として『実話劇場』（KBS、1964〜）がある（ジョン 2015：251）。

5）1964年6月全国的に10万名余りの学生や市民のデモがあった。またその日の夜政府はソウル地域に非常戒厳令を宣布した（6.3抗争）。

6）文学の歴史の中で特に重要な事件として、『盆地』（ナム・ジョンヒョン作）をめぐる反共法違反で著者が拘束された件が挙げられる（ヤン 2008）。

7）1977年主要10大ニュースとなった。

8）1980年11月、政府は「健全言論育成と創出のための決意文」を発表、KBSを中心とした改変が行われた。商業放送局のTBS/TBCが強制的にKBSに吸収されるとともに、MBCの意志決定もKBSを通して行われるようにKBSがMBCの株主となった。この統廃合によって、KBSはTV3チャンネルとラジオ7チャンネルを所有することとなった（趙 2014：119-120）。

9）8.15海外企画8部作シリーズ『移民韓国人、このように成功した』の中では特に、第2部『草原を走る10世帯』（1983.8.9放送）と第4部『ペンを投げ捨てて荒地へ』（1983.8.11放送）が南米農業移民に関わるテーマの番組となっている。

10）ジョン・ギョンウォン（2005：1-14）。

11）1956年10月21日と1957年5月11日に朝鮮戦争の反共捕虜12名がインドから出発してブエノスアイレスに到着した（ソ・ソンチョル 2005：159）。

12）この企画については、「特集放送」欄の「海外制作」の番組として KBS 放送年鑑に詳細に紹介されている（『KBS 年鑑』1984：135）。

13）「韓民族」を例える意味である。白い服を常時着ていて白い色を崇める韓国の古い伝統から用いられた。

14）「移民ナショナリズム」とは、1937 年の日中戦争勃発から 1941 年の日米開戦にかけて、在米日系移民の多くが参加した日本・中国への支援物資輸送やプロパガンダ活動を言う（山脇他 2001：184）。

第 4 章

他者性としての「中産階層」

1. 時代背景：転換期としての
「民主化（democratization）運動」（1987 年）

　本章では 1980 年代半ば以降の変化に焦点を合わせるが、振り返ってみるとこの時期は戦後韓国の現代史において決定的な変換の節目となっていた。「6 月抗争」の成功である。この「6 月抗争」とは、1987 年 6 月 10 日から 27 日まで韓国で起きた全国的な規模の民衆による民主化運動である。「6 月抗争」の意義としては、「韓国社会の民主化関連の可能性を提示」「市民社会の自律的な集合行動による民主化主導」「民主化運動の決算」「脱権威主義社会への移行の分水嶺」「民衆民主主義の出現」「国家主義民族概念から民主的民族概念へ変化」「1988 年 7・7 宣言などの北方政策の変化のきっかけ」などと評価されている[1]。資料によると、「6 月抗争」の参加者の統計は表 4-1 の通りである。表 4-2 からは、「6 月抗争」がソウルの大都市だけの、そして一部の学生や団体だけによるデモではなく、韓国の全国的な規模の、全国民的な抗争であったことが分かる。

　それではなぜ「6 月抗争」が勃発したのか。全国の様々な都市の「普通」の人たち[2] が一つになって連携した、全国民的な規模の「6 月抗争」の目標は何だったのか。「6 月抗争」のプロセスを簡単に検討する。

表 4-1　1987 年 1 月〜 8 月のデモ回数と参加者の数
（国政監査内務委員会資料，1988, p187）[3]

月	デモ回数	参加者
1987.1	61	3,400
1987.2	53	1,600
1987.3	131	15,000
1987.4	425	119,400
1987.5	856	200,000
1987.6	3,362	1,000,000
1987.7	427	101,000
1987.8	3,037	566,000

表4-2 「6月抗争」：1987年6月の地域別デモ発生（○は一回以上の発生を意味）[4]

都市 ＼ 日	10	11	12	13	14	15	16	17	18	19	20	21	22	23	24	25	26	27
ソウル	○	○	○			○	○		○	○	○	○	○	○	○	○	○	
仁川	○					○	○	○	○	○	○	○	○			○	○	○
水原	○			○	○	○			○	○							○	
城南	○	○						○	○								○	
安山				○		○		○		○								
釜山	○		○			○		○	○	○	○	○	○	○	○		○	○
馬山	○		○			○		○	○									
晋州						○	○	○									○	
蔚山	○							○		○							○	
鎮海																	○	
居昌																	○	
金海							○											
大邱	○					○	○	○	○	○	○		○	○			○	
浦項	○																○	
安東	○																○	
慶州		○				○		○										
金泉																	○	
寧川																	○	
大田	○			○		○	○	○					○				○	
清州	○		○			○	○			○	○	○					○	
天安	○																○	
公州								○									○	
堤川																○	○	
光州	○			○		○	○	○	○	○	○	○	○	○	○	○	○	
木浦	○								○	○						○	○	
順天								○	○	○	○						○	
麗水														○	○		○	
務安																	○	
荒島																	○	
光陽																	○	
全州	○	○		○					○	○	○	○	○	○	○	○	○	
泥里	○	○	○	○	○	○	○	○	○	○	○	○	○		○	○	○	
群山	○				○				○								○	
南原															○			
春川	○		○					○	○	○								
原州						○	○	○	○				○	○			○	
済州												○	○	○				

「6 月抗争」に至るまでにはもう一つの重大な民主化抗争があった。す
なわち、「5.18 光州抗争」(1980.5.18) である。朴正煕の死去 (1979.10.26) 後
登場した全斗煥を中心とした新軍部は 12・12 軍事クーデターと 5・17
クーデターを通して政権を掌握していくが、大学生を中心とした市民の方
では戒厳令の排除と民主化を主張するデモを拡大していた。そして 5 月 18
日に戒厳司令部は戒厳令第 10 号による「全ての政治活用及び大学への休
校令」を公布したが、こうした力による抑圧に対して特に「光州」では大
規模のデモで抵抗した。光州デモは最終的には鎮圧された (1980.5.27) が、
戒厳軍によるデモの鎮圧過程における非人道的で無差別的な殺害や、武力
的かつ軍事的な抑圧は、光州市民だけではなく、韓国国民全体に民主化へ
の意志を駆り立てた。また、こうした一連の事態をめぐってアメリカの
「介入」が明らかになるにつれて、韓国では「反米」の感情が拡散されて
いった。1980 年代の「5.18 光州抗争」がきっかけとなった戦後初めての
レベルでの市民の「反米」感情の爆発とその後「反米」という葛藤が表面
化され続けた理由は、「民主化」を主張していた「5.18 光州抗争」の参加
者や同調者、そして民主主義の国を憧憬する民主化を渇望する韓国人が
「民主主義」を標榜してきたアメリカの理念の二重性に裏切られたかの如
く失望したからであった。
　そして 1981 年、全斗煥による第五共和国が始まった。特に全斗煥政権
の初期は、様々な検閲や、統制、規制、禁止、弾圧などが横行していて、
この時期は所謂「政治的暗黒期」と言われた。その後国際情勢や、国内政
治の動きを見ていた全斗煥は 1983 年から「弾圧政策」より「融和政策」
に方針を変えたが、これをきっかけに市民社会と（野党中心の）政治社会の
抵抗が活性化して、民主化運動が加速された（ジョン 2011：311）。そして、
朴鍾哲学生拷問致死事件 (1987.1) や、全斗煥談話の護憲措置 (1987.4. 13)、
警察の催涙弾による李韓烈学生死亡事件 (1987.6) などが市民運動をさら
に拡大化させた。
　6 月 10 日の「国民大会」をはじめとする 26 日の「平和大行進」に至る
まで、上記の表 4-2 の通りに、韓国各地の市民たちは民主化のために奮い
立った。こうした「6 月抗争」は、6 月 29 日に「大統領直選制」など民主

図4-1　ソウル駅前広場での「6月抗争」

出典：『東亜日報』（1987 年 6 月 27 日付 1 面）

図4-2　ソウル市庁前で李韓烈葬式（1987.7.9）に集まった人たち

出典：『東亜日報』（1987 年 7 月 9 日付 1 面）

図4-3　李韓烈葬式

出典：「ニュースの現場」『新東亜』1987 年 8 月号巻頭写真欄

化のための市民の要求を受け入れた「6.29 宣言」が盧泰愚によって発表されることによって一段落したのである。

　以上、簡単ではあるが、韓国で 1980 年代に起きた二つの重大な民主化抗争、すなわち、「5.18 光州抗争」（1980.5.18）と「6 月抗争」（1987.6）の経過について述べた[5]。こうした歴史の時代背景を冒頭で紹介した理由は、「6 月抗争」が本章の研究対象である、「8.15」ドキュメンタリーの 8.15 企画『韓国人の一日』（1987.8.12 放送）と深く関係しているからである。

　ところで、前章で確認したが、1980 年代、「8.15」ドキュメンタリーのナショナリズムの言説は、1970 年代と異なっていた。ドキュメンタリーにおける「民族主義」の言説のまなざしは、既存の「日本 / 帝国」や「北朝鮮 / 共産主義」ではなく、「韓国人 / 海外 / 移民」を見つめていた。つまり、「他者 / 日本帝国 / 北朝鮮」へ向いていたまなざしが、80 年代初期の映像では「韓国人 / 自己」を省察するまなざしへと変わっていたのである。本章で取り上げる「8.15」ドキュメンタリーは、ちょうど「6 月抗争」で揺れていた 1987 年に制作・放送された番組であるが、この年のドキュメンタリーのまなざしが向いているのも、「韓国人 / 国内 / 中産階層」であった。番組では、特に普通の「韓国人」としての一般人の「中産階層」の政治的な意識や実践の変化に注目していた。それでは、「8.15」ドキュメンタリー番組の中で 80 年代半ば以降ナショナリズムはどのように表象されていたのか。そして、こうした変化をもたらした原因は何だったのか。次の節で詳細に検討する。

2.　番組分析

2.1　番組概要

　8.15 企画『韓国人の一日』（1987.8.12 放送）は、約 50 分尺（49:50）で制作された単発のドキュメンタリーであった。番組のストーリーは、一日の24 時間の時刻の動きを追いながら、韓国の様々な地域とそこに暮らしている色々な人々を対象に、「普通」の韓国人の暮らしを、彼らの声を交えながら、今の韓国人の「ある一日」として構成したものであった。そして

制作手法は、(ナレーションの「声」による一方的で解説的な展開ではなく)「番組」と「現場」との「対話」を意識したインタビュー中心の展開を活かしつつ、視聴者とともに考えようとする方法であった。

　振り返ってみると、前章で取り上げた『移民韓国人、このように成功した』8 部作 (1983 年) に続いて、1986 年には 8.15 特集『在日学者たちが見た韓国』(1986.8.15 放送、鼎談形式) が、そして 1987 年には 8.15 企画として『韓国人の一日』が制作放送されたように、1980 年代の「8.15」ドキュメンタリーシリーズにおいては「韓国」や「韓国人」を見つめるテーマや言説が比較的頻繁に登場していた。つまり、全体的な割合から見て当該の時期に「韓国」や「韓国人」のことがメインのテーマとなっているのが目立つ (巻末の「韓国公共放送における歴代『8.15』ドキュメンタリーシリーズ目録」参照)。その中でも、こうしたナショナルアイデンティティへの「問い」の省察的なまなざしが最もよく表象されていたのが、本章で取り上げる『韓国人の一日』であった。

2.2　番組のプロット

　時代背景については既に前節で確認したように、『韓国人の一日』は1987 年の「6 月抗争」と「6.29 宣言」の僅か 2 ヶ月弱後に放送された点に注目する必要がある。番組では、韓国の色々な地域の様々な職業の「普通」の人たちが出演しているが、結局番組の主人公は制作者の聞き取りに対して回答しながら番組のテーマを引き出していたソウル大学のハン・サンジン (韓相震) 教授であって、ハン教授の回答のテーマは「韓国の社会構成体としての中産階層の浮上とこれから」であった。

　それでは、まず、番組のプロットを検討する。番組構成は、31 の数のシークエンス (すなわちバフチンの言う、31 のクロノトポス (chronotope) を取り入れて) で編集されていて、24 時間の時刻を細切れにしながらできるだけ多様な地域の多様な職業の多様な人たちの声を韓国人の一日の日常の姿として表象しようとしていた (polyphony)。詳しい構成は下記の通りである。

【番組プロット】（8.15 企画『韓国人の一日』1987.8.12 放送）[6]

イントロ

→（1:00）早朝 4:30 南大門市場

→（1:26）朝 6:00 釜山共同魚市場

→（2:17）Int セリ場主任李氏

→（2:29）朝 6:30 全羅南道麗郡市華陽面龍珠里

    →（2:42）Int 漁民の朴氏

    →（3:54）Int 漁民のシン氏

→（3:36）朝 6:50 全羅南道靈巖郡龍湖里野原

→（3:41）朝 7:00 ソウル市清進洞

    →（4:14）Int タクシー運転手ベ氏

→（5:16）朝 7:30 南大門花屋

→（5:40）朝 7:40 慶南金海市花卉団地

→（5:56）朝 7:50 仁川市富平工団

    →（6:48）Int 工員ジョン氏

→（7:07）朝 8:40 地下鉄市庁駅

→（7:50）午前 10:00 現代百貨店 1 階

    →（8:50）Int 店員マ氏

→（9:34）午前 11:00 株式会社鮮京本社事務室

    →（11:11）Int 李課長

→（13:20）午前 11:30 ソウル大学 ハン・サンジン教授研究室

    →（13:50）Int ハン教授

→（17:04）正午 12:00 明洞聖堂

→（17:49）午後 12:10 全南羅州市五日市場

    →（18:45）Int 商人チェ氏

    →（19:10）Int 商人李氏

→（19:59）午後 12:30 全南順天小学校

    →（20:40）Int 朴校長

→（22:33）午後 1:00 ソウル 江南区シンサ洞アパート引越し現場

→（23:25）午後 2:00 ソウル大学正門

→（25:08）Int 正門警備員チャン氏

→（25:49）午後 2:30 全南クレ郡地異山麓

　　　→（26:25）Int 大学生朴君

→（27:19）午後 2:50 セウン商店街 4 階パソコン商店

　　　→（27:54）Int パソコン店社長シン氏

→（29:00）午後 3:00 忠清南道大徳 RUCKY 中央研究所

　　　→（29:30）Int 金・ジュン物理化学研究部長

→（30:31）午後 3:30 江原道平昌郡道巌面横渓里レタス畑

→（31:17）午後 4:00 泰陵選手村

→（32:00）午後 4:20 ソウル梨泰院商店街

→（32:57）午後 4:30 国民銀行西橋洞支店

　　　→（33:42）Int キム国民銀行代理

→（34:47）午後 5:00 文芸振興院練習室

　　　→（35:29）Int キム演劇演出家

→（36:46）午後 6:30 忠北清州市清原郡梧倉面面事務室

→（37:43）夜 7:00 退社時間後のパソコン教室

→（38:07）夜 9:50 ソウル地下鉄 2 号線

→（39:02）夜 10:00 ソウル開浦洞屋台（ソウル大学ハン教授と PD キム氏の会話）

→（39:39）Int ハン教授：中産階層と職場

→（40:11）Int ハン教授：中産階層の基準

→（41:58）Int ハン教授：中産階層の底力

→（44:15）Int ハン教授：中産階層の意識とこれから

→（48:50）エピローグ　夜 11:04 ソウル地下鉄 1 号線市庁駅

→（49:50）完

（＊注：Int = Interview、PD = Producer（企画・構成担当）、

（　）はタイム、シークエンスの数：31）

3. 第 3 の言説の芽生え

3.1 「ネーション」と「中産階層」の言説

　番組『韓国人の一日』（1987.8.12 放送）の中で説いている「韓国人」とは、所謂「普通」の人たちという意味以上の、学問的に裏付けられた韓国の「中産階層」への理解であった。そして、60 年代や 70 年代のドキュメンタリーの言説で語られていた「ネーション」ではない、資本主義の韓国（＝南）だけを前提とする「ネーションなきナショナリズム」の言説であった。とりわけ番組では制作者の設問を解決するために登場する人物が、社会学専攻の「中産階層」のテーマを研究していたソウル大学のハン・サンジン（韓相震）教授であった [7]。ハン教授の番組における役割は制作者側の「疑問」に専門家としての「答え」を提供することで、結果的に番組展開をスムーズに進行させることに寄与していた。また、このハン教授の「答え」は番組の構成上、ほぼそのまま番組における主要言説ならびにテーマへと繋がっていた。当時、番組制作総括担当者であった琴雄鳴（グム・ウンミョン）プロデューサーは番組でハン教授と交渉した理由について次のように答えた（聞き取り：2018 年 7 月 30 日ソウル市内）。「ハン教授は当時大手日刊紙などに頻繁に登場していた。記事では、ハン教授の『中間階層』や『中産階層』関連の『中人』理論に関連する説明が書かれていた。専門的な分野だけではなく大衆的にも認知度の高い先生である点もあって出演依頼したのだが、交渉しているうちに出身大学の同窓関係でもあるのが分かったのもあって難なく快諾してもらった」。そして、番組の中でハン教授の話が割合長く挿入されていたことについて理由を聞いて見たが、「当時ハン教授の学問的な権威は相当なものであったと考えたので、取材した内容に関しては編集を加えずできる限り活かした」ということであった。それでは、実際ハン教授は何を主張したのか。ハン教授との会話の場面を中心に取り上げると表 4-3 の通りである。

　ハン教授に登場して語ってもらうためにハン教授へ割り当てられた時間は、番組の約 50 分尺の中で総 13 分 32 秒（13:20-17:04 と 39:04-48:50）、すなわち全体の約 26％以上を占めている。ハン教授のケースは、番組全体の尺

表 4-3　ハン（韓相震）教授の出演

Time	Chronotope	TRACKS/Dialogue
13:50	午前 11:30 ソウル大学ハン・サンジン教授研究室	韓国社会の中産階層の主な三つの分類 一日の時間の意味と仕事
39:02	夜 10:00 ソウル開浦洞屋台	ハン教授とキム PD との会話
39:39	同上	中産階層と職場
40:11	同上	中産階層の基準
41:58	同上	中産階層の底力
44:15	同上	中産階層の意識とこれから

から見て、そしてその他の出演者と比較しても、圧倒的な露出であるのが分かる。これには、上述したように、ハン教授に語らせることによって（厳格に言うと番組ではインタビューまたは対話の形式であるが）制作者が番組制作の意図を効果的に解決していく手法で編集していたのが読み取れる。すなわち、制作者は、ドキュメンタリーテーマである 1987 年「6 月抗争」の成功の中心的な起爆剤となった韓国社会の所謂「中産階層」の内実や意識的かつ実践的な変化、韓国と他の国の「中産階層」との比較などへの疑問と課題を、ハン教授の語りを通して視聴者に提示したかったのである。

　それでは、ハン教授は、何を語ったのか。以下は、番組の終盤に登場する番組制作者とハン教授との会話の中で、「中産階層」をめぐる重要な言及部分だけを要約したものである。

①言説 1：中産階層の底力

表 4-4　ハン教授が語る「中産階層」その 1

Time	話題	TRACKS/Dialogue
41:58	中産階層の底力	1. 熱心に働いていること 2. 国民性が非常に推進力があって、上昇する進歩的な側面 3. 中産階層の意識が大変速い速度で開化していること 4. 民主化運動とも関連することだが、色々な社会問題を監視するとともに、批判的な意見を開陳する、段々ともっと参加を願っている動きが中産階層から明確に現れている点 5. 中産階層が大変改革志向的である 6. 我が社会で残されている階層、例えば、農民や、貧困層、そして労働者、など、こうした人たちについて中産階層が強い意識を持っていて、問題を改革すべきであるという広い共感を形成している

ハン教授の番組での語りをまとめると、

　　　「中産階層」＝「熱心」＝「推進力」＝「進歩的」＝「開化」＝
　　　「社会問題監視」＝「批判的な意見」＝「参与志向」＝「改革志向
　　　的」＝「共感」

となる。
　また、こうした言説を作り出した番組背景の特異な点として、下記の点
が挙げられる。
　第一に、番組のハン教授の語りの中で「民主化運動」（＝「6月抗争」）に
意図的に言及しているのは注目すべき点である（表4-4の下線の部分）。
　第二に、番組の終盤になってきて漸く、実際に番組制作の目的と、テー
マが明らかになってくる点。すなわち、「民主化運動」（＝「6月抗争」）こそ、
そして、「民主化運動」（＝「6月抗争」）を成功に導いたのは、「中産階層」
のデモ参加と「中産階層」の意識変化によるものであって、この点こそ、
ハン教授が最も強調したかったテーマであったのが垣間見えるのであっ
た[8]。
　第三に、制作者のインタビュー[9]によって分かった点であるが、すな
わち既存の「8.15」ドキュメンタリー枠のイデオロギーの言説から脱線し
たような、また番組のタイトルである「韓国人の一日」や、テーマとズレ
ていて、結果的にラディカルな言説を作り出していたことになったのは、
実は番組制作者の企画意図の段階からではなく、制作進行中で出てきた番
組の出演者（主人公）の語りによるものであった点を加えておきたい。当
時公共放送局の番組制作環境は、まだ自由な表現が可能な制作環境ではな
く、制作者が「民主化運動」（＝「6月抗争」）の成功をストレートに語るこ
とを番組企画として最初の段階から採択されるのは稀なことであったため
である。こうした既存の「8.15」ドキュメンタリーシリーズのテーマの枠
から大きくズレていたこのテクストの存在は、バフチンの、「それぞれに
独立して溶け合うことのない多数の声や意識、価値を持った声たちの真の
ポリフォニーこそ、まさしくドストエフスキーの小説の基本的な特徴であ

る」（Bakhtin 1929：7）と言っている「対話」のアプローチの拡張とその有効性を説明できる部分である。すなわち、こうした意識され意味付けられた社会の中の共存する様々な言葉としての関係性をバフチンはテクストにおける対話的関係の「実践」として捉えたのである。

②言説 2：中産階層の意識

表 4-5　ハン教授が語る「中産階層」その 2

Time	話題	TRACKS/Dialogue
48:08	中産階層の意識とこれから	1. 中産階層は<u>潜在力</u>がある 2. <u>人格を尊重</u>する社会へと行くべき 3. もっと<u>参加</u>しようとする傾向 4. 単純な経済的安定だけではなく、<u>健全な批判意識</u>を持っている 5. <u>民主化時代</u>がしっかりするためには<u>市民の健全な批判意識</u>が核心 6. 共同体的な生活を作らないといけないので中産階層が自己中心的かつ孤立的な性格を捨てて、一つの民族であり、一つの国家、一つの社会であるので<u>共同体</u>として作っていこうとする認識が必要 7. 特に中産階層を引っ張っている先導的な集団がある 8. 言論や、宗教団体、知識人、文化人の集団。こうした人たちが、もっと先導的な役割をして、知的なそして、<u>世論的なリーダーシップ</u>によって、中産階層がああいう方向へ徐々に行けるのではないか

　次に制作者とハン教授の最後の会話のテーマは、「これから」「今後の方向性」であった。表 4-5 のようにハン教授は、

　　「中産階層」＝「潜在力」
　　「中産階層のこれから」＝「尊重」＝「参加」＝「批判意識」＝
　　　「共同体」の意識をもっと高めること

であると言った。
　そして、そのために、中産階層を導く社会的なリーダーの役割を強調した。具体的には、会話の中でハン教授は、

　　言論や、宗教団体、知識人、文化人の集団＝先導的な役割＝知的
　　　＝世論的なリーダーシップ＝中産階層の方向性

として捉えていた。

要するに、「6月抗争」の僅か2ヶ月後に制作された『韓国人の一日』の中の「韓国人」とは、所謂「上から」のナショナルなイデオロギーに従順するのではなく、世論をリードする批判的な、能動的に実践する中産階層として描かれていた。つまり番組のテーマは、例えば「日本帝国主義」や「反日」「植民」「解放」「民族」「統一」「反共」などを主な言説として構築してきたこれまでの「8.15」とは距離をおいた「韓国人の中産階層の潜在力と方向性」となっていた。そして、これからの韓国の民主主義へ向かうためには「中産階層の意識」がいかに大事なのかを番組を通して語っていたのである。1980年代後半は、要するに、「8.15」の中で芽生え始めた新たなナショナリズムの言説が誕生するターニングポイントであったと言える。

3.2 「ネーション」と「民主化」の言説

　『韓国人の一日』の中では、「反日」や「反共」の言説が一言も言及されていなかった。そして、「民族」や「ネーション」の言説も言及されていなかった。「ネーション」は時代とともに「南の韓国人」にすっかり変わっていた。当の番組は、「8.15」ドキュメンタリーシリーズであるが、ナショナリズムの言説として挙げられるのは、これまでの国家主導の民族主義を生きてきた韓国人が1987年の民主化運動を通して発見し直した「（南の）韓国人」であった。すなわち、韓国人の中の中産階層の変革した姿であった。『韓国人の一日』の言説の裏には、こうした「韓国人」への新しい発見や、一般人の力への驚き、そして民主化を実践したという「6月抗争」の成功後のある高揚感が窺えるものであった。

　番組では、「6月抗争」に関する評価について、表4-6と表4-7のように対話の形式で「韓国人」に語らせていた。この理由は、制作者側が「6月抗争」の評価に関する現場の一般人の「語り」こそ最も説得力があると考えたからであると思われる。

　まとめると、1980年代の「8.15」ドキュメンタリーシリーズにおけるこうした試みと挑戦は、下記のような点で意義深い。

　第一に、まず、ナショナリズム言説の方向の確実なターン（Discursive

表 4-6 「6 月抗争」への評価

Time	Chronotope	TRACKS/Dialogue
11:42	午前 11 時 株式会社鮮京本社事務室 / 李課長	少なくとも韓国におけるデモ（注：6 月抗争）は、もっと多くの発展のためのデモであると認知していた故、デモが落ち着いたらすぐに、私の会社を含めて多くのバイヤーが押しかけていると感じています。 （中略） 総合商事が外国市場で働く上で、韓国経済力の発展だけではなく、政治的にも非常に韓国経済の発展に寄与すると確信します。

表 4-7 「民主化」への意見

Time	Chronotope	TRACKS/Dialogue
35:29	午後 5:00 文芸振興院練習室 / キム演出家	何より感じるのは芸術は創作の自由や、表現の自由が保障されるべきであるということです。社会を批判する精神というのは社会発展や、歴史発展に寄与する力を持っているので、そして演劇もそういった機能を持っているので、表現の自由や創作の自由は保障されるべきであると思います。

Turn）が番組の中で表象されていた点である。本章のドキュメンタリーの言説は、名付けるのならば「民主主義的過激ナショナリズム（Democratic Radical Nationalism）」の言説として命名できるように、テクストにおけるテーマや性格が既存のものとは明確に異なっていて、大胆に転換していた。

　第二に、ナショナリズムの言説の新しい「主体」を見つけ出して、提示した点である。これまでの「国家」や「権力」「戒厳令」ではなく、所謂普通の韓国人の「中産階層」の政治的イデオロギー実践志向の批判精神による「下から」の「底力」こそ、これからの民主的なナショナリズムを支えるものであるという覚醒が表象されていた。

　第三に、新しいナショナリズムの主体の今後の方向性と課題を提示した点である。「民主化」をより発展させるための今後の方向性と課題として、世論的なリーダーの役割の重要性が語られていた。つまり、番組で主張されていたのは、既存の「国家主導」の開発や動員ではない、「下から」の主導による民主主義の定着のための提案があった。

　第四に、しかしながらナショナリズムの言説の新しい「主体」の中に、普通の韓国人の「中産階層」の変化への覚醒はあるものの、南韓国の「国民」に限定されたナショナリズムが表象されていた点である。もはや「民主化」というイデオロギーは北朝鮮や民族との概念とは距離のある、南韓

国だけに限定された理念であるという省察的であるものの、限定的な「ネーション」のナショナリズムの言説となっていた。

　第五に、「8.15」ドキュメンタリーシリーズが、まさに社会という文脈の中で社会とのイデオロギーの闘争の産物であることを確認させた点である。特に『韓国人の一日』は、リアルタイムの具体的な社会的な動き（6月抗争）が制作のきっかけとなっていて、徹底的に社会との交流を取り入れながら作ろうとする制作意図が窺えた。1980年代後半になりテクストの表現手法も以前のものとは明確に異なるまなざしを表現するために新しい方向へと変化していたことが読み取れたことも注目すべき点であった。

4.　小結：「新・韓国人論」の台頭

　「8.15」ドキュメンタリーシリーズの8.15企画『韓国人の一日』（1987.8.12放送）は、韓国で1980年代に起きた二つの重大な民主化抗争、すなわち、「5.18光州抗争」（1980.5.18）と「6月抗争」（1987.6）の経過の連続線の上に表象された、公共の言論空間におけるもう一つの「民主化抗争」であったと言える。

　番組は、約50分尺（49:50）で制作された単発のドキュメンタリーであったが、番組のストーリーは、バフチンのクロノトポス（Chronotope）と多声性（Polyphony）が応用できる良い事例であった。すなわち、番組は、24時間の中の変化する時刻と韓国の様々な地域を31のシークエンスで編集されており（＝ Chronotope）、「普通」の韓国人の声（Voice）をできるだけ多様に取り入れながら（＝ Polyphony）、韓国人の「ある一日」を構成した（＝ dialogism）ものであった。

　しかしながら制作者が最終的に提示したかった問いは、普通の一般人の生きざまの記録だけではなく、「6月抗争」の際に全国民的な抗争として広がる原動力となっていた韓国の「中産階層」の変貌に関する疑問と課題であった。こうしたテーマを解決するために番組に登場する人物が「ハン（韓相震）教授」であった。

　社会学者として中産階層のことを研究しているハン教授と制作者との

「韓国人」をめぐる会話は、また一つのバフチンの「対話」の思想と理論の多義性（＝Polyphony）によって支えられていた。ハン教授は、「中産階層」の底力を、「中産階層」＝「熱心」＝「推進力」＝「進歩的」＝「開化」＝「社会問題監視」＝「批判的な意見」＝「参加的」＝「改革志向的」＝「共感」と語った。そして、「中産階層」の潜在力を引き続き活かしていくために、「尊重」＝「参加」＝「批判意識」＝「共同体」の意識を強調した。さらに、中産階層を導く中間的な社会的リーダーとして、言論や、宗教団体、知識人、文化人の集団の役割を強調した。つまり、番組で表象されたハン教授の「中産階層」とは、資本主義社会における中間レベルの収入と生活を維持している経済的な構成体の意味より、民主化や改革に積極的に参加する政治イデオロギーの側面の構成体としての韓国の新しい階層の登場（変動）を意味していた。

　繰り返しになるが、忘れてはいけない重要なことは、二つの重大な民主化抗争、すなわち、「5.18 光州抗争」（1980.5.18）と「6月抗争」（1987.6）が番組の背景にある点である。当時の「韓国人」は、「6月抗争」の成功を経験しながら、「民主化」の意味や実現の主体としての「中産階層」、つまり「普通」の韓国人の力の可能性を共有しつつ、これまでの「上から」のナショナリズムではなく、「下から」主導していく民主主義的「ナショナリズム」について真剣に向き合っていたことを番組では表象していた。こうした、全国民的な変革への意志が番組の言説に集約されて「新・韓国人論」として語られていた。

　また、「新・韓国人論」の中の意味範疇には「北」のネーションの意味はすっかり消されていた点も見逃してはいけない。南北分断体制となってから 30 年余りの歳月が過ぎていた当時、これまで上から動員されてきた「反共」のイデオロギーは、「民族」ではなく二つの国家体制に順応していく身体へ集結する結果として内面化されていたのである。

　他方で、『韓国人の一日』において、「ネーション」は限定的な意味として語られていて、「国家主導」の「反日」や「反共」などの言説はすっかり無くなっていたものの、「韓国人」を見つめるまなざしの先にあったのは、既存の「民族主義」や「統一民族」を訴えた「ネーション」を強調す

るナショナリズムではなく、南韓国の社会構成体としての「民衆」のカテゴリーの中の新たな理念的な一つの集団として浮上してきた中産階層としての「新韓国人＝南韓国だけのネーション＝民主主義」を描くナショナリズムであった。すなわち、この時期の「中産階層」とは、経済的かつ社会的に下位階層である労働者の階層とは異なる、経済的に安定しつつ、イデオロギー的には既存の体制へ抵抗するとともに変革を熱望する80年代の社会変革の中心となっていた民衆の中の代表的なグループとしての、経済的意味と政治的意味を両立させる階層であった[10]。要するに番組で表象されていたのは、既存の「民族主義」の「ネーション」の概念ではなく、新しく浮上しつつあった改革派の中産階層を含めた「民衆」に注目しながら資本主義の波に遭遇した当時の韓国における民主主義国家の新しい未来を開こうとする「民主主義的過激ナショナリズム（Democratic Radical Nationalism）」言説であったのである。

【番組テンプレート】『韓国人の一日』（1987.8.12 放送）

Text	
Metaphor of Vision	**Metaphor of Voice**
壁時計 CU	
0:33	（TRACKS/Noise 時計の針の動く音）ES
	（TRACKS/Music テーマ曲）TM
00:44 W.M〈8.15 企画　韓国人の一日〉	
1:00 W.M〈早朝 4:30 南大門市場〉	**Na** 都市の目覚ましは市場から始まる。商店街のスピーカーから出てくる賑やかな音楽は、南大門市場の 5000 余りの衣類店舗が活発な卸商の機能をしているという表れである。女性の客が多く目立つ洋服商店街周辺で腹ごしらえする姿から今日を生きる勤勉な韓国人の姿を見た。
1:26 W.M〈朝 6:00 釜山共同魚市場〉	（TRACKS/Noise セリ場セリ人の声） **Na** 漸く暗闇が過ぎたばかりの釜山魚市場は、獲れたての魚のような生々しい活気で溢れている。
1:44 セリ人の李スヨン氏の姿 CU	毎朝正確にこの時間セリ人の李スヨン氏は一日中一番忙しい時間を迎える。セリ人で約 20 年ぶりに主任となった彼。彼の独特な声と手振りは港都釜山の 1 日を開く「生」の表現である。もしかして李氏だけの社会に対する責任感の表現であるかも知れない。
2:17 W.M〈李・スヨン　セリ場主任〉CU	（TRACKS/Dialogue セリ人李氏） **Int** 生きがいと言えば、公益に奉仕するために、あの険しい海と戦って魚を持ってくる船員たちと船員主たちへそれに相応しい値段を付けさせた時に一番やり甲斐を感じます。
2:29 W.M〈朝 6:30 全羅南道麗郡市 華陽面 龍珠里〉	**Na** 4 月から 10 月末までが白子成魚期である全南のある漁村。ここの住民たちは夜の間、収穫した白子の荷役に多忙を極めている。
2:42 漁民の朴氏の顔 W.M〈朴・ヒョウチョン〉 CU	（TRACKS/Dialogue 朴・ヒョウチョン氏） **Na**（漁業の）陸の場合ならば田畑（の仕事）と変わらないでしょう。しかし 1 回災難にあったら命まで失いかねないのが海ではないでしょうか。ですので、いつも気象管制がしっかりしていることを願っています。
2:54 魚の下拵え中のシン氏 W.M〈シン・インシュク〉 CU	（TRACKS/Dialogue シン氏） **Int** 365 日天気が良ければ良いが、しかし風が吹く日もあれば良い天気の日もあるし。ここの海に住んでいる人たちは大体願っているのは天気が良くて……白子がよく乾いて……
3:31	**Na** 彼らが体験しながら感じる自然は生活の中で第一の条件であると言える。
3:36 W.M〈朝 6:50 全羅南道霊巖郡 龍湖里 野原〉	**On** 今日　天気良ければ農薬をやろうかな。 **Na** 月出山に毎日会っている農民のジョン・ハクゼ氏も、夏休みで里帰りした大学生の甥っ子と一緒に野原の仕事に出かけた。水口を見ている彼は既に村、郡、道の増産王になったほど田畑の仕事に熱心である。今年農業で全国の増産王になることが彼の希望である。
3:41 W.M〈朝 7:00 ソウル市清進洞〉 料理中の店員	**Na** 早朝ソウル市清進洞へジャンクック店が並ぶ脇道に入ると多くの人に出会える。その中で早朝からあっちこっちで道路を走ってきた運転手の姿はすぐ見かけられる。

4:14 W.M〈タクシー運転手 ベ・ゾムロク〉WS	（TRACKS/Dialogueタクシー運転手　ベ・ゾムロク氏） **Int** 願いと言えば、今自家用車が多すぎます。私も自家用車を持っていますが、この自家用車が、統計学的にどれくらい豊かになったのかは分かりませんが、一人が運転して旅行に行く。もちろん余裕もあり相当いいことではあるが、ソウル市内の横断歩道が多く、バイクで賑わっている状態で、1日のお金を稼ぐのに苦労があるので、自家用車も少々控えてくれればと。企業の人が聞いたならば"頭のおかしいやつの話"と思われるかも知れないが、違います。私も国民の一人として、法治国家に生きているという矜持を持って、この国で自分なりに勤勉に生きています。
5:16 W.M 〈朝 7:30 南大門花屋〉	**Na** 朝7時30分。華やかな花束で埋め尽くされた南大門の花屋の商売人の手入れが忙しい。出勤前後に来る客を迎えるために花への手入れや水やりしながら、1日を設計する。
5:40 W.M〈朝 7:40 慶南金海 市花卉団地〉	**Na** 同じ頃、慶南金海花卉団地でも花への手入れで奔走中である。心を込めて育てる花たちは、努力の分の結果をもたらしてくれる正直な商品となる。
5:56 W.M〈朝 7:50 仁川市富 平工団〉	**Na** 富平工団の出勤時間。雨の日は出勤が煩わしく思われがちだが、ここの社員は違うのである。正確に時間を守ること。それは自身との約束である。電子製品を生産輸出する明星電子の 700 名余りの社員の中、ジョン・ヒョンシン氏はしっかりとした社員である。全南クレ生まれで女子高を卒業した彼女は不良製品発生を点検する熟練工として学校に通う兄弟の面倒を見ながら給料の 40％を貯蓄する倹約の人である。彼女の手さばきは今は単調に感じられるが、素早い手さばきによって韓国経済の塊が大きくなっていくことであろう。
6:48 W.M〈ジョン・ヒョン シン〉 CU	（TRACKS/Dialogue ジョン・ヒョンシン氏） **Int** 私の会社は輸出会社なので、私が中央検査をすることによって、良い商品を多く作って海外に輸出することで良い反応を得て、また噂が広がって、したがって会社の発展と自身の発展に寄与すると考えています。
7:07 W.M 〈朝 8:40 地下鉄市庁駅〉	**Na** 大韓民国の国民の 4 分の 1 が住んでいるソウル。朝 8 時 40 分頃には、地下鉄の市庁駅は出勤ラッシュで賑わっている。収益性の多い都市生活の活動のために多くの人が職場へ職場へと移動してくるのである。工場の生産活動が人と機械との出会いで営まれていることとは異なって、事務室での生産活動は人と人との出会いで行われる。その分、都市は彼らには便利な場所である。大体の人たちが事務職に従事する彼らこそ政治、経済、社会文化の中心地である巨大都市のソウルを動かしている操舵手である。
7:50 W.M〈午前 10 時　現 代百貨店 1 階〉 朝礼を行う店員たち	**Na** 午前 10 時。百貨店は漸く目覚め始めた。入社 3 年目のマ・ヨンジュ氏は 70名余りの販売員と販促社員を管理する雑貨部の皮革担当の組長である。
8:18	（TRACKS/Dialogue マ・ヨンジュ氏） **On** みんな気をつけ。礼。 （TRACKS/Dialogue 店員たち一斉に） **On** おはようございます。 （TRACKS/Dialogue マ氏） **On** 今日、服装をもう一度チェックしてください。そして、売り場のディスプレイ状態を点検してください。売り場の雰囲気をより斬新に、お客さんが来て斬新な雰囲気の中でショッピングを楽しんでもらえるように演出してください。では、3 大用語をやって見ましょう。 （TRACKS/Dialogue 全員） **On** いらっしゃいませ。 ありがとうございます。 さようなら。
8:50	（TRACKS/Dialogue 制作者） **Int** 販売量が目標量を超えた場合、会社の方から祝宴をしてくれると聞きましたが、祝宴をやってくれる意味についてどう思いますか。

マ氏顔CU	（TRACKS/Dialogue マ・ヨンジュ氏） **Int** 私たちが頑張った分、会社でやってくれるので意欲も上がるしもっと熱心に働けそうです。
9:11	**Na** 先進国型になればなるほど販売サービス業のような三次産業に従事する人が多くなる。アパート団地の住民を主要顧客とする販売部の社員たちにとって開場準備は1日の販売量を左右する重要な儀式のように見受けられる。
9:34 W.M 〈午前11時　株式会社鮮京本社事務室〉	**Na** 午前11時。総合商社の株式会社鮮京のレジャー用品部の事務室も奔走している。入社11年目のテント担当の李ヨングン課長。7名の職員と一緒に勤務している李課長は活発で積極的な性格の有望な若手の課長である。彼はどんな仕事でも任された仕事に責任を持って挑戦することを楽しく考える。入社後、忙しい生活の中で大学院を修了して、会社で公募した経営論文コンテストでも当選するほど何でも熱心である。
10:11 電話機を持って話す李課長	**On** 業務時間が終わり次第すぐ訪問します。
10:33	（TRACKS/Dialogue 李課長） **On** 李代理、アメリカシカゴの支社から急な連絡が入ってきたので職員たちとちょっと業務会議をやりたいのですが。
10:56 会議中	**Na** 部下職員たちとの会議では自身の意見に固執するより、彼らに自らやる仕事を探せるようたくさんの意見を話すようにさせる。2男1女の父親として、水原から出勤する彼は、NY支社で5年間海外勤務もした。最近、彼が特に楽しくなっている理由は会社が課長の権利に配慮している経営方針からである。 （TRACKS/Dialogue 李課長） **On** ところでシカゴ支社のシエスオーダーの場合、リ・ヨンホさん、90万ドル今月下旬船荷役しますか。どこの工場で作業中ですか。 （TRACKS/Dialogue 会議中 李代理） **On** 今、15日間で2ヶ所であります。あれは終わっています。 （TRACKS/Dialogue 会議中 李課長） **On** 各自自分に任せられていたのを徹底的にやってください。 （TRACKS/Dialogue 全員） **On** はい、分かりました。
11:11	（TRACKS/Dialogue 制作者） **Int** 失礼ですが、現在の給料に満足していますか。
李課長WS	（TRACKS/Dialogue 李課長） **Int** 現在の給料のレベルは韓国では中の上程度であると知っているし給料に関してはそんなに執着していません。なぜならば、若い時は熱心に働いて特に総合商事のような広いところで世の中と接していけるいい機会なので、私を含めて社員たちは給料に執着していないようです。 （TRACKS/Dialogue 制作者） **Int** それから、デモ（運動）事態がある時はいつも外国のバイヤーの数が減るという話を聞きましたが、日頃実感があるのでしょうか。
11:42 李課長BS	（TRACKS/Dialogue 李課長） **Int** 率直に申し上げますと、あのデモ（注：6月抗争）の時、私たち関連バイヤーたちが躊躇したのは事実です。 しかし、フィリピンや第三世界でのデモのように判断するのではなく、<u>少なくとも韓国におけるデモは、もっと多くの発展のためのデモであると認知していた故、デモが落ち着いたらすぐに、私の会社を含めて多くのバイヤーが押しかけている</u>と感じています。 （TRACKS/Dialogue 制作者） **Int** あの時と今を比較して比較的働きやすいということですか。

李課長の顔 CU	（TRACKS/Dialogue 李課長） **Int** 災い転じて福来るように、<u>総合商事が外国市場で働く上で韓国経済力の発展だけではなく政治的にも非常に韓国経済の発展に寄与すると確信</u>します。
	（TRACKS/Dialogue 制作者） **Int** 個人的な願いってありますか。
	（TRACKS/Dialogue 李課長） **Int** 私の場合は、総合商事に入社する時、機会があったらもっと広い世界を舞台にして、総合商事の代表理事になるのが現在個人的な夢です。なれるのか分からないですが。
12:56 会社を出る李課長	**Na** 会社で簡単に 1 日の指示事項を伝えた後に彼はサンゲにある協力工場へ走った。彼が勤務する会社は長い間の同伴者であるが、随時この工場を訪ねて輸出品の完成度を細かく検討する。これが輸出品の付加価値を上げる方法である。
13:20 W.M〈午前 11:30 ソウル大学　ハン・サンジン教授　研究室〉	**Na** ハン教授は、夏休みの間韓国の中産階層に関する調査内容と 2 学期の講義準備のために研究室にいる。彼が関心を持って研究している、沈黙する多数の韓国の中産階層はどのような人たちなのか、彼には一生の課題である。 （TRACKS/Noise 研究室ドア──ノックの音）
13:50	（TRACKS/Dialogue 制作者） **Int** 教授も自ら中産階層であると考えますか。
ハン教授 WS CU	（TRACKS/Dialogue ハン教授） **Int** 無論です。もちろん中産階層だと思います。 今日、私たちの社会において中産階層は主に三つに分類できます。一つは事務職です。一般的にホワイトカラーと言われている人たちで、こうした人たちは全体の 70％ に達しています。もう一つは、自営業主ですが、この人たちの約 40％ が中産階層に属します。最後に、生産労働力の勤労者たち、この人たちの約 20％ が属しています。私のような人は新中産階層ではないかと思います。
	（TRACKS/Dialogue 制作者） **Int** 今夏休み中ですが、先生の本業は何時頃に始まるのでしょうか。
	（TRACKS/Dialogue ハン教授） **Int** 教授本来の仕事と言えば、教えて研究する仕事ですが、休み中には教える仕事はないです。その代わりに、日頃溜まっている仕事や、色々やっている研究が多くて、休みでも、休みではなくても、忙しいです。私は朝 6 時に起きて少し運動をした後、継続して私の仕事をしています。
	（TRACKS/Dialogue 制作者） **Int** 私が思うに、いろんな分野で働いている成人の場合、8 時間働いて、8 時間休んで、8 時間寝ることと思っていますが、実態に合っていますか。
	（TRACKS/Dialogue ハン教授） **Int** 普通そう言っていますが、実際に見ると、もちろんどこで働いているかによって異なりますが、多くの人が熱心に働いていて、平均的には 9 時間 10 時間働いている状況です。しかし、家にまで仕事を持ち込んで勤務に関連する仕事をやるとか、考えたりするので、勤務時間が 8 時間なのか 9 時間なのかということも重要ですが、その仕事をどの程度密度のあるものとして、集中的にやるのかが重要だと思います。
	（TRACKS/Dialogue 制作者） **Int** 一日という時間をどのように生産的に活用するのかによって時間がもっと長くなるということでしょうか。
	（TRACKS/Dialogue ハン教授） **Int** はい。
	（TRACKS/Dialogue 制作者） **Int** そうなると、人にとって一日の時間の意味は何でしょうか。

	（TRACKS/Dialogue ハン教授） **Int** ですから、普通人たちが考える 24 時間というのはみんなに物理的に同じであると考える可能性があります。しかし一人一人が体験する時間というのは非常に異なります。大体こうしたのは同じ時間の中でどれくらい多くのことを体験するのか、他方で、仕事をどれくらい熱心にやるかによって、時間を体験する方式は人によって相当異なります。 一般的に言うと、仕事を熱心にすればするほど、時間は短くなる傾向があります。多くを経験すればするほど、例えばバカンスで外に出る場合、同じ時間で、多くを経験すると時間の長さは長く感じる。 要するに、結局時間の意味というのは、主観的にどの程度熱心に働くのか、どのくらい生産的に働くのか、どのくらいたくさん経験をするのかによって人それぞれ異なる、と言えます。
17:04 W.M〈正午 12 時明洞聖堂〉	（TRACKS/Noise 聖堂の鐘の音） **Na** 韓国の 12 時は、休息の時間であるとともに、考える時間である。 <u>振り返ってみると、あっという間に光復 42 年、建国 39 年を迎えた。私たちはこれまでどのように生きて来られたのか。そして今の時点で何をしているのか。</u> <u>40 とは、揺るがない軸を立てる不惑の歳である。</u>個人的に見ると、社会の中堅者で、常識が分かって、その通りに行動する民主市民である。時間は実に個人を大人にしてくれるとともに、社会と国家を豊かにする。
17:49 W.M〈午後 12:10 全南羅州市五日市場〉	（TRACKS/Music 明るいイメージ）TM **Na** いつも忙しい都市に比べて、スローな雰囲気を醸し出す全南羅州五日市場において、私たちは故郷を思い出して余裕を探したくなる。しかし 21 世紀が目の前に来ている現在、こうした田舎の市場の姿はいつまで続くのだろうか。もしかして希少価値となる時が来るかも知れない。しかし、市場の人たちのスローな表情の中にも家の心配や、子孫の心配は一番の関心事である。 （TRACKS/Dialogue 市場雑音）
18:45 W.M 〈チェ・チュジャ〉CU	（TRACKS/Dialogue 制作者） **Int** 今、願いは何でしょうか。 （TRACKS/Dialogue チェ・チュジャ氏） **Int** 子供に教育させることです。 （TRACKS/Dialogue 制作者） **Int** 急いでいることはないですか。 （TRACKS/Dialogue チェ氏） **Int** 急ぐ仕事？ （TRACKS/Dialogue 制作者） **Int** 何になりたい。などなど。 （TRACKS/Dialogue チェ氏） **Int** うーん、急ぐことと言うと、私は家を持っていないので、だから家を購入することが急ぐことですね。
19:10	（TRACKS/Dialogue 制作者） **Int** 息子さんに望んでいることは何でしょうか。
W.M〈李・ギナン〉 李氏の顔 CU	（TRACKS/Dialogue 李・ギナン氏） **Int** 望むことなら、勉強がよくできて、誠実に勉強して、それがやり甲斐です。他には別にありません。私は教育させるためにやっているので、勉強して職場に入るか否かは別にしても、しっかり勉強して学んでおけば良いです。
19:35	**Na** 過去 60 年代以降、良い暮らしのために熱心に働いた結果、飢える人はいなくなったとしても、しかしながら食べて生きることは大人にも赤ん坊にも最も重要な仕事となっている。

19:59 W.M〈午後 12:30 全南 順天小学校〉	（TRACKS/Noise 生徒たち）ES **On** ありがとうございます。 **Na** 夏休み直前に訪ねた全南順川のソンナン小学校の 6 学年 1 組教室。都市へ離れていく住民が多くなってきて、生徒の数も減ってきて、1 クラス 50 名になっていないが、列ごとに机を並べて先生と食べる昼ご飯は別格である。それは母親の心が込められているからである。最近 21 世紀を生きていく子供を教える現場にも変化が現れているという。教壇で一生を過ごした校長にも心配が絶えない。 （TRACKS/Noise 児童の楽しい声）ES
20:40 W.M 〈朴・チェユン校長〉 校長の顔 CU	（TRACKS/Dialogue 制作者） **Int** 今の社会の当面の課題は信頼回復ではありませんか。 （TRACKS/Dialogue 朴・チェユン校長） **Int** 良い質問です。私が残念に思うことも同じです。先生が生徒を体罰したから告発して懲役して追い出され、父兄は学校を訪れて生徒の前で先生を殴ったり汚い言葉を口にしたりする時、教権は地に落ちます。涙が出ました。これは、既成世代が先生を買収して、意図の通りにならないとこんな悪い癖になったと。私たちが信頼できないのは父兄で、教師を買収したのも父兄、先生を殴るのも父兄です。既成世代の過ちであると思っています。なぜならば、教育によって基礎ができてからお金を持ったならばそうはならないけど、人間の基礎がないのに金は持っているからだと思います。こうした風潮を父兄は自覚すべきだと思います。生活の力には三つがあります。自存、自覚、自制。これを持っている時、国民が自分の機能を発揮できると思います。
22:33 動いているコンテナ W.M〈午後 1:00 ソウル 江南区　シンサ洞　ア パート〉 PAN 引越し部屋 高層アパート	（TRACKS/Noise 引越し雑音）ES **Na** 午後 1 時。学群が良くて人気があるソウル江南区の高層アパートでは引越しの荷物を運ぶ仕事の最中である。 昨年国の人口移動率は 22.3％であったが、日本は 5.3％、台湾は 8％である。人口移動率が高い理由は、社会に活力が溢れているとともに、変化を追求するという肯定的な側面もあるが、目的達成のための性急な欲求のために 1 ヶ所に根を下ろさず、浮遊するという否定的な面も言える。
23:25 W.M〈午後 2:00 時　ソ ウル大学　正門〉	（TRACKS/Music）TM **Na** 夏休み中のソウル大学正門は今年に入ってから一番静かな時を迎えている。10 年以上ソウル大学正門を守っているチャン・ドンホ氏にとって、今の時刻は眠気に晒されるほど暇である。たまに来る車両を案内するとか図書館の学生の行き来を見るとか、馴染みのある教授に嬉しい笑顔をする程度がこの頃の仕事である。 **Na** 初めて取材要請をした時、放送されたらつけておいた酒代を取りに雲のように人が来るからと遠慮していたチャン氏。職場に対する強い愛着心を持っている彼は単なる管理課の職員ではなく、ソウル大学を愛して愛情を持っている人である。普通の人の以上でも以下でもない非常に常識的な中間階層であると
ソウル大学正門を歩いて来る学生たち	思っているチャン氏の静かな語り口が学園の安定とは何かを教えてくれる。
24:42 名簿 CU	（TRACKS/Music BGM）TM **Na** 正門守衛室においてある 1 学期登録生の名簿。その中から消えていく名前を見るたびに彼は心を痛める。デモ。投石戦。涙を流した催涙弾。二度とああ
25:00	いうことがないことを願うのは単にチャン氏個人の願いだけではないはずである。 （TRACKS/Noise デモの声・サイレンの音）
25:08 W.M〈チャン・ドン ホ〉 CU	（TRACKS/Dialogue チャン氏） **Int** デモをする学生も大学生で、また警察も殆どが大学生であると知っているので、互いに立場は異なると言っても、互いに投石するのを見ると、心が痛みます。やめて欲しい。私の個人的な所見では、互いが相手の人格を尊重する、信任してくれる社会、心を開いて会話できる社会、忠告を受け入れる社会になって欲しいです。

25:49 W.M〈午後 2:30 全南 クレ郡　地異山麓〉	（TRACKS/Music BGM）TM **Na** 夏休みを迎えて里帰りをした公州師範大学 1 年生　朴・ギチャン君は父親とともに、茶畑の雑草の駆除の最中である。太陽は暑いが、山の麓の風は汗を拭いてくれる。父親が心を込めたように、彼も家の仕事を優先的に考える。
26:25 W.M〈朴・ギチャン〉 朴君の顔	**Int** 家に帰るといつも、親がこんな暑い太陽の下で苦労している姿を見ています。もっと楽にさせたい、もっと余裕のある生活にさせたいと思うが、それがうまく行っていないので心が痛い。ですので、時間があるともっと手伝いでもしようとこれででも恩返ししようとやっています。これからは農村も熱心に働ければその分豊かになる、都市より十分でなくても文化的な恵みとか、いろんな面でより良い生活ができるようになれれば良いと思います。
27:19 W.M〈午後 2:50 セウン 商店街 4 階パソコン商 店〉	**Na** 午後 2 時 50 分。セウン商店街 4 階。100 余りのお店が密集している韓国電子産業の先端地帯であるここ。未婚のジン・ホソク氏も一つの商店の社長である。7 〜 8 坪の狭い空間ですが、ここは彼の夢と理想を実現する産室である。日頃全ての人たちがパソコンのように論理的であるならば社会がより正確な社会になるのではないかと言う彼は、ここを訪れている人たちのパソコン購買態度へ一撃を飛ばす。
27:54 W.M〈ジン・ホソク〉 WS CU	（TRACKS/Dialogue ジン・ホソク氏） **Int** 私としては、人たちがパソコンのマインドが足りないと思います。何かというと、多くのお金を投資してパソコンを設置するのに、明日からすぐ大きい仕事をしてくれないと機械の価値を果たせないと思っています。 しかし実はパソコンは人がやる仕事と同じです。膨大な分量の仕事を短い時間の中でやってくれることで、迅速で簡単に処理できるが、パソコンさえ置いておけば、明日からすぐにでも大きな仕事をやってくれると思ってしまう。しかし、パソコンを作ったのは人なので、ああいう考え自体はせっかちです。
29:00 W.M〈午後 3:00 忠清南 道大徳 RUCKY 中央研 究所〉	**Na** 同じ時間帯、科学技術軍のシンクタンク集団が集まっている大徳研究団地のラッキー研究所は研究の最中である。基礎科学が不足していた分、最近 5 年間企業の関心が高くなってきたのは幸いである。また、研究員の姿勢も個人より多数の協働が作る協力体制が必要な時点である。
29:30 W.M〈金・ジュン物理 化学研究部長〉BS 金部長の顔	（TRACKS/Dialogue 金・ジュン氏） **Int** 新物質が一つ開発されるためには少なくとも 20 から多い場合は 100 名の研究者たちが凡そ 5 〜 10 年やれば一つ出るかというのが新物質である。しかしながら新物質に関する開発も一人、二人の研究者が個人単位でやろうとするケースが多いです。研究に対する見返りからなのか、功名心からなのか分からないが、結局、韓国における必要とされるのは新物質であって一人二人の科学者ではない。なので、全体的なチームプレーによるコンセプトがもっと深められたらいいと思っています。
30:31 W.M〈午後 3:30 江原道 平昌郡道巌面横溪里レ タス畑〉 耕運機運転する金氏	（TRACKS/Music BGM）TM **Na** 海抜 800 m、高地の平昌郡道巌面横溪里。今ソウルに出荷するレタスの収穫の最中である。7 月から 10 月まで 4 ヶ月を出荷のために汗を流しているキム・ナンギュウ氏は価格が下落したら破棄処分するなど、啓蒙出荷と直売買で、しっかり利潤を残す営農に力を入れている。彼は雪の雪原が好きで、スキー選手とスキー審判生活をやったが、今は 3 万坪の畑を経営する学士出身の農夫となった。 （TRACKS/Noise 耕運機運転）
31:17 W.M〈4:00 泰陵選手村〉 疾走する陸上選手たち	（TRACKS/Music 明るい BGM）TM **Na** 午後 4 時。泰陵選手村の国家代表選手たちは汗を流している。家族や、友達、社会から隔離されたまま、強度の高い訓練は心身ともくたびれてしまう。しかし 1 年余り残している五輪で金メダル獲得という目標があるので心はもっと褪せているかも知れない。彼らの汗は祖国への愛である。

32:00 W.M〈午後 4:20 ソウル 梨泰院商店街〉	（TRACKS/Music 活気のある BGM）TM **Na** ソウルの異色地帯である梨泰院商店街は毎日この時間帯になると活気に満ち る。韓国の代表的なショッピング場所として名を知られている梨泰院商店街は 外国観光客が最初に訪ねる名所となった。
32:30 W.M〈朴・ヒチョン〉	（オーダースーツ店） **Na** 20 年間梨泰院に住んでいる土地っこの朴・ヒチョン氏。24 時間内にオー ダースーツを完成する商売で多数の常連を持っている。スーツの値段は 100 〜 200 ドル。いくら多い団体顧客であっても 24 時間でできると言う。韓国人の 手際は驚くべきである。顧客からもらった名刺から見て地球規模のお店である のが窺える。
32:57 W.M〈午後 4:30 国民銀 行西橋洞支店〉	**Na** 午後 4 時 30 分。他の銀行と同じく国民銀行西橋洞支店も営業時間を締め切っ た。国民銀行の 14 名の女子代理の中の一人であるキム・シュンヒョン氏は一日 の業務決算と残務処理に余念がない。入社 10 年。本店国際部勤務 8 年で代理に なって支店勤務を再び始めた彼女は主婦の仕事と銀行の代理の役割を尽くすた めにいつも忙しい。国民の貯蓄率には批判的であるが、一生の職場として銀行 を選択した彼女の希望は男性の銀行員と変わらない。
33:42 W.M〈キム・シュン ヒョン〉 金代理 BS	（TRACKS/Dialogue キム・シュンヒョン代理） **Int** そうですね、新聞や統計では貯蓄率が 25 〜 30％を上回ると言っていますが、 あれは全国銀行に入るお金を国民の数で割ったものに過ぎません。実際は金持 ちが銀行に貯金をたくさんしているので、こうした面で早いうちに先進国とい う概念を持つには厳しいです。まだ大部分は稼いでいる金の 30％以上を貯金し ている実感はなく、10％程度であるので、中産層以下の人たちが 30％まで行く には時間がかかると思います。 （TRACKS/Dialogue 制作者） **Int** これから支店長までやる予定ですか。 （TRACKS/Dialogue キム代理） **Int** 無論です。そうすることで後輩の女性職員も代理や支店長となるので一生懸 命にやろうと思っています。
34:47 W.M〈午後 5:00 文芸振 興院練習室〉	**Na** 梨花洞にある文芸振興院練習室。女性演出家キム・アラ氏は“余分なものた ち”というタイトルの演劇を舞台に上げるために練習に熱中している。中央大 学ニューヨークで演出と舞台美術を勉強して 2 年前帰国した彼女が二回目に演 出する作品である。作品が舞台に上がるまで演出に半年ほど時間を費やすほど 毎度渾身の力を尽くす。
35:29 W.M〈キム・アラ演劇 演出家〉WS	（TRACKS/Dialogue キム・アラ氏） **Int** 何より感じるのは芸術は創作の自由や、表現の自由が保証されるべきである ということです。社会を批判する精神というのは社会発展や、歴史発展に寄与 する力を持っているので、そして演劇もそういった機能を持っているので、表 現の自由や創作の自由は保障されるべきであると思います。
キム氏	（TRACKS/Dialogue 制作者） **Int** 現在個人的な希望は何ですか。
36:25	（TRACKS/Dialogue キム・アラ氏） **Int** これからマスターピースを残すことです。 **Na** 演劇演出で名作を残したいという彼女は新村で 3 坪ほどの洋服店の経営者で もある。演劇演出家、洋服屋、そして主婦として一人三役をこなす彼女の姿か ら今を生きる勤勉な韓国女性の姿を見る。
36:46 W.M〈午後 6:00 忠北清 州市清原郡梧倉村役場 事務室〉 W.M〈ヤン・ヒョン ジュ〉 残業中のヤン氏	**Na** 勤務時間が終わった 6 時 30 分。忠北清州市清原郡梧倉村役場事務室のヤン・ ヒョンジュ氏。彼の日課はまだ続いている。地方公務員として 15 年。彼は農繁 期の現在、台風被害点検や病虫害防止、農村手伝いなど多忙を極めている。し かも、面事務室を訪ねる住民の民源（住民による請願）事務で退社時間に退勤 したことがあまりない。残業を終わらせた彼は年内の選挙のために既に世帯別 住民登録を確認している。長い地方公務員としての生活の中で得た知恵である。

37:43 W.M〈夜 7:00 退社時間後のパソコン教室〉	**Na** ソウルのパソコン教室。生徒の大部分が会社員である。サマータイム制実施後、長くなってきた退社後の余裕時間を惜しんで、一つでももっと学ぼうとする彼らは自己開発のために時間をデザインするデザイナーたちである。
38:07 W.M〈夜 9:50 ソウル地下鉄 2 号線〉	（TRACKS/Noise 電車の走る音） **Na** 夜 9 時 50 分。ソウル外郭を回る地下鉄 2 号線は変わらず混んでいる。一日の日課を終えたソウルの普通の人たちは安らぎのために家に帰るのである。新聞を読む人、音楽を聴く人、疲れて寝込んでいる人、考え込んでいる人、各自異なる一日を過ごしてきたはずだ。表には出てこない彼らの日課がなければソウルの一日、韓国の一日はどうなったのか。複雑な現代の社会の中で、彼らは小さい歯車のように互いにかみ合って回っているが、彼ら中産層たちがいるからこそこの社会という大きいメカニズムの正常な運航が可能となるのである。
39:02 W.M〈夜 10:00 ソウル開浦洞屋台〉 屋台で韓国の酒を交わしながら話し合い	（TRACKS/Noise 電車） （TRACKS/Dialogue 制作者） **Int** 研究室から普通今頃が出る時間になるのですか。 （TRACKS/Dialogue ソウル大学ハン教授） **Int** まあ、今頃が多いです。 （TRACKS/Dialogue 制作者） **On** えーと、じゃあ、一杯どうぞ。 （TRACKS/Dialogue ソウル大学ハン教授） **On** ありがとうございます。 （TRACKS/Dialogue 制作者） **Int** ところで、成就感を感じながら生計の畑であると言える職場です。ですので、職場の現場は果たしてどの程度社会や国家のために重要性があると思われますか。
39:39 ソウル大学ハン教授	（TRACKS/Dialogue ソウル大学ハン教授） **Int** まあ、一番重要ではないでしょうか。そして一人一人が自分が属している職場でどのぐらい熱心に仕事をするのかによって国の発展や、社会の発展というのが決まってくるので、一番重要である思います。
40:11 W.M〈ソウル大学ハン教授＋琴雄明 PD〉2S	（TRACKS/Dialogue 制作者） **Int** ある統計で韓国の 40 ～ 80％が自らを中産階層であると思っているんだそうですが、真の中産階層の基準とは何でしょうか。 （TRACKS/Dialogue ソウル大学ハン教授） **Int** 私の専門も社会学ですが、まだ中産階層の基準への合意はありません。色々な基準がありますし、色々な基準によって色々な報告がなされています。多少混乱はあります。 私自身の近来の研究の結果から申し上げますと、最小限の基準として二つ言えます。一つは客観的な基準です。他方は主観的な基準です。客観的な基準として、私が主張しているのは安定した職業が持てること。二つ目は、最小限中産階層の生活のできる収入があること。そして、三つ目は、社会的に批判的な意識水準を持っていること。こうした三つのことが客観的な基準に属することです。主観的な基準は、各自自分は中産階層であるという意識を持っていることです。 以上の四つの変数を全て満たしている人を調べ、81 年と 86 年の経済企画院による社会統計調査を持って分析したのですが、その結果によると、現在都市世帯の 35 ～ 40％は中産階層に属していると言えます。しかしこれは確定的なことではなく、一つの提案であるとともに、試みに過ぎません。
41:35	
41:44	（TRACKS/Dialogue 制作者） **Int** ですので、あくまでも統計による数字に依拠して見て、35 ～ 40％であるということですよね？
41:52	（TRACKS/Dialogue ソウル大学ハン教授） **Int** そうです。先に述べた私自身の基準によって言うともっと詳細な説明ができますが、詳しくは割愛します。

41:58	（TRACKS/Dialogue制作者） **Int**それでは国家において彼らの底力はどのように表れますか。
	（TRACKS/Dialogue ソウル大学ハン教授） **Int**今一番重要なことは、中産階層を含めて、国民全体が非常に熱心に働いていることです。肌で感じていることです。熱心に働いていることで、我が国民性が非常に推進力があって、上昇するある進歩的な側面を見せてくれています。こうしたのは 60 年代以来続けられていますが、近来、私たちが確認できることは中産階層の意識が大変速い速度で開化していることです。これは民主化運動とも関連することですが、ですので、色々な社会問題を監視するとともに、批判的な意見を開陳する、段々ともっと参与を願っている動きが中産階層から明確に現れている点が大変重要な一つの底力であると思っています。 そして、最後に中産階層が大変改革志向的である、これが大変重要なことではないでしょうか。無論、中産階層は急進主義的な革命を願えないし、革命を支持していない。しかしながら、全てが安定（安静）が一番である、という考えでもないです。大変改革志向的な性格が強い。これは政治的な面でも、社会経済的な面でも同じで、そういった意味で、我が社会で残されている階層、例えば、農民や、貧困層、そして労働者、など、こうした人たちについて中産階層が強い意識を持っていて、問題を改革すべきであるという広い共感を形成している。これが、私たちが持っている大変重要な底力であると思います。
	（TRACKS/Dialogue制作者） **On**一杯どうぞ。 （TRACKS/Dialogue ソウル大学ハン教授） **On**ありがとうございます。
43:44	（TRACKS/Dialogue制作者） **Int**欧米の先進国ではフランスの場合、外国語一つはできること、そしてイギリスの場合は自分の意見を明確に人に提示できること、まあこんなことを中産階層の条件として考えていますが、そうだとすると、今の時点で中産階層の意識の水準が今よりは一段と昇華していく必要があるのではないでしょうか。
44:16	（TRACKS/Dialogue ソウル大学ハン教授） **Int**それは大変重要な話だと思います。我が社会において中産階層ができることは何かと言うと、これまでは力持ちは力で、金持ちは金で、権力を持っている人は権力で、全てのことを処理していこうとしたのです。 だから色々な副作用も生じた。こうした全ての遺産を大胆に処理して、全てを道理によって解決していこうと。すると、自然に対話が必要になります。そして全てを力で問題を解決するのではなく、真の理解によって、合意によって、問題を解決していく道を探すことです。こうした理解と妥協によって問題を解決していける社会の中枢的勢力が誰になるかと言うと、もちろん中産階層になる。そうなると、我が社会の中産階層は単に食べていけるということで済ませるのではなく、この社会にこれまで累積してきた一種の権威主義的な遺産を清算しながら、新しい社会発展を推進していく重要な勢力として成長してきているのではないかと捉えたいです。
	（TRACKS/Dialogue制作者） **Int**進んでいる国は、精神的かつ文化的な次元で中産階層の条件を言っていますが、我が国では経済的な条件だけを優先しているようです。それでは、運命共同隊として中産階層の人の意識を高めるために、どういった資質が必要でしょうか。
48:08	（TRACKS/Dialogue ソウル大学ハン教授） **Int**その側面では私は中産階層は潜在力があると思っています。

	最も重要なことは人間らしく生きること。人間として待遇する。人間への尊厳性。人格を尊重する社会へと行くべきです。しかしながらこれまでの中産階層はどうしても生活安定のためだけに努力してきたのも否定できない話です。今はある程度は食べていけるようになってきたので、もっとこれからは人間らしい待遇を求める、そしてもっと参加しようとする傾向もある、ですので、これからは人間の尊厳の社会に行くべきという意識が中産階層の中で多く芽生えているとともに、開化されています。
47:11	そして他方では、単純な経済的安定だけではなく、健全な批判意識を持っている勢力として中産階層が成長して行っていると思います。 現在、民主化時代へと移っていますが、民主化時代がしっかりなるためには市民の健全な批判意識が必須ですので、批判精神がなければ民主化は成り立たないです。 これをやれるのはもちろん中産階層だけではありませんが、しかし中産階層が一番中心勢力として、健全な批判精神を表現するとともに、発展させる位置にいる、そしてそういった可能性が高いのではないかと捉えたいです。 他方で、健全な市民社会が必要で、共同体的な生活を作らないといけないので、中産階層が自己中心的かつ孤立的な性格を捨てて、一つの民族であり、一つの国家、一つの社会であるので、共同体として作っていこうとする認識も中産階層でよく見られている。ですので、私は、文化的次元でも中産階層が発展して
48:30	いっていくが、まだ十分な状況ではないので、ああいう方向をもっと目指すべきです。潜在力は持っています。 こうした面から、強調したい点は、特に中産階層を引っ張っている先導的な集団があります。言論や、宗教団体、知識人、文化人の集団です。こうした人たちが、もっと先導的な役割をして、知的なそして、世論的なリーダーシップに
屋台外から PAN	よって中産階層がああいう方向へ徐々に行けるのではないかと捉えたいです。
48:50 W.M〈夜 11:04 ソウル 地下鉄 1 号線市庁駅〉	（TRACKS/Noise屋台）ES （TRACKS/Noise駅の騒音）ES **Na** 韓国の普通の人たち。 中産階層は表に出ずに中心を立てて生きている。 彼らは責任を尽くして、自律的に行動する。そして、彼らはその分、健全な民主市民としてものを言う。 彼らこそ、和合と安定の中で明日という新しい理想のために熱心に生きるこの時代の主人公である。
49:50:00	（TRACKS/Music テーマ曲）TM
	完

台本：アン・ヒウン
解説：キム・ドヒョン
音楽：バク・サンソル
撮影：イ・ゴゾン、ジョ・ウォンギル
演出：グム・ウンミョン、ヤン・ソンス、ジョン・ヒョンテ

注

1）6 月抗争については、当時の新軍部政治勢力と市民抗争の関係に介入したアメリカを視野に入れて韓米関係から時系列な流れを辿りつつ捉え直したジョン・イルジュン（2010）「全斗煥・盧泰愚政権と韓米関係：光州抗争から 6 月抗争を経て 6 共和国まで」が参考となる。その他、ジョン・チョルヒ（1996）「中位動員と 6 月抗争：社会

運動組織の構造的・文化的統合」は、6 月抗争における大規模な市民組織間の連携の詳細が理解できる参考論文である。また、6 月抗争を 1988 年 7・7 宣言などの「北方政策」の変化のきっかけとして捉えているジョン（2011）の論考も参考になる（ジョン・ジェソン（2011）「東アジア冷戦解体と韓国民主主義」鄭根植他『（脱）冷戦と韓国の民主主義』ソンイン、131-154 頁）。

2）運動本部や、宗教団体、大学生たちだけではなく、労働者、一般事務職従事者など一般人による幅広い参加があった。

3）ジョン（1996：85）。

4）ジョン（1996：67）より引用。ジョンの引用先の原著は、キリスト教社会問題研究院（1987）『6 月民主化大闘争』民衆社である。

5）関連して、「5.18 光州抗争」における国家による暴力的介入の問題に対するアメリカの韓国政府への対応を戦後韓国における「4.3 済州事件」や「4.19 革命」と比較しながら冷戦体制の中の米ソの間の競争的な戦略の一環として捉えた朴ホンソ（2016）の論文がある。

6）テクストのプロットから見て分かるように番組制作手法の特徴として、バフチンの Chronotope（= Time-Space Relation）の理論が映像の構成と編集において読み取れる点が挙げられる。

7）ハン教授は、「中産階層とは中間階層と区別されるものであって、通常の統計による中産階層とは異なる、社会学的に有意味な実践的性格を共有する範疇であること、すなわち、中産階層における政治的・イデオロギー的性向を志向していることの有無に注目することが重要である」と言った（韓 1987：4）。

8）ハン教授は、1987 年 6 月抗争以降、中産階層の「中」と民衆の「民」を結合させた韓国における「中民（joongmin）」という新しい概念を発見し提唱した。これは、所謂階級論とは異なる、変動する社会における人々のアイデンティティに注目した観点であると言える。ハン教授は「中民」とは、「中産階層と民衆との間の融解的かつ仲介的な主体の登場（成立）による新たな可能性を含んでいる集団として、この性格は、資本主義社会における経済的効用に恵まれながらも、政治イデオロギー的に公平性と民主化を主張する改革的かつ力動的な潜在力を持っている」と言った（韓 2015：8-9）。

9）琴雄明 PD インタビュー（2018 年 7 月 30 日聞き取り@ソウル市内）

10）1970 〜 80 年代韓国における民衆社会学と中産階層に関連する議論は白（1987：88-93）が参考になる。

第 5 章

「在日」への覚醒（1990年代以降）

1. 時代背景：「克日」や「知日」という新たな言説の登場

　1980 年代初期、韓国の大手新聞企業の日刊紙の一つである『朝鮮日報』は、「克日」運動の一環として 1 年間の特別な記事の連載に取り組んだ。すなわち、1983 年 1 月 1 日から連載が開始され 12 月 10 日までの 47 回に亘る「深層取材」で組まれた「克日の道　日本を分かろう」というタイトルの記事である。記事は、「在日」の 3 人の文筆家と駐日特派員の 4 人で交替しながら書かれていた。

図 5-1　「克日の道　日本を分かろう」

出典：『朝鮮日報』（1983 年 1 月 1 日 5 面）新年特集 I

注目すべき点として、下記の3点が挙げられる。

第一に、韓国大手の全国日刊紙が1年間をかけてシリーズとして記事に取り組んだ企画であった点である。つまり、一回きりの記事ではなく、1年間の企画であることから、新聞社の企画への念入りな姿勢が垣間見える。

第二に、こうした『朝鮮日報』の志が漂う新聞記事のテーマが「克日」という新しい言説を呼びかけていた点である。つまり、図A-1「戦後韓国における『反日』と『反共』の概念をめぐる構造的関係性」の領域で区分された、「反日」や「親日」という聴き慣れていた言説ではなく、「克日」という新しい造語が大衆へのキャンペーンのように現れたのである。要するに、政府の機関紙であると大衆からは揶揄されたものの既に大企業として成長してきた大手日刊紙の『朝鮮日報』が1980年代初期に紙面を借りて動員していたのは「反する」のではなく「克する」のであって、これが新しい時代に相応しい韓国のアイデンティティとして志向する道であり、対日本へのナショナリズム言説であると考えたのである。

第三に、1年間の連載に関わっていたのは、3人の「在日」の文筆家であった点である。すなわち、新聞社が韓国人による日本へのまなざしではなく日本に滞在する「在日」のまなざしによる日本を深層取材記事とすることを指針として決めていた点は、日本と韓国との間にどうしても隠れている先入観やステレオタイプな偏見を避けるとともに、既存の「反日」ではなく「克日」という新しい言説を広めるためには既存の記事との差別化が必要だったからだと見受けられる。

一方第一回目の記事紙面の中では、『朝鮮日報』のこうした特別企画の意図について下記のように書かれていた。文面では、（日本を）「敵対より善隣友好のため」という企画意図が強調されたのが注目される。当時は全斗煥政権であった。

　　残りの大多数の韓国人は日本に対してほぼ白紙の状態から、過去我が国を支配した侮れない日本人たちと外交や商売、技術協力をしなければならない立場にある。私たちは日本を分からなければならない。これは歴史的、地理的にも無視することも否定することもで

きない、近隣関係にいる日本との敵対より善隣友好のために必要な一つの大前提である。

　他方で、テレビの方では、こうした新聞による「敵対より善隣友好のため」といったキャンペーンのような動きが少し遅れていたものの 1990 年代に数多く登場した。特に「8.15」ドキュメンタリーシリーズの中で言えば、例えば、8.15 特集集中企画 3 部作シリーズ『日本はどんな国なのか』（1992.8.11-13 日放送）、8.15 特集 2 部作シリーズ『日本を見る二つのテーマ』（1997.8.12-13 日放送）などが挙げられる（巻末番組目録参照）。要するに短絡的な言い方になるかも知れないが、1980 年代以降韓国においては「反日」の言説だけではなく、新聞記事上では「克日」の言説が、そして続いて、テレビ番組の中では「知日」の言説が新たに台頭しつつあって、「反日」や「克日」「知日」の言説が混淆した形で取り上げられていた。

　また 1990 年代と言えば、日韓関係においても節目となる時代であったことを見逃してはいけない。すなわち、元慰安婦女性の告白[1]（1991 ～）や、河野談話（1993）と村山談話（1995）、教科書歴史歪曲問題、そして『親日人名辞典』の編纂をめぐる葛藤、そして 2000 年代には日韓共同開催となったサッカー・ワールドカップ大会（2002）、金大中政権の日本大衆文化の「開放」政策、日本や東アジアなどでの「韓流ブーム」の到来（2004）などが挙げられる（巻末年表参照）。

　なお、「反共」の言説をめぐって言えば、世界的な冷戦終焉の動きの中で、既存の反共イデオロギー動員に関する大衆的意識の転換が現れ始めたきっかけの一つには大河小説『太白（テベク）山脈』[2]の出版（1983 年）が欠かせないが、その後続いて、金大中政権と盧武鉉政権の時の出来事として言えば、両大統領の北朝鮮訪問が最も画期的な国家的イベントとして挙げられる。いずれも現代史の重要な動向として、また番組制作の背景としても見逃せない出来事であった。

　こうした点から考えるなら、序章で取り上げていた戦後韓国における「反日」と「反共」のイデオロギー言説の図式である図 5-2 は本章の時代背景である 1980 年代から 1990 年代になってみると窮屈な二元論の構図に

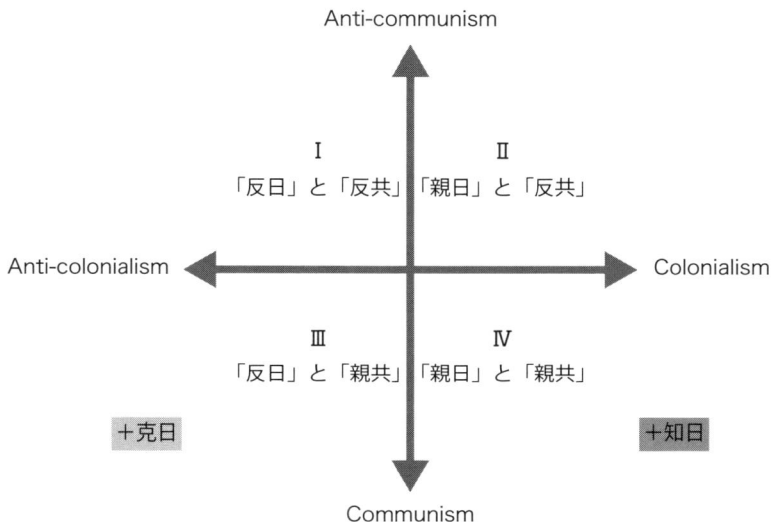

図 5-2 戦後韓国における「反日」と「反共」の概念をめぐる構造的関係性
（図 A-1 に加筆して再掲）
出典：筆者作成

　しかならなくなっていたのが分かる。すなわち、既に説明したように当時
韓国のマスメディアでは「反日」と「親日」だけではなく、「克日」や
「知日」といった新しいナショナルな言説が生まれつつあったのである。
つまり、境界侵犯的言説の拡張と言える。戦後この時期韓国では国内では
五輪という国際的なイベントの開催（1988）や、世界的には冷戦終焉の波
の到来、南北和解のムード到来といった変化にともなって、文化的な閾の
引き直しも徐々に必要となってきていたのである。

2.　番組概要

　韓国の公共放送が制作放送してきた歴代「8.15」ドキュメンタリーの目
録（巻末の添付資料）の中から確認できる「在日」の問題を中心テーマとし
た番組は表 5-1 の通りであった。
　ここから以下のような点が確認できる。

表5-1　歴代「8.15」ドキュメンタリーシリーズにおける「在日」テーマのテクスト

主人公	番組	職業	在日	縁故地	関連人物
キム・スジン（金守珍）	光復節特集ドキュメンタリー『新宿梁山泊』（1994.8.15放送）：KBSと外部制作者との共同制作	演劇演出家	在日2世	横浜、東京	ユ・ミリ（柳美里）、崔羊一、金久美子他在日の演劇仲間たち
チェ・ナクジュン	光復50周年KBS10大企画『韓民族探査ルーツ第3部異域人の備忘録』（1995.8.12放送）	地方銀行の役員	在日2世	北九州小倉	炭鉱へ強制徴用された父親・父親を探しに日本へ来た母親
キム・ヒロ（金嬉老）	光復50周年特集『まだ終わっていない金の戦争』（1995.8.14放送）	店経営	在日2世	清水船倉街、下関港	貧困と差別の中、息子を支える母親
チェ・ヒョウ	『KBS日曜スペシャル』『在日の祭り』（2003.8.14放送）：外部制作	配達業	在日2世	名古屋ノリバン	稲垣マサト（日本人）、韓国歌手（長・サイク）
チュ・ソンフン（秋山成勲）	光復節特集『在日、悩む魂』（2009.8.14放送）	格闘技選手	在日4世	大阪	奥さん（日本人）
ジョン・デセ（鄭大世）		サッカー選手	在日3世	愛知中高級民族学校	朝鮮学校に通わせた母親
ヤン・バンオン（梁邦彦）		音楽家	在日2世	東京第一朝鮮小中級学校	民族意識の高かった父親
カン・サンジュン（姜尚中）		東京大学教授	在日2世	熊本	在日1世としての両親
ジョン・イシン（鄭義信）	光復節企画『在日の月はどこに昇るのか』（2012.8.15放送）：外部制作	作家（演劇）	在日2世	兵庫県姫路	「親日派」となった父親

　第一に、1990年代から「在日」を中心テーマとして取り上げた番組の制作本数が急増している点である（1990年代に制作放送されたのが3本、2000年代以降が3本であった）。この点については、物理的な数字の次元に過ぎないと思われるかも知れないが、歴代「8.15」ドキュメンタリーにおけるナショナリズムの言説を検討する本書において、1990年代が一つの境目となっていた点は看過できない。なぜならば、「在日」に焦点を当ててみる場合、この時期からKBSが漸く「在日」への新たな認識の必要性を考え始めたと見受けられるからである（具体的な考察は本文に委ねる）。

　第二に、上記の6本の中で、一つのテクストだけ、すなわち、「光復節特集『在日、悩む魂』」だけが異なる「在日」の言説を描いていた点が挙げられる。『在日、悩む魂』以外の上記5本のテクストにおける「在日」

へのまなざしは、主に「在日」対「日本（人）」という二重の対立構図の中の所謂「民族差別」の問題点に主に焦点を当てて取り上げていた。ところが、『在日、悩む魂』の中のまなざしは、「在日対日本（人）」の差別の「矛盾」の訴えではなく、現代を生きる新しい世代としての「在日」を抱き締めるという、広がっていく「ネーション」への意識が表象されていた。

　本章では、1990年代以降に制作放送された二つの「8.15」ドキュメンタリーを取り上げて各々の番組における「民族」の言説を検討する。一つは、光復50周年特集『まだ終わっていない金の戦争』（1995.8.14放送）で、他方の一つは、光復節特集『在日、悩む魂』（2009.8.14放送）である。二つの番組を選んだ理由は、下記のようなものである。

　第一に、1990年代制作放送された『まだ終わっていない金の戦争』に登場する主人公の人物と、比較対象として取り上げた『在日、悩む魂』に登場する実在する「在日」の主人公をめぐる時間的な間隔を考えたからであった。片方は1960年代の人物であって、他方は現在存命の2000年代の人たちであった。こうした凡そ50年の歳月の間の変化を検討するのがより効果的かつ説得的だろうと考えた。

　第二に、戦後の歴代「8.15」ドキュメンタリーシリーズにおいて、本格的に「在日」を中心テーマとして取り上げ始めたのが1990年代からであったからである[3]（表5-1と巻末番組目録を参照されたい）。また、「在日＝재일」という既存の漢字を韓国語に変換して使っていた発音ではなく、「在日＝자이니치」という日本語の発音のままの「在日」という言葉が敷衍的に韓国のマスメディアでも使われ始めた点も示唆に富むと考えたからである。すなわち、韓国においてこれまで既存の政治的イデオロギーによって十分に議論されていなかった「在日」を「在日」のままで分かろうとする、「在日」への覚醒の動きが見え始めたと考えたからであった。

　第三に、「在日」という言葉を日本語の発音を活かしたままで使っていたテクストとしては、「KBS日曜スペシャル『在日の祭り』」（2003.8.14放送）が『在日、悩む魂』より5年程前に制作放送された事実があるが、本章では、『在日、悩む魂』を取り上げて検討した。その理由は、「外部発注」や外部プロダクションとの「共同制作」ではなく、本書で取り上げて

検討するテクストは可能な限り KBS の制作者たちによるテクストに限定
したからであった。

2.1　二つの番組のプロット

　番組光復 50 周年特別企画『まだ終わっていない金の戦争』（1995.8.14 放
送）は、1968 年 2 月 20 日に起きた金嬉老という在日の人による殺人事件か
ら 2 月 23 日までの占拠（人質）事件、そして金嬉老の逮捕に至るまでの約
3 日間の事件を、凡そ 27 年後（1995 年）に「8.15」ドキュメンタリーとして
51 分尺で制作放送されたものである。番組のテーマは、当時服役中で
あった金嬉老という「在日」を一つの事例として取り上げた日本における
「民族差別」の問題である。それでは 1990 年代に登場する「在日」の金嬉
老は具体的に何を表象していたのかを次に詳しく番組のプロットから確認
する。

【番組プロット】1（『まだ終わっていない金の戦争』1995.8.14 放送）
イントロ
→（2:54）静岡県、寸又峡温泉村に制作者到着（金嬉老忍び込む：1968 年 2 月
　20 日）
→（4:50）当時（1968 年）の人質の証言
→（6:05）回想：金嬉老の生い立ち：静岡県清水港
　　→（7:40）日本警察からの蔑視発言
　　→（7:59）事件発生
　　→（8:20）金嬉老の先輩の証言
　　→（9:47）金嬉老が暴力団員を射殺した現場
　　→（11:30）藤宮旅館：寸又峡温泉村
　　→（12:24）現在の藤宮旅館：金嬉老が占拠していた部屋
　　→（13:36）事件再現：旅館の主人
　　→（15:11）金嬉老と親しかった西尾刑事の話
　　→（15:57）当時の人質の証言
　　→（17:41）金嬉老の二つの条件提示（2 月 21 日）

→（18:56）金嬉老の語り：事件発生の理由＝差別

→（19:32）新聞報道

→（19:58）当時の人質の証言

→（23:17）日本警察官の謝罪（2 月 21 日夜）

→（23:45）在日への差別

〈1945 年、日本居住朝鮮人の参政権剥奪〉

〈1947 年、朝鮮人の外国人登録が義務化〉

〈1952 年、日本居住朝鮮人の国籍剥奪〉

→（24:23）回想：差別と貧しかった少年時代

→（25:55）金嬉老の小学校時代の差別記憶：山本理恵（伝記作家）

→（26:20）金嬉老が通っていた清水の小学校でのいじめ

→（27:53）放浪生活

→（29:20）家出：山口県下関港

→（30:25）少年院へ：8.15 解放

→（31:44）金嬉老の差別への怒りと恨み：山本理恵証言

→（32:27）金嬉老結婚と離婚

→（33:08）警官の 2 回目の謝罪放送（2 月 22 日）

→（36:15）高松静岡県警察本部長の謝罪放送

→（36:48）解放される人質

→（37:07）金嬉老逮捕（1968 年 2 月 24 日）

→（37:38）在日の現状（キム・ヤンギ教授）

→（39:48）回想：金嬉老の母親の苦労

→（41:08）「在日」への民族差別（キム・ダルス：在日小説家）

→（42:51）当時の民族差別を批判する国内マスコミの報道

→（43:22）弁護：民族意識（キム・ダルス：在日小説家）

→（44:18）刑の確定

→（45:30）母子の会話

→（46:38）母親：掛川老人ホーム（静岡県掛川市）

→（47:23）長い服役への疑問：山本理恵

→（47:46）国際犯罪の困難（キム・ヤンギ教授）

→（48:36）金嬉老釈放百万人署名運動本部パク僧侶

→（50:30）熊本刑務所（金嬉老氏に対する取材要請は拒否）

→（51:00）完

　なお、上記のプロットをより簡略化すると下記のようにシンプルな構成であるのが分かる。

　イントロ

→（現実）事件現場（1995）

→（回想）事件発生（1968.2.20）

→（回想）（金嬉老）生い立ち（貧困・差別）

→（回想）（金嬉老）逮捕（1968.2.23）

→（現実）（金嬉老）刑務所（1995）

→エンド

　他方、もう一方の『在日、悩む魂』は、『まだ終わっていない金の戦争』の約 14 年後に「8.15」ドキュメンタリーとして制作放送された単発番組である。『在日、悩む魂』の 2009 年の番組に登場する「在日」は、当時各種メディアへの出演や登場が頻繁にあって大衆への露出が多かった 4 名の有名なスターたちである。番組のプロットは下記の通りである。

【番組プロット】2（『在日、悩む魂』2009.8.14 放送）

イントロ

→（00:23）東京俯瞰：金珽運（キム・ジョンウン、韓国人）教授登場：日本訪問

→（00:44）「在日」とは？

→（1:07）韓流商店

→（1:52）チュ・ソンフン（秋山成勲）選手

→（5:26）回想：1975 年日本大阪〈在日 4 世として生まれ〉

→（7:15）チュ選手と金教授の会話

→（13:09）ジョン・デセ（鄭大世）選手

→（18:30）競技場、日本人ファン

→（19:47）愛知中高級学校を訪ねる

→（20:20）学生ファン

→（20:50）幼いジョン・デセのイメージから

→（21:06）母（リ・ジョングム氏）

→（24:48）挨拶後、別れる後ろ姿

→（27:07）ドラジ会 訪問

→（29:16）日本長野県軽井沢

→（29:33）音楽家ヤン・バンオン（梁邦彦）

→（31:11）東京第一朝鮮小中級学校

→（34:30）オルガン〈プリンス・オブ・チェジュ〉

→（39:01）公演の様子

→（40:33）梁邦彦の語り

→（41:20）カン・サンジュン（姜尚中）教授

→（41:50）NHK 放送局：スタジオに歩いて入るカン

→（42:30）東京大学

→（45:32）在日韓人歴史資料館

→（47:22）回想：韓国訪問

→（47:56）回想指紋押印拒否

→（49:12）広島　講演会場

→（52:11）文化院：姜尚中・梁邦彦・金教授

→（53:00）鼎談

→（54:44）エピローグ：ヤン氏ピアノ演奏・拍手

→（56:50）完

　上記のプロットを見て分かるように、番組ではチュ・ソンフン（秋山成勲）、ジョン・デセ（鄭大世）、音楽家ヤン・バンオン（梁邦彦）、カン・サンジュン（姜尚中）の4名の「在日」をほぼ同じ比率の尺を使ってオムニバス形式で構成していた。加えて番組のエピローグの4:30尺では、音楽家梁邦彦氏と姜尚中教授、解説及びナビゲーター役の金教授の3人が同時出演し

ながら（それぞれ心の疑問は晴れていなく、アイデンティティへの思いは異なっているものの）楽しく鼎談しながら、最後にはピアノを囲んだ演奏と拍手で微笑むという印象深いエンディングの場面となっていた。このシーンは番組だけでは抑え切れなかった様々なアイデンティティと「ナショナリズム」への各々の無言のメッセージを「音楽」や「笑み」「拍手」を借りて隠喩的に物語っていたのであった。

2.2　二つの番組の共通点と差異

　光復50周年特集『まだ終わっていない金の戦争』（1995.8.14放送）と、光復節特集『在日、悩む魂』（2009.8.14放送）の二つの番組の共通点としては、下記の通りである。

　第一に、両方とも「8.15」ドキュメンタリーシリーズとして、番組の対象（主人公）は「在日」であった。

　第二に、両方とも光復節（8月15日）の前日の14日に放送された。

　第三に、両方とも単発番組だが、各々50分尺以上の長編のドキュメンタリーであった。

　他方で異なる点としては下記の通りである。

　第一に、番組形式の側面から比較すると、前者の1990年代制作放送された『まだ終わっていない金の戦争』は所謂「神の声」の一人の解説者のナレーションによって番組の内容が展開される「解説的」ドキュメンタリーであったが、後者の2000年代制作放送された『在日、悩む魂』は解説者が画面に直接登場していて他の出演者と一緒に会話を交えながら番組を同時進行させるオープン型の「対話的」ドキュメンタリーであった点が挙げられる。

　第二に、登場人物の側面を見てみると、前方は「在日」という日本社会の少数者の中でも貧困階層の、極端に限られたケースである「犯罪者」が主人公であったが、後方では「在日」という日本社会の少数者の中で所謂「出世」した階層の極端に限られたケースの「有名人」である4人が主人公であった。

　第三に、前者の場合「在日」を見る韓国人側のまなざしは、番組の内容

が過去の事件を取り上げていたこともあって過去の新聞記事の挿入や日本人関連作家、日本の刑事、当時の在日の知り合いとのインタビューの挿入で進行されていた点から、結局は「日本社会」と「日本人」から見られている「在日」へのまなざしを韓国人が（テレビという媒体を通じて）見ることとなる「間接的」なコミュニケーションの手法となっていた。他方で後者の場合では、「在日」に疑問を持った「韓国人＝金教授」が直接日本の「在日」たちに面会に来て会話することで視聴者と「在日」との間では平行なまなざしの「直接的」コミュニケーションが可能となる方法が施されていた。

第四に、前者は一人の「在日」が主人公であったが、後者は 4 名の「在日」が主人公として登場するオムニバス的な構成となっていた。

第五に、番組テーマの面で言うと両者は対照的であった。すなわち、前者は「貧困」「差別」「苦痛」が主なドキュメンタリーの表象のイメージであるが、これに比べて後者は「人気」「裕福」「有名」「笑み」のイメージが強調されていた。

以上、簡単に二つの番組の共通点と異なる点について書いた。それではこの二つの番組に登場する「在日」と視聴者であった「韓国人」との間では何が起きたのか。次節では、「在日」と「韓国人」、特に「韓国人」の中の「在日」への認識の変化について検討する。

3. 「在日」のアイデンティティ

3.1　5 人の「在日」

二つの番組に登場する「在日」主人公は、計 5 人である。番組において各々の在日は自分のアイデンティティについて表 5-2 の通りに語っていた。

また 5 人の「在日」を簡略にまとめると表 5-3 のようになる。

5 人の在日のアイデンティティが似ているようで異なっている点は注目すべき点である。すなわち、同じ「在日」という言葉で括られていても個々人はまた異なるアイデンティティを持っていた。例えば、在日 2 世と在日 3 世の「祖国」に関する考え方がズレていた（チュ＆ジョン vs. 梁＆姜）

表 5-2　「在日」が考える「在日」

名前	「在日」について	ナショナリズム言説
金嬉老	（26:50）朝鮮人にはニンニクの匂いがする、汚いなど、いつもからかわれていました。中でも 3 年生の時、有名なお弁当事件というものがあります。 （31:44）差別に対する怒りが続きました。	ニンニク、揶揄、差別、怒り
秋山成勲	（54:59）無くした名前を韓国では呼んでくれるので韓国に行くと涙が出ます。	無くした名前、涙
鄭大世	（55:15）二つの国が、同じユニフォームを着て試合したい。	南北の同じユニフォーム
梁邦彦	（55:29）同化されてはいけません。そうなると日本人になってしまうから。しかし、共存は、共存するためには、私の結論は共存するためには自分自身をしっかり持つべきです。	同化ではない共存
姜尚中	（55:47）我が国の歴史、日本の歴史、その狭間で、「In-Between」その間でずっと在日は生きて来ました。在日の問題は人口は本当に小さいけれども、在日が本当にアイデンティティを持って生きられる社会になれば、日韓は、韓日は、良い関係になるだろう。	「In-Between」多様なアイデンティティ

表 5-3　5 人の「在日」

名前・出演番組		職業	在日	国籍	アイデンティティ
キム・ヒロ（金嬉老）	『まだ終わっていない金の戦争』（1995）	店経営	在日 2 世	韓国	韓国人（朝鮮人）
チュ・ソンフン（秋山成勲）	『在日、悩む魂』（2009）	格闘技選手	在日 4 世	韓国→日本	幸せが 2 倍（韓国人＋日本人）
ジョン・デセ（鄭大世）		サッカー選手	在日 3 世	韓国	日本は私が生まれた祖国。韓国は我が故郷がある祖国。朝鮮は我が心の祖国。
ヤン・バンオン（梁邦彦）		音楽家	在日 2 世	韓国	韓国人
カン・サンジュン（姜尚中）		東京大学教授	在日 2 世	韓国	韓国人＋日本人＋東北アジア人

が、同じ在日 2 世であっても二人の間において差異は確実に見えていた（梁 vs. 姜）。要するに、「在日」というアイデンティティの括りは実は複雑な意味を持っていて、その語彙だけでは曖昧な便宜上のカテゴリーに過ぎないのが分かる。これこそが所謂個々人の「アイデンティティ」であろう。

3.2　韓国人と「在日」たちの間

　ところで、番組に登場する「在日」を見る「韓国人」との距離はどう

だったのか。

　『まだ終わっていない金の戦争』では韓国の反応として「国内マスコミ報道」だけが紹介されていたが、この事件当時の 1960 年代の韓国の新聞記事に載っていた反応は「民族差別」をする日本への批判であった。

　他方で、『在日、悩む魂』ではナビゲーターとして「韓国人」の金珽運教授が日本に来て、既に韓国では大衆的なスターとなっていた 4 人の「在日」に会うことで、韓国人がまだ分かっていない「在日」への疑問を彼らに直接投げかけていた。

　表 5-4 は、テクストの中で表象されていた（普通の）韓国人と「在日」との距離の現状に主に関連する言説をまとめたものである。すなわち、2000 年代の後半になってみると、実は「在日が分からない」という、韓国人の「ネーション」への混沌とした意識が番組制作の出発点のポイントであったことを示していた。番組冒頭では解説者であり、また番組のナビゲーターである金教授自身が、

　　　（0:44）何年か前から急激に増えているという在日の帰化。彼ら
　　の混乱するアイデンティティ問題が私をここ日本まで来させていた。

と語っていた。つまり番組企画の背景には、番組の制作者（ナビゲーター）が「在日」なのに「韓国人」ではない「日本人」として生きていこうとするのがなぜなのか分からなくなったということがあった。番組では、番組の制作者（ナビゲーター）が「在日」への疑問を解決するために来日して、出会う 4 名の「在日」に会っては各々に「国籍は？」「在日とは？」という疑問を投げかけながら、所謂ナショナルなアイデンティティへの疑問を喚起するというテーマで構成されていた。

　以上の構成の特徴として下記の 4 点が挙げられる。

　第一に、『まだ終わっていない金の戦争』では所謂「在日」＝「差別」＝「揶揄」＝「貧困」という言説の等式化がなされていて、典型的なマイノリティーとしての「在日」が表象されていた。しかしここで注意しておくべき点は、番組の制作・放送は 1990 年代であるが、この事件は 1960 年

表 5-4　韓国人との距離

番組	韓国人	在日	韓国人としての「在日」への疑問
『まだ終わっていない金の戦争』（1995）	韓国社会	金嬉老	（42:51）〈当時の民族差別を批判する国内マスコミの報道〉金嬉老の事件は国内でも話題を引き起こした。<u>在日同胞に対する差別は韓民族のプライドを踏みにじるような蛮行だと批判された</u>。戦争よりも残酷だった日帝 36 年間を覚えている多くの人々は金嬉老に<u>同情し、事件の推移に注目した</u>。
『在日、悩む魂』（2009）	金珽運教授	チュ（秋山成勲）	（10:58）私は一瞬、混乱していた。<u>私が期待していたチュ・ソンフンは、自分は韓国人だと強く言ってくれると思っていた</u>。しかし、韓国人でもあり日本人でもあるという話だ。それは韓国人でもなく日本人でもないという話だが…… 彼は、韓国と日本の両国を一緒に抱えることでアイデンティティに対する悩みを終わらせようとしている様子だった。 （12:47）太極旗と日章旗を両方貼ってリングに上がり私に衝撃を与えたチュ・ソンフン、あるいは秋山。<u>彼の言葉通り、在日は、半分ではなく本当に二倍なのか？　二つの文化を自由自在に行き来する存在として見るべきなのか？</u>
		鄭大世	（15:09）次の日、ジョン・デセ選手と自然体で接することができるのか。少し心配になり始めた。反日と反北は双子のようにこの時代の葛藤を生み出したキーワードだからだ。 （15:30）<u>韓国人として生まれて、ずっと韓国人として生きて来た私の立場から見て、在日 3 世のジョン・デセが北朝鮮代表の選手を選んだのは、意外</u>だった。 （18:10）イデオロギーからは自由な気がします。一つの<u>独特なファッション</u>のようにもちろん、私が着ている服も私を表現する一つの形だと思いますが大きいカテゴリーでは私が着ているファッションや音楽などと同じ概念としての民族ではないかと思います。 （26:44）彼らは自責や怒りを持たずに、韓国と日本を見<u>上げる新しい世代の登場</u>を世に知らしめているのかも知れない。
		梁邦彦	（37:09）<u>韓国と日本、南と北の矛盾を全身で悩んだ父親との葛藤が彼を成長させた</u>。結局、父親の願いとは全く異なる道で自分のアイデンティティと向き合うことになる。<u>彼の話を聞き終わったら彼の音楽が妙に心に染みる</u>
		姜尚中	（44:00）在日 2 世として誰よりも熾烈にアイデンティティに対して悩んで来た姜尚中教授。<u>彼が、私の悩みに答えてくれるのだろうか</u>。 （54:24）<u>それほど長い時間、私は、あなたたちの足を引っ張っている在日としてのアイデンティティは一体何なのか、聞き続けていた</u>。
		金教授	（56:17）ここに、私たちには当然のような質問に縛られて一生を苦痛の中で生きてきた人たちがいる。 在日、彼らは私たちが忘れていた韓国人というアイデンティティの未来を先駆けて私たちに聞いている。<u>一体、私にとって韓国人とはどんな意味なのか</u>。

代であって、金嬉老の出生から生い立ちの時代背景としては1940 ～ 1950年代の「在日1世」の状況が対象となる点である。すなわち、もう一つの『在日、悩む魂』とは凡そ50年間の時代的な間隔（変化）を想像しなければならないのである。

　第二に、「在日」をめぐる葛藤が、単に「日本」vs.「韓国」という二項対立の図式ではなく、家族間の葛藤や、自分との葛藤の中で形作られているという体験談を「聞き取り」として番組に取り込むことで、短絡的な「反日」の言説ではない複雑な状況に置かれている「在日」の問題への理解を深めていた。

　第三に、番組では「在日とは？」という疑問を解決するために訪日したナビゲーターが最終的には「在日」のアイデンティティではなく、「韓国人」のアイデンティティを自問するというセリフでエンディングとなっていた。すなわち、韓国人が固執して来た「在日」は「ウリ民族＝ネーション＝韓国人である」という強引な閉鎖的ナショナリズムへの覚醒が省察的に表象されていたのである。

　第四に、二つの番組は、「在日」をめぐる韓国人の意識の拡大を図っていたが、光復60年が過ぎていても実際には相変わらず韓国社会における「在日」への認識は乏しいのが垣間見えた[4]。例えば、番組を通して訪問した「韓国人」の金教授と4人の「在日」が結局最終的に互いに分かり合えたとは到底思えない。それは、主人公の在日たちが各々異なるアイデンティティを語っていたことや、一般人とは極端に分離された別格の「有名なスター」の表象であったからだけではなく、韓国における「ネーション」に関するナショナルアイデンティティがまだ定まっていなかった（揺れていた）からであろう。こうした背景には過去政府主導の「上から」の公式ナショナリズムによって動員されて来た「ウリ＝自己」と「ナム＝他者」といった閉鎖的な二重構造への執着や同じイデオロギーへ回収しようとする支配言説（例えば、「反共」「反日」）を構築してきた結果によるズレに由来するのを否めない。しかしながら、1990年代以降、その動きが益々広範囲となってきたグローバル化の波の到来や、デジタルメディアの革新的な変化と普及による情報網の進展とコミュニケーションの形式の多様化、

そして人々の自由な移動や移民等による変化の中で、「ネーション」への二元論的排他的思考は実態適応的側面に乏しい。番組の中の訪日したナビゲーターが始終苦悩していた疑問や戸惑いは、実は当時の「韓国」の疑問や戸惑いでもあろう。これこそが、この番組が表象したかったことである。

4. 「ネーション」の拡大と「新・ナショナリズム」の言説

4.1 「在日」と「民族差別」

　光復50周年特集『まだ終わっていない金の戦争』（1995.8.14放送）における「在日」は、（あえてシンプルな等式の書き方で言うならば）「在日」＝「揶揄」＝「暴力」＝「刑務所」＝「国際的問題」＝「民族差別」＝「反日」のように表象されていた。

　表5-5で詳細に記述しているが、金嬉老事件の原因にあるのは「差別」であった。以下は表5-5を再構成しながら事件の原因と事件への解釈を試みる。

24:02	朝鮮人という蔑視や迫害だけが後を絶たなかった。金嬉老。彼はちょうどその時期に生まれた在日同胞。彼は祖国を知らないし母国語で喋ることさえできない。

　金嬉老は、特に「朝鮮人への蔑視や迫害」が最も酷かった在日1世（1940〜1950年代）の苦労を目の当たりにしながら、そして自らも似たような「朝鮮人への蔑視や迫害」を青少年期に経験した在日2世（1950〜1960年代）の人たちを代表する人物として取り上げられていた。

　特に「幼い嬉老が大きく傷ついてしまった」小学校でのいじめの経験は深層部に刻まれた事件の原因であったと見受けられる。

26:20	学校は行きたくないところだった。子供たちにずっといじめを受けるところだったからだ。朝鮮人。嬉老はそのいじめを避けていつも一人で遊んでいた。担任の先生までもが露骨な偏見で子供たちと接していて、幼い嬉老は大きく傷ついてしまった。

　こうした差別はその後の彼の人生にも引きずられていた。

表 5-5　「反日」の言説（『まだ終わっていない金の戦争』1995.8.14 放送）

Time	TRACKS	ナショナリズム言説
0:25	**Na** 朝鮮人への<u>差別を我慢</u>できず、在日僑胞が自分をいじめていた組織暴力団の二人を殺害し、田舎の温泉旅館を占拠。人質をとってマスコミを通じて在日の無念を訴えた、所謂金嬉老事件だ。	差別 vs. 殺害 人質 vs. 日本人 差別、在日、無念
0:56	**Na** <u>民族差別</u>の日本病として規定し、彼の無罪を主張してきた。	民族差別 vs. 無罪
7:40	**On** お前ら朝鮮人たちは、日本に来てまともなことをしていない。何を言っているこの野郎。朝鮮人にそれくらい言うのは当たり前だ。	朝鮮人
18:56	**On** 私がここまでしなければならなかった理由は、<u>差別を受けたことのない人には分からない。人間は全てが平等だと思います。結局そのような偏見を無くして欲しいということです。ここにいる人々には被害を及ぼしたりしません。</u>	差別 vs. 平等 偏見、被害
23:45	**Na** <u>朝鮮人という蔑視や迫害だけが後を絶たなかった</u>。金嬉老。彼はちょうどその時期に生まれた在日同胞。彼は祖国を知らないし母国語で喋ることさえできない。	蔑視、迫害 vs. 祖国、母国語 在日1世、蔑視、迫害
26:20	**Na** 学校は行きたくないところだった。子供たちにずっといじめを受けるところだったからだ。朝鮮人。嬉老はそのいじめを避けていつも一人で遊んでいた。苦痛は避けるより慣れることだというが、それは大人たちだけの考えである。担任の先生までもが露骨な偏見で子供たちと接していて、<u>幼い嬉老は大きく傷ついてしまった</u>。	いじめ、露骨な偏見 vs. 傷つく幼い嬉老 民族差別
29:20	**Na** 下関港は、<u>日帝時代、朝鮮人たちが最初に降り立つ日本の地</u>だった。多くの朝鮮人たちがこの港を通じて日本に連れて来られ、彼らの殆どは祖国に帰ることができなかった。	下関港、日本帝国時代、強制連行
31:44	**Int** <u>差別に対する怒り</u>が続きました。金嬉老は事件が起きるたびにその人の名前を全部覚えていました。いじめた生徒、先生たちなど……	差別 vs. 事件 怒り、いじめ、記憶
32:27	**Na** 彼が朝鮮人であることを知らなかった妻は彼の外国人登録証を見つけて離婚を求めました。妻とは離婚し居酒屋は破産します。	外国人登録証 vs. 離婚 国籍、離婚、破産
47:46	**Int** <u>日本人だったら、釈放が可能だった</u>と思います。差別とは断定できませんが、韓国との国際関係の側面において、釈放が難しくなっているのではないでしょうか。日本国内の問題ではなく国際的な問題なので、しかも韓国からも謝罪を求めているから建設的な議論に発展しないと思います。	日本 vs. 韓国 保釈不可能

| 32:27 | 彼が朝鮮人であることを知らなかった妻は彼の<u>外国人登録証</u>を見つけて離婚を求めました。妻とは<u>離婚</u>し居酒屋は<u>破産</u>します。 |

　つまり、国籍＝朝鮮人＝外国人登録証＝離婚＝破産、のような負の連鎖のような人生が金嬉老事件の原因に持続的に関係していたと語られていた。

　そして事件への決定的な挑発は下記のような日本人から見る「朝鮮人」への評価であった。

| 7:40 | お前ら<u>朝鮮人</u>たちは、<u>日本</u>に来てまともなことをしていない。何を言っているこの野郎。<u>朝鮮人</u>にそれくらい言うのは当たり前だ。 |

　番組の中で頻繁に登場する「朝鮮人」と「日本」という二項対立的構図は、結論的にいうならば、「在日＝朝鮮人」という言説となる。要するに、「在日」は韓国の「ネーション」であって日本人にとってみれば「非ネーション」であるのである。ここで金嬉老本人の意思を究明するのは難しいが、番組の中の金嬉老という「在日」は韓国の「ネーション」の「海外同胞」として異論なく語られていた。したがって、当の番組の言説を「在日」＝「民族差別」の言説であるという論理が成立するのである。

4.2 「在日」と「大衆的スター」

　一方、『まだ終わっていない金の戦争』放送後凡そ14年後に放送された『在日、悩む魂』における「在日」の言説は、(等式のシンプルな言い方をするのならば)「在日」＝「複数のアイデンティティ」＝「共存」であった。『まだ終わっていない金の戦争』の言説と『在日、悩む魂』の言説が明白に異なってきた理由の一つには、番組の中の「在日」の主人公による「語り」に由来する点がまず挙げられる。『在日、悩む魂』に登場する「在日」たちは、『まだ終わっていない金の戦争』の「孤立」した在日の「民族差別」を語る「犯罪者」とは正反対の立場の「大衆」の中の在日の有名な「スター」たちであった。2000年代の大衆的なスターの語りの中に「民族差別」という言説は単に「日本」だけを意識するものではなかった。『在日、悩む魂』の中の「在日」たちを通して、ナショナルアイデンティティ

表5-6 「大衆的スター」とナショナリズム言説

Time	在日	TRACKS	ナショナリズム言説
11:40	チュ・ソンフン	**Int** 韓国や日本など国を考えず、やりたいことに挑戦しなさい。国籍はもう関係ない。	韓国 vs. 日本 「関係のない国籍」
12:47	チュ・ソンフン	**Na** 太極旗と日章旗を両方貼ってリングに上がり私に衝撃を与えたチュ・ソンフン。	太極旗 vs. 日章旗 両国の国旗が印されたユニフォーム
15:30	ジョン・デセ	**On** 日本は、私が生まれた祖国。韓国は、我が故郷がある祖国。朝鮮は、我が心の祖国。	日本 vs. 韓国 vs. 北朝鮮 「祖国は三つ」
40:33	梁邦彦	**Int** 共存すべきだ。それを強調しました。我々がこの国で生きていくには、共存するしかありません。	同化 vs. 共存 同化ではなく「共存」
53:05	姜尚中	**Int** 私は（在日の）アイデンティティはずっと自ら自問し、求めるものだと思います。アイデンティティは日本人でも韓国人でも同じだが、もう既にそれぞれの人の中にあるものです。アイデンティティは将来求められるものではなくて、既に自らが持っているものなのです。	求められるもの vs. 自ら持っているもの 「アイデンティティとは既に自ら持っているもの」
55:47	姜尚中	**Int** 我が国の歴史、日本の歴史、その狭間で「In-Between」その間で、ずっと在日は生きて来ました。在日の問題は人口は本当に小さいけれども、在日が本当アイデンティティを持って生きられる社会になれば、日韓は、韓日は、良い関係になるでしょう。	我が国 vs. 日本 「In-Between」 多様性

が生まれるところにある「民族」とは、血統主義的なエスニック・ナショナリズムだけでは語れ切れない空間が各々異なる形で必ず必要であったことがよく伝わった（表5-6参照）。

　以上4人の「在日」への意見の特徴をまとめると下記のことが挙げられる。

　第一に、2000年代では「8.15」ドキュメンタリーシリーズの中で登場する「在日」は、1990年代の民族差別に対する「反日」の言説や「海外同胞」の在日の表象から、日本の中で「共存（co-being）」する新しい「民族主義」の言説を語る在日の表象へと変貌していた。すなわち、『在日、悩む魂』で在日は、既存の、「在日は韓国人である」「在日が韓国語を分からないことはおかしい」などのような、ある意味強要されていた閉鎖的な「ネーション」のカテゴリーに縛られていないアイデンティティを各々は語っていた。こうした「在日」の意識的な変化や、またこうした自分の意

思をテレビの中で堂々と断言する態度は、韓国人にとってみれば新鮮な衝撃であったことであろう。

　第二に、しかしながら「共存」とは在日が日本へ「同化することではない点」を強調していた点（ex. 梁）や、ナショナルアイデンティティへの疑問に晒されてきた両国からの辛い経験から「国籍はもう関係ない」と語った点（ex. チュ）、アイデンティティの多様性を強調していた点（ex. 姜）は、「反日」言説を強調することで「愛国」や「祖国」を動員しようとした既存のナショナリズム言説がこれ以上通用しないことと、既存とは異なる新しいナショナリズムへの実践的意地と未来への可能性を自ら開こうとする新・ネーションが既に成立していることを物語っていたと解釈できる。

　第三に、表 5-6 の中で特にジョン・デセの発言は注目に値する。彼は、「日本」「韓国」「北朝鮮」の三つの民族の境界線に関わっているが、彼の立場は既存の韓国や韓国人の所謂「反日」のイデオロギーでもなく、「反共」のイデオロギーでもなかった。彼は三つの「祖国」を持っていて、それこそ「在日」の表象であると語ったのである（例えば、インタビューの中の彼の回答「日本は私が生まれた祖国。韓国は我が故郷がある祖国。朝鮮は我が心の祖国」と言ったのは良い事例である）。ジョン・デセの語りは「ネーションとは何か」という番組テーマに関わる「問い」に対する最も現実的な「答え」であったと考える。要するに彼の告白は、血統主義的なエスニックナショナリズムや、所謂日本人論や韓国人論を語りながら枠付けしようとする文化ナショナリズムといった「ナショナリズム」の矛盾への良い事例となるからである。

　第四に、『在日、悩む魂』で飛び出した「共存（co-being）」という言説は、単に日本と在日との関係だけではなく、グローバル化の中でこれからの「日本」と「韓国」との関係の方向性をも含意していたと考える。

5.　小結

　本章では 1990 年代と 2000 年代に制作放送された二つの「8.15」ドキュメンタリーを対象に検討した。すなわち、一つは、光復 50 周年特集『ま

だ終わっていない金の戦争』(1995.8.14放送)で、もう一つは光復節特集
『在日、悩む魂』(2009.8.14放送)である。

　本章の研究対象として上記の二つの番組を選んだ理由は、「在日」とい
う新しい(日本語のママの)言説が韓国の公共放送の「8.15」ドキュメンタ
リーシリーズの中で登場したことが違和感なく大衆に受け入れられたこと
に加え、二つの番組における「在日」の表象の比較が今なお「ネーショ
ン」への理解が不足している当の韓国人にとって有意義だったのではな
かったのかと考えたからであった。

　本文で検討した通りに、1990年代の『まだ終わっていない金の戦争』
の「在日」は民族差別に対する抵抗としての「反日」の言説を表象してい
たが、2000年代の『在日、悩む魂』の「在日」は一つのカテゴリー化の
難しい様々な「在日」の生きざまが日本の中で日本人とともに生きていく
「共存」の言説として描かれていた。

　二つの番組に登場する計5人の「在日」は、1990年以降に来日した外国
籍者という所謂「ニューカマー」ではなく、全員が「オールドカマー」に
属する。オールドカマーとは1951年調印したサンフランシスコ平和条約
締結以前から継続して日本に居住している人々とその子孫たちである
(佐々木2016：45)。しかしながら、周知の通りに、日本政府による「在日」
の外国人登録法施行(1952年)によってオールドカマーは日本の国籍を喪
失して「外国人」となった。以来、「移民」を認めていない日本において
「外国人」として扱われている在日コリアンにとって国籍(帰化)をめぐる
葛藤の原因は、マーシャルの言ったシティズンシップの三つの要素(Mar-
shall 1992)の、市民的権利や社会的権利とともに、参政権(地方選挙権)を
めぐる政治的な権利の保障が主とした帰属の理由として関わってきた。番
組の冒頭でも「何年か前から急激に増えているという在日の帰化」という
ナレーションがあったが、1990年代日本国籍取得者が増加しているもの
の当事者である在日にとって国籍取得において「民族的なアイデンティ
ティと国籍との関係」が最も対立する問題となっているという(佐々木
2016：52)。確かに2009年の「8.15」ドキュメンタリー番組の『在日、悩む
魂』に出演していた4人の在日たちのことを思い出してみると、1995年の

「8.15」ドキュメンタリー『まだ終わっていない金の戦争』における「在日」の表象として描かれていた露骨な「民族差別」の言説は語らなくなっていたものの、しかしながら番組分析で分かったように、4人の「在日」が語る「祖国」に関わるアイデンティティは必ずしも一致していなかった点も注意深く考えさせる点である。

　無論現在日本で「在日」への差別が全く無くなったはずはない。そして、『在日、悩む魂』の番組で表象されていた4人の「在日」のような所謂大衆的に出世した「特別」な人のケースだけが現代の「在日」の全てではない。いずれにしても二つの番組に登場する5人の「在日」は、極端に限られたケースの事例だけが表象されていたので、日常となっている日本の社会的な排除のシステムの中に置かれているマイノリティーとしての「在日」への状況的差別や、映像と現実との「在日」のアイデンティティをめぐる温度差を見逃してはいけない。しかしながら、「民族」の言説だけにしがみ付くことは2000年代の『在日、悩む魂』の「在日」の語りでも確認できたように、現実的でもなければ論理的でもなく、今のオールドカマーの子孫である「在日3世」や「在日4世」には尚更相応しくない。その理由は、所謂「単一民族」という血統主義的な民族主義のアイデンティティに固執することは、それが「在日」であれ、「韓国人」であれ、もしくは「日本人」であれ、グローバル化とデジタル化の進む多文化社会に移行する現代において、あまりにも現実的ではなく、後退的であるからである。要は、民族主義やナショナリズムの中の多様性（polyphony）への理解の大切さである。2009年の「8.15」ドキュメンタリー『在日、悩む魂』が生み出した「在日」の言説は、タイトル通りの、民族や、国籍、国家といった「想像された」境界の狭間で「悩む魂」の人々であった。この点でこの番組のテーマを「トランスナショナリズム（Transnationalism）」の覚醒と言いたい。既に時代は激しい人の移動の中へ進んでおり、人々は対話（dialogism）の最中にあって、そしてテクストは新しい言説としての何か（something）[5]をまなざしていた。こうした模索は、現に韓国人が「韓国人とは何か」という省察的な自問から出発することで始まるだろう。その先でナショナリズムの方向性はより広がると考える。

【番組テンプレート】光復 50 周年特集『まだ終わっていない金の戦争』
（1995.8.14 放送）

Text	
Metaphor of Vision	Metaphor of Voice
	（TRACKS/Music 緊張感のある BGM） （TRACKS/Narration 解説者）
0:25 （EDITING/Insert 白黒映像） W.M〈金嬉老　事件当時、39 歳〉	**Na** 今から 27 年前、1968 年冬。日本静岡県の山村で戦後日本を叫喚させた奇妙な事件が発生した。事件の概要は朝鮮人への差別を我慢できず、在日僑胞が自分をいじめていた組織暴力団の二人を殺害し、田舎の温泉旅館を占拠。人質を取ってマスコミを通じて在日の無念を訴えた、所謂金嬉老事件だ。 事件から 27 年が過ぎた今まで、私たちの釈放要求にもかかわらず、金嬉老は今でも熊本刑務所に服役中だ。無期懲役確定後一般的な慣行を超える長期服役に疑惑の視線が今集まっている。
0:56 W.M〈山本理恵　金嬉老伝記の作家〉	**Na** 日本で作家として活動している山本理恵氏は代表的な伝記作家として人権問題にも関心が多い知識人だ。27 年前、この事件が起きた頃から彼女はこの問題を長い間に亘る民族差別の日本病として規定し、彼の無罪を主張してきた。光復 50 周年を迎える今、彼女はこの問題を日韓で解くべき最も緊急な宿題として規定している。
1:33 W.M〈光復 50 周年特別企画まだ終わっていない、金の戦争〉	BGM
1:49 W.M〈強制連行の朝鮮人労働者たちが造ったダム〉	（TRACKS/Music BGM） **Na** 事件の現場。静岡県の寸又峡に繋がる道は、険しい山で囲まれた谷間を抜けるように続いている。 **Na** そのさらに奥には、巨大なダムと発電所が建設されている。 それは、日帝時代に強制徴用で連れてこられた朝鮮人たちの血と涙で作られたものである。
2:33	（EDITING/Insert 朝鮮人の墓：白黒写真） **Na** 工事中に多くの人々が命を落としたが、その遺骨が故郷に帰ることはなかった。及川上流のダムは、そのような朝鮮人たちの犠牲によって完成した。
2:54 ZI（外景） W.M〈静岡県、寸又峡温泉村〉 （EDITING/Insert 白黒写真）	**Na** 1968 年 2 月 20 日。在日僑胞の金嬉老が暗闇の中でここ寸又峡温泉村に忍び込んだ。ライフル一丁と数十本のダイナマイトが彼の所持品の全部だった。 **Na** 金嬉老のいきなりの出現で村は恐怖に囚われた。村人は避難し温泉村の土産屋は急いで店を閉めた。村と都市の間を行き来する交通も途絶え、寸又峡村は静まり返った。 BGM
4:00	**Na** 孤立状態の村を訪ねたのは、報道陣だけだった。村の入り口に焚き火をしながら金嬉老の動きに注目していた。金嬉老は強い語調で訴えかけた。
4:11	（TRACKS/Dialogue 金嬉老） 〈人間は全てが平等だと思います。私はそのような偏見を無くしたいだけです。〉 （TRACKS/Narration 解説者） **Na** 金嬉老という名前が知られた後人々は何かに気づいていた。いつか、このような人間が現れることを予想していたかも知れない。
（EDITING/Insert 新聞記事）CU	**Na** 在日の金嬉老。彼には、凶悪なライフル魔という烙印が押された。しかし旅館の人質たちはそう感じていなかったようだ。

4:35	（TRACKS/Dialogue 人質）
4:50 W.M〈市川：当時の人質〉	**Int** 好感を持ったと言ったらおかしいですが、普通、人質というと死ぬかも知れないという感じがあるんですよね。しかし、その時、全然そんな気がしなかったです。相手と向かい合って話をしたり、全然恐怖は感じていなかった。
5:25	**Na** 人種偏見を指摘し、人間の平等を報道陣に訴えかけた。日本全体がこのような光景に注目していた。立てこもりが始まって88時間が過ぎた頃、金嬉老は報道陣に混じって入り込んだ警察に逮捕された。
5:45	**Na** 金嬉老は、命がけで銃を持ち一体何を訴えようとしたのか。彼がそうするしかなかった理由は、一体なんだったのか。
6:05	BGM
6:08 W.M〈静岡県、清水港〉	（TRACKS/Narration 解説者） **Na** 江戸時代から盛んだった静岡県の清水港は、戦後高度経済成長期に飛躍的な発展を成し遂げた日本屈指の貿易港として有名だ。 金嬉老はこの港町で生まれて少年時代までを送る。金嬉老がこの故郷に帰ってきたのは39歳の時。妻と離婚し人生に絶望していた頃だった。少年時代の苦しい思い出が詰まっている村。 いつも問題は、この村で生じてしまう。1967年7月、清水市の須磨崎町。その年のある夏の日。彼は朝鮮人の青年と日本人の喧嘩に偶然遭遇する。朝鮮人の青年は、彼の甥っ子だった。 その時、清水警察署のK警官が喧嘩を仲裁しながらこう言ったという。〈朝鮮人たちは日本に来て、悪さばかりをする。〉その一言で、金嬉老の心は激しく乱れた。焼肉屋で抑えようと努力していたが、どうしても気持ちが収まらなかった。
7:20	**Na** 彼は清水警察署に電話をかけ、K警官に抗議する。 〈先の喧嘩現場で聞きました。朝鮮人たちが日本に来て悪さばかりをするというのは、言いすぎではないのか。〉
7:40 W.M〈K警官：お前ら朝鮮人たちは、日本に来てまともなことをしていない〉 W.M〈何を言っている、この野郎、朝鮮人にそれくらい言うのは当たり前だ〉	**On** K警官：お前ら朝鮮人たちは日本に来てまともなことをしていない。 **On** 金嬉老：それは言いすぎでしょう。 **On** K警官：何を言っているこの野郎。朝鮮人にそれくらい言うのは当たり前だ。
7:59	全身に血が上った。何をやらかすか知れないと思い、自分自身が怖くなった。しかし問題は相次いだ。知り合いに渡った手形が不渡りになりしかもその手形が暴力団の手に渡ったのだ。 その時金嬉老と親しかったチョ氏はこう言っている。
8:20 W.M〈チョ・ホヨン：金嬉老の先輩〉	（（TRACKS/Dialogue 金嬉老の先輩のチョ氏） **Int** お金を渡したが手形をもらえなかった。その手形が暴力団に渡ったがずっと返金を迫られてどうかしようと。それで私が止めていましたが会って話をつけに来たと待っていると言っていました。
9:19	**Na** 結局、金嬉老はミンクスというクラブでお金の取り立てを受けることになる。チョ氏との最後の連絡もその時に行われた。
9:29	（TRACKS/Dialogue 金嬉老の先輩のチョ氏） **Int** 私は風呂に入ったのですが、その時、私が風呂さえ入らなかったらそんなことは起きなかったのに。金嬉老から電話があると家内から聞いて、少し後でかけ直すようにと。

9:47 W.M〈クラブ・ミンクス：金嬉老が暴力団員を射殺した現場〉 〈事件後の検問現場〉	**Na** 電話はかかってこなかった。着信音の代わりにミンクスからは、2発の銃声が鳴り響き、朝鮮人だの悪口を叩いていたヤクザ二人が金嬉老の前に倒れた。弾は彼らの心臓を貫通し金嬉老は急いでクラブを後にした。
10:17	（TRACKS/Dialogue 金嬉老の先輩のチョ氏） **Int** 30分ほど待っていたら、車の音が聞こえました。玄関を開けると殺してしまったと。誰をと再度尋ねたら殺しましたと。ここで長居するとおじさんに被害が及ぶから行きますと。急いで追いかけたがそのまま車で去っていきました。
10:58	**Na** 彼は車で清水村を出て、日本平に向かった。<u>日本で生まれて39年を生きて最も切実に思っていたこと。そしてその悲惨なことを今から世の中にきちんと言わないといけない。いや戦わなければならないと彼は感じていたのだ。</u> 国道では、既に検問が始まっていた。
11:30 W.M〈藤宮旅館：寸又峡温泉〉	**Na** まずは知っている道、富士見峠にハンドルを切った。しかし、道を間違えて及川上流にある小さな村へ入る。そこが、寸又峡だった。時計は夜の11時30分を過ぎていた。金嬉老は藤宮という旅館の門を叩く。これから88時間に亘る戦いが始まるのだ。
11:59 W.M〈寸又峡の温泉村〉 （EDITING/Insert白黒写真）	**Na** 1968年冬の孤独な戦い。寸又峡にある小さな温泉旅館。その名は、あっという間に全国に知られた。世に追われて山村まで入ってきた一人の朝鮮人によって。 それから27年が過ぎた今日。その旅館は当時のまま残っている。当時の主人は既に他界し今はその奥さんが旅館を営んでいる。
12:24 W.M〈現在の藤宮旅館〉	（TRACKS/Dialogue 旅館の主人） **Int** 金嬉老は、この部屋に入りました。 **Na** ここが、金嬉老が泊まった部屋。旅館の女将は、当時の状況をこう思い出す。
13:00	（TRACKS/Dialogue 旅館の主人） **Int** この部屋に入って、お客さんに畳でバリケードを張るように指示し、他のお客さんに主人を起こすようにと。
13:26 W.M〈当時、金嬉老が占拠していた部屋〉	**Na** 畳でバリケードを張った。この世から自分を守ってくれる盾としてまずはそれが最善のものだった。
13:36 W.M〈望月：旅館の主人〉	（TRACKS/Dialogue 旅館の主人） **Int** お客さんに主人を起こしてもらいました。12時ちょっと前だったでしょうか。お客さんが望月さんと名前を呼びながら主人を起こしました。主人がこの部屋にきて、30分くらい経ったんですかね。まずは、暖かい服を着て、他の部屋に移動するように言われました。ちょうど私の家が村の火の用心の当番でした。子供たちは残しておくようにと主人に言いましたが、金嬉老の部屋に連れていきました。
14:44	**Na** 金嬉老は、旅館のお客さんたちにこう言った。私は、清水で暴力団二人を殺してきた。今から警察と会って話したいことがあるので皆さん協力して欲しい。後で金嬉老は清水警察署に電話をかけて普段知っていた警察官を旅館に呼びつけた。
15:11 W.M〈金嬉老と親しかった西尾刑事の話〉	（TRACKS/Dialogue 刑事） **Int** 12時過ぎてから電話がありました。今、どうせ人を殺してしまったので、これ以上は生きていけないと。自分の身は自分で処理すると。しかしその前に自分の思いを分かってもらえるのは私しかいないと来て欲しいと言われました。
15:33	**Na** 立てこもりは、こういうふうに始まった。この時、旅館には全部で8人の男がいた。全員が近くの工事現場で働く労働者だった。その中の一人、加藤氏はこう言っている。

15:57 W.M〈加藤：当時の人質〉 WS	（TRACKS/Dialogue 人質） **Int** 自分は今、人を殺して来たが、こうなったのは警察から人種差別を受けていたからだと。彼が今まで歩んで来た道の話をしていました。明日の朝には、警察が来るので、その時まで少し我慢して欲しいと。
16:48	（TRACKS/Dialogue 旅館の主人） **Int** この壁に落書きをしていました。内容はこの家に迷惑をかけてしまい申し訳ないということと、お母さんにお許しを求めることでした。
17:05	**Na** 金嬉老は当時の悲壮な気持ちを部屋に刻んだ。〈罪のないこの家に迷惑をかけたことを申し訳なく思います。この責任は、死をもって謝罪します。お母さん、不孝を許してください。〉 それは金嬉老の遺言でもあった。
17:41 W.M〈2 月 21 日午前 7時〉	**Na** 次の日の早朝、金嬉老の電話を受けていた清水警察署の警官が寸又峡村に到着した。金嬉老は彼らに会って、二つの条件を提示する。
17:58	一つ、K警官は、本人にはもちろん、在日僑胞全てに自分の過ちを謝罪すること。二つ、死んだ暴力団員の悪行を報道すること。
18:11	金嬉老は、この時記者たちを旅館の庭まで引き寄せて、自分の思いをありのまま報道して欲しいと頼んでいた。立てこもりが続く中、旅館の外側の様子は緊迫していた。金嬉老は、自分が泊まっていた 2 階の窓と庭のドラム缶の中にダイナマイトを設置しておいた。温泉村の人々は急いで家を離れ、寸又峡に繋がる全ての道は警察によって封鎖された。ただし記者たちだけは例外だった。金嬉老は自分の思いを世の中に知らせるために記者たちを適切に利用した。
18:56	（TRACKS/Dialogue 金嬉老） **On** 私がここまでしなければならなかった理由は、差別を受けたことのない人には分からない。人間は全てが平等だと思います。結局そのような偏見を無くして欲しいということです。ここにいる人々には被害を及ぼしたりしません。これからもそうです。
19:32 （EDITING/Insert 白黒新聞記事）CU （EDITING/Insert 白黒写真）	**Na** しかし日本のマスコミは金嬉老の思いとは違っていた。 ライフル魔という表現で彼をより追い詰めたのだ。マスコミの報道とは違って、8 人の人質は平穏な時間を過ごした。出入りが制限されただけで人質は大きな不便なく時間は流れていた。 彼らは現場にいたので、歪められた TV 報道を目の当たりにしていて旅館の主人は音を立てずに間食が途絶えないよう努力していた。金嬉老も彼らと丁寧に接し彼らの意見を尊重した。
19:58 W.M〈市川：当時の人質〉	（TRACKS/Dialogue 市川：当時の人質） **Int** TV に私の両親が出ていました。その時ちょうど人質たちと一緒に見ていました。彼が両親だと伝えると金嬉老氏が会いにいけと解放してくれました。その前にも私ともう一人が外に出て戻って来たことがあります。ある時は国家試験があると言って、いって来たこともあります。
20:38	**Na** 楽しくて穏やかな様子だった。人質誰一人、金嬉老を警戒していなかった。彼らの中には、異様な信頼関係が築かれていた。
20:58 W.M〈加藤：当時の人質〉	（TRACKS/Dialogue 人質） **Int** なんと言うか、話していた内容はほぼ同じでした。子供の頃、こんなことがあったとか。同じコタツの中に足を伸ばして、子供の頃の話をしました。私は、彼を悪い人とは思いませんでした。事件後に多くの人々に批判されたりもしましたが、私はそう思いません。
21:50	**Na** 金嬉老は人質たちを協力者と呼んでいた。 自分の要求を受け入れてもらうために、彼らを少しの間、人質として抱えていただけだった。

22:05	〈高松静岡県警察本部長〉 **Na** 当時の現場を見回っていた警察幹部は雑誌に次のような文書を発表した。何か奇妙な事件だった。 〈人を二人殺害した犯人が銃を持ったまま日本国民に対して言いたいことを言い、それを阻止すべき我が警察と日本国民はそれに対して頭を下げながら謝罪していた。数百人の記者が彼に会って話を聞こうとしたが、警察はどうしようもなかった。非常に奇妙な立てこもり事件だった。〉
22:37 W.M〈2月21日夜、11時50分〉 W.M〈私は、朝鮮人を侮辱した覚えがありませんが、もしそのようなことがあったとしたら心からお詫びいたします。〉	**Na** 2月21日の夜11時50分。 問題を起こした清水警察署のK警官がNHK地方放送局に出演し謝罪放送を行った。 〈K警官の謝罪放送〉 私は朝鮮人を侮辱した覚えがありませんが、もしそのようなことがあったとしたら心からお詫びいたします。
22:58	**Na** 金嬉老はこれに満足していなかった。 事件発生から24時間ぶりに姿を現したK警官の様子は、決して謝罪するものではなかった。
23:12 玄海灘	
23:20	**Na** 金嬉老が小学生だった1938年当時、日本には200万人を超える朝鮮人たちが住んでいた。強制徴用の人が殆どで一部お金を稼ぐために海を渡った人々もいた。1945年日本は敗戦した。しかし60万人の朝鮮人たちは祖国に帰ることができないまま日本の地に残された。
23:45 W.M〈1945年日本居住朝鮮人の参政権剥奪〉 〈1947年朝鮮人の外国人登録が義務化〉 〈1952年日本居住朝鮮人の国籍剥奪〉	彼らには何の補償も行われず、それまで与えられていた権利さえ一つずつ奪われていった。 朝鮮人という蔑視や迫害だけが、後を絶たなかった。 金嬉老。彼はちょうどその時期に生まれた在日同胞。彼は祖国を知らないし母国語で喋ることさえできない。
24:02 24:26 W.M〈母親　パク・ドゥクスク 事件当時59歳〉	母親のパク・ドゥクスク氏は金嬉老が生まれた時をこう思い出す。〈嬉老は日本の正月生まれです。4.4キロにもなる大きい子でした。生まれた時、彼の父親がけっこう手伝ってくれました。〉
24:23 W.M〈1928年1月1日、清水市築地町で生まれる〉	**Na** 金嬉老は1928年1月1日、清水船倉街の板屋で生まれた。 父親は、港の荷下ろし労働者だった。しかし、真面目に働いていたため、生活はそれほど貧しくなかった。嬉老が3歳になった年に、父親が事故で亡くなった。
25:43	**Na** それから母親の苦労は、想像を絶するものだった。 今日一日の生存が問題だったし、母親は必死に働いた。 朝鮮人に対して石を投げるような子供たちと遭遇したら、母親はいつもこう言っていたという。〈あなたは、立派な大人になりなさい〉と。
25:55 W.M〈山本理恵 金嬉老の伝記作家〉	（TRACKS/Dialogue 作家） **Int** 金嬉老の母親はその時子供が3人、お腹の子まで入れると4人でした。当時貧しい生活だったんですね。リアカーで栗を拾うとかして、とても苦しい生活でした。このような生活の中で、金嬉老は朝鮮人としてからかわれたり、石を投げられたりもしました。子供たちにいじめを受けたんですね。

26:20 W.M〈金嬉老が通って いた清水の小学校〉	**Na**学校は行きたくないところだった。子供たちにずっといじめを受けるところ だったからだ。朝鮮人。嬉老は、そのいじめを避けていつも一人で遊んでいた。 苦痛は避けるより慣れることだというが、それは大人たちだけの考えである。 担任の先生までもが露骨な偏見で子供たちと接していて、幼い嬉老は大きく傷 ついてしまった。
26:50 W.M〈山本理恵 金嬉 老の伝記作家〉	〈TRACKS/Dialogue 作家〉 **Int**朝鮮人はニンニクの匂いがする、汚いなど、いつもからかわれていました。 中でも 3 年生の時、有名なお弁当事件というものがあります。貧しかったので 母親は娘たちにはお弁当を待たさずに、長男だった嬉老だけには麦ご飯だけで もお弁当を持たせたんです。そのある日嬉老のお弁当を見た生徒一人がお弁当 をひっくり返したことがあったんです。その時、先生が入ってきて理由など聞 かずに嬉老を段った。教室の全員が臭い、臭いと言いながら笑っていたんです ね。嬉老は、恥ずかしくてそのまま家に帰りました。その事件後、学校なんて 行くところではないと思ったそうです。
27:53	**Na**学校に馴染めなかった嬉老は、結局学校を中退してしまう。 金嬉老の学歴は、小学校 3 年で終わってしまった。
28:22	**Na**学校をやめた金嬉老はすぐに放浪生活に入る。この世のどこに行っても幸せ を約束してくれそうなところはなかった。恨みや復讐の悪感情だけが彼を支配 し始めていた。その頃、母親の口癖が変わった。あなたいつになったら立派な 人間になるの。
28:54 W.M〈金嬉老の手帳〉 CU	**Na**この手帳は事件当時、金嬉老が持っていたものだ。金嬉老はその手帳の中 で、自分の人生をこう描写している。 〈私は、とんだ星座に生まれてきたと思う。これが宿命というものなのか。立派 なお母さんから私のような人間が生まれるなんて、間違いなく悲劇だ〉
29:20 W.M〈山口県下関港〉	**Na**下関港は、日帝時代、朝鮮人たちが最初に降り立った日本の地だった。多くの 朝鮮人たちがこの港を通じて日本に連れて来られ、彼らの殆どは祖国に帰るこ とができなかった。
29:45 W.M〈初期の関釜連絡 船〉	**Na**強制連行の関門として我が歴史の受難の場として記録されている下関。13 歳 になった時、家を飛び出して来た金嬉老もここに辿り着いた。母親の故郷であ る釜山に行くために、密航を企てたがそれも失敗に終わる。息子が家出をする と、母親は昼夜問わずに息子を探し回った。人生への苦しみや息子に対する思 いだけの、母親の長い苦行の道だった。
30:25 W.M〈8.15 解放〉	**Na**日本敗戦の日。母親が掛川飛行場の建設現場で同胞たちと万歳を叫んでいた 頃、金嬉老は少年院に入っていた。敗戦から寸又峡事件が起きる 24 年もの間、 金嬉老が刑務所で過ごした時間は凡そ 14 年だった。
31:10	**Na**事件が起きた時、日本国民は警察を自由自在に操る金嬉老の態度に驚いた。 彼はとても余裕があるようで警察を弄んでいるようにも見えた。警察は手も足 も出せず状況は金に振り回されように動いていた。事件当時の金嬉老の手帳 には日本の警察に対する自分の心境が書かれている。〈私はあの警察を見ると血 が頭に上る。〉 作家の山本理恵氏は、こう言っている。
31:44 W.M〈山本理恵：金嬉 老の伝記作家〉	〈TRACKS/Dialogue 作家〉 **Int**差別に対する怒りが続きました。金嬉老は事件が起きるたびにその人の名前 を全部覚えていました。いじめた生徒、先生たちなど……彼の記憶力は、その 事件の以前までの刑務所、警察、少年院、さらには警察官の名前まで全部覚え ていました。 どこの刑務所の看守さんがどのようにいじめていたかを全部覚えていたと言う。 すごい記憶力の所有者でした。それほど恨みが大きかったんですね。
32:27 W.M〈金嬉老が経営し ていた飲食店 ソンオ ク〉	**Na**37 歳で出所した時、金嬉老は一人の女性に出会い結婚して居酒屋を経営し ました。しかし彼が朝鮮人であることを知らなかった妻は彼の外国人登録証を 見つけて離婚を求めました。妻とは離婚し居酒屋は破産します。

	〈金嬉老の手帳から〉 私という人間はなぜ乱れた感情を持って生まれたのか。 親、お姉さんと妹、弟はみんな円満な性格なのに……
33:08 W.M〈2月22日、午前10時〉	**Na** 1968年2月22日、午前10時。 清水警察署のK警官は2回目の謝罪放送に入った。
33:20 W.M〈K警官の2回目の謝罪放送〉 〈昨年の7月、取り調べの時に、適切ではない発言をしたことについて心から謝罪します。〉	〈K警官の2回目の謝罪放送〉 **On** 昨年の7月、取り調べの時に適切ではない発言をしたことについて心から謝罪します。
	Na しかし今回も金嬉老は満足できなかった。 立てこもりの間、警察の仲裁で牧師、作家、友達など多くの人々が彼を説得するために旅館を訪ねた。チョ・ホヨン氏も、その中の一人だった。
33:57 W.M〈チョ・ホヨン:金嬉老の先輩〉	(TRACKS/Dialogue 先輩) **Int** 第1検問、第2検問、第3検問があって彼のお母さんも来ていました。彼のお母さんでさえ、第2検問しか通してもらえず。 お母さんが下着を持って来てこれを入れてあげて死んでもらってねと。生きてもしょうがないじゃないかと。服でも綺麗に着替えてから死んでもらおうと。私が入って話をしてみたが、自分の恨みを晴らしてから死ぬんだと。朝鮮人の何が問題で叩かれて、殴られて……私が最後まで仇を討ってから死にますと。私が死んでも周りの韓国人にはそうできないように段取りをしておきますと。そう言ったんですね。
35:19	**Na** K警官の2回目の放送に怒りを露わにした金嬉老は再び警察と交渉に入った。核心を外したお世辞ではなくK警官の明確な謝罪があるまで立てこもりを続けるという金嬉老の意志はこの上なく強かった。
35:44	**Na** 警察は妥協の案として警察責任者の謝罪を提示した。
35:58	**Na** それから2日後、清水警察署のK警官の代わりに、高松静岡県警察本部長の謝罪放送が始まった。
36:15 W.M〈高松静岡県警察本部長の謝罪放送〉	**On** 昨年7月、K警官が"朝鮮人のくせに"、また"馬鹿野郎"など、民族的プライドを踏みにじるような発言をしたことは、誠に申し訳ないことをしてしまいました。 **Na** これが日本警察の最後の謝罪放送だった。
36:48	**Na** その日の午後、金嬉老は人質2人を解放するとの連絡を記者団に明かした。その頃、旅館の周りでは何かと異様な緊張が走っていた。
W.M〈解放される人質〉 37:07	**Na** 金嬉老は約束を守った。人質で捕らえていた労働者2人が健康な姿で旅館から出て来た。人質が出た後、新聞記者の1人がこう叫んだ。〈金さん、手記をお願いしますね。〉その一声の直後、報道陣に変装した警察7人が一斉に旅館へと走り込んだ。金嬉老は、自分の舌を噛んだ。しかし、口にはくつわがはめられていて、思う通りにはいかなかった。
37:24 W.M〈1968年2月24日午後3時25分 金嬉老 逮捕〉	**Na** 午後3時25分。金嬉老の逮捕。立てこもり後の88時間ぶりだった。彼の戦いはこれで幕を下ろした。

37:38 W.M〈キム・ヤンギ教授：静岡県立大学〉 WS	（TRACKS/Dialogue キム教授） **Int** 二重の文化を持つ人をマージナルマンと言います。禅用語でね。 その意味は境界線上にいる人のことです。本国に近い境界線上にいて、精神的な生活をするということです。そこを離れると反対側にはいけなくなります。行きたくても行けなくなります。金嬉老の場合にも、日本名を使っているが、自分は韓国人であることを知っているので揺れるんですよね。差別社会から出てくる少数派に対する専門的な解釈です。金嬉老も、そこに落ちたんですね。しかし、落ちてからそれを好きで好む人は殆どいません。抜け出そうと努力するんですね。抜け出して良いポジションに行けるんだったらそうしますが、在日同胞の社会では、殆どの人々が生産的な道を歩くことができません。
38:45	**Na** 在日としての希望なき人生に憤怒しながら、金嬉老は霧のかかった谷間をひたすら走った。ライフル1丁とダイナマイト数十個を抱えて、彼が辿り着きたかった世界は、一体どんなところだったのか。
39:12	**Na** 事件後、金嬉老の母親はこのように言い残している。 〈息子は捕まっても、まだ生きていて良かったです。しかし、息子が殺した2人のご遺族を思うと、私は何も言えることがありません。私は、息子に言いたかったです。死ぬなら早めに死んだ方が良かったと。〉
39:48 W.M〈母親が経営していた飲食店 金時〉	**Na** 事件当時、彼女は、掛川市内で小さな飲食店を営んでいた。 食堂の名は金時。豚足を仕込むのは朝の6時から夕方の5時まで続く。お湯に浸けた後に剃刀で毛を剃り一本一本焼く。鉄ハンマーで叩いて爪を取り、水で洗って大きい釜の中で茹でる。そうすると白く輝く豚足になる。このように一日200本を仕込むのはとてもしんどい労働だった。しかし幸いにも美味しいとの評判が立ち掛川の名物にもなっていた。豚足1本で150円。これが生活の繋ぎ目となった。母親は、全ての公判を傍聴し、話を傾聴しながら息子の姿を見守っていた。
40:52	**Na** 1次公判は静岡裁判所で開かれた。 この時法定弁護人として選ばれたのが在日同胞の作家キム・ダルス氏だった。キム・ダルス氏は、まず事件の特殊性を把握し、説得力のある弁護を構想していた。
40:39	**Na** 殺人や人質監禁は認めるにしても、そこまで追い込まれてしまった金嬉老の人生を、在日たちの避けられない一般的な苦痛として理解してもらおうと。
41:08 W.M〈キム・ダルス：在日小説家〉WS	（TRACKS/Dialogue 小説家） **Int** 私は一人の人間としてまた文学人として、どんなことがあっても人間が人間を殺すことは許されないことだと思います。 したがって、人を殺害した金嬉老はそれ自体としても問題があったと思う。もちろん、金嬉老は在日朝鮮人です。
41:25 〈キム・ダルス：在日小説家〉WS	しかし殆どの在日朝鮮人たちは一所懸命働き、環境も彼と類似していたが誰よりも真面目に働いています。これがすなわち、在日朝鮮人たちのアイデンティティです。私も同じく在日朝鮮人ですが、私の見解からも金嬉老は普遍的な在日朝鮮人の範疇には入りません。しかし、金嬉老もやはり在日朝鮮人であるがために民族差別の問題だけは心に溜まっていたでしょう。彼の言ったことは我が在日朝鮮人たちの心の代弁だったと思います。この問題がこれだけはっきりと出て来た以上、それは一体なんだったのかを究明しようと。
42:51 W.M〈当時の民族差別を批判する国内マスコミの報道〉CU	**Na** 金嬉老の事件は国内でも話題を引き起こした。在日同胞に対する差別は韓民族のプライドを踏みにじるような蛮行だと批判された。戦争よりも残酷だった日帝36年間を覚えている多くの人々は、金嬉老に同情し、事件の推移に注目した。キム・ダルス氏の法定弁護は、このような状況下で進められた。
43:22 W.M〈キム・ダルス：在日小説家〉WS	（TRACKS/Dialogue 小説家） **Int** 差別というもの。私も似たような体験をしているのでよく分かります。幼い頃、私が初めて日本に来た時、言葉も知らず、朝鮮人と呼ばれながら石を投げられたりもしました。

	また、大人になってからも朝鮮人というだけで就職も拒まれました。それとは反対に私たちはより民族的なこと、民族精神のようなことを自覚するようになりました。つまり、民族意識に目を覚ましたのです。このような自覚の元で、在日は、むしろ人生の目標をより強く持つようになりました。これが在日たちの一般的な見解だと思います。 しかし、そうとは思わない少数の人々は、自分が朝鮮人であることを隠し、差別から逃げ出そうとも思っています。
44:18	**Na** 公判は 15 回に亘って続いた。殺人、住居侵入、人質監禁が罪名として記録され、金嬉老はこの世で最も暗い日陰である刑務所で人生を歩んだ。静岡地方裁判所で無期懲役。東京高等裁判所で無期懲役。そして 1975 年の最高裁判所が上告を棄却し刑が確定した。
45:00	**Na** 金嬉老は地元から凡そ 1000 キロも離れた熊本刑務所に移監された。豚足を売って生活を営み、遥か遠い熊本まで行くことが母親の日常になってしまった。リュックの中には、息子が好きなものをいっぱい入れて。27 年も続いている短い面会と長い別れ、母親と息子が描いていく旅程の始まりだった。
45:30 W.M	**Na** 最高裁判所が刑を確定した後、母親と息子が交わした話だ。
〈金嬉老：お母さんがこれからもずっと私の陰になって苦しんでいくと思うと心が痛みます。〉	BGM
〈お母さん：あなたに美味しいものを食べさせたい。私があなたの代わりに入ればいいのにそれができないんだから……〉	
〈金嬉老：私は生きたくないと思っていたがここで韓国語の勉強をし、民族の礼儀作法、風俗、韓国人としての気持ちなど、多くを学べました。〉	
〈お母さん：誠実に生活すれば良い。長い目で見なさい。作業場での仕事にも頑張ってみんなからも好かれるようになりなさい。〉	
46:38 W.M 〈掛川老人ホーム 静岡県掛川市〉CU	
46:55:00 W.M 〈母親 パク・ドゥクスク 86 歳〉CU	**Na** 息子に対する恋しさだけで踏ん張っている母親は、今年で 86 歳になった。今は、老人ホームの部屋で息子が帰ってくる日を待っている。 (TRACKS/Music 哀愁のイメージ BGM) **Int** 会いたい気持ちは言葉では全部言い表すことができません。どこに行っても我が子に逢いたい気持ちは口先だけで言うことができません。 **Na** 母親の最後の願いは息子と一緒に祖国を訪ねること。しかしもう疲れてしまった。

47:23 W.M〈山本理恵 金嬉 老の伝記作家〉WS	（TRACKS/Dialogue 作家） **Int** 最初は無期懲役だから 10 年ほどで出所できるのかなと思っていました。しか しもう 27 年目ですね。人権の側面からもこんなに長い間服役するということは 世界的にも珍しいことです。
47:46 W.M〈キム・ヤンギ教 授：静岡県立大学〉 WS	（TRACKS/Dialogue 小説家） **Int** 日本人だったら、釈放が可能だったと思います。差別とは断定できません が、韓国との国際関係の側面において、釈放が難しくなっているのではないで しょうか。日本国内の問題ではなく国際的な問題なので、しかも韓国からも謝 罪を求めているから建設的な議論に発展しないと思います。
48:36 W.M〈パク・サムジュ ン僧侶：金嬉老釈放 百万人署名運動本部〉	（TRACKS/Dialogue 僧侶） **Int** 100 万人の署名簿を持って日本の関係当局に抗議しました。日本の法務大臣 も私にはっきりと約束しました。5 年前の話だがすぐに釈放すると。しかし 5 年 が過ぎた今も彼らは約束を守らない。日本が真剣に人権の問題を考え世界平和 を主導しようとするのであれば金嬉老を釈放し母親と祖国に帰られるようにす るそういう心温まるような雰囲気を作ってもらいたい。私が日本政府に期待す るただ一つのことである。
49:21	（TRACKS/Narration 解説者） **Na** 1968 年冬。その時死ぬ覚悟でなければ、自分の思いをこの世に知らせること ができなかった人。ダイナマイトと銃を持たずには日本社会と話すことができ なかった在日僑胞の金嬉老。彼は一人で戦争を起こしていた。それから 27 年。 世界的にもその事例を見ることのできない長期服役囚の金嬉老は、戦争の重荷 を一人で背負い、今も遥か遠い熊本の刑務所に収容されている。
50:10 W.M〈熊本刑務所〉	**Na** 彼、お母さんに会って大きく笑い夢にも描いていた祖国を取り戻せる日は永 遠に来ないのだろうか。
50:30 W.M〈熊本刑務所への 金嬉老氏に対する取材 要請は、拒否されまし た。〉	（TRACKS/Music 哀愁 BGM）TM
51:00	完

演出：キム・センムク、ソ・ジェソク
音楽：ジョン・ヨンジェ
台本：ジョン・ヨンオク

【番組テンプレート】光復節特集『在日、悩む魂』（2009.8.14 放送）

Text	
Metaphor of Vision	**Metaphor of Voice**
〈在日、悩む魂〉	（TRACKS/Music テーマ曲）TM
0:23 東京俯瞰 金珽運（キム・ジョン ウン）教授登場	（TRACKS/Narration 金教授） **Na** 私は誰なのか？　私が置かれた環境で私の存在を確認することができない 時、私のアイデンティティは彷徨う。ここに一生涯を ʻ私ʼ は誰なのかという質 問を抱えている人々がいる。
00:44 W.M〈在日：強制徴用 で日本に連れていかれ 解放祖国に戻れなかっ た 60 万名在日韓国人 とその子孫たち〉	**Na** 在日、強制徴用で日本に連れていかれ解放祖国に戻れなかった在日韓国人と その子孫たちを呼ぶ名称だ。 **Na** 何年か前から急激に増えているという在日の帰化。彼らの混乱するアイデン ティティ問題が私をここ日本まで来させていた。
0:56	**Na** 韓流に熱狂する日本人たちに在日に対してどう思うのか訪ねてみた。
1:07 商店　入っていく金教 授	（TRACKS/Dialogue 金教授） **Int** あなたは、在日にどういったイメージを持っていますか？
1:23	（TRACKS/Dialogue 日本人女性 1） **Int** あまり……友達になりたい。韓国の東方神起、ビッグバンが好きなので、友 達になって韓国語を勉強したい。 （TRACKS/Dialogue 日本人女性 2） **Int** 東方神起と東方神起のジェジュンが好きです。 （TRACKS/Narration 金教授） **Na** そんな！　「在日」のことを聞いているのに韓流スターのことで答える。
1:52 W.M〈チュ・ソンフ ン：秋山成勲〉	BGM **Na** 地価の高いことで知られている東京の中心街に自分の名前で道場を構えてい る男。
2:01 秋山道場 外景 秋山道場 看板CU	（TRACKS/Dialogue 金教授） **On** 初めまして。目は大丈夫ですか？ （TRACKS/Narration 金教授） **Na** UFCデビュー戦以降韓国メディアと初めて会うチュ・ソンフン選手。実際に 私が在日に対して悩んだきっかけはこの男チュ・ソンフンごと秋山成勲を知っ てからだ。
W.M〈チュ・ソンフ ン〉 2S	（TRACKS/Dialogue 金教授） **Int** 最近、幸せを感じていますか？
2:29	（TRACKS/Dialogue チュ選手） **Int** 試合に勝った後、幸せでした。 （TRACKS/Dialogue 金教授） **Int** 判定前にはどうだったか （TRACKS/Dialogue チュ選手） **Int** 負けたと、大きく勝っていないと思って、勝ったのかと思いました。

3:18 試合する選手	（TRACKS/Narration 金教授） **Na** 1 ヶ月前、チュ・ソンフンは格闘技のメジャーリーグである UFC の舞台に初めて挑戦した。相手選手に殴られ左目の周囲がパンパン腫れていた。最後まで相手を押さえつけた。結局デビュー戦に勝利を飾ってもう一つのドラマを作り出した。韓国ではセクシーと率直さを武器に広告主からの人気が高い。 しかし日本では恐ろしい魔王として呼ばれている。このように両極端の評価を受けてきたチュ・ソンフン。
3:41 チュ・ソンフン 雑誌	（TRACKS/Dialogue 店員） **Int** 相当、人気がある。 （TRACKS/Dialogue 日本人の男性） **Int** 強く見える、それだけ。強いイメージしかないから。 （TRACKS/Narration 金教授） **Na** チュ・ソンフン選手に実際に会って見て同じ男として羨ましい。胸の筋肉が半端ではない。
4:05 2S チュ選手と金教授会話	（TRACKS/Dialogue 金教授） **Int** 歳は？ （TRACKS/Dialogue チュ選手） **Int** 最近誕生日でした。日本の歳で 34 歳、75 年生まれ。 （TRACKS/Dialogue 金教授） **Int** 歳いっていますね。格闘技選手としては多い方ですね？ （TRACKS/Dialogue チュ選手） **Int** はい。 （TRACKS/Dialogue 金教授） **Int** 結婚されましたか。奥さんは、韓国文化に関心は？ （TRACKS/Dialogue チュ選手） **Int** 深くはないが、日本とは近いから。関心は高い。 （TRACKS/Dialogue 金教授） **Int** ご自分が思うに、楽しめる音楽、ファッションスタイルといったものは、韓国、日本、どちらに近いでしょうか？ （TRACKS/Dialogue チュ選手） **Int** ライフスタイルは、韓国に近いと思います。情深いこともそうだし、愛国心のような。
5:26 大阪 PAN W.M〈1975 年日本大阪〉 〈在日 4 世として生まれ〉	（TRACKS/Narration 金教授） **Na** 在日が集まって生活する日本の大阪。韓国語の看板や名札も自然と目に付くところだ。1975 年、在日韓国人としてつまり在日 4 世として生まれたチュ・ソンフンの実家もここだ。在日 3 世だったお父さんと韓国人のお母さんの間に生まれたチュ・ソンフンは、幼い頃から二つの名前を一緒に使うことを当たり前のように思っていた。
6:00	（TRACKS/Dialogue 金教授） **Int** 学校に通う時には日本の名前で？　チュ・ソンフンとという名前は、いつから使ったのですか？ （TRACKS/Dialogue チュ選手） **Int** 中学校に入る時、決めるようにと言われた在日僑胞が多かった。私はチュ・ソンフンという名前を使うと、韓国人なのでチュ・ソンフンと名乗るのは当たり前だと。
6:50	（TRACKS/Narration 金教授） **Na** 柔道選手だった父親の影響で 3 歳から始めたという柔道。チュ・ソンフンの夢は、柔道で世界一になることだった。駆け上がって 1997 年、彼は韓国代表になるため、日本ではなく韓国で柔道を続けると決心した。

7:15 チュ選手と金教授	（TRACKS/Dialogue 金教授） **Int** なぜ、釜山に渡ったのですか？ （TRACKS/Dialogue チュ選手） **Int** 釜山にスカウトされて、それで行きました。 （TRACKS/Dialogue 金教授） **Int** しかし日本で活動しても良かったのでは、日本代表になれたかも。 （TRACKS/Dialogue チュ選手） **Int** その時はしませんでした。帰化は 1％ も考えていなかったので。 （TRACKS/Dialogue 金教授） **Int** その時は日本代表の選手になろうとは思わなかったんですね？ （TRACKS/Dialogue チュ選手） **Int** はい。
8:00	（TRACKS/Narration 金教授） **Na** 2000 年の東アジア大会で堂々と金メダルを獲得してからは今にでも夢が叶うと思われた。日本で生まれ育った 在日 4 世にとって、代表資格は、自分が誰なのかを教えてくれる鍵のようなものだった。しかし曖昧な判定で何回もの代表選抜を逃してからは残った選択肢は帰化することだけだった。 （TRACKS/Dialogue チュ選手） **On** 変えようと言っても変わらない。帰化後、日本で柔道を続けよう。
8:44	（TRACKS/Dialogue 金教授） **Int** 韓国の派閥争いなど、ここでは本当にやっていられないと思って帰って来たのですか？ （TRACKS/Dialogue チュ選手） **Int** それもありますが、今思うには自分にもっと実力があれば韓国でもできたと思いますが、当時はそこまでは考えずただただ辛かった。かなり考え込んでいました。 （TRACKS/Dialogue 金教授） **Int** 昔のパスポートは、韓国のもの？　今は赤いパスポート？ （TRACKS/Dialogue チュ選手） **Int** 変な気持ちです。寂しい。 （TRACKS/Dialogue 金教授） **Int** チュ・ソンフン選手一人だけが単純に、帰化して秋山になっただけで、ずっと韓国人だと言っていますが、日本の選手たちも韓国人として思っているんですね。 （TRACKS/Dialogue チュ選手） **Int** そうです。 （TRACKS/Dialogue 金教授） **Int** 韓国の選手たちも韓国人として思っているんです。 （TRACKS/Dialogue チュ選手） **Int** はい。 （TRACKS/Dialogue 金教授） **Int** 再び、韓国人になったらどうでしょう？ （TRACKS/Dialogue チュ選手） **Int** それで今は日本人。できればですがそれでも行ったり来たりすることはちょっとね。時々の流れで行ったり来たりするのは人間としてちょっとね。 （TRACKS/Dialogue 金教授） **Int** 本人は自分の道を行こうとするのに人々は行ったり来たりしていると言うし辛いですね？

	（TRACKS/Dialogue チュ選手） **Int** いいえ、好きですよ。二倍にいいことだと思っています。韓国の良いことも知っているし、日本の良いことも知っています。私は人の二倍あると思うので。
	（TRACKS/Dialogue 金教授） **Int** とてもポジティブな……
10:58	（TRACKS/Narration 金教授） **Na** 私は一瞬、混乱していた。<u>私が期待していたチュ・ソンフンは、自分は韓国人だと強く言ってくれると思っていた</u>。しかし韓国人でもあり日本人でもあるという話だ。それは韓国人でもなく日本人でもないという話だが…… **Na** 彼は、韓国と日本の両国を一緒に抱えることでアイデンティティに対する悩みを終わらせようとしている様子だった。
11:40	（TRACKS/Dialogue 金教授） **Int** それでは、後輩の選手たちにチュ・ソンフン選手は、どのような選手として記憶してもらいたいですか？
11:50	（TRACKS/Dialogue チュ選手） **Int** 格闘技術もそうだし、国籍もそうだし、パイオニアとして開拓者として新しい道を行くという韓国や日本など国を考えず、やりたいことに挑戦しなさい。国籍はもう関係ない。アメリカに行っても良いし帰化しても良い。自分のやりたいことに最後まで挑戦しなさい。
12:33	（TRACKS/Narration 金教授） **Na** 多くの在日たちが韓国を故郷として思い訪ねて来て、文化的な差で葛藤することが多いという。彼らは結局チュ・ソンフンのような選択をするしかないかも知れない。
12:47	（TRACKS/Dialogue 金教授） **On** ウチの子供たちもとても好きです。 （TRACKS/Narration 金教授） **Na** 太極旗と日章旗を両方貼ってリングに上がり私に衝撃を与えたチュ・ソンフン、あるいは秋山。<u>彼の言葉通り、在日は、半分ではなく本当に二倍なのか？二つの文化を自由自在に行き来する存在として見るべきなのか？</u>
13:09 横浜のホテル	（TRACKS/Narration 金教授） **Na** その日の夕方、横浜のホテルで北朝鮮のワールドカップ進出を祝う集まりが開かれた。44年ぶりに本大会へ進んだ北朝鮮のワールドカップ代表選手たちを応援する場だ。怪力のストライカーとして新星のように登場した北朝鮮のストライカー、ジョン・デセ選手がその姿を現せた。
13:44 ユニフォームCU	（TRACKS/Dialogue 制作者） **On** これは何でしょう？　見慣れているユニフォームだ。 （TRACKS/Dialogue 制作者） **On** 12番ですね。 （TRACKS/Dialogue ジョン選手） **On** ワールドカップ予選で優勝した時、一緒だった指導員の方が持って来いと行ったので。 （TRACKS/Dialogue 制作者） **On** 周りから祝ってもらいどんな気分ですか。 （TRACKS/Dialogue ジョン選手） **On** 最高です。 （TRACKS/Dialogue ジョン選手） **On** ごめんなさい。時間がなくて。

14:41 W.M〈ジョン・デセ〉	（TRACKS/Narration 金教授） **Na** 主催側の朝鮮総連に取材要請をしたが、結局、許可は下りなかった。分断されている祖国のように在日社会も二つに分かれているという事実を再三、感じ取る瞬間だ。
15:09	**Na** 次の日、ジョン・デセ選手と自然体に接することができるのか。少し心配になり始めた。<u>反日と反北は双子のようにこの時代の葛藤を生み出したキーワードだからだ。</u> （TRACKS/Dialogue ジョン選手） **On** 日本は、私が生まれた祖国 韓国は、我が故郷がある祖国 朝鮮は、我が心の祖国。
15:31	（TRACKS/Narration 金教授） **Na** <u>韓国人として生まれて、ずっと韓国人として生きて来た私の立場から見て、在日3世のジョン・デセが北朝鮮代表の選手を選んだのは、意外だった。</u>
15:55	（TRACKS/Dialogue ジョン選手） **Int** かっこよく着てこようと思ったんですが、暑くて外で取材すると言われて、涼しい服装にしました。 （TRACKS/Dialogue 金教授） **Int** あだ名で、最も気に入っているあだ名？ （TRACKS/Dialogue ジョン選手） **Int** 人民ルニー。 （TRACKS/Dialogue 金教授） **Int** どこで呼ばれたのですか？ （TRACKS/Dialogue ジョン選手） **Int** 韓国で。 **Int** 日本では人間ショベルカー、子供の頃には日本のロナウド。
16:36	（TRACKS/Narration 金教授） **Na** 彼のことはとても複雑だ。韓国国籍で北朝鮮の代表選手になった日本Jリーグの選手だとは。しかし、ヒップホップが好きな間違いなく24歳の青年だ。
16:52	（TRACKS/Dialogue 金教授） **Int** 韓国の歌は、よく聴きますか？ （TRACKS/Dialogue ジョン選手） **Int** バラード、ワンダーガールズのノーボディー、ダンスも学んで…… （TRACKS/Dialogue 金教授） **Int** そんなの好きだから？　恋人は韓国人？ （TRACKS/Dialogue ジョン選手） **Int** 恋人は韓国人です。僑胞。言っても良いかどうか。まだ公表していないので。 （TRACKS/Narration 金教授） **Na** 韓国文化を楽しむ彼が一体どんな思いで北朝鮮を選んだのか。 （TRACKS/Narration 金教授） **Na** イデオロギーからは自由な気がします。一つの独特なファッションのようにもちろん、私が着ている服も私を表現する一つの形だと思いますが大きいカテゴリーでは私が着ているファッションや音楽などと同じ概念としての民族ではないかと思います。
18:30 PAN 競技場	（TRACKS/Narration 金教授） **Na** ジョン・デセ選手が所属するJリーグ川崎フロンターレの試合がある日。背番号9番。ジョン・デセ選手を応援するサポーターが特に目立つ。

W.M〈国分由規〉 サポーター WS	（TRACKS/Dialogue 競技場前で会う市民たち） **Int** チームが苦しい時にいつも得点を挙げるのが良いですね。ジョン・デセ選手 頑張ってください。
19:04 W.M〈サポーターよし の〉WS	（TRACKS/Dialogue 競技場前で会う市民たち） **Int** 身体が強くて、どこにでもぶつかっていくプレーが魅力です。デセ！　頑張 れ。
19:09 東アジア大会	（TRACKS/Narration 金教授） **Na** 去年行われた東アジアサッカー選手権大会北朝鮮代表で日本を撃沈させた在 日3世ジョン・デセ選手のゴールは日本社会を大きく揺るがした。
19:24 WS	（TRACKS/Dialogue 森雅文――日本サッカー専門記者） **Int** 彼の長所は、身体が強い上、アジア人では中々見ないレベルの体の強さで す。彼が北朝鮮代表になる前に、見つけられなかったことが非常に残念です。 彼が日本にいてくれたら、日本のフォワード問題は全て解決すると言えるほど、 彼は素晴らしいフォワードです。
19:47 愛知中高級学校を訪ね ると	（TRACKS/Narration 金教授） **Na** 日本が未だに残念がるジョン・デセ選手の母校を訪ねた。 朝鮮総連系列の民族学校に通っていた彼にとって、情緒的に近い祖国は北朝鮮 しかいない。
グラウンドに置かれた サッカーボール	**Na** 世の中が変わり果てても日本社会で認められない民族学校出身として日本で 生きることはそれほど容易いことではない。 だからなのか民族学校出身としてJリーグのスターになったジョン・デセ選手は 民族学校の子供たちには憧れの人だ。
20:20 W.M〈李君〉	（TRACKS/Dialogue 民族学校の学生1） **Int** 私たちにもずっとサッカーをやって努力して必ずJリーグの選手にもなり国 代表にもなれると。
W.M〈金君〉	（TRACKS/Dialogue 民族学校の学生2） **Int** 先輩のようにサッカーを愛する気持ちを忘れずにかっこいい選手になりたい です。
20:50 幼いジョン・デセのイ メージから	（TRACKS/Narration 金教授） **Na** 初級学校の3年生頃からサッカーを始めたジョン・デセ選手。 幼い頃から国代表を夢見たので人々は、日本の学校を勧めたが民族意識の強い 母親は、民族教育を諦めなかった。
21:06 W.M〈母：リ・ジョン グム〉	（TRACKS/Dialogue ジョン選手） **Int** 母親が最近見つけたという将来の夢が書いてある紙ですが、将来国の代表選 手になると書いていました。 （TRACKS/Dialogue 金教授） **Int** その時に書いた国の代表とは日本なのか韓国なのか （TRACKS/Dialogue ジョン選手） **Int** 北朝鮮、国籍は韓国ですが、自分は韓国人だとは思わなくて民族教育を受け ていたので私を育ててくれたのは北朝鮮であると教わりました。代表選手とは 北朝鮮以外には考えたことがありません。 （TRACKS/Dialogue 金教授） **Int** 韓国の代表選手になれるとは思わなかったのですか？ （TRACKS/Dialogue ジョン選手） **Int** 最近代表に選ばれて自信を持って活躍し実力も向上したので韓国や日本の代 表になれば良いのにという話をたくさん聞いてその選択肢もあったのかなと思 いますが、現実的には日本とか韓国の実力が高いので。
22:27	（TRACKS/Narration 金教授） **Na** 川崎市郊外にあるジョン・デセ選手の家。 自分の家を持ってから韓国の取材陣には初めて公開するという。家族とは離れ て暮らしてからもう3年目。

ヘッドフォン姿（ジョン選手）	（TRACKS/Dialogue 金教授） **Int** ここで、ワンダーガールズのテルミーダンスを踊ったんだね。
	（TRACKS/Narration 金教授） **Na** サッカーの次に音楽が好きだというジョン・デセの宝物第 1 号だ。専門家顔負けの DJ ミキシングの実力を持つジョン・デセ。 （TRACKS/Noise ミキシング音楽） **Na** ミキシングだけではなく作曲にまで挑戦するほど、彼は、自分が好きなことは最後までやり尽くす勝負師の気質が濃厚だ。
23:26	（TRACKS/Dialogue ジョン選手） **Int** 歌を聴くだけでも気持ちが晴れるので、DJ ミキシングをすると、もっと気持ちが高ぶります。
23:37	（TRACKS/Narration 金教授） **Na** 代表選手になってから 5 回も訪ねたという平壌。 私も一度くらいぜひ行ってみたいところだ。世界の舞台へ跳躍するため、彼は、北朝鮮代表という最も確実なカードを手に入れた。私が最も聞きたかったことから聞こうとした。
	（TRACKS/Dialogue 金教授） **Int** ヘディングゴール問題については？
過去の試合 24:08	（TRACKS/Dialogue ジョン選手） **Int** 自分の角度からは見えなかったんです。それで苛立ったこともなかったし、そういうことも全部合わせてサッカーだと思うので。それもサッカーでしょう。
24:39	（TRACKS/Dialogue 金教授） **Int** 南と北がお互いに争っていることについてはどう思いますか？
24:44	（TRACKS/Dialogue ジョン選手） **Int** それはスポーツだから選手たちの責任ではなく全体的なことなので我々が言うことはありません。私たちは目の前で競技する相手と力を出し切って戦うことだけです。
25:09	（TRACKS/Dialogue ジョン選手） **Int** パク・チソン選手は神のような存在だから。私は在日朝鮮人のマイノリティーだが、ワールドカップへ進み、J リーグも道を作ったのと同じで、パク・チソン選手も同じ民族ですよね。 朝鮮民族も世界で活躍できることを証明してくれたので、とてもありがたく思います。
挨拶後、別れる後ろ姿を見ながら 25:44	（TRACKS/Narration 金教授） **Na** 南と北、そして韓国と日本という葛藤が作り出したジョン・デセ選手。ミステリーな青年と別れてから私も、ふっと疑問に思う。私にとって、祖国とは何か。
25:57 サッカーをするジョン・デセ	（TRACKS/Dialogue ジョン選手） **Int** 北と南で、一緒にアリランを歌いながら試合したいです。同じ目標に向かって。それが私の夢です。
26:08	（TRACKS/Narration 金教授） **Na** 二つでも複雑だが三つの祖国の間を行き来するジョン・デセにとって、一体、祖国とは。私が理解するものと同じものだろうか？
26:19	（TRACKS/Dialogue ジョン選手） **Int** 日本は、私が生まれた祖国 韓国は、私を応援してくれる祖国 そして、朝鮮は心の祖国
26:32	（TRACKS/Narration 金教授） **Na** デセ、大きい世界で生きようという彼の名前通り彼はアジアも狭すぎるともっと大きい世界への飛翔を夢見ている。

26:44 在日 1 世代 街を歩く金教授	（TRACKS/Narration 金教授） **Na** 自分を育ててくれた日本と韓国、そして北朝鮮が 全て祖国だというジョン・デセ。日本人だけど同時に韓国人であるというチュ・ソンフン。 彼らは自責や怒りを持たずに、韓国と日本を見上げる新しい世代の登場を世に知らしめているのかも知れない。
27:07 W.M〈ドラジ会 〉 川崎市ふれあい館 お婆さんたち マイクを持って着物姿 でアリランを歌う	**Na** 在日にとって日本への帰化問題は一生涯を苦しめる問題だ。 帰化、我々がよく知っているこの単語の本当の意味は天皇に帰依するという意味だ。だから、在日 1 世たちは全力で抵抗し、帰化を拒否してきた。 村の行事で着物を着ているという在日のお婆さんたち。 韓国取材陣の訪問を歓迎し、その場でアリランを歌い始める。
27:55 撮影を止めようとする お婆さん	**On** TV 撮影しないで、恥ずかしいから。
着物姿のお婆さんたち	**Na** 一体、なぜ怒っているのか。私は少し、困惑していた。
〈金・ドエ〉CU	（TRACKS/Dialogue お婆さん） **Int** 昔日本人にどれほど嫌な思いをされたのか。 私が 19 歳の時に解放されました。私は韓国を知らずに日本に住んでいたんです。だから声をあげたんです。 韓国は 8.15 なのに着物を着てアリランを歌いながら踊るなんて。だから声をあげたんです。
地下鉄に乗る金教授	（TRACKS/Narration 金教授） **Na** 着物姿でアリランを歌うのを嫌に思う理由。 それは、彼らが植民支配を経験した在日 1 世代だからである。
29:00	**Na** <u>私が会った在日は、アイデンティティの問題を全身で悩んでいた人々だった。彼らは、一体、何を得て、何を失ったのか。</u>
29:16 W.M〈日本長野県軽井沢〉 家外景 家に歩いていく金教授	（TRACKS/Narration 金教授） **Na** 東京から 1 時間ほど離れたここで、在日 2 世で、音楽家の梁邦彦に会えた。 （TRACKS/Dialogue 金教授） **On** 会いたかったです。ファンです。
29:33	（TRACKS/Narration 金教授） **Na** 私より 2 歳上なのに 5 年は若く見える美しい中年の男。 演奏曲から映画音楽、ゲーム音楽まで 幅広く手がけている彼は果敢にも医師という職も投げ捨てた華麗なる履歴まで、一言で言うと、成功した音楽家の道を歩んでいる。
30:10 W.M〈梁邦彦〉顔写真	**Na** 最近、殆ど演奏会を行った様子がありませんが…… じっと座っているだけでも写真集のようなこの男の近況が気になった。
30:18	（TRACKS/Dialogue 金教授） **Int** 最近、手がけている作業はありませんか？ （TRACKS/Dialogue 梁邦彦） **Int** 今回韓国でも活動を初めて 10 周年記念アルバムを出して秋の 10 月 23 日にはセジョン文化会館で 10 周年記念公演も予定しています。
30:36	（TRACKS/Dialogue 金教授） **Int** 韓国人ですよね？ （TRACKS/Dialogue 梁邦彦） **Int** もちろん、国籍は。 （TRACKS/Dialogue 金教授） **Int** それでは、今まで暮らしていた日本は、本人にとってはどんな意味？

	（TRACKS/Dialogue 梁邦彦） **Int** 環境です。空気。空気ということの影響が大きいですね。 空気は息をしながら生きていくことなので。しかし私は完全な韓国人だと思います。血とか。気質というか。
31:11 W.M〈東京第一朝鮮小中級学校〉	（TRACKS/Narration 金教授） **Na** 彼はドラマチックな人生を生きている。北朝鮮国籍から韓国国籍に、医師から音楽家に、その出発点には民族学校の存在がある。
31:23	（TRACKS/Dialogue 金教授） **Int** この学校に通っていて幸せでしたか？
	（TRACKS/Dialogue 梁邦彦） **Int** そうです。珍しく思いました。日本で生まれたけれど総連系の学校に通うことで別の空間になるんですね。
	（TRACKS/Dialogue 金教授） 日本の中の島のように。
31:49 ブチェ踊りを練習する女	**Na** ちょうどグラウンドでは、光復節を前に行事を準備している学生たちの姿が目に入る。昔から、光復節のお祭りは民族学校の最も大きい行事だ。この学校を建てる時に大きく貢献した彼の父親は民族の運命となると命までを惜しまない在日1世代だ。
	（TRACKS/Dialogue 金教授） **Int** お父さんは、どんな人？
W.M〈愛国者、情熱的な人〉 父親の写真	（TRACKS/Dialogue 梁邦彦） **Int** やはり、愛国者、情熱的な人。私が少しずつ外れていく時、この子はちょっと変わった子というか、私は5人兄弟の末っ子ですが、他の兄弟はみんな医師や薬剤師、日本社会で認められるような。私だけが最後に外れてしまったんですね。 とても困惑していました。家出をしました。当然でしょうね。
	（TRACKS/Dialogue 金教授） **Int** 家出をしたんですか。
	（TRACKS/Dialogue 金教授） その次に、いつ頃家を出たんですか？
	（TRACKS/Dialogue 梁邦彦） **Int** 3、4年後、隠れて母とか兄弟に会いに行った時、その時は何も言われていない。一言も。その後顔だけ見て10年目の日に一言だけ言いました。食べているかと。ちゃんと、食べていけるのかと。生活はどうかと。私は説明したかったんですね。一生懸命にやっていますと。話の途中に出て行っちゃった。言葉にならない。
33:50	（TRACKS/Dialogue 金教授） **Int** いつ、仲直りをしたんですか？
	（TRACKS/Dialogue 梁邦彦） **Int** していません、亡くなる時まで。
	（TRACKS/Narration 金教授） **Na** 父親の願い通り医大に入り医師になった。しかし、音楽を通じて 最も大きい世界に出ていきたかった梁邦彦。 結局、家出という手段を通じて音楽家という長年の夢を選択した。その夢のために国籍も韓国に変えた。
34:30 オルガン	**On** そう！　この曲、知っている。
W.M〈プリンス・オブ・チェジュ〉	**Na** チェジュの空と青い海は、父親の話、そのままだった。

35:17	（TRACKS/Dialogue 梁邦彦） **Int** 父親のために曲を書きました。感無量だ。 お父さんがこの演奏を聞いたら何を話すのか。 恐らくバカ、もっと気合い入れてと。 （TRACKS/Dialogue 金教授） **Int** 末っ子でしょう。辛いですね。 （TRACKS/Dialogue 梁邦彦） **Int** 厳しい父親だったがチェジュ島の話や韓国人の話をよくしてくれました。 我々は韓国人だ。それを忘れるな。 （TRACKS/Dialogue 金教授） **Int** 帰化を考えたことは？ （TRACKS/Dialogue 梁邦彦） **Int** 父親が亡くなった時、35 歳の時に、帰化したらどうなるのか、日本の法務省に聞きましたが、今はそうではないが、当時は名前を変えると言われ名字を変えると言われ、とんでもない。 （TRACKS/Dialogue 金教授） **Int** 名前を変えることはそれほど大きいことなのでしょうか？
36:47	（TRACKS/Dialogue 梁邦彦） **Int** 私には。複雑な問題だが、あり得ないことでした。
37:09 森を歩く 37:30	（TRACKS/Narration 金教授） **Na** 韓国と日本、南と北の矛盾を全身で悩んだ父親との葛藤が彼を成長させた。 結局、父親の願いとは全く異なる道で自分のアイデンティティと向き合うことになる。彼の話を聞き終わったら彼の音楽が妙に心に染みる。
37:51 各種伝統楽器とも共演	（TRACKS/Dialogue 梁邦彦） **Int** 韓国の伝統楽器は韓国人としてのルーツというか。 しかし私は国楽を専門にする音楽家でもないし梁邦彦という人間の中に民俗的な要素が入り込み、その結果、どのような作品が完成するのか、そういうことに、私自身、興味を持っています。そして、打楽というのは韓国の打楽だけではなく、世界的なパーカッション、ビートというものに大きく関心や魅力を感じます。 （TRACKS/Dialogue 金教授） **Int** 日本の打楽器もよく使いますか？
38:33	（TRACKS/Dialogue 梁邦彦） **Int** そんなには、使いません。 （TRACKS/Dialogue 金教授） **Int** それはなぜ？ （TRACKS/Dialogue 梁邦彦） **Int** 私には、魅力がないからでしょう。
39:50	（TRACKS/Narration 金教授） **Na** 過去と未来東洋と西洋を自由に行き来する彼の音楽には国籍も境界もない。
39:01 公演の様子	**Na** そこには在日梁邦彦ではない、自分だけの独特な色を持つ音楽家梁邦彦の世界だけがある。その結果、彼は自分の音楽がアジアの音楽だと、自信を持って言えるようになった。 父親世代のアイデンティティとは、民族的なものを守りながら日本社会で生き残るべき信念だった。そうするためには、日本社会に影響を及ぼすための仕事が必要だった。父親の願い通りの医師としての人生を捨てたことを後悔していないのか。

39:43	（TRACKS/Dialogue 梁邦彦） **Int** 私が辛いのは父親は1世として苦労しながら医師になりました。医師は良い職業だ。稼ぎが良いという意味ではない。 在日韓国人が日本社会で認めてもらいながら幸せに暮らすべきだ。共存すべきだ。
40:17	（TRACKS/Dialogue 金教授） **Int** お父さんの気持ちが理解できます。お父さんが医師になれと言ったのは、社会的な成功ではなくて韓国人として無視されてはいけない。音楽だとやはり。
40:33 梁邦彦の顔 CU	（TRACKS/Dialogue 梁邦彦） **Int** 共存すべきだ。それを強調しました。我々がこの国で生きていくには、共存するしかない。私は音楽家として音楽をすることで父親が言っていたことを超えられるのか。それが最も大きい目標でもあり、そうなるために、一所懸命にしてきました。
	（TRACKS/Dialogue 金教授） **Int** 父親を裏切ったことのある人は、その気持ちが分かります。
41:00	（TRACKS/Narration 金教授） **Na** 在日2世の音楽家、梁邦彦。彼は父親の願いに反していたが、音楽という方式で在日という限界を超えようとしている。
41:20 書店 姜流表紙に字幕CU	（TRACKS/Narration 金教授） **Na** ここに、既に、多くの著書を通じて日本最高の知性として君臨している在日がいる。日本社会に向けた批判と助言、彼の信念と哲学が姜流という一つの現象として日本社会に波紋を引き起こしている。在日韓国人初の東京大学教授、姜尚中。日本人たちは、知性と気品を併せ持つ彼を姜様と呼んでいる。
PAN（NHK 外景） W.M〈NHK 放送局〉 41:50 スタジオに歩いて入る 姜	（TRACKS/Narration 金教授） **Na** 日本NHK政治討論の常連論客として有名な姜尚中教授。NHKプログラムの進行役まで担っている。 政治、社会、芸術に至るまで在日という生まれつきの限界を乗り越える様々な活動。中でも最も目立つのは、日本社会に対する鋭い批判だ。
42:12	（TRACKS/Dialogue 田島 NHK プロデューサー） **Int** 一言で、姜尚中教授は論客というイメージです。NHKや他の民放、また様々な雑誌や新聞といったメディアで政治学者として今まで発言してきたので、論客というイメージが強い。
42:30 W.M〈姜尚中〉 東京大学　外景	（Editing/Narration 金教授） **Na** 政治学者姜尚中、彼は、日本社会の明日に次々と質問を投げかけている。間違いなく反・自民党だと感じた。
	（TRACKS/Dialogue 姜教授） **On** ナショナリズムとはいわば東京中心主義だ。 結局近代日本は、大の虫を生かすために小の虫を殺してきた。
43:10	（TRACKS/Narration 金教授） **Na** 帰化を拒否した在日2世として最初の東京大学教授になった姜尚中、彼に会いたかった。
	（TRACKS/Noise ドアノック）
43:21	（TRACKS/Lyric 姜教授） **On** どなたですか。
	（TRACKS/Dialogue 金教授） **On** ソウルから来ました。
握手する	（TRACKS/Narration 金教授） **Na** 鋭くクールなマスコミの印象とは違って、彼の穏やかな微笑みに、心まで温まる。

本	（TRACKS/Dialogue 金教授） **On** そう、この本が『悩む力』。学界を超えて一般大衆にまでその名を知らせた彼の著書、『悩む力』。
本を開いてサインするハングルの名前CU	（TRACKS/Dialogue 金教授） **Int** 日本ではミリオン・セラーになりましたね。
	（TRACKS/Dialogue 姜教授） **Int** 85万。
	（TRACKS/Dialogue 金教授） **Int** 100万部近く売れて。
44:00	（TRACKS/Narration 金教授） **Na** 在日に対する偏見が未だに残る日本で姜尚中という韓国名で日本社会を批判することは命をかけるくらい危険なことだ。
歩く二人	在日2世として誰よりも熾烈にアイデンティティに対して悩んで来た姜尚中教授。彼が、私の悩みに答えてくれるのだろうか。まずは、政治だけではなく芸術や芸能に至るまで多様な活動を展開している理由から尋ねた。
44:36	（TRACKS/Dialogue 姜教授） **Int** 最も大きい差別は、在日僑胞ならその話しかしないこと、あるいは、韓国のことしか話さないこと。これが差別だと思います。マイノリティーにも多様な話ができる、その殻を破りたかった。
	（TRACKS/Dialogue 金教授） **Na** 差別を超えて尊敬される在日として彼が日本社会に求めているものは何なのか。
	（Editing/Insert 過去のTV出演映像姜教授） **Int** 日本は、歴史を正面から直視すべきです。まだ日本は過去の戦争や植民地支配に対して正面から見ようとしていません。
	（TRACKS/Dialogue 姜教授） **Int** 私が日本を批判するのは、日本社会に愛情を持っているからです。愛情がなければ、批判しません。
	（TRACKS/Narration 金教授） **Na** 姜尚中教授は、東京で一緒に行きたいところがあると言い、私を案内した。
45:32 W.M〈在日韓人 歴史資料館〉	**Na** 在日100年、その苦難の歩みをまとめている'在日韓人歴史資料館'だ。この空間の展示物と在日2世姜尚中の人生はほぼ一致する。 在日1世代の貧しい生活は、姜尚中教授が幼い頃を過ごした。
46:12	（TRACKS/Narration 金教授） **Na** 朝鮮戦争の最中だった1950年日本の熊本で生まれた姜尚中教授は、幼い頃から、長野哲夫と呼ばれた。
46:24	（TRACKS/Dialogue 姜教授） **Int** 私の父親母親は慶尚南道出身の文字も知らない庶民でした。 子供の頃少しずつ字を覚えて日本学校の考え方を受け入れてから、父親母親を見下すようになりました。なぜこんなことも知らないのかと。
46:47	（TRACKS/Narration 金教授） **Na** 非識字者だった親が恥ずかしくて在日という事実を隠していたかった思春期。姜尚中という名前を捨て、長野哲夫として日本人の真似をしながら生きていた。
46:52	（TRACKS/Dialogue 姜教授） **Int** 日本人の下宿で生活していたある日、外国人登録証を無くしたことがあります。当時みんなが私を完全に日本人として思っていた頃でした。しかし戻って来た外国人登録証には「大韓民国」と書かれていた。みんなはびっくりして開いた口が塞がらない。当時私自身は長野哲夫だったので韓国人であれ朝鮮人であれどこにでも逃げたかった。もうこれ以上は、つきまとうなと……

47:22 飛行機を降りる人々 在日たちの帰国	（TRACKS/Narration 金教授） **Na** 1972 年 22 歳の大学生長野哲夫は、初めて韓国の地を踏む。相変わらず貧しくて困窮していたが韓国人である自分を見つけることができた。
太極旗前に姜尚中 目をつぶっている姜尚 中	**Na** 初めての祖国訪問が彼の人生の転機となる。 本名を隠して生きて来た長野哲夫が姜尚中という名前で生まれ変わったのだ。 この時から彼の人生は、急激に変わり始める。
47:56 指紋押印拒否	**Na** 日本社会に話題を引き起こした指紋押印拒否運動に積極的に参加した。それまで見て見ぬ振りをしていた在日韓国人に対する差別に怒り始めた。
48:08	（TRACKS/Dialogue 姜教授） **Int** 韓国人、日本人に分けて差別することが、馬鹿馬鹿しいと思いました。そして、日本の全てが嫌になりました。 それまでの怒りがそのまま爆発するようでした。
48:23	（TRACKS/Narration 金教授） **Na** 在日社会と日本の間で葛藤していた彼はドイツ留学を選択し、もう一度根本的な認識の転換を経験する。世界史的な見解で在日社会を眺めることができたのだ。
48:40	（TRACKS/Dialogue 姜教授） **Int** しかしドイツに行ってから再び変わりました。ドイツに行って、ヨーロッパにいながら、韓国や日本、在日僑胞に対して客観的に考えるようになりました。当時、初めて一人一人の個人が大切だということを学びました。
48:59	（TRACKS/Narration 金教授） 再び日本に戻って来た姜尚中教授。彼の関心は、自分のアイデンティティに留まっていない。
49:12 広島　講演会場	（TRACKS/Narration 金教授） **Na** 彼は日本社会に対する抵抗と怒りを超えて在日社会と日本社会の共存と和解を模索することになる。
49:24 〈ミキ・ヨシエ〉WS	（TRACKS/Dialogue 講演会場の女性 1） **Int** 親世代は苦しい経験をたくさんしたし、よく考えてみたら今もしんどいと思います。
49:36 〈韓国名：ペク・ジヒャン、在日 3 世、ツモリ・スミカ〉WS	（TRACKS/Dialogue 講演会場の女性 2） **Int** 姜先生を知ったのは、5、6 年前に在日姜尚中という本を読んでからです。本を読んでとても共感しました。 私も在日 3 世だが帰化を悩んでいた頃に出会った本だったのでその本を読んで帰化せずに堂々と生きようと決心するようになりました。
50:05	（TRACKS/Narration 金教授） **Na** アイデンティティは相次いで聞いたり答えたりする過程から生まれてくる。その過程で、彼は歴史的・社会的存在としての在日の役割を見つけ出したという。
50:16 2S	（TRACKS/Dialogue 金教授） **Int** 先生は、韓国人ですか？
	（TRACKS/Dialogue 姜教授） **Int** 半分は韓国人、半分は日本人、さらに半分は東北アジア人。
	（TRACKS/Narration 金教授） **Na** ドイツ留学後、彼は韓国人や日本人の区分を超えた東北アジア人であることを自覚したという。
50:27	（TRACKS/Dialogue 姜教授） **Int** 私は、韓国人、日本人について悩みながら最終的に東北アジアが重要であると気づきました。東北アジア、北韓と南韓、日本、中国、極東ロシア、場合によってはアメリカまで、いわば六者協議国の中で韓国が中心になることです。EU だとベルギーのブリュッセルのような役割を韓国が担えば良いと思っています。

	（TRACKS/Dialogue 金教授） 日本語を話せる韓国人、英語を話せる韓国人。
	（TRACKS/Dialogue 姜教授） そう。韓国語を話せる韓国人。
51:26	（TRACKS/Narration 金教授） **Na**自分を東北アジア人として定義づける姜尚中教授に在日の新世代たちの帰化について尋ねてみた。
51:36	（TRACKS/Dialogue 姜教授） **Int**在日韓国人2世は、1世の差別を見てきたので帰化に対する拒否反応を見せます。しかし3世は祖父母のことなので、自分が直接経験していない分、帰化にそれほど拒否感を持ちません。だから私は名前を変えないのなら帰化に抵抗しません。 在日韓国人たちは国籍は日本でも韓国人としてのアイデンティティを持つようになります。
52:11 文化院 梁邦彦が入る 握手する二人	（TRACKS/Narration 金教授） **Na**東京中心街にある韓国文化院。 **Na**今日、ここでは意外な出会いがあった。同じく在日2世として日本社会に定着している二人のスターの出会い。同じ民族というのはどうしようもない時がある。握手だけでも鼓動し、ただただ嬉しい。
52:38	（TRACKS/Dialogue 姜教授） **On**ハンサム、かっこいい。 （TRACKS/Dialogue 金教授） **On**私とあった時には、そんなこと言わなかったのに、残念です。（笑）
53:00 鼎談	（TRACKS/Narration 金教授） **Na**ただ、一緒に食事でもと思ったのだが同じ悩みを抱えて生きてきた人々が、心中の話をする対談になってしまった。
53:05 姜教授	（TRACKS/Dialogue 姜教授） **Int**私は（在日の）アイデンティティはずっと自ら自問し、求めるものだと思います。<u>アイデンティティは日本人でも、韓国人でも同じだが、もう既にそれぞれの人の中にあるものです。アイデンティティは将来求められるものではなくて、既に自らが持っているものなのです。</u>私たちはこれからもずっと自問し続けていくべきだし、それが無意識的に自分自身の原動力にもなる。無意識のうちに続けて追求していかなければなりません。 （TRACKS/Dialogue 梁邦彦） **Int**色々と悩んだ末、最終的に私だけができるようなアジアの音楽を作り、それが価値あるものであれば良いと思いました。もちろん西洋音楽の影響を受けたのは否定できませんが、在日2世として生まれて特異な環境の中で経験したものは何だったのかを考えました。それが西洋人にはできない経験だと思うし、これからもそういう経験を活かしたものづくりができればいいなと思っています。
54:15	（TRACKS/Narration 金教授） **Na**見ているととても嬉しかった。 （TRACKS/Narration 金教授） **Na**お茶ではなく、マッコリでも飲みながら話をした方が良かったのでは。 （TRACKS/Music ピアノ曲） **Na**<u>それほど長い時間、私は、あなたたちの足を引っ張っている在日としてのアイデンティティは一体何なのか、聞き続けていた。</u> BGM

	エピローグ
54:44 ヤン氏ピアノ演奏	（TRACKS/Narration 金教授） **Na**在日として生まれた私は何者なのかという質問を投げかけた時、どう答えれ ば良いのだろうか。
54:59	（TRACKS/Dialogue秋山成勲チュ・ソンフン） **Int**日本で秋山と呼ばれ無くした名前を韓国では呼んでくれるので韓国に行くと 涙が出ます。
55:15	（TRACKS/Dialogue鄭大世ジョン・デセ） **Int**二つの国が、同じユニフォームを着て試合したい。
55:29	（TRACKS/Dialogue梁邦彦ヤン・バンオン） **Int**同化されてはいけません。そうなると日本人になってしまうから。しかし、 共存は、共存するためには、私の結論は共存するためには自分自身をしっかり 持つべきでう s。
55:47	（TRACKS/Dialogue 姜教授） **Int**<u>我が国の歴史、日本の歴史、その狭間で、「In-Between」その間で、ずっと 在日は生きて来ました</u>。在日の問題は人口は本当に小さいけれども、在日が本 当にアイデンティティを持って生きられる社会になれば、日韓は、韓日は、良 い関係になるでしょう。
56:17 音楽が流れる	（TRACKS/Narration 金教授） **Na**ここに、私たちには当然のような質問に縛られて一生を苦痛の中で生きてき た人たちがいる。 **Na**在日。彼らは私たちが忘れていた韓国人というアイデンティティの<u>未来を先 駆けて私たちに聞いている。一体、私にとって韓国人とはどんな意味なのか</u>。 （TRACKS/Noise ヤン氏ピアノ演奏、姜・金拍手）ES （TRACKS/Music テーマ曲）TM
56:50	完

演出：チェ・インソン、ソン・ジョンホ
音楽：イ・ユミ
台本：シン・ミンジョン

注

1）1991 年 8 月 14 日故金學順氏による証言で「慰安婦」の存在や問題をめぐる認知度が
広がった。

2）著者は趙廷來。1983 年から月刊誌『現代文学』に連載された。関連論文には、ユ
ウ・ヒョンミ（1996）「『テベク山脈』と反共イデオロギー研究」などがある。

3）その後放送された番組として、光復節企画『在日の月はどこに昇るのか』（2012 年 8
月 15 日放送）があった。

4）番組制作者であるチェ・インソンプロデューサーは、「番組企画当時、韓国のメディ
アで頻繁に取り上げられていた「在日」としての姜尚中氏の生きざまと経歴は、高い
大衆的な人気も含めて、所謂「韓国人」の意味を今一度考え直させる材料であると気

づいたことが番組の企画と制作のきっかけであった」と語った（聞き取り：2018 年 7
月 31 日、韓国ソウル市 KBS 局内にて）。
5）こうした言説に関連する理論的な説明を敷衍するならば、バフチンは、「世界」とは
　常に相互テクスト性（intertextuality）が様々な形で多様に働いている関係性（relativ-
　ity）を持つ「共存（co-exist）」（Bakhtin 1981：292）の混合性（syncretism）の性格の
　ものであると語ったが、「在日」というアイデンティティこそ「共存」の混合性の性
　格そのものとして捉えられる。

過去・現在・未来:「戦争」と被害者

（2010年代以降）

1. 時代背景

　第4章のテクストの時代背景にもなっているが、1987年の「6月抗争」の成果の一つとして市民が漸く手にした国民直接投票によって選ばれた同年度の大統領選挙の結果（1987年12月）は、しかしながら「6月抗争」の精神を継承したとは言えないものであった。「6月抗争」によって退いた全斗煥（ジョン・ドゥファン）大統領の腹心の部下であった盧泰愚（ノ・テウ）が全斗煥の思惑通りに大統領として当選したからである。一方で、盧泰愚が当選した翌年の1988年には韓国でソウル五輪が開催されたが、ソウル五輪はグローバル化の時代に変化しつつある動きの中で遅れながらも乗り込んできた世界の一員としての韓国を印象付けたイベントとなった。その他、盧泰愚は北朝鮮やロシアなどの社会主義の国々との関係改善にも積極的に足を運び取り組んだ。特に1988年の「7.7宣言」と略称される「民族自存と統一繁栄のための大統領特別宣言」は、戦後初めての民間人レベルの南北交流を試みるなど「反共」一色だった既存の政権とは一線を引く、韓国現代史において記念碑的な出来事として位置付けられる。同じ頃ソ連では、ゴルバチョフによるペレストロイカという政治改革と経済改革が言葉通りに「建て直し＝ペレストロイカ」として進められていった[1]。そして、1990年ドイツは再統一を果たすなど、世界的には「冷戦の終わり」の時期に着々と突入していった。この時期、すなわち1990年代は、「日韓」関係においても、元慰安婦女性たちの告白や、河野談話、村山談話、「女性のためのアジア平和国民基金」の発足など、政治界だけではなく一般市民のレベルでも本格的な戦後処理に関わる様々な新しい動きと議論が巻き起こった時代であった。

　その後、韓国は1997年IMF（国際通貨基金）の管理体制の下に置かれた。こうした経済危機の中で12月に大統領選挙が行われ、当時野党の党首であった金大中が第15代大統領となった。金大中は「金大中拉致事件」などで日本でも知名度が高い人物であるが、紆余曲折の政治人生の末に大統領となった金大中が当選後に政権のスローガンとして挙げたのが「国民の政府」の提唱であった[2]。さらに金大中執権中の大きな出来事としては、

南の大統領としては戦後初めて北朝鮮を訪問（2000年6月）して当時北朝鮮国防委員長であった金正日と南北首脳会談を行ったことがまず挙げられる。つまり、金大中政権はこれまで政権維持のために動員していた「反共」の言説や反共産主義のイデオロギーをひっくり返すかのように、北朝鮮との積極的な交流を図った。また金大中政権は、日本との関係においても、1998年から段階的に準備・着手していた日本の大衆文化開放政策を現実感のある文化交流として進めた（2004年全面的な開放）。

　本章の分析対象であるテクストが放送された時代は、その後、サッカー・ワールドカップ日韓共同開催（2002年）というグローバルなスポーツイベントや、所謂「韓流ブーム」（2004年）が過ぎて、再び保守派としての李明博（イ・ミョンバク）政権が登場、続けて「反共」と「開発動員」という近代化の言説を独裁政権維持の理念として推し進めてきた朴正熙元大統領の長女である朴槿恵（パク・クネ）が2013年に18代の初の女性の大統領として華麗に登場した時代である。日本の場合も、保守派である安倍晋三が内閣総理大臣となり（2012年）、朴槿恵政権が韓国の保守派を代表する政党政権であることと重なっていた。こうした流れの中、政治だけではなく、日本や韓国では公の場やメディアにおいて、冷戦終焉や和解のムードの中で暫く抑えられていたナショナリズムを煽る行為や言説、ヘイトスピーチのデモなどの葛藤が頻繁に、そして大胆に露わになってきた。本章は、まさにこうした動きが徐々に広がっていった2010年代半ばまでの間が時代背景となっている（巻末年表参照）。

2.　番組の概要

　第6章で分析対象とした8.15企画4部作シリーズ『戦争と日本』は、当時KBSの代表的な定期ドキュメンタリー番組シリーズであった『KBSパノラマ』の編成枠（木・金の夜10時）を約1ヶ月間借りて「8.15」ドキュメンタリーとして企画されたシリーズであり、2014年8月1日から週一回4週間連続で放送された（2014年8月1日、8日、15日、22日放送）。4部作シリーズの各サブタイトルは、第1部が『戦犯となった朝鮮青年』、2部が『南京

の記憶』、3 部が『裕仁と終戦勅書』、4 部が『忘却する国　贖罪する国』であった。この 4 部作の中から本章で重点的に取り上げるのは、第 4 部『忘却する国　贖罪する国』である。対象として選定した理由は、4 部作の最終編が番組シリーズの中でシリーズの企画の意図の面において最も「分かりやすく」作られていた点や、そしてテクストには番組制作の目的が積極的かつ総合的に表象されていたと考えたからである。

　既に「8.15」ドキュメンタリーシリーズが始まってから凡そ 50 年以上、また植民地解放から凡そ約 70 年、そして国権侵奪から凡そ 100 年以上が過ぎていた 2014 年にも、相変わらず、韓国放送局では「8.15」ドキュメンタリーシリーズが制作・放送されていた（巻末「韓国公共放送における歴代『8.15』ドキュメンタリーシリーズ目録」参照）。その出発から長い歳月が過ぎていたが、2010 年代の「8.15」ドキュメンタリーは何を語っていたのだろうか。本書の冒頭から取り上げている「反日」と「反共」の言説は、この時代のドキュメンタリーではどのように変化していたのだろうか。2014 年、「8.15」ドキュメンタリーシリーズにおける所謂韓国のナショナリズムの言説の特徴とは何だったのか。次節からは番組の内容を詳細に検討しつつナショナリズムの言説を解釈する。まず、番組構成から見てみると、番組『忘却する国　贖罪する国』のプロットは下記の通りであった。

【番組プロット】（『忘却する国　贖罪する国』2014.8.22 放送）
プロローグ
→（1:46）タイトル紹介：第 4 部忘却する国、贖罪する国
→（2:04）戦後処理 / ドイツ /1：ドイツ〈戦犯清算本部〉
→（4:19）戦後処理 / ドイツ /2：ドイツ国民の衝撃〈アイヒマン裁判〉
→（5:50）戦後処理 / ドイツ /3：〈アウシュヴィッツ裁判〉
→（7:44）戦後処理 / ドイツ /4：大学・大学生中心の動き〈Notizen – 大学生雑誌〉
→（9:17）戦後処理 / ドイツ /5：大学講座拡大〈ベルリン自由大学〉
　　→（11:01）〈日本東京〉
　　→（11:36）日本の政治の動き：強い日本を取り戻す：安倍首相

→（12:49）戦後処理 / 日本 /1：東京裁判

　　　→（16:43）戦後処理 / 日本 /2：連合軍最高司令官総司令部（GHQ）

　　　→（17:29）戦後処理 / 日本 /3：日本国憲法 9 条 1 項、9 条 2 項

　　　→（20:48）戦後処理 / 日本 /4：憲法改正：安部首相

→（21:50）戦後処理 / ドイツ /6：ハーゲン法廷：戦争被害者へ正義のために戦犯清算を持続

→（25:33）戦後処理 / ドイツ /7：時効廃止：社会・国際・メディアの圧力

　　　→（28:00）戦後処理 / 日本 /5：嫌韓デモ：東京

　　　→（28:47）戦後処理 / 日本 /6：アメリカと日本：講和条約

　　　→（35:00）戦後処理 / 日本 /7：補償と当事者

→（37:38）戦後処理 / ドイツ /8：〈記憶、責任、そして未来、EVZ 財団〉

→（45:02）戦後処理 / ドイツ /9：謝罪〈ヨハネス・ラウ 元ドイツ大統領〉

→（46:38）戦後処理 / ドイツ /10：被害者（外国人強制動員労働者）補償と和解

→（47:21）戦後処理 / ドイツ /11：清算だけではなく未来へ寄与するために

エピローグ

→（48:40）完

　以上の番組プロットから分かるように、番組の制作手法は二つの表象を対立的（speaking against）に並行進行させる矛盾（contradiction）の装置を用いた構造となっている。すなわち、

　　ドイツの事例（約 10 分尺）

　　→日本の事例（約 10 分尺）

　　→ドイツの事例（約 5 分尺）

　　→日本の事例（約 5 分尺）

　　→ドイツの事例（約 10 分尺）

であった。これをさらにシンプルに縮小すると下記のようなストーリーの展開の軸が見えてくるのが分かる。

プロローグ

　　→ドイツの戦後処理（戦犯）

　　→日本の戦後処理（戦後～現在）

　　→ドイツの戦後処理（補償）

　　エピローグ

　　完

　番組の構図が分かったところで、それでは番組では何を言いたかったのか、以降、番組における制作側が投げ込む「質問」を中心に見てみたい。

3.　番組の内容と「ナショナリズム」の言説

3.1　ドイツと「過去」の言説

　上記の番組のプロットの確認の中で分かったように、『第4部　忘却する国、贖罪する国』は約50分尺で放送された。そして、主に二つの国、すなわち第二次世界大戦の責任が問われていたドイツと日本における戦犯や戦後の補償の問題をめぐる事例を相互的に対立・比較させながら番組内容を展開していた。

　ところが、現在の結果論としては（特に韓国では）一般的な常識の範囲内の問題（ドイツとは異なって、戦後処理に関して日本は相手の国との十分な対話ができておらず葛藤がまだ残っている）であるにもかかわらず、なぜ「既に分かっている事実」を2014年に再び制作・放送したのだろうか。

　無論ドイツの事例は、番組の冒頭（プロローグ）でも紹介されたように1999年にドイツの元首相による「謝罪」の事例があったので、日本の事例と明確に異なっている事実は殆ど知られている。特に戦後処理における補償をめぐって被害者と日本との間で葛藤が続いている点はよく知られている事実である。

　しかし、番組では、こうした結果に至るまでのプロセスはドイツでも決して順調なものではなかったことと、ドイツも「最初は過去を忘却しようとした」が結局は「苦渋の選択」をすることとなった点に注目していた。

出発点において、両国（ドイツと日本）において「差異」はなかったが、現時点においては結果的に「差異」が生じている。番組では、こうした背景にあったことをさらに追求することで見えてくる「差異」の本質を訴えたのではなかろうか。したがって、ここからはまず番組のナレーションの中で使われている手法としての、制作側（＝韓国人）が投げ込んでいる「疑問」とそれに対する「答え」としての内容（インタビューや、過去の映像の挿入、ナレーションによる説明等）の展開の相互的なレスポンスを、重点的に取り上げたい。そして、こうした相互的な対話の表現手法から見えてくる番組の中における言説を検討する。

表6-1　相互的な展開手法としての「疑問 1」：「過去」の清算の背景

Time	TRACKS/Narration 解説者	ナショナリズム言説
4:02	しかし 1950 年代頃まで、ドイツは過去の歴史を記憶するより<u>忘却しようとした</u>。では、<u>彼らの過去の清算はどうやって可能</u>となったのか	過去の記憶と 忘却

表6-2　相互的な展開手法としての「回答 1」：「大学生」の提起

7:12	ナチが滅亡して 20 年余りにドイツ人は漸く<u>自分たちの中に存在する殺人者に注目する</u>とともに、過去自分たちが犯した犯罪を直視し始めた。これを実行に移したのはナチ時代を経験していなかった若い世代であった。	過去の犯罪 直視 若い世代 反響
7:44	<u>大学生たちは大学が清算しない過去について問題を提起した。</u>	
8:55	結局長い論争の挙げ句、大学の清算されていない過去という主題で特別講義シリーズが開設された。これは<u>ドイツ社会に大きな反響を呼んだ</u>。	
9:17	言論の熱い関心を集めながら過去克服のモデルとして多くの大学で類似の講座が生まれた。ひいては若者たちは法律系をはじめ、社会の指導層までに問題を持ち運んだ。過去の歴史を清算できない原因がナチ経歴者たちが相変わらず要職にいる現実のせいだと考えたからである。	

　表6-1 と表6-2 の内容は、ドイツにおける過去の問題に関して戦後暫く「否定」しようとしていた沈黙から漸く向き合うようになった背景をレスポンスの形で説明している。ナチの滅亡から 20 年余りの「無視」してきた時間は長続きしなかった。こうした変化への背景には大学という若い知性のたまり場が中心となって火を付ける大きな役割を果たしたそうだが、こうした内容は過去を克服するモデルとして私たちに示唆する点は多い。

表6-3　相互的な展開手法としての「疑問 2」：時効の問題

22:28	降伏してから 60 年が過ぎているがナチ戦犯者へ過去の責任を問うドイツ。彼らにはナチ時代はまだ流れていない過去となっている。そしてどのように法的時効を廃止できたのか。	時効の廃止

表6-4　相互的な展開手法としての「回答 2」：法的時効の廃止

24:07	結局長い論争の末に合意ができた。公訴時効をナチが降伏した 1945 年ではなく、西ドイツが船出した 1949 年からとすることとした。しかしこれは一時的な装置であった。時効を完全に廃止することと決定したのはその後 10 年が過ぎた時であった。1979 年経済復興過程でヨーロッパとの交易が必須であったドイツ。しかしヨーロッパ議会が大量虐殺に対して時効を適用しないよう決議したのである。	時効の廃止 ヨーロッパとドイツ

　表 6-3 と表 6-4 の内容は、ドイツにおける過去の清算のための、公訴時効の存廃に関する順調ではなかった歩みが紹介されていた。貿易など経済的な事情があったとしても醜い過去は誰もが暴き出したくないし、早く処理して終わらせたいのが普通の人情であるが、ドイツは議論の末、自分ではなく相手の立場を尊重する決議をした。「過去」に向き合うことは忍耐と真の勇気が必要であることを改めて思い知らせる事例である。

表6-5　相互的な展開手法としての「疑問 3」：外国人強制労役の賠償の問題

38:57	しかし僅か 10 年前までもドイツは一般企業に関連した外国人強制労役に対して賠償を拒否してきた。外国人労働者がナチの迫害を受けたと見かねないという理由だった。それでは、ドイツはなぜ外国人強制労働者へ、しかも半世紀以上が過ぎた時点になって賠償をするとしたのか。	賠償の範囲

表6-6　相互的な展開手法としての「回答 3」：政府や企業の賠償問題へ積極的姿勢

41:18	しかし彼らの法廷闘争は順調ではなかった。連邦裁判所が外国人強制労働者の賠償要求を毎回棄却したのである。しかしユダヤ人は諦めなかった。続く棄却にめげず粘りよく法定訴訟を続けた。賠償問題はアメリカにいるユダヤ人被害者へまで広がり新しい局面となった。当時のドイツ企業は、世界市場の中で競争力の確保のためにアメリカへ進出する動きを見せていた。しかしユダヤ人被害者が外国人不法行為賠償法を根拠にドイツ企業を相手に訴訟を起こしたのである。	粘り強い賠償訴訟 アメリカとドイツ

| 45:24 | 政府や企業は賠償問題へ積極的姿勢を示した。第二次世界大戦当時外国人強制労働者を雇用した企業が賠償へ参加することに決定して財団設置と基金調整を論議した。しかし時間が過ぎるにつれて参加企業は 6500 まで増えてきた。ナチと無関係の新生企業が大挙して参加したのである。 | 政府・企業の積極的姿勢

新生企業の参加 |

　表 6-5 と表 6-6 の内容は、ドイツにおける外国人強制労役への賠償の問題とその解決までの歩みが紹介されていた。ユダヤ人など被害者たちの粘りもあったものの、最終的に当事者であった企業だけではなく、新生企業も大挙して賠償問題へ参加することとなったという事例は「国を超えた人道的倫理に反する罪に関する人類的な取り組みへの理解とは何か」を思い知らされる事例であると考える。

　以上、表 6-1 ～ 6-6 の言説から読み取れる点は主に以下のようになる。

　第一に、ドイツの場合、ヨーロッパの国々やアメリカなどとの「交易」の問題が戦後の徹底した賠償に至る変化をもたらした実際のキーとなった点である。すなわち、経済的な「グローバル化」の波の中で、戦争の責任の問題も結局「世界化」していったのであった。

　第二に、戦後処理をめぐって重要な媒体として、メディアの役割が注目される点である。「グローバル化」の波の中で、ドイツの外国人強制労働者への賠償問題がヨーロッパだけではなく、アメリカまで広がり、新しい局面を迎えるようになったきっかけを作った媒体は、番組の中にも紹介されていたように、「広告」のメディアの影響があった。また、番組の中で紹介されたように、1970 年代ドイツで放送されたテレビドラマ『ホロコースト』[3] はドイツの社会における過去の精算を支持する世論への重要な後押しの役割を果たしていた。

　第三に、しかしながら、ドイツの変化における特徴は、企業だけはなく、また政府だけでもなく、戦争と関係のない新生企業まで大挙に広がった点が挙げられる。すなわち、戦争の責任論の問題が、「世界化」だけではなく、大衆の意識の変化とともに、幅広く共有されるという意味で「大衆化」していたと捉えられる。

3.2　日本と「過去」の言説

　番組においてドイツの事例と比較されたのが日本の事例であった。日本の事例の紹介は、2014年の番組が制作放送された年の日本の首相による「憲法改正」の話題から始まっていた（表6-7）。

　他方で、番組の中で提起されている点は、主に表6-8の通りである。

　表6-7と表6-8の内容から考えられる特徴は下記の通りである。

　第一に、「8.15」ドキュメンタリーシリーズとしての番組の企画・制作のきっかけには、日韓関係における葛藤の表面化があった点が挙げられる。すなわち当時（2014年）の韓国の保守政権との政治的な駆け引きを政権維持のために戦略的に繰り広げていた日本は、政治的な側面では安倍首相による憲法の改正の問題が、そして一般人の側面では嫌韓デモ等の葛藤の表面化があった。

　第二に、番組でこうした当時（2014年）の日本の情勢の原因を、戦後処理の歩み、すなわち、東京裁判から始まって講和条約に至るまでの過去の歴史から検証できるものとして提示していたことは、「過去」を考えさせる重要な視点であることを想起させた。

　第三に、番組では、安倍政権の改憲の問題やヘイトスピーチの動きを紹介していたものの、テーマとなるのは「反日」の言説を煽ることより、「東アジアと戦争」の問題として視野を拡大させることによって、グローバル化の時代に相応しい視点からの再考を訴えていたと受け取れる。こうした番組テーマが特徴として挙げられる理由とは、恐らく「ナショナリズム」というイデオロギーがまだ終わっていない世界的な課題であるという認識とともに、しかしながらこうした課題は日本だけではなく、韓国やその他の国の中で共有することで教訓や反省が学べるということ、そしてしかしながらまだ拮抗している現状を改めて日韓の事例から反映したかったことであったと考える。

　第四に、日本の戦後処理の事例を紹介する場面の表現手法としては、台本のナレーションを読む形の一方的な解説的展開ではなく、ドイツの事例を取り上げた際の手法と同じく、「疑問」と「回答」を繰り返し使う相互レスポンス式の対話的な展開的表現手法が使われた点が制作方法的特徴と

表 6-7　日本の「平和憲法」の誕生

Time	番組内容	登場人物	ナショナリズム言説
12:49 14:47 16:43 18:32	東京戦犯裁判 米大使館での密談 連合軍最高司令官総司令部（GHQ） （TRACKS/Narration 解説者） <u>天皇の地位を保証する代わりに永遠に戦争を諦めることを約束した憲法。これが最近安倍内閣が改正すると言い出した平和憲法である。</u>	天皇・東條英機 マッカーサー・天皇 マッカーサー	A級戦犯 戦争の責任者 戦争の放棄 平和憲法

表 6-8　日本の戦後処理

Time	TRACKS	ナショナリズム言説
12:20	（TRACKS/Narration 解説者）反省はおろか戦争前の軍国主義へ回帰する日本。<u>こうしたねじれはどこからくるのか。</u>	ねじれ
21:33	（TRACKS/Dialogue小森陽一）安倍晋三が繰り返して主張している「歴史的使命」とは何かを考える必要がある。これこそA級戦犯容疑者であった岸信介が政治家として何をやろうとしたのかと関連している。	歴史的使命（安倍首相）
28:00	（TRACKS/Narration 解説者） 去る5月。東京の新大久保街。 ここで嫌韓デモが行われた。	嫌韓デモ
28:29	（TRACKS/Narration 解説者） 戦争に対する謝罪と賠償はおろか日本はなぜこんな歪曲した妄言をするのか。<u>こんなねじれはどこから来るのか。</u>	歪曲した妄言
31:40	（TRACKS/Narration 解説者） 結局我が国は公式参加国として招待をもらえず、国際法的に戦争賠償をもらえる資格さえ得られなかった。太平洋戦争当時戦争当事国ではなかったという理由である。	講和条約
34:21	（TRACKS/Narration 解説者） そして、数多の戦争犯罪と責任を後ろにしたまま昔の姿へ戻っていた。加害国日本が残した戦争責任の火花は東アジアに残されたまま戦争による苦痛は個人のものとなった。	戦争犯罪と責任 東アジア

して挙げられる。

3.3　国家を超える「過去」の言説

　『忘却する国　贖罪する国』における「民族主義」の言説は前節で述べた番組のプロット（5段階の簡略化したプロット）から考えると表6-9のように読み取れる。

　この内容から下記のような知見が考えられる。

　第一に、番組ではドイツと日本との「差異」の本質として、戦犯の処罰

表6-9　プロットと言説

Time	プロット	ナショナリズム言説（下線）
〜 2:04	プロローグ	二つの国における「差異」はなぜなのか。
2:04 〜 11:00	→ドイツの戦後処理（戦犯）	（10:21）過去の過ちから結論を導き出すことで我が社会のシステムを堅実に固めました。
11:01 〜 21:49 28:00 〜 35:42	→日本の戦後処理（戦後〜現在）	（35:00）金の問題ではない。自分たちが戦後 69 年も抱え込んで生きてきた心の恨みを解決することが問題です。
21:50 〜 27:59 35:43 〜 47:47	→ドイツの戦後処理（補償）	（37:42）ナチ被害者をケアするとともに過去の歴史研究への支援と人権関連事業をしている EVZ。この財団は去る 2000 年ドイツ政府と企業が 8 兆ウォンにのぼる基金を調達して設立した。外国人強制動員労役問題と被害者賠償問題を解決するためである。そして 2007 年 98 ヶ国に居住している 170 万名余りに賠償作業を終わらせた。（TRACKS/Narration 解説者）（38:57）しかし僅か 10 年前までもドイツは一般企業に関連した外国人強制労役に対して賠償を拒否してきた。外国人労働者がナチの迫害を受けたと見られかねないという理由だった。それでは、ドイツはなぜ外国人強制労働者へ、しかも半世紀以上が過ぎた時点になって賠償をするとしたのか。（47:21）私たちはずっと覚醒していると宣布したのである。
47:48 〜 48:39	エピローグ	（47:48）ドイツは私たちに真実を教えてくれている。被害者が怠けると加害者は犯罪を忘れる。そして加害者の懺悔なしに被害者の赦しは期待できない。
48:40	完	

や補償の有無の次元ではなく「清算」が全て終わった後の教訓を不滅とさせるための未来志向の考え方の次元を取り上げていた（例えば、「(47:21) 私たちはずっと覚醒していると宣布したのである」というインタビューの内容）。こうした、最後に導かれた言説をテーマとしてまとめていた点はまず注目される点として挙げられる。

　第二に、「(37:42) (中略) 外国人強制動員労役問題と被害者賠償問題を解決するためである。そして 2007 年 98 ヶ国に居住している 170 万名余りに賠償作業を終わらせた」というナレーションの通りに、ドイツでの「過去」の記憶への処理で「戦争」や「過去」の被害者をグローバルな人権の問題として捉え直すという試みとして、「国家」を超えた「グローバルなネーション」の言説として語られていた点は注目される。

　第三に、ドイツの事例から学んだ教訓として加害者だけではなく被害者のことからの学びにも言及している点（例えば、「(47:48) 被害者が怠けると加

230

害者は忘れる」）は、ポスト「戦争」の相互的な解決の道として考えさせられる点であった。

　第四に、番組では、ドイツの事例から学んだ教訓として独日両国間の結論の比較はあったが、戦後の賠償や戦犯処理のプロセスにおける両国間の差異の比較の構成がロジック的ではなかった点は非常に残念であった。すなわち、最終的な和解とは加害者の「懺悔」にあると言い切ったが、しかしながら、番組の展開において、「贖罪」や「懺悔」の内実は物質的な「補償」だけではなく（実際に本章の冒頭で記しているように、1990年代の元慰安婦女性たちの告白以後、河野談話、村山談話があったことや、「女性のためのアジア平和国民基金」の発足など政治界だけではなく一般市民のレベルでも戦後処理に関わる様々な新しい動きと議論が巻き起こったにもかかわらず）、結局ドイツと日本はどう違うのか（＝安倍首相や嫌韓デモ隊以外の日本は今後具体的に何をすべきなのか）といった一歩踏み込んだ論理的な比較や言説が実は必要だったと考える。現に、日本と韓国の間の歩みを振り返ってみた場合、加害者と被害者の「怠け」のレベルではない根深い政治的力線が敷かれているのを見逃してはならないからである。要するに、今必要なことは、外交や、経済、そして人権といった様々な要因が政治の磁場から自由ではない悪循環が繰り返されている歴史に歯止めをかける「方法」を国民のレベルで真摯に考えなければならないということである。

　第五に、ドイツと日本の二つの国の状況を過去の歴史や現在に至るまでのプロセス、そして現在の状況まで比較することによって、番組の冒頭で取り上げられていた両国間の「差異」への疑問が比較的に検討されていた点は注目できる点として挙げられるが、しかしながらこの種のテーマに挑戦するのならば、日本の事例をもっと掘り下げて「差異」の原因を徹底的に語る必要があったと考える（例えば、ヘイトスピーチの行進を見せるだけではなく、ヘイトスピーチのデモ隊の参加者にインタビューすることや、所謂右翼だけではなく、一般の日本人の取材も行うことで、日本との葛藤の原因を客観的に探る作業が必要だった）。つまり、日本の多くの人の疑問であろう「過去日本の〈謝罪〉はなぜ韓国では認められなかったのか」といった葛藤を相手の日本の人たちの声に耳を傾けながら糸口を探す作業こそ「被害者」としての「粘り」

として、日韓の葛藤を解決するための今の必要な道であるのではなかろうか。

　第六に、しかしながら戦後凡そ70年が過ぎて制作放送された『戦争と日本』は、戦後既に長い歳月が過ぎていた時点であったからこそ、ポスト「戦争」という問題を日本と韓国という二つの国の境界の壁を超えて、ドイツやヨーロッパ、アメリカへ視野を広げて再検討しようとする制作意図は評価できる。日韓関係にとって「戦争」が残した遺産は十分に「清算」できておらず、あまりにも重くのしかかっているのが実情である。「戦争」はまだ語らなければならない負の遺産であるからである。

4.　小結：「反日」を超えて「反戦争」へ

　本章では韓国放送局の「8.15」ドキュメンタリーシリーズの中で2014年に放送された8.15企画4部作『戦争と日本』の『第4部　忘却する国、贖罪する国』を中心素材としながら、韓国における2010年代以降のナショナリズムに関わる言説について検討した。

　ドキュメンタリー『第4部　忘却する国、贖罪する国』は、番組のタイトルから分かるように、二つの国の事例を比較・対立させる構図と、疑問と回答のリレーションの表現手法で展開させる方法で作られていた。番組で取り上げていた二つの国は、既に本文で検討したように、一方はドイツで、他方は日本であった。しかしながら番組のタイトルにある「忘却する国」＝日本＝「反日」のような等式ではなく、日本による戦後処理の必要性を主張するものの、ポスト「戦争」の記憶の言説であった。すなわち、日本の戦後補償の有無や、戦犯処理における問題を浮き彫りにすることはあったが、こうした「反日」の強調が番組の最終的な狙いではなく、ドイツの凡そ60年間に亘る戦後処理のプロセスを詳細に検討することで見えてくる現実的な戦後の問題と課題への問いであったと考えられる。「戦争」から60年が過ぎている今、私たちは「未来」をどう準備していかなければならないのか。番組の完成度でいうならば、テーマまで導くための番組構成上の論理的展開や実証的な検証は不十分であったものの（例えば、ドイ

ツと日本を補償の有無や戦犯の待遇の結果といった全般的に比較するのではなく、各々
の異なる状況をより深く探り極めた上で見えてくる「差異」の提示が欲しかった）、番
組制作の動機、すなわち、戦後処理において（日本と同じく）ドイツの場合
も最初は「忘却」しようとしていて、（今のような結果に至るまで）そのプロ
セスは長い戦いの結果であって決して簡単ではなかったということがよく
伝わった。最後のナレーションでは、「被害者が怠けると加害者は忘れる」
とまで言っていた。

　他方で、ドキュメンタリーにおいて「反日」や「反共」の言説は意味拡
張へと変化していた。というのも、2000 年代の韓国と日本の関係を振り
返ってみるならば、2002 年に日韓共同開催されたサッカー・ワールド
カップ大会や、その 2 年後の 2004 年をピークとする韓流ブームの到来、
金大中政権の時期の日本大衆文化の全面的な開放などがあった影響は文化
的な側面では融和的な変化をもたらした。しかしその後李明博政権とそれ
に続いて誕生した朴槿恵政権といった保守派の政権による政治的な葛藤は
日本の安倍晋三という保守派政権の登場と長期化によってさらに感情的な
溝は広がりつつある。こうした側面から考えると 2010 年代における番組
の中の「反日」の言説が掃き清められたとは思えない。

　しかしながら 21 世紀の、グローバル化が進行していって「大衆化」や
デジタルメディア時代を迎えていた韓国市民社会のレベルにおいて言えば、
「反日」や「反共」の言説は多義的な意味として内実は重層的に変わって
おり、既存の短絡的な「反日」や「反共」の言説は既に説得力を失いつつ
あるのも実情であった。すなわち、意識的進歩（ideological development）や、
境界侵犯（transgression）的言説の拡張と言える。こうした変化を制作者側
も重々察していたはずである。メディア、特にテレビは重要なマス
（mass）の媒体であるからである。むしろ、21 世紀の韓国の大衆社会は多
極化や、多元化が急速に進行しているので、所謂「民族主義」の概念も既
存の「民族主義」とは異なる重層的かつ多声的に多様化していく分岐点を
踏み越えていたと見受けられる。すなわち、番組における「ネーション」
の言説は、必ずしも韓国だけに限られた「戦争被害者」だけではなく、東
アジアや欧米に離散している戦争の被害者たちまでを視野に入れた「世界

の戦争被害者としてのネーション」へのメッセージのように見受けられた。

　こうした意味で、番組の主たる言説は「反日」というよりは「反・戦争」と言えよう。また関連して、グローバル化の時代の韓国社会におけるナショナリズムの言説は「トランスナショナリズム（Transnationalism）」の言説として捉えられる。つまり21世紀、戦後韓国において「反日」と「反共」の言説は、イデオロギー装置の中であるものの、常に切れ目の間で対話しながら戦争の被害者としての「グローバルなネーション」を射程に入れつつイデオロギーの進展を絶えず模索し続けていったのである。

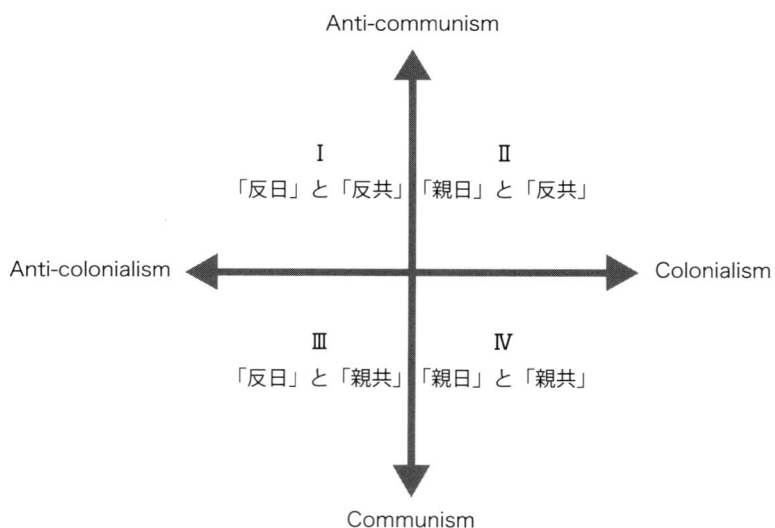

図 A-1　戦後韓国における「反日」と「反共」の概念をめぐる構造的関係性（再掲）

出典：筆者作成

【番組テンプレート】8.15 企画『戦争と日本４部作　第４部忘却する国、贖罪する国』
（2014.8.22 放送）

Text	
Metaphor of Vision	Metaphor of Voice
0:22 W.M〈8.15 企画 戦争と日本〉	（TRACKS/Noise 時計の時刻を刻む音） （TRACKS/Music テーマ曲）
0:30 （Editing/Insert 過去の映像） W.M〈第二次世界大戦ユダヤ人犠牲者慰霊塔 1970 年 12 月 7 日〉	BGM
0:45 W.M〈ヴィリー・ブラント：元ドイツ首相〉 W.M〈ドイツの最も恥辱な歴史を証言する場においてナチの犠牲になった多くの英霊に向き合う瞬間、言葉を失った。 私は人間が言葉で表現できない時できる行為をやっただけである。〉	BGM
00:52（Editing/Insert 過去の映像） W.M〈裕仁の戦後最後の公式記者会見 1975 年 10 月 31 日〉 W.M〈戦争責任についてどう思いますか。〉	BGM
1:07 W.M〈ああいう話の表現に対して私はああいう文学方面はそんなに研究していないのでああいう問題に対しては答えられない。〉	
1:14（Editing/Insert 過去の映像） W.M〈世界ホロコースト記念日前日　2013 年 1 月 26 日〉 W.M〈メルケル首相〉	
1:24 W.M〈私たちはナチが犯した犯罪と第二次世界大戦の犠牲者たち、そしてホロコーストへ永遠の責任がある。〉	
1:32 （Editing/Insert 過去の映像） W.M〈衆議院予算委員会 2014 年 2 月 12 日〉 731 隊飛行機搭乗ポーズを取る W.M〈安倍首相〉	
1:37 W.M〈強い日本を取り戻すための戦いは只今始まったばかりである。〉	
1:46 W.M〈差異〉 W.M〈異なる〉 W.M〈なぜ〉 W.M〈？〉	BGM
W.M〈第 4 部忘却する国、贖罪する国 〉	TM

2:04 W.M〈戦犯清算本部〉	（TRACKS/Narration 解説者） **Na** ドイツシュトゥットガルト近郊に位置するナチ戦犯清算本部。第二次世界大戦が終わってから 60 年余りが過ぎているが、ここでは戦犯たちを追跡する作業を続けている。
2:26	（TRACKS/Dialogue 所長） 49 名の名簿を確認しました。当時ナチへ関わった 7 名は現在外国に住んでいるので詳細な調査が不可能でした。2 名は確認が難しかった。
2:43	（TRACKS/Narration 解説者） **Na** この機関の任務はナチの全ての犯罪を調査してその結果を周辺地域の検察庁へ移管することである。
2:56	1967 年からこれまでここで扱った事例だけで 10 万件余り。ナチ犯罪に関する全ての記録は過去 40 年間ここに保管されている。ここには単純に加害者の処罰だけではなく別の理由が隠れている。
3:20 W.M〈クルト シュリム：ルートヴィヒスブルク研究所所長〉BS	（TRACKS/Dialogue 所長） **Int** 一部の国民や、特に若い世代がある日この事実を忘却する危険性を予防することが私たちの意図です。全ての関連者が 100 歳を過ぎて有罪判決が不可能な時点で私たちの事務室も閉めることとなります。しかし文書資料は廃棄するのではなく、ここで使わない場合は連邦資料室へ移されて保管されます。この文書は後の世代のための資料です。
4:02	（TRACKS/Narration 解説者） **Na** <u>しかし 1950 年代頃まで、ドイツは過去の歴史を記憶するより忘却しようとした。では、彼らの過去の清算はどうやって可能となったのか。</u>
4:19（Editing/Insert 過去の映像） W.M〈アイヒマン裁判場　1961 年エルサレム〉 アイヒマン BS W.M〈アドルフ・アイヒマン〉顔 CU 5:00 W.M〈ガス室を運営したのは彼の指示であった。拷問と略奪後、彼らから全てを絞り出した後、彼らの髪の毛さえ持っていかれた後、彼らは皆殺しされた。しかも屍さえ価値があった。彼らは金の入れ歯や結婚指輪を奪った。〉	（TRACKS/Narration 解説者） **Na** <u>1961 年、一人の男が法廷に起訴された。ナチ親衛隊将校としてユダヤ人の大量虐殺の実務責任者だった。果たして数百万名のユダヤ人を死に追いやった彼とはどんな人なのか。しかし暫く後で法廷に入った彼は悪の化身とは違っていた。</u> 50 代半ばの小さい背のスーツを着た彼の名前はアドルフ・アイヒマン。
5:35 5:50 W.M〈アウシュヴィッツ裁判　フランクフルト〉	（TRACKS/Narration 解説者） **Na** 残酷な犯罪行為とは異なってとても平凡な彼の姿はドイツの人たちに少なからず衝撃を与えた。 BGM **Na** それから暫く後ユダヤ人の虐殺に関わったという理由で呼び出されたナチ党員も同じであった。

6:05 W.M〈ハンス　オリヒターマー：ミュンスター史学科教授〉BS アウシュヴィッツ記録白黒映像	**Int** 以前までは犯罪者は少数だと考えられていました。邪悪なイデオロギーを持つのは犯罪的な性向を持つ少数の男性が全部であると考えられていました。ただああいう人たちだけがホロコーストと迫害、抹殺の主犯であると考えられていました。残りは巻き込まれただけであると。 しかしフランクフルトアウシュヴィッツ裁判が開かれると、あれ（虐殺者）が平凡な人たちであることが分かったのです。ああいう下位職の歯車がなかったならば数百万に対する強制収容も大量虐殺も決して起きませんでした。
7:12 7:44〈Notizen–テュービンゲン大学生雑誌〉	（TRACKS/Narration 解説者） <u>**Na** ナチが滅亡して 20 年余り、ドイツ人は漸く自分たちの中に存在する殺人者に注目するとともに、過去自分たちが犯した犯罪を直視し始めた。</u> <u>これを実行に移したのはナチ時代を経験していなかった若い世代であった。</u>
8:01 W.M〈今も当時のテュービンゲンの状況に言及しないのは大学の教授である〉 W.M〈Bebermeyer がテュービンゲン大学をナチ主導者にさせた〉	（TRACKS/Narration 解説者） <u>**Na** 1964 年、テュービンゲン大学生たちは大学が清算しない過去について問題を提起した。</u> そしてナチ時代大学はどのような役割をしたのか教授側へ調査することを要求した。
8:15	（TRACKS/Narration 解説者） **Na** しかし教授会ではこれを受け入れなかった。むしろ名誉毀損とも感じる教授もいた。
8:29〈ハンス　オリヒターマー：ミュンスター史学科教授〉BS	（TRACKS/Dialogue） **Int**（教授の間で）ああいう質問は完全に禁止でした。ああいう状況、一方は相当な攻撃的な攻勢を浴びせる、他方では沈黙している、ああいう状況では葛藤が先鋭化になるだけです。
8:55 9:17〈ベルリン自由大学〉	（TRACKS/Narration 解説者） **Na** 結局長い論争の挙げ句、大学の清算されていない過去という主題で特別講義シリーズが開設された。これはドイツ社会に大きな反響を呼んだ。 **Na** 言論の熱い関心を集めながら過去克服のモデルとして多くの大学で類似の講座が生まれた。ひいては若者たちは法律系をはじめ、社会の指導層まで問題を持ち込んだ。過去の歴史を清算できない原因がナチ経験者たちが相変わらず要職にいる現実のせいだと考えたからである。
9:53〈ハンス　オリヒターマー：ミュンスター史学科教授〉BS	（TRACKS/Music『Imagine』）EM （TRACKS/Dialogue） **Int** 政治的、社会的指導層の間で不安感が広がりました。あの人たちは質問に対して相当拒否的な態度を示しました。他方で、反対に開放的な態度も出てきました。
10:21〈ディブルルェン　ドイツ連邦国会議員〉WS	（TRACKS/Dialogue） **Int** 私も戦後生まれですが、当時若者たちに旧世代が経験した戦争の残酷さと強制収容所で起きたことを伝えました。ベルリンへ行って残酷な現場と歴史の背景を直に確認するよう話しました。<u>こうして全ての世代が思考方式を転換して過去の過ちから結論を導き出すことで我が社会のシステムを堅実に固めました。</u>
11:01 W.M〈日本東京〉	

	（TRACKS/Narration 解説者）
11:35 安倍首相	**Na** 他方、アジア太平洋戦争が終わって 60 年余りが過ぎた今、全世界の目が日本に集中した。1945 年敗戦後、戦争を永遠に諦めるとした平和憲法を改正すると言ったのである。
W.M〈憲法が制定されて 68 年になる今、強い日本を戻すための戦いは今始まったばかりである〉	**Na** そしてその理由についてこのように言った。
安倍首相 W.M〈日本は過去の地位を回復するとともに、東アジアと世界の安定と平和に大きく寄与する〉	
裕仁の声 W.M〈アメリカとイギリスへ宣戦布告をした理由は実に帝国の自尊と東アジアの安定を切に願ったからである〉	**Na** ところでこの安倍首相の発言は過去裕仁が太平洋戦争で言ったことと妙に似ている。
12:20	
	（TRACKS/Narration 解説者） **Na** 反省はおろか戦争前の軍国主義へ回帰する日本。こうしたねじれはどこからくるのか。
12:45（Editing/Insert 過去の映像）	**Na** 東京の防衛庁舎。 1946 年 5 月、ここで東京戦犯裁判が開かれた。侵略戦争を起こして平和を害した嫌疑で起訴された A 級戦犯は全部で 28 名。裕仁は起訴されなかった。この中で戦争の責任者は誰だったのか。被告人への審理は 1 年 6 ヶ月続いた。そんな 1947 年 12 月最後の日。真珠湾空襲を遂行した当時首相の東條英機の審理中偶然の事態が起きた。
〈平和を望む天皇の意思に反してある行為や進言をしたことがありますか〉	〈平和を望む天皇の意思に反してある行為や進言宣戦をしたことがありますか〉
〈日本の臣民が天皇の意思に反してあれこれ言うのはあり得ない。まして高官であるのならば言うまでもない〉	〈日本の臣民が天皇の意思に反してあれこれ言うのはあり得ない。まして高官であるのならばいうまでもない〉
13:48 W.M〈吉田豊　一橋大学院社会学研究科教授〉BS	（TRACKS/Dialogue） **Int** 東條の失敗でした。東條が本音を言ってしまった。東條自身は天皇へ忠誠心の強い首相として天皇の意思を政策に反映することを重視してきたことで知られています。あの発言は東條の本音です。しかし裁判では問題になる。あの発言によると戦争を始めたのは天皇の意思となる。
14:22（Editing/Insert 過去の映像） W.M〈日本ニュース第 22 号〉 巣鴨刑務所（東條）CU	（TRACKS/Narration 解説者） **Na** しかしアメリカ側の主席検事のキーナンは裕仁を法廷に立たせなかった。そして密かに東條に証言を撤回することを指示した。なぜアメリカ側検察はこのような反応を見せたのか。
14:47 15:10 マッカーサーと裕仁天皇の写真	**Na** 1945 年 8 月 30 日。一人の男が厚木飛行場へ降り立った。日本の戦後処理を担当する連合軍司令部最高司令官ダグラス・マッカーサーだった。 何日か後、彼に会うために米大使館を訪ねた。 軍統帥権者で戦争の最高責任者である裕仁であった。
15:29 W.M〈ジョン・W・ダワー　MIT 大学名誉教授　『敗北を抱きしめて』著者〉BS	（TRACKS/Dialogue） **Int** そこで天皇を見た人たちは天皇は怯えていたと言いました。それは世界世論が天皇を戦犯として扱うべきだと言ったからです。マッカーサーはあの会談で天皇を戦争犯罪で起訴しないことを明確にしました。これからアメリカは天皇を支持する、また彼らは日本でやることに天皇を利用することを暗示したからです。

16:10 16:34 16:43〈連合軍最高司令官総司令部（GHQ）：現第一生命ビル〉	（TRACKS/Narration 解説者） **Na**天皇の権威を利用して占領政策を円滑に遂行しようとしたマッカーサー。そしてマッカーサーに積極的に協力することで自身の命と天皇制を守ろうとした裕仁。彼らの戦略的な取引が叶ったのである。 （TRACKS/Narration 解説者） **Na**しかし裕仁とマッカーサーには残る山場がまだあった。当時連合国では天皇制と裕仁が存在する限り日本の軍国主義は無くならないという非難の声が高かった。マッカーサーは日本の首相に会って対策を考えた。裕仁と天皇制を守りながら連合国を巧妙に説得できる論理。悩んだ挙げ句の秘蔵のカードが日本の戦争放棄であった。
17:29 W.M〈日本憲法9条1項　戦争及び武力による脅威または武力の行使は永久に放棄する〉 〈日本憲法9条2項　いかなる戦力も保持しない。国家の交戦権も認めない。〉	
17:45 W.M〈ジョン・W・ダワー　MIT大学名誉教授　『敗北を抱きしめて』著者〉BS	（TRACKS/Dialogue） **Int**誰かが吉田に聞いた。〈これは武器を持たないことなのか、自身も防衛できないことなのか〉〈この条項は何の武器も許さないことである。刀の二つでもダメです〉〈ではどうする〉と聞かれたら吉田はUNに頼ると言った。新しい憲法が好きではなかった保守的な彼がこう言ったのは、この憲法を支持しなければアメリカ人はこれ以上天皇を保護しないと考えたからである。
18:32 日本憲法CU	（TRACKS/Narration 解説者） **Na**<u>天皇の地位を保証する代わりに永遠に戦争を諦めることを約束した憲法。これが最近安倍内閣が改正すると言い出した平和憲法である。</u>
18:53〈縄縕厚　山口大学政治学研究科副学長〉WS	**Int**憲法を作った時、天皇を廃止することを希望した中国やイギリス、オランダに対してアメリカは天皇は存続させることを強要する。異議を提起した中国やイギリス、オランダに対して憲法9条、すなわち日本は武装国家ではない、非武装国家にすることを含ませることで天皇の存在を残すことで成立した。
19:45 解放される巣鴨刑務所の戦犯者たち 岸信介	（TRACKS/Narration 解説者） **Na**結局戦争の最高責任者の裕仁は審判されなかった。天皇の無罪。これは日本国民の無罪であった。裁判が終わると彼らは戦争犯罪者ではなくなった。死刑が執行された7名以外のA級戦犯容疑者全員が釈放された。赦免復権された彼らは戦後日本を動かす政界の実力者となった。南京大虐殺に深く関わったという理由でA級戦犯として逮捕された岸信介。彼も57年首相となった。彼の外孫が今の安倍首相である。
20:48 W.M〈強い日本を戻すための戦いが始まった。憲法改正を通して日本は完全に過去の地位を回復する。〉	

20:55 W.M〈ジョン・W・ダワー　MIT大学名誉教授　『敗北を抱きしめて』著者〉BS	（TRACKS/Dialogue） **Int**安倍晋三は東京戦犯の歴史観の右翼の、ネオナショナリズムの完璧な事例です。彼は政治的かつ思想的に日本の残酷行為を含めて、戦争に対する考え方を変えようとしました。実は祖父を弁護している。
21:33 W.M〈小森陽一　東京大学言語情報科教授〉WS	（TRACKS/Dialogue） **Int**安倍晋三が繰り返して主張している「歴史的使命」とは何かを考える必要がある。これこそA級戦犯容疑者であった岸信介が政治家として何をやろうとしたのかと関連している。
21:50〈ドイツ　ハーゲン法廷〉	（TRACKS/Narration 解説者） **Na**去る9月。 全世界の目を引く事件があった。
W.M〈老人を捕まえておくことではなく、戦争被害者へ正義が実現されたことを見せることが目的である〉	69年前の罪を問われた92歳のシアート氏が緊急逮捕されたのである。ナチ親衛隊の隊員として抵抗軍を殺害した理由であった。
22:28	（TRACKS/Narration 解説者） **Na**降伏してから60年が過ぎているがナチ戦犯者へ過去の責任を問うドイツ。<u>彼らにはナチ時代はまだ流れていない過去となっている。そしてどのように法的時効を廃止できたのか。</u>
23:01	**Na**1965年ドイツはナチを断罪できない状況にあった。法的公訴時効のせいである。当時の現行法上の起訴時限は20年。したがって時効を延長するか終了する状況であった。過去の歴史清算の雰囲気の中で時効の問題は世論と連邦議会との激烈な論争をもたらした。（論争は省略）
24:07	**Na**結局長い論争の末に合意ができた。公訴時効をナチが降伏した1945年ではなく、西ドイツが船出した1949年からとすることとした。しかしこれは一時的な措置であった。時効を完全に廃止することと決定したのはその後10年が過ぎた時であった。<u>1979年経済復興過程でヨーロッパとの交易が必須であったドイツ。しかしヨーロッパ議会が大量虐殺に対して時効を適用しないよう決議したのである。</u>
25:04 W.M〈マンプレドゥ　グェルテマーカーポツダム大学　史学科教授〉WS	（TRACKS/Dialogue） **Int**第一次世界大戦と違って第二次世界大戦以降友好国協力と統合の重要性を分かったのです。 <u>ドイツは過去を直視しければなりませんでした。</u>フランスやオランダ、ベルギーなどの周辺国家との関係が非常に重要であったので、また積極的に推進しました。
25:33 〈TVドラマ『ホロコースト』1978年〉	（TRACKS/Narration 解説者） **Na**時効廃止を導いたもう一つの主人公がある。 あるユダヤ人の家族を通してナチのユダヤ人迫害を描いた<u>ドラマ「ホロコースト」を通してドイツ人はナチの残酷さ</u>をさらに分かったのです。
26:07 W.M〈ハンス　オリヒターマー：ミュンスター史学科教授〉WS	（TRACKS/Dialogue） **Int**ナチ独裁と大量虐殺という主題がテレビと映画で出ていて、あの問題が個人的な次元の問題と変質していく中で衝撃を受けました。所謂砦が倒れた。たくさんの人たちがあの事件について質問して事件を記憶しようとしたのです。
26:47 W.M〈サイモン・ウィーゼンタール・センター〉	**Na**そしてドイツはナチ犯罪者に対する公訴時効を廃止することとした。ドイツの司法的精算において被害当事者であったユダヤ人も手を引かなかった。

27:01	**On**〈人を探して証拠を探し始めている〉
〈遅いが遅すぎはしない〉	**Na** 加害者を追跡するためにナチ戦犯懸賞手配を最近まで持続的に実施した。
27:33	（TRACKS/Dialogue）
W.M〈マンフレドゥ　ゲェルテマーカーポツダム大学　史学科教授〉WS	**Int** 群衆犯罪を法的処理だけで扱うのは物足りない。社会的、国際的、被害者集団への圧力が必要です。ユダヤ集団からドイツが法的に加害者になるよう圧力を行使しました。
28:00	（TRACKS/Narration 解説者） **Na** 去る 5 月。 東京の新大久保街。 ここで嫌韓デモが行われた。
〈竹島を自身の領土と教えている東京韓国学校無償化撤廃を訴える。帰れ。帰れ。〉	（TRACKS/Noise デモ隊・警察）ES 〈竹島を自身の領土と教えている東京韓国学校無償化撤廃を訴える。帰れ。帰れ。〉ES
28:29	（TRACKS/Narration 解説者） **Na** 戦争に対する謝罪と賠償はおろか日本はなぜこんな歪曲した妄言をするのか。こんなねじれはどこから来るのか。
	（TRACKS/Noise デモ隊・警察）ES
28:47	（TRACKS/Narration 解説者）
W.M〈サンフランシスコ 1951 年〉	**Na** アメリカのサンフランシスコのオペラハウス。1951 年 9 月。太平洋戦争処理のためのサンフランシスコ講和会議が開かれた。日本の戦争責任を問う場。しかし被害当事者であった我が国は参加国として招待されてなかった。なぜなのか。
29:26	当時我が国は講和会議のための対日戦争賠償要求書まで準
賠償請求書（フィルム）	備しておいた状態だった。戦争による物的人的被害と収奪による損害賠償と補償まで総賠償金額は約 310 億円に達した。そして張勉大使をアメリカに派遣して韓国の参加は当
張勉大使	然の権利だと主張した。アメリカの国務長官顧問のダレスも支持の意を明らかにした。
30:12	しかし講和会議が開かれる 5 ヶ月前、日本を訪問して秘密会談をしたダレスの態度は 180 度変わっていた。アメリカを代表するダレスと日本を代表する吉田。二人の間にどんな話があったのか。吉田が言ったのは韓国参加不可論だった。
30:55	
W.M〈万が一韓国が講和条約に参加することになると莫大な戦後補償金を韓国政府へ支給しなければならないが、私たちにはそんな意思もなくお金もない。万が一賠償すると天文学的な金額を出さないといけないので日本は滅びる〉	
31:10	**Int** 韓国側臨時政府が日本に対して宣戦布告をしたので、韓
W.M〈吉田豊　一橋大学院社会学研究科教授〉WS	国は交戦国、参戦国という論理が成立します。したがって韓国政府が参加して賠償請求をすれば当然応じなければならないのでそれを避けたかったと思います。
31:38	（TRACKS/Narration 解説者）
31:40 李承晩（過去映像）	**Na** 結局我が国は公式参加国として招待をもらえず、国際法的に戦争賠償をもらえる資格さえ得られなかった。太平洋戦争当時戦争当事国ではなかったという理由である。

31:59 W.M〈日本と交戦状態にあった国または1942年連合国共同宣言に署名した国に限って対日講和条約の署名権がある〉	
32:05 W.M〈吉田豊　一橋大学院社会学研究科教授〉CU 32:37	（TRACKS/Dialogue） **Int**二つとも成功します。それは、アメリカの政府が冷戦時代へ移行するにつれて日本の戦争責任追及や賠償の支払いより日本へ親米的かつ安定的な保守政権が成立するのが目的であったので戦争責任に関する問題については熱意を失いました。
サンフランシスコ協定式	（TRACKS/Narration 解説者） **Na**講和会議協定の初案では韓国領土となっていた独島も事情は同じであった。日本の反発でその所有権を明示しなかった。そして日本の戦争責任に言及せずに協定を締結した。その結果我が国をはじめアジア国家が日本によって受けた被害は完全に無視されたまま埋もれた。 （拍手の音ES）
33:20 W.M〈吉田豊　一橋大学院社会学研究科教授〉BS	（TRACKS/Dialogue） **Int**そこによく表れているのは、サンフランシスコ講和条約のことで連合国に対する戦争の責任の問題が曖昧になったということと同時に植民地支配の歴史に対する反省が日本政府にはなかった点です。
33:44	（TRACKS/Narration 解説者） **Na**それから半年後の1952年4月28日。 連合国の日本占領が終わり独立した日本。 日本政府の戦争に対する責任意識の不在はそのまま日本国民に繋がった。
34:04	（TRACKS/Noise 嫌韓デモ隊・警察） 〈帰れ。帰れ。〉ES
34:21 靖国の中の安倍首相	（TRACKS/Narration 解説者） **Na**そして、数多の戦争犯罪と責任を後ろにしたまま昔の姿へ戻っていた。加害国日本が残した戦争責任の火花は東アジアに残されたまま戦争による苦痛は個人のものとなった。
35:00 W.M〈内海愛子　恵泉女学院大学人文学部名誉教授〉BS	（TRACKS/Dialogue） **Int**日本は日韓協定の時、5億ドルを支給しました。日本はそうしたから全て解決できたと言っています。しかしながら問題が解決できていないのは被害当事者が理解できていないからです。日本政府が謝罪と補償の心を込めて支給した金であれば1円でも10円でもいい。金の問題ではない。自分たちが戦後69年も抱え込んで生きてきた心の恨みを解決することが問題です。
35:43〈チェッコ強制受容所〉PAN 〈タクマル　リブロバ　強制動員労働者〉WS 36:20 アウシュヴィッツ	（TRACKS/Dialogue） **Int**無論その時間を忘れることはできません。左腕に番号が刻まれているがこれだけが理由ではありません。ここに75名の女性が一緒に生活したがノミのような虫が多かった。悪臭で埋め尽くされていました。
36:25〈ミハエル　スムス　強制動員労働者〉CU	**Int**12時間働いて雪道を越えて1時間半を歩いて収容所に戻ってきてから処刑を見なければなりません。最後まで足掻いてから死ぬまで私たちはみんな見なければならなかった。

36:58 〈シフラグレタロン強制動員労働者〉 WS	（TRACKS/Dialogue） Int 私がなぜインタビューに応じたのか。60、70 年が過ぎたがまだ心が燃え上がってくるからです。絶対に忘れられません。
37:14	（TRACKS/Narration 解説者） Na ナチが敗北した後、東ヨーロッパやイスラエルに散り住んでいる外国人強制労働被害者たち。彼らを探して被害事実を記録として残したのはドイツのある民間財団である。
37:38 〈記憶、責任、そして未来、EVZ 財団〉	すなわち、記憶、責任、そして未来、という名の EVZ 財団である。
37:42	Na ナチ被害者をケアするとともに過去の歴史研究への支援と人権関連事業をしている EVZ。この財団は去る 2000 年ドイツ政府と企業が 8 兆ウォンにのぼる基金を調達して設立した。外国人強制動員労役問題と被害者賠償問題を解決するためである。そして 2007 年 98 ヶ国に居住している 170 万名余りに賠償作業を終わらせた。
38:26 W.M〈ギンタージャトホーフ記憶、責任、そして未来財団　理事長〉BS	（TRACKS/Dialogue） Int 賠償金支給が完了後、本財団は未来のための課題を持続して追求する目標として提起しました。すなわち、過去に犯した不当なことをずっと記憶する、ずっと想起させる、現在の問題についても関心を持つ。極右主義や少数民族差別のような問題です。
38:57 アウシュヴィッツ	（TRACKS/Narration 解説者） Na しかし僅か 10 年前までもドイツは一般企業に関連した外国人強制労役に対して賠償を拒否してきた。外国人労働者がナチの迫害を受けたと見られかねないという理由で。それでは、ドイツはなぜ外国人強制労働者へ、しかも半世紀以上が過ぎた時点になって賠償をするとしたのか。
39:45	Na 1989 年ベルリンの壁が倒れたその年。ドイツの統一は過去の歴史清算のもう一つの里程標を作った。つまり外国人強制労働者への賠償問題だった。統一以降鉄の幕が無くなるにつれて、これまで息を潜めていたユダヤ人被害者が組織を作って賠償問題を持ち込んだのである。
40:38 W.M〈ギンタージャトホーフ記憶、責任、そして未来財団　理事長〉	（TRACKS/Dialogue） Int 冷戦が終わり 60 年から 80 年代までは鉄の幕の後ろで隠れていたドイツへ異議を提起できなかったポーランド、チェコ、ロシア、ウクライナの犠牲者が現れ始めました。その後ポーランドやチェコはドイツが犠牲者に対して適切な補償をすることで和解ができるとともにヨーロッパの安全の囲みの中で生きられると言いました。
41:18 ドイツ連邦裁判所	（TRACKS/Narration 解説者） Na しかし彼らの法廷闘争は順調ではありませんでした。連邦裁判所が外国人強制労働者の賠償要求を毎回棄却したのです。
41:39 W.M〈強制連行の不当な行為の主要な原因はナチの迫害ではなく単純に労働力不足によるものであった〉 W.M〈強制収容所の収監者を労働させたのも彼らを収監者ではなく熟練した労働者として捉えたからである〉	BGM

W.M〈そして劣悪な環境であった理由は戦争により避けられないことであった〉	
42:18 42:42 N.Y街のドイツ企業の建物	**Na**しかしユダヤ人は諦めなかった。 続く棄却にめげず粘り強く法定訴訟を続けた。賠償問題はアメリカにいるユダヤ人被害者へまで広がり新しい局面となった。 当時のドイツ企業は、世界市場の中で競争力の確保のためにアメリカへ進出する動きを見せていた。しかしユダヤ人被害者が外国人不法行為賠償法を根拠にドイツ企業を相手に訴訟を起こしたのである。
43:10 W.M〈ヴォフガン　ボスバフ　ドイツ連邦国会議員〉BS	（TRACKS/Dialogue） **Int**アメリカで集団訴訟が提起されたので、相当な賠償金を支給するのも問題でしたが、ドイツ企業のイメージのダメージも深刻でした。困難を強いられた企業としては、フォード社やバイエル社を非難する広告が新聞に載っていました。
43:29 W.M〈バイエル社の悩みのタネ：生体実験と強制労役〉 W.M〈メルセデスベンツ：デザイン、パフォーマンス、強制労役〉 W.M〈フォード社の組立ラインは忘れたがる〉	
43:43	（TRACKS/Narration 解説者） **Na**ナチ時代。企業の倫理的な問題がアメリカ言論界に特筆されることで批判の攻勢も高くなった。
43:45 W.M〈ジュザンネ　ソフィア　シュピリオチス　歴史学者、ドイツ経済財団キュレーター〉WS	（TRACKS/Dialogue） **Int**該当企業の名声は毀損されてしかも法的に不安感を抱きました。アメリカ法廷がどんな判決を下すのか分からなかったから。 **Na**しかも輸出主役企業としては不買運動の動きに神経を使わなければならなかった。アメリカ市場が小さくないこととヨーロッパへも影響が広がる可能性があったからである。
44:24 W.M〈ハンス　オリヒターマー：ミュンスター史学科教授〉WS	（TRACKS/Dialogue） **Int**企業は防衛的な態度を見せるしかありませんでした。売上低下に繋がり、後には相当な金額の賠償をするのではないかと恐れました。
44:41 W.M〈ジュザンネ　ソフィア　シュピリオチス　歴史学者、ドイツ経済財団キュレーター〉WS	（TRACKS/Dialogue） **Int**そうしながら政治的・公論的に圧迫がかかった。世論の圧迫です。 （TRACKS/Narration 解説者） **Na**漸く1999年12月。ドイツ国民の名で大統領が謝罪に至った。
45:02 W.M〈ヨハネス　ラウ　元ドイツ大統領〉 W.M〈彼らが正統な賃金をもらえなかったことや強制連行、不法行為、不当な待遇を受けたこと、またこれらのことへの補償が遅くなったことに対して謝罪する。〉	

45:18	BGM （TRACKS/Narration 解説者） **Na** 政府や企業は賠償問題へ積極的姿勢を示した。第二次世界大戦当時外国人強制労働者を雇用した企業が賠償へ参加することに決定して財団設置と基金調整を論議した。しかし時間が過ぎるにつれて参加企業は 6500 まで増えてきた。ナチと無関係の新生企業が大挙して参加したのである。
45:52 W.M〈ギンタージャトホーフ記憶、責任、そして未来財団　理事長〉WS	（TRACKS/Dialogue） **Int** 過去を否定しないようとする新生企業のためです。25 歳から 30 歳の企業家たちがここで事業をする以上以前の世代とは異なる方法で接近したいと言っています。
46:09	（TRACKS/Narration 解説者） **Na** 結局ドイツ政府と企業がそれぞれ 4 兆ウォンの基金を準備して財団を設立した。 記憶、責任、そして未来財団である。そして 98 ヶ国の外国人強制労働被害者へ賠償金が支給された。ナチが敗亡してから 60 年ぶりのことだ。
46:38 W.M〈オテト フワレスト 強制動員労働者〉 BS	（TRACKS/Dialogue） **Int** 正しいことでした。賠償金を支給したことは。失った健康を戻してくれませんが。しかし認めるということなので、そういう面で正しいと思います。
46:48 W.M〈イゴル　ルシニコフ　ウクライナ国営財団　理解と和解　代表〉BS	（TRACKS/Dialogue） **Int** ドイツがああいう財団を創立したことは両国間の理解を再考する訴えだったと思います。まだ解決できていない問題は過去の歴史に残して両国間の関係を綺麗な紙に書き綴っていこうということです。
47:21 W.M〈ジュザンネ　ソフィア　シュピリオチス　歴史学者、ドイツ経済財団キュレーター〉BS	（TRACKS/Dialogue） **Int** <u>過去の過ちを清算するだけではない。あれは清算できた。</u>しかし私たちは未来に寄与したい。政府だけではなく財界も含めて。私たちはずっと覚醒していると宣布したのである。
47:48 アウシュヴィッツ入り口を歩く被害者 ZO	（TRACKS/Narration 解説者） **Na** 過去の暗い記憶が薄れるよりむしろ新しく蘇っているドイツ。ドイツは私たちに真実を教えてくれている。<u>被害者が忘けると加害者は犯罪を忘れる。そして加害者の懺悔なしに被害者の赦しは期待できない。</u>
48:19 W.M ハングル版 〈作戦名　最後の機会〉 〈遅いが遅すぎはしない〉 W.M 日本語版 〈作戦名　最後の機会〉 〈遅いが遅すぎはしない〉	BGM （TRACKS/Music）TM
48:40	完

音楽：ガク・サンヨン
台本：ユ・ジウン
演出：コ・ジョンフン

1）和田（1987）、和田（1992）を参照されたい。

2）金大中政権（1998年から2003年まで）は、国民選挙によって当選した史上最初の野党出身の大統領であったので、「政府の権力は国民にある」というスローガンを掲げた。

3）『ホロコースト』の原作者はアメリカ人のジェラルド・グリーンであるが、テレビ用娯楽ドラマとして制作・放映したのはNBCであった（監督：マーヴィン・チョムスキー、1978年）。ドイツでは、1979年1月22日から5日間（中1日休み）連続夜9時から2時間西ドイツの第3チャンネルで放送された。なお、これらの具体的な状況に関連しては石田（2014：230-246）を参照されたい。

ナショナリズム言説の
歴史的展開と展望

1. 総括

　本書は、韓国の国営放送（現在は公共放送）KBSが1961年から制作・放送してきた「8.15」ドキュメンタリーシリーズを実証的な研究対象として取り上げながら、戦後韓国におけるナショナリズム言説の変容の歴史を考察したものである。「8.15」ドキュメンタリーシリーズとは、所謂国家的な祝日（National Holiday）として制定された「光復節（= 8月15日）」を記念するために枠づけられたナショナルなイデオロギー装置として、現在もなお持続的に制作・放送されている。

　振り返ってみると戦後韓国のナショナリズムの言説は「反日」と「反共」を軸としつつ変化してきた。すなわち、1940年代、植民地時代にでき上がっていた主権回復のための独立運動や闘争活動で抵抗していた韓国人にとっての「民族主義」の性格は、「反植民地支配ナショナリズム（Anti-colonial Nationalism）」であった。こうした「反植民地支配ナショナリズム」には、主に二つのイデオロギーで分かれていた組織があったが、その一つ

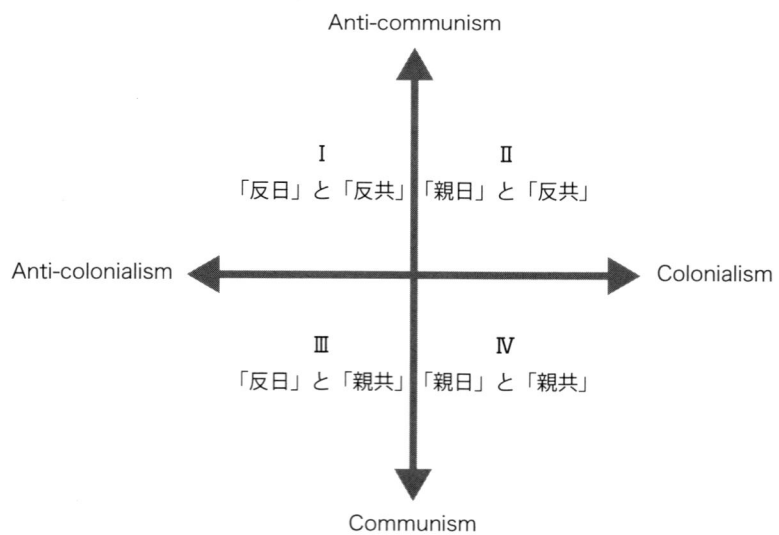

図A-1　戦後韓国における「反日」と「反共」の概念をめぐる構造的関係性（再掲）

出典：筆者作成

の組織が駐米外交委員部の委員長だった李承晩を中心とする在米の韓国人コミュニティや所謂ブルジョワ民族主義者たちであった（＝領域1：「反日」と「反共」）。

　他方のもう一つの勢力は、主に、満州や日本、ソ連、中国などで活動していた初期の韓国人共産主義者たち（＝領域Ⅲ：「反日」／「親共」）であった。

　また、解放直後の韓国社会には、韓国で活動していた「建国準備委員会」の主要メンバーである知識人や支配層のリーダーたちだけではなく、これまで海外で活動していた「民族主義者」たちや、初期の韓国人共産主義者たち、そして米軍政の勢力が大波のように韓国に入ってきて混沌としていた。こうした状況はしかしながら米軍政の思惑と初代韓国政府樹立のメイン勢力であったブルジョワ民族主義者たちの所謂「親日派」（＝領域Ⅱ：「親日」と「反共」）によって新たな局面を迎えることとなった。また初代韓国政府樹立後間もなく勃発した朝鮮戦争は南韓国において「極右反共体制」が根を下ろす良い口実を与えた。こうした背景の中で公式ナショナリズムを標榜する公共的な支配言説としてでき上がってしまった「反共」のイデオロギーはその後の韓国社会において戻れない「国是」の言説として長い間君臨することとなるのであった。

　本書の第1章では、以上の1940年代から1950年代までの歩みを、以後の1960年代から登場する韓国におけるテレビ放送の開局と、そしてテレビ放送とほぼ同時に開始された「8.15」ドキュメンタリーシリーズにおける言説の変容を考察するための「前景」としての意味を表すプロローグとして構成した。

　1960年「4.19革命」とともに没落した李承晩政権の後に登場した「革命政府」のリーダーの朴正熙は、革命政府の情報伝達と宣伝装置の一環としてテレビ放送の開局を急いだ。1961年大晦日に開局したKBSテレビジョン（HLCK）は、「（1961年1月）15日から定期放送を開始した。KBSテレビジョンの開局2週間は1日2時間ずつ実験的な放送をやってきたのだが、その後からは1日4時間から4時間半の、週間の番組基本編成による本格的な放送段階に入っていた。HLCKの基本番組ジャンルの割合は、子供17.5％、主婦家庭3.6％、時事報道13.3％、社会教養11.6％、音楽7.30％、

演芸娯楽 23.8％、映画 22.5％」（『東亜日報』1962.1.16 付、夕刊 4 面）であった。

　ところで、「8.15」ドキュメンタリーシリーズに関して言えば、1963 年度に KBS より出版された放送年鑑に制作・放送の軌跡が明確に記載されていた。すなわち、『KBS 年鑑』では、テレビ開局初年度から一般放送枠の「基本プログラム」とは別途の「特輯放送」が企画されており、9 つの企画が編成されていた「特輯放送」の中には「8.15 特輯」の枠が存在していた（『KBS 年鑑』1963：175-176）。そして、「8.15 特輯」の枠で企画・放送された番組群の中には「8.15」記念ドキュメンタリーが記載されていたのである。

　しかしながら、1960 年代初期、韓国社会のテレビ放送の事情は劣悪な状況であった。すなわち、この時期（1961 年）のテレビの対人口普及率を世界的に比較してみると、アメリカが 30.6％、イギリスが 23.5％、日本が 11.2％、そして韓国は僅か 0.001％であった（『KBS 年鑑』1962：巻末添付資料、出典の原著は 1962 年の World Radio TV Handbook（1961 年 11 月編集完了）である）。実際、戦後韓国社会においてテレビ受像機の普及が 50％に達したのは、開局後凡そ 15 年の歳月が過ぎた 1970 年代半ば以降であった（TV 普及率＝1975 年：30.3％、1977 年：54.3％）。こうしたデータは本書のテーマを考える上で、実に重要な参考資料となる。なぜならば、送り手とオーディエンスとの間の「ギャップ」を念頭に置く必要があるからである。つまり、「8.15」ドキュメンタリーシリーズは 1960 年早々に開始されたが、実際に見ていたと想像される韓国人はごく僅か限られた都市の富裕層に限定的であった時期が凡そ 10 年間は続いたという事実である。

　そして、現在韓国放送局のアーカイブスに保存されている「8.15」ドキュメンタリーシリーズの中で 1960 年代の映像は皆無であった。1970 年代の映像も僅かだけが閲覧できる状態である。本書では、本書のテーマが「戦後韓国のナショナリズム言説の変容の歴史」を考察することであるので、可能な限り「8.15」ドキュメンタリーシリーズをめぐる言説の変容の歴史的な展開を損なわないように、対象となった 180 本以上の映像（巻末の「韓国公共放送における歴代『8.15』ドキュメンタリーシリーズ目録」参照）を閲覧しながら、その中から各時代別の映像を 10 年単位で選定するとともに、

表B-1　各章で取り上げた「8.15」ドキュメンタリー

章	番組・タイトル	放送局・放送日	主人公・対象	時代背景	テーマ
2	「8.15 特集」4 部作シリーズ第 3 部『光復の歓喜』	KBS、1977.8.13	祖国	光復 32 年 5.16（クーデター）	統一祖国
3	8.15 海外企画 8 部作シリーズ『移民韓国人、このように成功した』第 1 部『洋服屋三兄弟』	KBS、1983.8.8	ハン氏三兄弟	朴正煕政権終焉 言論統廃合	移民韓国人
4	8.15 企画『韓国人の一日』	KBS、1987.8.12	ハン教授	5.18 抗争 6 月抗争	韓国人と中産階層
5	光復 50 周年特集『まだ終わっていない金の戦争』	KBS、1995.8.14	金嬉老	金嬉老事件（1968.2）	民族差別
5	光復節特集『在日、悩む魂』	KBS、2009.8.14	チュ・ソンフン（秋山成勲）、鄭大世、梁邦彦、姜尚中	韓流ブーム（2004）日本大衆文化開放	様々な在日のアイデンティティ
6	8.15 企画 4 部作シリーズ『戦争と日本』第 4 部『忘却する国　贖罪する国』	KBS、2014.8.22	ドイツ 日本	ドイツ元大統領の謝罪 安倍首相（憲法改正）嫌韓デモ	戦後の戦犯や労役者の処理、未来への覚醒

　各映像の制作をめぐる時代的な背景の説明に注力した。そして、「8.15」ドキュメンタリーシリーズの中で、独立プロダクションなどの外注制作の映像や、座談会などのトーク形式番組、そして基礎的な資料映像を編集した形式の記録映像は除外するとともに、当時の社会的かつ歴史的な流れを反映していた映像をまず優先的に選んだ。こうして選定された本書の各章の対象となった「8.15」ドキュメンタリーシリーズをまとめると表 B-1 の通りである。

　第 2 章では、1960 年代韓国社会とテレビ放送の開始をめぐるメディアの普及とメディア消費の事情について紹介しつつ、初期のテレビ放送から始まっていた「8.15」ドキュメンタリーシリーズに関連する記録について述べた。この「記録」というのは、初期のテレビ放送の時代から制作放送されていたという内容が、KBS 年鑑（1962 年度）には関連する記事と写真とで掲載されていたにもかかわらず（第 2 章参照）、アーカイブスで閲覧できる初期の 1960 年代の「8.15」ドキュメンタリーシリーズは現在全く残っ

ていなかったからであった。巻末の「韓国公共放送における歴代『8.15』ドキュメンタリーシリーズ目録」の添付資料から確認できるが、現存するのは1970年代の僅かな「8.15」ドキュメンタリーシリーズが最も古い映像となっている。こうした事情を踏まえて、第2章では、現存する「8.15」ドキュメンタリーの中で最も古くさらに比較的多くシリーズの映像が現存している中で、「タイトル」や「放送日」「制作者」の全てが確認できるという条件を満たす、1977年の「8.15」ドキュメンタリー4部作シリーズ『8.15特集』を取り上げて分析した。

　李承晩の48年体制の後、革命政府によって登場した63年体制の朴正煕政権も終焉を迎えていたこの時期、果たして韓国のナショナリズムの言説は何を語っていたのだろうか。光復32周年記念『8.15特集』4部作（1977.8.11～14）の中の第3部『光復の歓喜』（1977.8.13放送）の放送時間は33分尺であった。番組は、韓国の歴史の節目に関係する戦争や、その他の歴史的な事件、政治家などの重要人物を取り上げながら、関連する歴史事実を白黒の記録写真や新聞記事、過去の記録フィルムを挿入しつつ、既に完成されている台本をもとに「解説者」が視聴者に語りかけるという手法の、最も典型的で古典的なスタイルの「説得的」なドキュメンタリーであった。また。番組の構成の特徴としては、番組のプロローグとエピローグが、語彙やナレーション、音響や背景音楽、テーマなどの点において、重複する構成で作られていた。すなわち、番組の「解説者」が、番組のプロローグとエピローグで繰り返しながら説得口調で反復的に強調していたのは、維新政権のもとでの「民族統一」のための新しい時代へ邁進する、という一つとなった民族と国家を作り上げようとする煽動的なナショナリズムの言説であった。

　第3章では、8.15海外企画8部作シリーズ『移民韓国人、このように成功した』の第1部である『洋服屋三兄弟』を取り上げて分析した。63年体制の朴正煕政権は「親日」と「反共」の理念を国民動員の手段として戦略的に利用してきたが、実際に、63年体制の朴正煕政権は、「反共法」の制定と公布（1961.7）や、「日韓条約」締結（1965.6）、「ベトナム戦争派兵」（1964～1965）を実行した。他方で、63年体制を代弁するもう一つの言説と

して「近代化」が挙げられるが、国家主導の「開発」と「動員」の近代化の波の中で、1960年代から国民の海外移住を奨励する「移民政策」が政府主導のもとで実施された。特に南米のアルゼンチンなどへの移民は「農業移民」が多かった。こうした歴史は第3章で分析する研究対象のドキュメンタリーシリーズの中でも登場していた。

　ところで、『移民韓国人、このように成功した』は、歴代ドキュメンタリーシリーズの中で初めて8部作で企画・制作・放送された点や、初めて8部作全てがオール海外ロケであった点などから意欲的に企画された、当時のKBSの主力の特集番組であったことが容易に推定できるシリーズであった。つまり、既存の「8.15」ドキュメンタリーの事例とは異なる、「破格的」な制作費と編成の時間枠を執行しながらこうした番組を制作・放送した裏には、国家主導による1980年の「言論統廃合」によって規模的に大きくなってきたKBSの表の事情はあったものの、その他にも当の政局と政策に足並みを揃えようとする放送局側の企画をめぐる強い「意図」があったから可能となったと想定できる。

　『洋服屋三兄弟』を分析してみた結果、この番組プロットはシンプルなもので、「プロローグ」→韓国人移民の土地（アルゼンチン）→三兄弟の事業の紹介→移民初期の苦労を回想→事業の成功→親孝行と家族愛の三兄弟→韓国人の矜持→完、であった。制作手法はナレーションとインタビュー挿入で進行されるシンプルな形式で、番組の結論は番組の途中からでも容易に想像できる「分かりやすい」展開であった。『移民韓国人、このように成功した』の8部作シリーズにおいて、対象となる人物や、海外ロケ地は異なるものの、番組企画のテーマの本質的な狙いは「韓国人論」といった韓国人のアイデンティティの特徴的な言説を強調することで、朝鮮半島から遠く離れた移民地の異なる領土にいても同じ民族であることには変わりないという「ネーション」への回帰を語っていた。この時期になると、既存の「反共」という他者へ向いていたナショナリズムのまなざしは、「在外同胞＝ネーション」へと境界侵犯的「反共」となっていた。しかしながらこうしたナショナリズムの内実には限界があった。すなわち、番組のテーマのキーワードを一言で言うのならば、「韓国人」としての「矜持

＝アイデンティティ」の言説を強調することで「韓国人」としての「ネーション」を動員するという、限定的な省察的「ナショナリズム」言説を構築しようとする意図が読み取れた。つまり番組では、1980年代初期の、移民先での極限の貧困と極度の苦労を放置する無計画的な国家の移民政策における矛盾や政府の課題を問題視する言説は一言もなかった。番組のまなざしは、「貧困」を乗り越えて「巨商」となった源は、戦後から貧困と混沌を乗り越えてきたように、全ての矛盾を呑み込む忍耐や勤勉さ、親孝行・家族愛の韓国人としてのメンタリティーという韓国人としての矜持であって、ナショナルアイデンティティであるという自己像の「ネーション」を作り上げていたのであった。要するに、1980年代初期の「8.15」ドキュメンタリーシリーズは、過去のイデオロギー装置としての役目を払拭できず、過去より「上から」主導してきた韓国社会における「動員」のナショナルアイデンティティが相変わらず垣間見えていたのである。

　第4章では、8.15企画『韓国人の一日』（1987.8.12放送）を取り上げた。この番組の時代背景は同年度に起きた「6月抗争」であった。しかしながら「6月抗争」は実は「5.18光州抗争」（1980.5.18）と深く関連していた。つまり、朴正熙の死去（1979.10.26）後、12・12軍事クーデターと5・17クーデターを通して政権を掌握した全斗煥を中心とした新軍部は、5月18日に戒厳令第10号による「全ての政治活用及び大学への休校令」を公布した。しかしこうした抑圧に対して、民主化を主張する大学生を中心とした市民の側のデモが広がっていた。特に「光州」では大規模のデモで抵抗した。光州デモは最終的には鎮圧された（1980.5.27）が、戒厳軍によるデモの鎮圧過程における非人道的で無差別的な殺害や武力的かつ軍事的な抑圧は、光州市民だけではなく、韓国国民全体に民主化への意志を駆り立てた。

　もう一つ、また、こうした1980年代の「5.18光州抗争」がきっかけとなって戦後初めての市民のレベルでの「反米」という葛藤がデモの形で表面化された。その主な理由は「5.18光州抗争」の鎮圧をめぐってアメリカへの「信頼」を揺さぶる政治的な二面性がその後徐々に明らかになってきたからであった。これまで「民主主義」を標榜してきたと信じていたアメ

リカに対して市民は失望したのであった。

『韓国人の一日』は、約50分尺（49:50）で制作された単発のドキュメンタリーであった。番組のストーリーは、一日の24時間の時刻の動きを追いながら韓国の津々浦々の「普通」の韓国人の暮らしを今の韓国人の「ある一日」として構成することを企画したものであった。そして制作手法は、（ナレーションの「声」による一方的な解説的な展開ではなく）「番組」と「現場」との「対話」を意識したインタビュー中心の展開を活かしつつ、できるだけ多様な地域の多様な職業の多様な人たちの声を「韓国人の一日」の日常の姿として表象していた。

しかしながら、『韓国人の一日』の中で説いている「韓国人」は結果的に初期の企画意図とはズレていて、所謂「普通」の人たちの意味以上の、学問的に裏付けられた新しく浮上してきた批判的かつ実践力のある韓国の「中産階層」に焦点が当てられていた。こうした結果に繋がった理由は、制作者側の意図であったというより、番組に登場する主人公による語りによって深められていたからであった。つまり、当時の韓国社会における「韓国人」に関する問題を解決するために登場する人物が、「中産階層」のテーマを研究しているソウル大学の社会科学専攻のハン・サンジン（韓相震）教授であったが、ハン教授の役割は、制作者側の「疑問」に専門家としての専門知識の「答え」を提供して番組の展開に貢献することであった。つまり、このハン教授の「答え」は番組の構成上、「韓国人論」に関する一つの主張として番組における主要言説となっており、ハン教授の語りは番組のテーマへと直接繋がっていたのである。

『韓国人の一日』の中でも第3章と同じく、「反日」や「反共」の言説が一言も言及されていなかった。この番組がナショナリズム言説のまなざしとして見つめていたのは、「8.15」ドキュメンタリーシリーズが固執してきた所謂「外」の日本や北朝鮮といった他者ではなく、これまでの国家主導の民族主義を生きてきた「内」の「韓国人論」であった。つまり、番組のまなざしが見つめていたのは1987年の民主化運動を通して発見し直した「中産階層」のネーションであった。要するに『韓国人の一日』では、韓国人の中の中産階層が中心となってもたらした民主化への変革への驚き

と「6月抗争」の成功後のある高揚感が「韓国人」を学問（理論）的に見つめ直すことで表象されていた。こうした表象こそが、筆者が本書で『韓国人の一日』を取り上げた理由であった。すなわち、番組では他ならぬ、既存のナショナリズムの言説における本格的なターン（turn）を意味する「主体的」な「省察的」ナショナリズムの言説を表象していたと考えた。要するに、戦後韓国社会におけるナショナリズム言説の変容をパースペクティヴな観点から考える場合、番組『韓国人の一日』は、バフチンのいう「熾烈な戦いによるイデオロギーの進展」としての「民主主義的過激ナショナリズム（democratic radical nationalism）」言説を生成する重要な一つのクロノトポス（chronotope）を占めていたと捉えられると考えた。その理由としてこの番組は、テクストとコンテクストとの積極的な「能動的対話」[1] の声たちによる歴史的な実証として構成されていて、こうした点でまず十分に注目できると考えたからであった。

　第5章では、光復50周年特集『まだ終わっていない金の戦争』（1995.8.14放送）と光復節特集『在日、悩む魂』（2009.8.14放送）の二つの番組を取り上げた。二つの番組に共通する点は「在日」が主人公である点がまず挙げられる。

　時代背景として1990年代と言えば、世界的な冷戦終焉の動きの中で、日韓関係においても節目となる時代であった。元慰安婦女性たちの告白（1991～）や、河野談話（1993）と村山談話（1995）、教科書歴史歪曲問題、そして『親日人名辞典』の編纂をめぐる葛藤、そして2000年代には日韓共同開催となったサッカー・ワールドカップ大会開催（2002）、金大中政権の日本大衆文化の「開放」政策、日本や東アジアなどでの「韓流ブーム」の到来（2004）などが挙げられる（巻末年表参照）。なお、「反共」の言説をめぐって大衆的意識の転換が現れ始めたきっかけの一つには大河小説『太白（テベク）山脈』の出版（1983年）や、その後の、金大中政権と盧武鉉政権における大統領の北朝鮮訪問が挙げられる。

　二つの番組では、5名の「在日」が登場していた。すなわち、キム・ヒロ（金嬉老）、チュ・ソンフン（秋山成勲）、ジョン・デセ（鄭大世）、ヤン・バンオン（梁邦彦）、カン・サンジュン（姜尚中）である。

筆者が番組で注目したのは、「在日」ではなく、（番組を作っている／または番組を見ている）「韓国人」のまなざしであった。特に『在日、悩む魂』が制作・放送された 2009 年と言えば、戦後凡そ 70 年近くなっているが、韓国人は「在日」が分からない。大衆的なイメージを作ってきた所謂マスメディア（テレビ番組）を通して知っているのは既存の政治的なイデオロギーの中で動員されてきた歪んだイメージ（例えば、「反日」の言説で想像される民族差別の日本の中で苦労する可哀想な人たちという）の「在日」が主な割合を示していたからであった。実際番組の内容は、番組のナビゲーターとして登場する「韓国人」を代表するモデルとして表象された金教授という人物が「在日とは何か」という疑問を解決するために訪日して何人かの「在日」をインタビューすることとなっていた。

　韓国人を代表する人物として表象された金教授（＝韓国人）は、番組終了の間際の最後のところでは最初の「在日とは何か」から最終的に「韓国人とは何か」のセリフへと、自身のアイデンティティを自問することへと変わっていた。こうした番組のエンディングへとまとまってきたのは、要するに、番組制作に参加しながら、金教授が番組の中でアイデンティティをめぐる「覚醒」をしていくのを表象するためであったと考える（こうした変化を送り手は恐らく初期の番組企画段階では想像していなかっただろうが、各々異なる登場人物のアイデンティティを取材しながら変わってきたと考える）。こうした点で、この番組は、グローバル化が進行する中で漸く韓国人にとって「民族とは何か」という、既存の所謂国家動員の言説による血統中心的な「閉鎖的」ナショナリズムではなく、個人のレベルでの主体的かつ能動的で「懐疑的」なナショナリズムへの意識の転換を促すという試みが窺える新鮮な発見が評価できるものであった。

　他方で、二つの番組の中の「在日」をめぐっては、「民族的差別」による「反日」の言説 vs.「大衆的なスター」の様々な「在日」のアイデンティティの言説が語られていた。そして、本当の「在日」のアイデンティティを持って生きられる意味の「共存」とは単に在日だけの問題ではなく日本人を含めて共有する問題であるという「差異とともに差異を通じて生きる」（Hall 1990）アイデンティティが描かれていた。また敷衍するならば、

番組に登場した5名の「在日」は、ごく限られた「在日」であることである。つまり、番組の中の5名の「在日」と実際日本に在住している現実の「在日」のアイデンティティとのギャップは想定内である。なぜならば、「在日」とはイメージされた「特別」な表象の背景に隠れてはいけない「現実」であって、今をともに生きている「普通」の人たちであるという側面を忘れてはいけないからである[2]。また、韓国人が「在日は韓国語を話せないのはおかしい」や「在日は韓国人である」という拘りへの疑いや、「韓国人とは何か」と自問することで広がっていく歴史への視点や変わっていく「ネーション」の意味と多様性をこの章では強調したかった。

　第6章では、8.15企画4部作シリーズ『戦争と日本』第4部『忘却する国　贖罪する国』（2014.8.22放送）を取り上げた。

　既に「8.15」ドキュメンタリーシリーズが始まってから凡そ50年以上、また植民地解放から凡そ約70年、それから国権侵奪から凡そ100年以上が過ぎていた2014年にも、相変わらず、韓国放送局では「8.15」ドキュメンタリーシリーズが制作・放送されていた（巻末「韓国公共放送における歴代『8.15』ドキュメンタリーシリーズ目録」参照）。その出発から長い歳月が過ぎているが、2010年代の「8.15」ドキュメンタリーでは何を語っていたのだろうか。

　8.15企画4部作シリーズ『戦争と日本』は、当時KBSの代表的な定期ドキュメンタリーである『KBSパノラマ』の編成枠（木・金の夜10時）の中で約1ヶ月間、すなわち2014年8月1日から週1回4週間連続で放送された（2014年8月1日、8日、15日、22日放送）。4部作シリーズの各サブタイトルは、第1部が『戦犯となった朝鮮青年』、2部が『南京の記憶』、3部が『裕仁と終戦勅書』、4部が『忘却する国　贖罪する国』であった。この4部作の中から本章で重点的に取り上げたのは、最終編の『忘却する国　贖罪する国』であった。その理由は、番組シリーズの中で最終編がシリーズの企画の意図の面において最も「分かりやすく」、そして番組制作の目的が全面的に表象されていたからであった。

　番組の制作手法は二つの表象を対立的に並行進行させる構造、すなわち、ドイツの事例（約10分尺）→日本の事例（約10分尺）→ドイツの事例（約5分

尺）→日本の事例（約5分尺）→ドイツの事例（約10分尺）、であった。番組プロットをシンプルに縮小すると、プロローグ→ドイツの戦後処理（戦犯）→日本の戦後処理（戦後～現在）→ドイツの戦後処理（補償）→エピローグ→完、のようなストーリーの展開であった。

　番組は、日本だけではなくドイツも同じく「過去を忘却したかった」が、結果的には両国における戦犯の処理や、補償の範囲において異なる結果となってきた背景や、長い時間をかけた闘争のプロセスを対照的に追っていた。制作手法は、制作者（＝韓国人）の「疑問」と疑問に対する「回答」（＝インタビューや、過去の記録、映像等）の相互レスポンスの対話的な展開方式で作られていた。そして、ドイツと日本の二つの国の状況を、過去の歴史や現在に至るまでのプロセス、そして現在の状況までを比較することによって、番組の冒頭で取り上げられていた両国における「差異」への疑問と決して順調な道ではなかったドイツの戦後処理をめぐる事例が多角的に検討されていた。

　とはいえ番組制作意図と番組内容との関係性をめぐって実に重要な部分であるにもかかわらず不十分な処理であったため惜しかった点としては、ドイツ企業の戦略的な「補償」のようなものではない、具体的な事例説明が必要とされる日本と韓国において求められている「補償」の意味をめぐる比較事例としての重要なポイントや、ドイツとは異なる日本における具体的な事例や史実から導かれた「差異」への検証（日本の言い分であるが、過去に所謂謝罪や補償があったがなぜ解決できていないのかという問題）の裏付けの不在（例えば贖罪や、懺悔などの抽象的な言葉の羅列で締め括られていた点）であった点が挙げられる。なぜならば、こうしたエンディングは、論理的な因果関係を拒む展開へと結ばれてしまい、結果的に十分な説得力に欠けて感傷的な訴えに繋がりがちであるからである。

　他方で、戦後凡そ70年が過ぎて制作放送された「8.15」ドキュメンタリーシリーズの『戦争と日本』の番組において、戦後処理の問題を含めた「戦争」という「過去」の問題を日本と韓国の両国の壁を超えた視点から再検討しようとする制作意図は、戦後既に長い歳月が過ぎていた時点であったからこそ、意味深かった。

2. 結論

　本書の目的は戦後韓国におけるナショナリズムをめぐる言説の歴史的な歩みの軌跡とその原因を考察することで、実証的な分析対象となった「8.15」ドキュメンタリーシリーズのイデオロギー装置の歴代テクストを対象にバフチンの対話の理論から言説を分析しつつ「反日」と「反共」の言説の流れをめぐる変容と背景を総合的に読み取ることであった。

　具体的には、本書では、韓国放送の過去50年弱の歴史の中でナショナルなイデオロギー装置として設けられた「8.15」ドキュメンタリーシリーズにおける言説の流れをテクストの構造的枠組（表B-2）に照らしながら主に言説を中心に事例分析しながら検証した。そして、本書で対象とした「8.15」ドキュメンタリーシリーズは、アーカイブスに現存する180本のドキュメンタリーであった。

　表B-3は、1940年代以降の所謂「反コロニアルナショナリズム」に関わるナショナリズムをめぐる多様な言説の生成と変化の背景や原因の問題をめぐって、主に「反日」と「反共」の言説を軸としながらポストコロニアル時代の戦後韓国における変化を検討したものである。表B-3をもとにしながら本文では、アーカイブスの180本の「8.15」ドキュメンタリーシリーズの中から選定した6つの番組を取り上げて重点的に分析した[3]（表B-4参照）。

　まず第2章では、1970年代に制作放送された「8.15特集」4部作シリーズ第3部『光復の歓喜』（1977.8.13放送）を取り上げた。『光復の歓喜』は、現存する「8.15」ドキュメンタリーシリーズの映像の中で、映像の内容や、制作者などが全て確認できる最も古いシリーズであるので、貴重な価値のある映像であった。番組では、初代大統領であった李承晩が所謂公式ナショナリズムを広げた「知識人・ブルジョワ民族主義者（Intelligentsia）」として登場していた。なお、戦後韓国の政治の動きから見てみると、1970年代は朴正熙の維新政権の「反共」と「近代化」への「動員」の時代であったが、こうした背景を持つドキュメンタリー『光復の歓喜』の言説は「祖国」や「愛国」「民族」といった「南北統一」のエスニック・ナ

表 B-2　テクストの構造的枠組（表 A-4 再掲）

Documentary　ドキュメンタリー			
Text (loophole discourse) テクスト （言説の抜け穴）	*Tact*（= Metaphor of Vision /Metaphor of Voice） 手法（視覚メタファー / 聴覚メタファー）	Narrative 物語	Texts 台本
			Studio apparatus スタジオ装置
			Editing 編集
		Rhetoric 修辞	Metaphor メタファー
			Contradiction 矛盾
			Excess 誇張
			Irony アイロニー
			Joke ジョーク
		Narrator ナレーター	Accent アクセント
			Intonation イントネーション
			Rhythm リズム
		Film Dramaturgy フィルム演出	Camera Placement カメラ位置
			Camera Acting 移動
			Camera Framing 枠取り
			種類（3D/4K/8K）
		Tracks 音声 / 音響	Music 音楽
			Noise ノイズ
			Written Material 字幕
			Dialogue ダイアローグ（対話）
			Lyric リリック
			Narration ナレーション
		Editing 編集	Reenact 再現
			Insert 挿入
			against/discredit 配置

出典：筆者作成

ショナリズムのイデオロギーとしての「ネーション」の言説を強引とも言えるほど強調していた説得的な手法のドキュメンタリーであった。

　第 3 章では、8.15 海外企画 8 部作シリーズ『移民韓国人、このように成功した』第 1 部『洋服屋三兄弟』（1983.8.8 放送）を取り上げた。1980 年代初期、朴正熙の維新政権の凋落後間もなく制作された『洋服屋三兄弟』は、「日本帝国」や「北朝鮮」といった他者から「移民韓国人」として動員された「ネーション」といった強引なナショナリズムのまなざしへと変わっていた。そして、当時の言説は既存の「動員」や「宣伝」の言説の「近代

表 B-3 「8.15」ドキュメンタリーシリーズにおけるナショナリズム言説
（表 A-1 再掲）

	Time	Polyphony in Documentaries（ポリフォニー）
1940	日本帝国 植民地時代	
1945	（1945-1948） 米国軍政期	
1950 1955	（1948-1960） 李承晩（1-3 代）	
1960	（1960-1962） 伊潽善（4 代）	
1965 1970 1975	（1963-1979） 朴正熙（5-9 代）	「光復」「民族」「受難」「新しい祖国」 「南北統一」「近代」「自由」「平和」「日本」 「日帝 36 年」「南太平洋」「冤魂」「在日韓国人」
1980	（1979-1980） 崔圭夏（10 代）	
1985	（1980-1988） 全斗煥（11-12 代）	「韓国」「韓国人」「移民」「8.15」「光復」「北朝鮮」「離散」「釜関 連絡船」「38 線」「36 年」「被爆者」「強制徴用」「倭色」「押録江」
1990	（1988-1993） 盧泰愚（13 代）	「独立運動家子孫」「朝鮮総督部」「原爆」「日本」「独島」「日本 教科書」「日本通信」「サハリン」「独立軍」「太平洋戦争」
1995	（1993-1998） 金泳三（14 代）	「日韓基本条約」「望郷歌」「韓国の未来」「靖国」「戦犯裁判」 「在日」「独立軍」「韓民族」
2000	（1998-2003） 金大中（15 代）	「対馬」「南北離散家族」「従軍慰安婦」「独立戦争」「歴史教科 書」「小泉」「W 杯」「アジア」「広島」「在日の祭り」「民族言論」 「パラオ」「韓日協定」「沿海州」
2005	（2003-2008） 盧武鉉（16 代）	「日露戦争」「記憶」「独島」「開放空間」「靖国」「金子文子」「朝 鮮皇族」「李承晩」「8.15」
2010	（2008-2012） 李明博（17 代）	「李承晩」「高宗」「光化門」「在日」「因縁」「敵対」「共存」「変 化」「対決」「独島」「光復軍」「抗日闘争基地」「満洲独立闘争」 「戦争」「反日武装闘争」
2015	（2012-2016） 朴槿恵（18 代）	「統一」「韓国人の健康」「戦争」「日本」「望郷」「朝鮮総督部」 「戦犯」「南京」「裕仁」「終戦勅書」「忘却」「贖罪」「日清戦争」 「日露戦争」「東アジア」

出典：筆者作成

化」の民族主義から脱皮できず、煽動的な民族主義として表象されていた。

　第 4 章では、8.15 企画『韓国人の一日』（1987.8.12 放送）を取り上げて言説を検討した。番組の時代的背景は、同年に起きた「6 月抗争」の民主化運動が直接的に関わっていた。ここに至ると番組のまなざしが向いていたのは、社会構成体としての「中産階層」の言説であった。要するに、「民主化運動」という民主主義国家システムや、資本主義社会に限定された「中産階層」へのまなざしというのは、当然ながら資本主義の「南韓国」

表B-4　各章の「8.15」ドキュメンタリーシリーズと言説[4]

章	番組タイトル（放送日）	テーマ	ナショナリズムの言説	
2	「8.15特集」4部作シリーズ 第3部『光復の歓喜』 （1977.8.13放送）	民族統一、反共 新しい時代、統一祖国	「ネーション＝統一民族」	公式ナショナリズム（Official nationalism）
3	8.15海外企画8部作シリーズ『移民韓国人、このように成功した：第1部洋服屋三兄弟』（1983.8.8放送）	移民、貧困と苦労、克服、勤勉さ、意志、家族愛、「韓国人」の矜持	創られた「韓国人の矜持」「意地」「勤勉」「助け合い」「韓国論」「移民ナショナリズム」	トランスナショナリズム（Transnationalism）
4	8.15企画『韓国人の一日』（1987.8.12放送）	「6月抗争」の民主化を支えた中産階層の底力	「民主化」「中産階層」「批判的」「改革志向的」「共同体」「新・韓国人論」	民主主義的過激ナショナリズム（Democratic Radical Nationalism）
5	光復50周年特集『まだ終わっていない金の戦争』（1995.8.14放送）	在日と民族的差別	「朝鮮人」「貧困」「在日」「民族差別」「反日」	トランスナショナリズム（Transnationalism）
5	光復節特集『在日、悩む魂』（2009.8.14放送）	複数の祖国、「在日」のアイデンティティ、多様性	「大衆的スターの在日」「三つの祖国」「国籍は関係ない」「共存」	
6	8.15企画4部作シリーズ『戦争と日本』第4部『忘却する国　贖罪する国　』（2014.8.22放送）	未来に寄与、覚醒、能動的被害者、遅いが遅すぎはしない	「戦争被害者」「戦争責任」「過去を共有するネーション」「未来への覚醒」	

出典：筆者作成

だけの限定されたまなざしとなっていたのである。とりわけ、戦後韓国の民族主義をめぐる言説の変化においてこの時期は重要なターニングポイントであると捉えられるので、ドキュメンタリー『韓国人の一日』は、市民のレベルの民主主義的民族主義の言説がある一定の視覚（社会学者の考える韓国の新人類としての「中産階層」への希望）で表象されていたと考えた。

　第5章では、グローバル化が急速に進行していた1990年代以降に制作放送された二つの番組、光復50周年特集『まだ終わっていない金の戦争』（1995.8.14放送）と光復節特集『在日、悩む魂』（2009.8.14放送）を取り上げて考察した。二つの番組は、「在日」コリアンを番組の主人公とする共通点があるが、1990年代のドキュメンタリーの言説と2000年代のドキュメンタリーの言説は異なっていた。さらに、筆者にとって最も注意深く検討した内容は、「在日」と「韓国人」との間の問題であった。こうした意味でこの時期を「在外同胞」のエスニックなアイデンティティや文化的アイデ

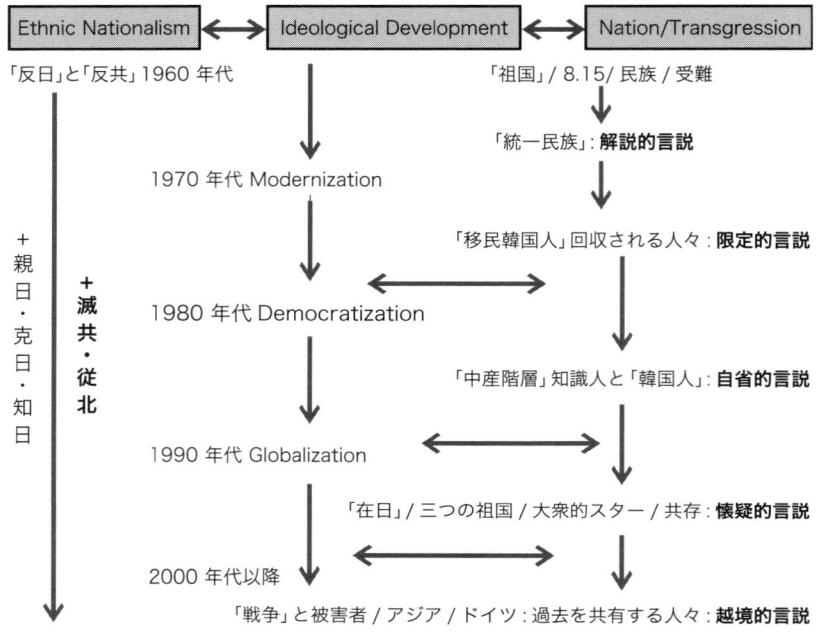

図 B-1 「8.15」ドキュメンタリーシリーズにおける「ネーション」へのまなざしの変化
出典：筆者作成

ンティティへの懐疑的な考察及び「ネーション」の意味の拡大、そして「新・民族主義」のナショナリズム言説の登場として捉えた。

　第6章では、8.15企画4部作シリーズ『戦争と日本』第4部『忘却する国　贖罪する国』（2014.8.22放送）を取り上げて考察した。2010年代のドキュメンタリーを検討しながら、既にまなざしは「日本」だけではなく、「東アジア」や「ヨーロッパ」の戦争被害者へと広がっていたので、番組の言説は「反日」であるより、ポスト「戦争」と「過去」へのまなざしへの課題であると考えた。

　図B-1は、以上のような本文で実証的な分析対象として選択した180本のドキュメンタリーシリーズの中から取り上げた6つのドキュメンタリーの概要と各々のドキュメンタリーの言説の分析結果から得られた知見をまとめて視覚化した「戦後韓国におけるナショナリズムの言説に関わる

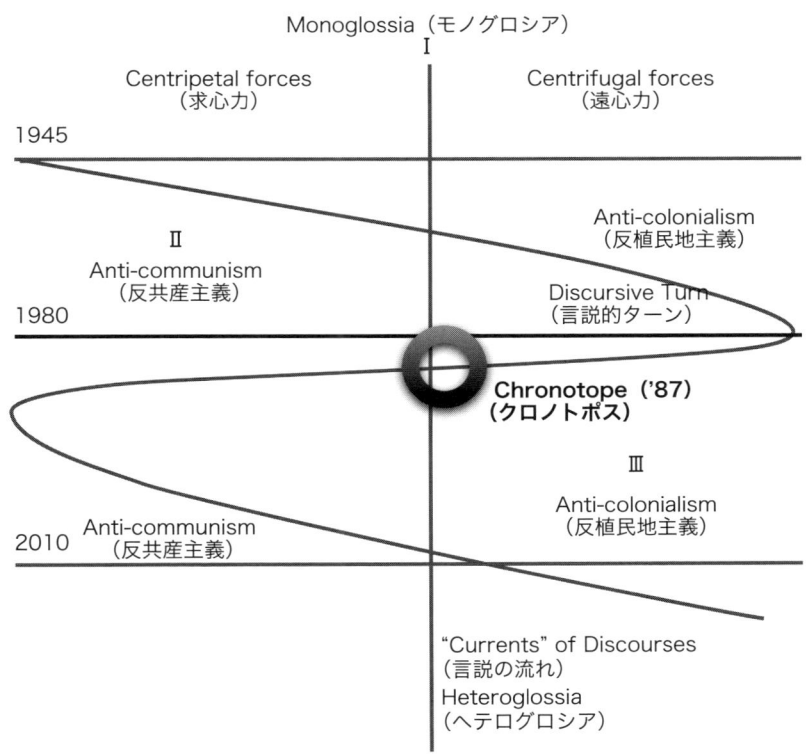

図 B-2 「反日」と「反共」の言説の流れ（図 A-2 再掲載）

出典：筆者作成

『ネーション』へのまなざしの変容の流れ」である。図 B-1 は、テレビド
キュメンタリーシリーズにおける近代主体としての「ネーション」への射
程とその変化における「対話」のアプローチとの関係性もシンプルである
ものの可視化したものである。

　なお、図 B-2 は戦後韓国におけるナショナリズムの言説の変容の流れを
視覚化するために視点を立体的にアレンジし直したものである。すなわち、
図 B-2 は図 A-1「戦後韓国における『反日』と『反共』の概念をめぐる構
造的関係性」の I の領域を軸としながら「反日」と「反共」の言説を中心
とする変化を作成したものである。

　図 B-3 は、これまでの分析結果としてのナショナリズム言説の変容を総

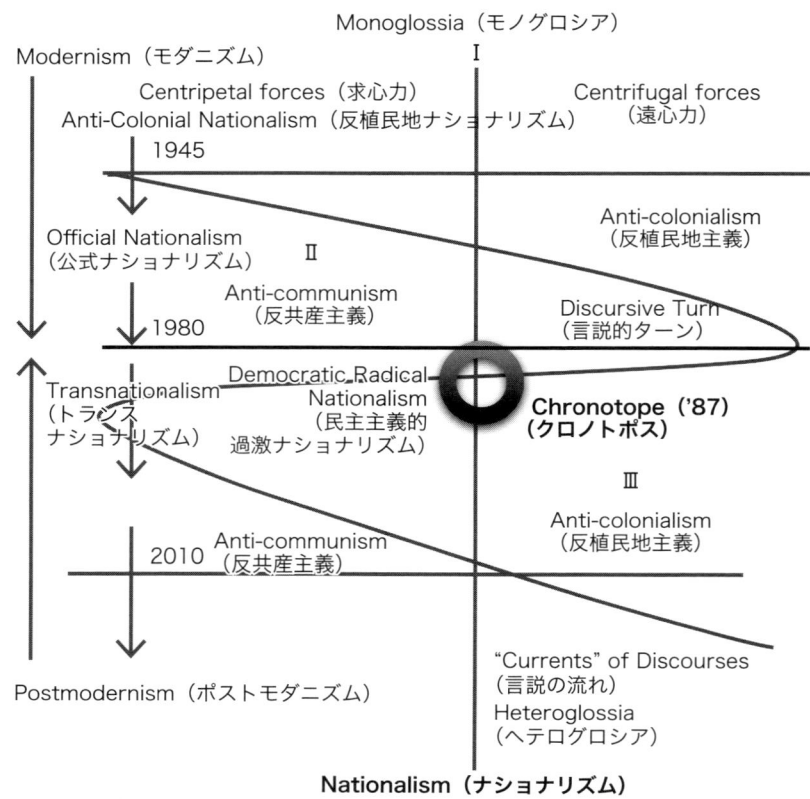

Monoglossia（モノグロシア）
Ⅰ

Modernism（モダニズム）

Centripetal forces（求心力）
Anti-Colonial Nationalism（反植民地ナショナリズム）

Centrifugal forces
（遠心力）

1945

Anti-colonialism
（反植民地主義）

Official Nationalism
（公式ナショナリズム）
Ⅱ

Anti-communism
（反共産主義）

1980

Discursive Turn
（言説的ターン）

Transnationalism
（トランス
ナショナリズム）

Democratic Radical
Nationalism
（民主主義的
過激ナショナリズム）

Chronotope（'87）
（クロノトポス）

Ⅲ

Anti-colonialism
（反植民地主義）

2010

Anti-communism
（反共産主義）

"Currents" of Discourses
（言説の流れ）
Heteroglossia
（ヘテログロシア）

Postmodernism（ポストモダニズム）

Nationalism（ナショナリズム）

図 B-3　戦後韓国における支配言説の変化
出典：筆者作成

合的にまとめて可視化したものである。

　以上、本書の冒頭で取り上げていた問題設定の考察結果をまとめるなら
ば、下記の通りである。

　第一に、戦後韓国における 1940 年代半ば以降から 1970 年代頃までのナ
ショナリズムを支えるキーコンセプトは、「反共」の言説であったと捉え
られる（＝領域ⅠとⅡ）。そして、こうしたナショナリズム（領域Ⅰ）の他者
性としては「近代化」を考えた。1940 年代と 1950 年代の「極右反共主義」
体制の後に登場した 63 年体制においての「開発」と「動員」といった
「近代化」政策を支えたのは「反共」の支配言説であった。こうした流れ

は 1970 年代朴正煕政権が倒れるまで持続された。本書で取り上げた実証的な分析対象の「8.15」ドキュメンタリーの中では、『光復の歓喜』の言説分析の結果から確認できた（表 B-3 参照）。

　第二に、戦後韓国における 1990 年代以降のナショナリズムを支えるキーコンセプトは、「反日」と考えた（＝領域 I と III）。そして、この時期の「反日」のナショナリズムの他者性としては、「グローバル化」が挙げられると考えた。これに該当する、本書で取り上げた実証的な分析対象の「8.15」ドキュメンタリーの中では、『まだ終わっていない金の戦争』や、『在日、悩む魂』、そして『忘却する国　贖罪する国』の言説分析の結果が挙げられる（表 B-3 参照）。しかしながらデジタル化とグローバル化という世界的な激しい波の中で、韓国社会も植民地時代の過去の残骸としての「親日派」の清算と日本の大衆文化の「開放」といった相克する流れの葛藤の波に揺れながら、1940 〜 1950 年代の「反日」と 1990 年代以降の「反日」とナショナリズム言説はまた異なり、ナショナリズムの内実は変化していったことが分かった。

　第三に、戦後韓国における言説的変容の最大の変化を作ったきっかけをもたらしたのは、「反日」でもなく、「反共」でもない、第三の言説としての「民主化」という強力な「下から」の言説であったと考えた。したがって 1980 年代の「反日」と「反共」のナショナリズムの他者性としては「民主化」を位置付けた。その理由は、この時期、「8.15」ドキュメンタリーシリーズにおいて過渡期の波と社会的な変化へと言説的なターンを生成することとなった背景には、韓国（人）が既存の「上から」の国家主導の公式ナショナリズムのイデオロギー装置ではなく、「下から」の韓国人（中産階層）が主体となって主導する民主主義のナショナリズムであるべきであることを国民的な規模の「民主化運動 (1987)」を経験することで認識することが可能となったと考えたからである。具体的にこれに該当する、本書で取り上げた実証的な分析対象の「8.15」ドキュメンタリーシリーズの一つであった『韓国人の一日』は既存の支配言説から脱構築する当時の転換を示した非常に優れた事例として（しかしながら「8.15」の装置の中では予想しなかった驚きの言説の登場として）、テクストの言説は「転換」を明白に物

語っていた（表 B-3 参照）。

　第四に、「ネーション」をめぐる言説の変容に関して言うのならば、図 B-1「『8.15』ドキュメンタリーシリーズにおける『ネーション』へのまなざしの変化」から分かるように、戦後韓国におけるナショナリズムの変容と当然ながら深く関係していた。すなわち、図 B-1 の、「ネーション」へのまなざしは、「（反植民地支配運動家たちの）知識人・政治的リーダー」→「移民韓国人」→「中産階層」→「在日」→「戦争被害者」へと変わっていた。つまり、解放後から初代政府樹立時期を経て 1980 年代までの公式ナショナリズムの国家戦略的支配言説となってきた「反共」イデオロギーの言説は 1980 年代終わり頃の「民主化運動」によって、言説的ターンの変化が現れた。1990 年代以降になってからは、再び「ネーション」への覚醒や、「ネーション」をめぐる意識的転換が起きたことが読み取れた。こうした変化をより分かりやすくするために図 B-1 は、研究対象であった「8.15」ドキュメンタリーシリーズのテクストの分析による実証的な結果を体系的に示している。

　第五に、戦後韓国の「反日」と「反共」のナショナリズムをめぐる言説の流れの中で見えてくる「境界侵犯＝象徴的転倒」的ズレは、21 世紀の今なお韓国が「コロニアル時代」から逃れないまま「ポストコロニアル時代」を生きている原因の一つであると考えた。すなわち、上記で検討したように、植民地解放直後ではなく、むしろ随分時間が過ぎた 1990 年代になっての支配言説として登場するのが「反日」や「清算」であって、そして逆に、植民地解放直後の支配言説は「反日」ではなく、「反共」となっていた。こうしたナショナリズムを内面化した言説的転倒の現象の原因にはまず当時の政治的な装置として動員されたからであろうが、こうした内面化されているナショナリズムの原点にある問題点を正すことこそ、コロニアル時代の清算の根本的な意義であるとともに、ナショナリズムをめぐる本来の克服であると考える。

　第六に、戦後凡そ 70 年余りの間に及ぶ韓国におけるナショナリズムの言説をめぐる変容をテレビ放送であった「8.15」記念ドキュメンタリーシリーズを用いて分析した結果で見えてきたもう一つの重要な成果は、所謂

「モダニズム」と「ポストモダニズム」のせめぎ合いの流れがナショナルなイデオロギー装置であったテクストにおける言説分析や、表現手法の変化（例えば『韓国人の一日』）から説明できる点である。というのも、ジェイムソンが「必ずしも経済的な側面だけではなく、文化的な側面において、晩期資本主義におけるポストモダニズムのロジックが確実にモダニズムとは異なる形式として出現している」と主張した現代の資本主義に関わるポストモダニズム理論や、ハーヴェイによるモダニズムとポストモダニズムの相違点の分析及び時間と空間の中で捉え直した文化的な条件に関わる理論は、本書の実証的な分析結果を解釈する上で示唆的であった[5]。すなわち、戦後韓国におけるモダニティが、1980 年代に中産階層（労働者を含む）が中心となって巻き起こした経済解放運動ではなく、知的な解放運動によってもたらされた既存の「上から」のナショナリズム言説からの脱構築（ナショナリズムのイデオロギー装置の枠の中であるにせよ）という「差異」の空間への転換、つまりポストモダニズム時代へと象徴的に転換し始めていたと考えた。こうして「8.15」ドキュメンタリーシリーズというナショナリズムのイデオロギー装置の枠の中で既存の支配言説の絶対性における切れ目（脱中心性）がやがて内爆発して編成し直されていくことが説明できたことは、今後さらに具体的に考察する必要があるものの、新鮮な発見であったと言える。

　以上をまとめると、主に三つの「流れ」が浮かび上がった。つまり、1960 ～ 1970 年代の他者性としては近代化、1980 年代の他者性としては民主化、そして、1990 年代以降の他者性としてはグローバル化であると捉えられる（図 B-1 参照）。

　そして戦後韓国の民族主義言説の変容について整理するならば、植民地時代から 1940 年代の「反植民地支配ナショナリズム」の言説が、48 年体制の初代政府や 1950 年代の朝鮮戦争を経験しながら「親日」と「反共」が公共的な言説として拡大されていって、続けて登場した 63 年体制の中では、「反共」の理念で支えられた近代化の言説が政府主導で動員された。こうした流れを踏まえた上で簡略的なまとめになるが、戦後韓国の公共放送におけるイデオロギー装置としての「8.15」ドキュメンタリーシリーズ

におけるナショナリズムの言説は、下記のように説明できる（図B-3参照）。すなわち、実証的な分析結果から考えられる韓国のナショナリズムの特性として、「反植民地ナショナリズム（Anti-colonial nationalism）」→「公式ナショナリズム（Official nationalism）」→（「民主主義的過激ナショナリズム（Democratic radical Nationalism）」）→「トランスナショナリズム（Transnationalism）[6]」へとその内実的な変容とイデオロギーの進展（Ideological Development）があった[7]。

　他方で冒頭で記述した通りに、本書において実証的な分析のために研究対象とした取り上げた韓国における「8.15」ドキュメンタリーシリーズというテクストは、所詮ナショナルなイデオロギー装置（ISA）である。したがって、公共の言説空間の中のテクストは、「8.15」というナショナルな祝祭日を記念するとともに、植民地であった記憶への覚醒だけではなく、国民に対する国家の政策や政権の方針の宣伝や動員といった重層的かつ複合的な狙いを孕みながら、コンテクストの中で再び重層的かつ複合的に絡み合いつつ、継続的な歩みを刻んできたもう一つの韓国の現代史であると捉えられる。つまり、関連する理論として、本書の冒頭で述べたようにアルチュセール（Althusser, Louis）は「国家のイデオロギー諸装置（ISA）において機能しているイデオロギーはその多様性や矛盾にもかかわらず支配階級のイデオロギーである支配的イデオロギーのもとで常に統一されている（Althusser 1971：146）」と言った。しかし、こうした「中心化」とバフチンのいう「脱中心化」——すなわち「意識をモノローグ的に捉える態度は文学だけではなく他のイデオロギー的創造物の領域でも支配的である。（中略）集団のことや、多様な創造勢力のことを云々している場合ですらも統一性が依然として一つの意識のイメージによってつまり国民精神、民族精神、歴史精神などによって例示されている」（Bakhtin 1929：78-79）が、こうした近代のヨーロッパにおける資本主義の一つの特徴としての意識のモノローグ化への批判や戦いこそがバフチンの「対話」の思想の原点であった——との葛藤が本書のテクストの実証的な分析を通してよく確認できた。

　他方で例えば、序章で言及したがバフチン理論の課題としてクローリーは、「（バフチンの理論の）言説において中心化と脱中心化の諸力の絶えま

い葛藤は正しいが、言説の葛藤の歴史的な原因もなく生まれ、新しい言説的な葛藤を生み出す以外の歴史的な効果は殆どないように見受けられる」（Crowly 1989：198）と言ったが、しかしながら、クローリーが指摘したバフチンのダイアロジック理論における歴史的な原因や効果に注目する必要性をめぐる問題点は、本書で検討してきたように解決できたと考える。なぜならば、本書の本文で実証的な分析をして得られた見解と結論から分かるように、テクストにおける語りとは、常に歴史的な原因や、歴史的な効果の中で意味深く絡まり合いながら含意されて変わってきたことが分かったからである。バフチンの対話の思想は常に歴史性を含意しつつ歩んできたのである。繰り返しになるが、本文の考察を通して戦後韓国におけるナショナリズムの言説をめぐる歴史性は、言い換えるとバフチンの言う「ヘゲモニーのための熾烈な戦いによるイデオロギーの進展」（Bakhtin 1981：346）や、「文化の激しく深い流れ」（Bakhtin 1986：3）の軌跡として、本書で証明できたと考える。

　要するに、「所詮『8.15』特別・記念・企画番組だから番組で表象されたイメージや語られた言説だって決まっているはず」という「8.15」ドキュメンタリーシリーズに対する固定観念を無条件的に肯定・否定するのではなく、こうした装置における僅かな隙間や切れ目、微かなヒビこそ、戦後韓国におけるナショナリズムの揺れを探るための貴重な史料となるのである。なぜならば、こうした隙間やズレ、ヒビを含めた連続性と断絶を探ることで、戦後の韓国のナショナリズムの理解の仕方が読み取れるからである。

　確かに「8.15」ドキュメンタリーシリーズの誕生をめぐる歴史的な背景には、日本帝国主義の植民地時代から解放された後の韓国の初代政府の樹立や、その後の韓国を包囲している特有の地政学的な条件、そしてこうした状況を政治的に利用する政権による国民動員という政治的な思惑があった。

　しかしながら、本文で検討したように1980年代に既存の政治的な文脈とは異なる、「下から」の市民レベルでの抵抗（＝民主化運動：1987）の結果としてもたらされた歴史的なイデオロギー的進展が、ナショナルなイデオ

ロギー装置の中でも堂々と表象されていたことは注目せざるを得ない「史実」であった。つまり、固定観念のナショナルなイデオロギー装置の言説空間が、1980年代後半を節目に転換的ターンを大きく描いていたのであった。無論、結果論であるが、当時のこうした言説の転換的ターンが、ナショナルなイデオロギー装置の中で確認できた点でより意味深い。すなわち、戦後長年維持されてきた「上から」主導するイデオロギーに対する民主化を訴える一般市民の切迫した意志表明の声の数々が、一見民主化とは無関係であるような「8.15」ドキュメンタリーシリーズの中でもやがて反映されざるを得なかったからである。このテクストには既存の「反日」や「反共」の言説は一言も言及されておらず、徹底的に自我（韓国人）を見つめ直していたが、こうした省察的な言説を通して当時の変化への流れが痛烈に伝わった。戦後、韓国にとってみれば、この時代こそ国民のレベルで真の「ナショナリズムとは何か」という問題に漸く向き合えることとなった時期ではなかろうか。

　以上、序章で設定された本書の問題提起に関する結論をまとめた。

　しかしながら戦後韓国におけるナショナリズム言説をめぐる変容は、絶えまない自己アイデンティティ模索の歩みであって、回収されて固定される有形物ではなく、今なお想像されながら「対話」の中での進行型である側面もあることを今一度つけ加えておきたい。

3. 展望

　まとめとして、本書の成果としては下記の点が挙げられる。

　第一に、本書は、これまでの先行研究の中で取り残されていた歴代「8.15」テレビドキュメンタリーシリーズのテクスト分析を通して、戦後韓国におけるナショナリズム言説の変容を実証的に検討した独創的かつ先駆的な考察であることである。

　第二に、「8.15」ドキュメンタリーシリーズの分析を通して、戦後韓国のナショナリズムの理解の仕方が解釈できた点である。こうしたテクストを分析対象としながら、戦後韓国（人）におけるナショナルの祝祭日へ込

められてきた言説とその変化を検討できた点は、戦後1970年代以降から日常的なメディアとなってきたテレビを中心とする公共の放送空間を社会文化的に再解釈できたことに繋がるので、メディア研究や文化社会学においても示唆的な考察であると捉えられる。

　第三に、バフチンのダイアロジックアプローチの文化理論を用いて、テクスト分析だけに満足するのではなくコンテクストとの文脈の中で言説を読み取った点は、これまで考察されてこなかったもので、一つの重要な提案であったと評価できる点である。すなわち、本研究を通してメディア研究におけるバフチンの認識論との深い関係性を確認できたことは大切な収穫であった。特に本書が、バフチンの対話の理論における「間（between）の空間」（De Mam 1983：109）へ開いた可能性に注目した点は、メディア研究と人文社会科学との学際的な考察をする上で思考的な自由と解放を意味することとして捉えられた点で有意義であったと評価できる。

　他方で、今後の課題としては下記の点が挙げられる。

　第一に、「8.15」ドキュメンタリーシリーズにおける東南アジアや中国をはじめとする海外との関わりの視点や、北朝鮮との関係性など、まだ開拓が必要とされるナショナリズム言説が残っているので、今後はテーマを広げるとともに、戦後韓国が構築してきたナショナリズム言説におけるさらに多様な言説を読み取ることが必要とされる。

　第二に、映像のテクストを重要な研究対象とする論考の研究方法論において、バフチンの理論に基づいた、またはバフチンの対話の理論とその他の方法論とをクロスさせた新しい独創的なツールの継続的な開発が要求される。具体的な事例への適応のためには、テクストとコンテクストとの関係性を見出すさらなる想像力のツールが必要になるからである。

　第三に、韓国におけるナショナリズムの今後の課題やあり方に関する展望を韓国国内の政治や、国際的情勢、そしてグローバル化のさらなる変革の波、デジタルメディア時代の急速な進歩による情報の流れをめぐる根本的な変化、人々の移動などを視野に入れて、より広範囲の展望として充実させる必要があったと考える。本書では提案程度に留まっているが、この課題は今後挑まざるを得ないテーマの種子としたい。

振り返ると、戦後韓国におけるナショナリズム言説の歩みはバフチンの表現の通り「熾烈な戦い」の連続であった。現在の韓国における「状況」を今一度吟味しながら、ナショナルなイデオロギー装置におけるナショナリズム言説の今後のさらなる「進展」を期待したい。そしてその先に、「8.15」ドキュメンタリーシリーズのイデオロギー装置が壊され築き直されていることを信じつつ、ここで本書を締め括りたい。

注
1）桑野（2011：109-111）。
2）番組制作者であるチェ・インソンプロデューサーは、「番組企画当時、韓国で刊行された『悩む力（2008）』の韓国語の翻訳版のこともあって姜尚中氏の大衆的な注目度はピークとなっていて、誇らしい「在日」として姜氏の人気はまさに社会的なブームのようなものであった」と回想した（聞き取り：2018年7月31日、韓国ソウル市KBS局内にて）。
3）アーカイブスに残る180本（巻末の「韓国公共放送における歴代『8.15』ドキュメンタリーシリーズ目録」を参照されたい）の「8.15」ドキュメンタリーシリーズの中から6つの番組が選ばれた理由及び背景については、既に本文で繰り返し述べているが、ここでもう一度簡略に整理しておくと下記の通りである。

章	番組タイトル（放送日）	選定理由及び背景
2	「8.15特集」4部作シリーズ 第3部『光復の歓喜』（1977.8.13放送）	KBSアーカイブスの中で、制作者や、放送日、番組内容の全てが確認できる現存する最も古い映像として1970年代の唯一の番組であった。
3	8.15海外企画8部作シリーズ『移民韓国人、このように成功した』『第1部　洋服屋三兄弟』（1983.8.8放送）	KBSアーカイブスの歴代「8.15」ドキュメンタリーシリーズの中で、唯一の「8部作」で企画制作されたことと、「移民」のテーマを取り上げた唯一の番組であった。
4	8.15企画『韓国人の一日』（1987.8.12放送）	戦後韓国の現代史の中で、政治的・社会的に大きな節目となった1987年の「6月抗争」をテーマとして取り上げた唯一の番組であった。
5	光復50周年特集『まだ終わっていない金の戦争』（1995.8.14放送）	KBSアーカイブスの歴代「8.15」ドキュメンタリーシリーズの中で、「在日＝ザイニチ」という日本語がそのままKBSの公共放送の中で常用語として使われ始めた時期である1990年代の初の「在日」テーマのドキュメンタリーであった。
5	光復節特集『在日、悩む魂』（2009.8.14放送）	「在日＝ザイニチ」という日本語がそのままKBSの公共放送の中で常用語として使われただけではなく、「韓国人」にとってはまだ不十分な認識の中に置かれていた「在日」への覚醒を訴えた新鮮な試みの番組であった。

| 6 | 8.15 企画 4 部作シリーズ『戦争と日本』第 4 部『忘却する国 贖罪する国』（2014.8.22 放送） | KBSアーカイブスの歴代「8.15」ドキュメンタリーシリーズの中で、「戦争」をテーマとした番組は多いが、2010 年代になって再び「戦争」を日韓だけではなく、東アジアや、グローバルな観点から考え直そうという試みがあった。 |

4）図B-2の結果を踏まえて、表B-4の 各章の「8.15」ドキュメンタリーシリーズと言説は、表 B-3 における「Polyphony in Documentaries」の無数の能動的な声たちの中から「枠づけしなければならない状況（Holquist 1990：69）」として導かれた「応答」としての特定の言説であると言える。

5）Jameson（1983）や、Jameson & Paik（1990）、Harvey（1990）を参照されたい。

6）トランスナショナリズム（Transnationalism）とは、国境を越えることを基盤とした国家以外の行為主体（actors）の間の持続的な関連と進行中の交流――ビジネス、非政府組織、利益を共有する個人（宗教的信仰、共通の文化や地理的起源などの基準を通じて）――について述べるなら、「トランスナショナルな」実践とその集合体（国民国家を超えて機能しているそれらの関連に関して）として、これらを差異化できるだろう。これらの関連の集合的な特性、形成、維持されるプロセス、そしてそれらのより広範な影響が、広く「トランスナショナリズム」と呼ばれる（Vertovec 2009 ＝ 2014：4）。

7）理論的な説明を補足すると、例えばスタムは、「（ポリフォニー（polyphony）は）バフチンがドストエフスキー作品の中のイデオロギー声（ideological voices）の色々な複合的な入り組みの動き（complex play）を示すために提示された概念として、何らかのテクストだけではなく、テクストの外部の状況における複数ある声（plurality voices）の共存性に注目するものである」と言った（Stam 1989：229）。

参考論文及び参考文献

【英語・日本語】

Althusser, Louis（1971）Ideology and Ideological State Apparatuses, Lenin and Philosophy and Other Essays, *Monthly Review Press*, pp.127-186

───（1995）*Sur la reproduction : idéologie et appareils idéologiques d'État*, Press University de France ＝（2005）西川長夫、伊吹浩一、大中一彌、今野晃、山家歩訳『再生産について：イデオロギーと国家のイデオロギー諸装置』平凡社

Anderson, Benedict（1991）*Imagined Communities: Refections on the Origin and Spread of Nationalism*, Verso: London ＝（1998）白石さや、白石隆訳『増補版想像の共同体：ナショナリズムの起源と流行』NTT 出版

───（1998）*The spectre of comparisons: nationalism, Southeast Asia and the world*, Verso: London and New York ＝（1998）糟谷啓介他訳『比較の亡霊：ナショナリズム・東南アジア・世界』作品社

Appadurai, Arjun（1996）*Modernity at large: cultural dimensions of globalization*, University of Minnesota Press ＝（2004）門田健一訳『さまよえる近代：グローバル化の文化研究』平凡社

バフチン、ミハイル（1980）『フランソワ・ラブレーの作品と中世・ルネッサンスの民衆文化』（原著 1965）川端香男里訳、せりか書房

───（1989）『マルクス主義と言語哲学：言語学における社会学的方法の基本的諸問題』（原著 1929）桑野隆訳、未來社

Bakhtin, Mikhail（1929）*Проблемы творчества Достоевского* ＝（2013）桑野隆訳『ドストエフスキーの創作の問題──付：より大胆に可能性を利用せよ』平凡社

───（1981）*The Dialogic Imagination*, edited and translated from the Russian by Michael Holquist and Cary Emerson, Austin, University of Texas Press

───（1984）*Rabelais and His World*, translated from the Russian by H. Iswolsky, Bloomington, Indiana University Press

───（1985）*The Formal Method in Literary Scholarship*, Harvard University Press ＝（1979）バフチン著作集 3『文芸学の形式的方法』桑野隆、佐々木寛訳、新時代社

───（1986）*Speech Genres and Other Late Essays*, edited by Cary Emerson and Michael Holquist, Trans. Van McGee, Austin, University of Texas Press

───（1990）*Art and Answerability*, edited by Michael Holquist, Trans. Vadim Liapunov, Austin, University of Texas Press

Bandlamudi, Lakshmi（2017）*Difference, Dialogue, and Development: A Bakhtinian World*,

Routledge

Barnouw, Erik（1974）*Documentary: a history of the non-fiction film*, Oxford University Press ＝（1978）近藤耕人訳『世界ドキュメンタリー史』日本映像記録センター

Barthes, Roland（1957）*Mythologies*, Hill & Wang, New York ＝（1967）篠沢秀夫訳『神話作用』現代思潮新社

─────（1982）*L'obvie et l'obtus*, Seuil ＝（1998）沢崎浩平訳『第三の意味』みすず書房

Berger, L. Peter and Luckmann, Omas（1966）*Social Construction of Reality: A Treatise in the Sociology of Reality*, Anchor ＝（1977）山口節夫訳『日常世界の構成：アイデンティティと社会の弁証法』新曜社

Bhabha, Homi K.（1990）DissemiNation: time, narrative, and the margins of the modern nation, in Bhabha, Homi K.（ed.）*Nation and Narration*, Routledge.

─────（1994）*The Location of Culture*, Routledge ＝（2005）本橋哲也、正木恒夫、外岡尚美、阪元留美訳『文化の場所：ポストコロニアリズムの位相』法政大学出版局

Bourdieu, Pierre（1979）*LA DISTINCTION critique sociale du jugement critique sociale du jugement*, Éditions de Minuit ＝（1990）石井洋二郎訳『ディスタンクシオン：社会的判断力批判 I・II』藤原書店

Brandist, Craig（2002）*The Bakhtin Circle*, London, Pluto Press

Breuilly, John（1993（2nd edit.）［1982］）*Nationalism and the State*, University of Chicago press

─────（ed.）（2013）*The History of Nationalism*, Oxford University Press

Brubaker, Rogers（1992）*Citizenship and Nationhood in France and Germany*, Harvard University Press ＝（2005）佐藤成基、佐々木てる監訳『フランスとドイツの国籍とネーション：国籍形成の比較歴史社会学』明石書店

─────（2004）In the name of the Nation: Reflections on Nationalism and Patriotism, in（2016）佐藤成基他編訳『グローバル化する世界と「帰属の政治」：移民・シティズンシップ・国民国家』明石書店

─────（2005）Ethnic without Groups, in Adams, J.（ed.）*Remaking Modernity: Politics, History, and Sociology*, Duke University Press

─────（2015）Migration, Membership, and the Nation-State, in（2016）佐藤成基他編訳『グローバル化する世界と「帰属の政治」：移民・シティズンシップ・国民国家』明石書店

文京洙（2007）『在日朝鮮人問題の起源』クレイン

Cabral, Amilcar（1994）National Liberation and Culture, in Williams, Patrick & Chrisman, Laura（eds.）*Colonial Discourse and Post-Colonial Theory: A Reader*, New York, Columbia University Press, pp.53-65

Certeau, de Michel（1980）*ART DE FAIRE, Union Générale d'Editions*, Paris ＝（1987）山田登世子訳『日常的実践のポイエティーク』国文社

Chambers, Iain and Curti, Lidia（1996）*The Post-Colonial Question: Common Skies, Divided*

Horizons, Routledge

Chatterjee, Patha（1993）*The Nation and Its Fragments: Colonial and Postcolonial Histories*, Princeton University Press

崔銀姫（2015）『日本のテレビドキュメンタリーの歴史社会学』明石書店

―――（2017）『表象の政治学：テレビドキュメンタリーにおけるアイヌへのまなざし』明石書店

Clark, Katerina and Michael Holquist（1984）*Mikhail Bakhtin*, Cambridge, Harvard University Press ＝（1990）川端香男里、鈴木晶訳『ミハイール・バフチーンの世界』セリカ書房

Cohen, Tom（1998）*Ideology and Inscription: "cultural studies" after Benjamin, De Man, and Bakhtin*. Cambridge University Press

Connor, Walker（1994）*Ethnonationalism: The Quest for Understanding*, Princeton University Press

Cumings, Bruce（1981）*The Origins of the Korean War vol.1: Liberation and the Emergence of Separate Regimes, 1945-1947*, Princeton University

―――（1990）*The Origins of the Korean War, vol.2: The Roaring of the Cataract, 1947-1950*, Princeton University

―――（2010）*The Korean War: A History*, Modern Library

De Man, Paul（1986）*The Resistance to Theory*, University of Minnesota Press ＝（1992）大河内昌、富山太佳夫訳『理論への抵抗』国文社

Derride, Jacques（1967）*L'écriture et la différence*, Éditions du Seuil, Paris ＝（1997）若桑毅ほか訳『エクリチュールと差異　上・下』法政大学出版局

―――（1967）*La voix et le phénomène : introduction au problème du signe dans la phénoménologie de Husserl*, University de France ＝（2005）林好雄訳『声と現象』筑摩書房

Eley, Geoff（1991）*Reshaping the German Right: Radical Nationalism and Political Change after Bismarck*, The University of Michigan Press

遠藤十亜希（2016）『南米「棄民」政策の実像』岩波書店

Featherstone, Mike（1991）*Consumer Culture and Postmodernism*, Sage ＝（1999）川崎賢一他訳『消費文化とポストモダニズム上下』恒星社厚生閣

Field, Norma（1991）*In the Realm of a Dying Emperor*, Pantheon Books, New York ＝（1994）大島かおり訳『天皇の逝く国で』みすず書房

Fiske, John & Hartley, John（1978）*Reading Television*, London: Methuen ＝（1991）池村六郎訳『テレビを読む』未來社

―――（1987）*Television Culture: popular pleasures and politics*, Methuen, London ＝（1996）伊藤守ほか訳『テレビジョンカルチャー：ポピュラー文化の政治学』梓出版社

Foucault, Michel（1966）*Les mots et les choses*, Gallimard ＝（1974）渡辺一民、佐々木明訳『言葉と物』新曜社

―――（1972）*The Archaeology of Knowledge*, London, Tavistock

フーコー、ミシェル（1977）『監獄の誕生：監視と処罰』（原著 1975）田村俶訳、新潮社

Gardiner, Michael（1992）*The Dialogics of Critique: M.M.Bakhtin and theory of Ideology*, London, Routledge

——（ed.）（2003）*Mikhail Bakhtin, VOL1-4*, Sage

Gellner, Ernest（1983）*Nations and Nationalism*, Blackwell Publishers, Oxford ＝（2000）加藤節監訳『民族とナショナリズム』岩波書店

Giddens, Anthony（1984）*The Constitution of Society*, Berkeley and Los Angeles, University of California Press ＝（2015）門田健一訳『社会の構成』勁草書房

——（1985）*The Nation-State and Violence*, Polity Press. UK. ＝（1999）松尾 精文、小幡正敏訳『国民国家と暴力』両立書房

——（1990）*Consequences of Modernity*, Polity Press, Cambridge ＝（1993）松 尾 精 文、小幡正敏訳『近代とはいかなる時代か？：モダニティの帰結』而立書房

——（1994）*Beyond Left and Right: The Future of Radical Politics*, Polity Press ＝（2002）松尾精文、立松隆介訳『左派右派を超えて：ラディカルな政治の未来像』而立書房

Gilroy, Paul（1993）*The black Atlantic: modernity and double consciousness*, Verso ＝（2006）上野俊哉、毛利嘉孝、鈴木慎一郎訳『ブラック・アトランティック：近代性と二重意識』月曜社

Gramsci, Antonio（1971）*Selection from the Prison Notebooks*, Q, Hoare and G.N. Smith（eds.）, London, Lawrence and Wishart ＝（1978）石堂清倫訳『グラムシ獄中ノート』三一書房

Greenblatt, Stephen（1980）*Renaissance self-fashioning: from More to Shakespeare*, The University of Chicago ＝（1992）高田茂樹訳『ルネサンスの自己成型：モアからシェイクスピアまで』みすず書房

Greenblatt, Stephen, Jay（ed.）（1981）*Allegory and Representation*, Baltimore, Johns Hopkins University Press ＝（1994）舟倉正徳訳『寓意と表象・再現』法政大学出版局

Greenfeld, Liah（1992）*Nationalism: Five Road to Modernity*, Harvard University Press

Grossberg, Lawrence（1996）History, politics and postmodernism: Stuart Hall and cultural studies, in Morey, David and Chen, Kuan-hsing（eds.）*Critical Dialogues in Cultural Studies*, Routledge, pp.151-173

Habermas, Jürgen（1990）*Strukturwandel der Öffentlichkeit: Untersuchungen zu einer Kategorie der bürgerlichen Gesellschaft*, Suhrkamp ＝（1994）細谷貞雄訳『公共性の構造転換：市民社会のカテゴリーについての研究』未來社

Hall, Stuart（Eds. S. Hall, D. Hobson, A. Lowe and P. Willis）（1980）Encording/Decording, *Culture, Media, Language*, London, Hutchinson

——（1985）Significant, Representation, Ideology: Althusser and the Post-Structuralist Debates, *Critical Studies in Mass Communication* Vol.2, No.2

——（1990）Cultural Identity and Diaspora, in *Identity, Community, Culture, Difference* edited by Jonathan Rutherford, Lawrence & Wishart Ltd., pp.222-237

——（1996a）The problem of ideology: Marxism without guarantees, in Morey, David and Chen, Kuan-hsing（eds.）*Critical Dialogues in Cultural Studies*, Routledge, p.131-150, Reprinted by *Journal of Coomunication Inquiry*, 10（2）, 1986, pp.28-44

——（1996b）On postmodernism and articulation, in Morey, David and Chen, Kuan-hsing（eds.）*Critical Dialogues in Cultural Studies*, Routledge, pp.131-150

—— ed.（1996c）*Questions of Cultural Identity*, London: SAGE =（2001）宇波彰監訳『カルチュラルアイデンティティの諸問題：誰がアイデンティティを必要とするのか？』大村書店

——（1996d）When was "The Post-Colonial"? Thinking at the limit, Chambers, in Iain and Curti, Lidia（eds.）*The Post-Colonial Question: Common Skies, Divided Horizons*, Routledge

——（1997）*Representation: Cultural Representations and Signifying Practices*, SAGE Publications, London

Halliday, Jon & Cumings, Bruce（1988）*Korea: The Unknown War*, the Penguin Group =（1990）清水和久訳『朝鮮戦争：内戦と干渉』岩波書店

Hammar, Tomas（1990）*Democracy and the Nation State*, Ashgate =（1999）近藤敦訳『永住市民と国民国家』明石書店

Harvey, David（1990）*The Condition of Postmodernity*, Blackwell =（1999）吉原直樹監訳『ポストモダニティの条件』青木書店

服部龍二（2015）『外交ドキュメント歴史認識』岩波書店

林博史（2006）「基地論：日本本土・沖縄・韓国・フィリピン」『岩波講座アジア・太平洋戦争7　支配と暴力』岩波書店、pp.379-408

Hearn, Jonathan（2006）*Rethinking Nationalism: A Critical Introduction*, Palgrave Macmillian.

Heater, Derek（1999）*What is Citizenship?*, Polity Press =（2001）田中俊郎、関根政美訳『市民権とは何か』岩波書店

Hegde, Radha Sarma（2016）*Mediating Migration*, Polity Press.

樋口雄一（1967）「麗水・順天蜂起」『朝鮮研究』62、p.34-39

——（1976）「麗水・順天における軍隊蜂起と民衆」『海峡』4、p.67-75

Hischkop, Ken and Shepherd David（1989）*Bakhtin and Cultural Theory*, Manchester University Press =（2005）宍戸通庸訳『バフチンと文化理論』松柏社

Hobsbawm, E. J.（1990）*Nations and nationalism since 1780: programme, myth, reality*, Cambridge University Press =（2001）浜林正夫、嶋田耕也、庄司信訳『ナショナリズムの歴史と現在』大月書店

Holquist, Michael（1981a）Introduction, pp.xv–xxxiii in Bakhtin, Mikhail（1981）*The Dialogic Imagination*, Austin, University of Texas Press

——（1981b）The politics of Representation, in S. Greenblatt（ed.）*Allegory and Represen-*

tation: Selected papers from the English Institute 1979-80, Baltimore, Johns Hopkins University Press

─── （1990） Dialogism; Bakhtin and his World, 2nd edition （2002）, London, Routledge ＝ （1994） 伊藤誓訳『ダイアローグの思想』法政大学出版局

堀真清 （2015）『近代日本の国家政治：ナショナリズムと歴史認識』早稲田大学出版部

Horkheimer, Max and Adorno, Theodor W. （1947） Dialektik der Aufklärung: Philosophische Fragmente, Querido Verlag, Amsterdam ＝ （2007） 徳永恂訳『啓蒙の弁証法』岩波書店

細谷雄一 （2015）『戦争史の解放Ⅰ　歴史認識とは何か：日露戦争からアジア太平洋戦争まで』新潮選書

李昊宰 （2000）『韓国外交政策の理想と現実』法政大学出版局

李鍾元 （1996）『東アジア冷戦と韓米日関係』東京大学出版会

イ・ヨンスク （1996）『〈国語〉という思想』岩波書店

石田勇治 （2014）『過去の克服：ヒトラー後のドイツ』白水社

Jameson, Fredric （1983） The political unconscious: narrative as a socially symbolic act, Routledge ＝ （1989） 大橋洋一、木村茂雄、太田耕人訳『政治的無意識：社会的象徴行為としての物語』平凡社

─── （1998） The Cultural Turn: Selected writing on the Postmodernism 1983-1998, Verso ＝ （2006） 合庭淳他訳『カルチュラル・ターン』作品社

鄭鎬碩 （2012）「終わらない『金の戦争』：近年における『金嬉老事件』における文化的専有をめぐって」『東京大学大学院情報学環紀要』（82）、pp.21-42

鄭在貞 （2015）『日韓〈歴史対立〉と〈歴史対話〉：「歴史認識問題」和解の道を考える』新泉社

趙景達、宮嶋博史、李成市、和田春樹編 （2011）『「韓国併合」100年を問う：『思想』特集・関連資料』有志舎

趙景達編 （2012）『近代日朝関係史』有志舎

金森襄作 （1985）『1920年代朝鮮の社会主義運動史』未來社

金成玟 （2014）『戦後韓国と日本文化：「倭色」禁止から「韓流」まで』岩波書店

加藤典洋 （1997）『敗戦後論』講談社

─── （2015）『戦後入門』筑摩書房

川島真 （2011）「社会主義とナショナリズム」『岩波講座東アジア近現代史　社会主義とナショナリズム』岩波書店、2-37頁

姜東鎮 （1978）『日本の朝鮮支配政策史研究』東京大学出版会

姜尚中、吉見俊哉編 （2001）『グローバル化の遠近法』岩波書店

姜尚中、森巣博 （2002）『ナショナリズムの克服』集英社

姜尚中 （2005a）『反ナショナリズム』講談社

─── （2005b）『在日二つの「祖国」への思い』講談社

─── （2009）「ナショナリズムをくぐり抜けて」『ナショナリズム論・入門』有斐閣アルマ、357-376頁

金東椿（2008）『朝鮮戦争の社会史：避難・占領・虐殺』平凡社

金太基（1997）『戦後日本政治と在日朝鮮人問題：SCAP の対在日朝鮮人政策 1945-1952 年』勁草書房

木村幹（2009）『日韓歴史問題とは何か：歴史教科書・「慰安婦」・ポピュリズム』ミネルヴァ書房

King, Anthony D.（ed.）（1991）*Culture, Globalization and the World-System: contemporary conditions for the representation of identity* =（1999）山中弘、安藤充、保呂篤彦訳『文化とグローバル化：現代社会とアイデンティティ表現』玉川大学出版部

北田暁大（2004）『〈意味〉への抗い：メディエーションの文化政治学』せりか書房

駒込武（1996）『植民地帝国日本の文化統合』岩波書店

小森陽一（2001）『ポストコロニアル』岩波書店

――――（2002）「マルクシズムとナショナリズム」『岩波講座近代日本の文化史　編成されるナショナリズム』岩波書店、3-50 頁

桑野隆（2002）『バフチン：新版〈対話〉そして〈解放の笑い〉』岩波書店

――――（2011）『バフチン：カーニヴァル・対話・笑い』平凡社

Loomba, Ania（1998）*Colonialism/Post colonialism*, 3rd edition（2015）, Routledge =（2001）吉原ゆかり訳『ポストコロニアル理論入門』松柏社

Lorino, Philippe & Tricard, Benoît（2012）The Bakhtinian Theory of Chronotope（Time–Space Frame）Applied to the Organizing Process, in *Constructing Identity in and Around Organizations*, Oxford University

Luhmann, Niklas（1981）Wie ist soziale Ordnung möglich, in *Gesellschafts Struktur und Semantik*, Suhkamp Verlag =（1985）佐藤勉訳『社会システム理論の視座』木鐸社

――――（1990）*Essays on self-reference*, Columbia University Press =（1996b）土方透、大澤善信訳『自己言及性について』国文社

――――（1996）*Die Realität der Massenmedien*, Westdeutscher Verlag GmbH =（2005）林香里訳『マスメディアのリアリティ』木鐸社

Marshall, T. H. & Bottomore, Tom（1992）*Citizenship and Social Class*, Pluto Press =（1993）岩崎信彦、中村健吾訳『シティズンシップと社会的階級』法律文化社

丸山眞男（1964）『増補版　現代政治の思想と行動』未來社

――――（1996）「八・一五と五・一六」『丸山眞男集第八巻：一九五九－一九六〇』岩波書店、359-377 頁

――――（2008）「歴史意識とは何か：一九七九年六月慶應義塾大学内山秀夫研究会特別ゼミナール第二回」『丸山眞男話文集 3　丸山眞男手帖の会編』みすず書房、230-307 頁

――――（2015）『超国家主義の倫理と心理　他八編』岩波書店

正木恒夫（1995）『植民地幻想：イギリス文学と非ヨーロッパ』みすず書房

松本健一（2010）『日本のナショナリズム』筑摩書房

松本武祝（2006）「戦時期朝鮮における朝鮮人地方行政職員の『対日協力』」『岩波講座

アジア・太平洋戦争 7 支配と暴力』岩波書店、pp.221-248

松沢哲成（1983）『日本ファシズムの対外侵略』三一書房

Miller, David（1995）*On Nationality*, Oxford University Press =（2007）富沢克他訳『ナショナリティについて』風行社

宮田節子（1985）『朝鮮民衆と「皇民化」政策』未來社

水野直樹、文京洙（2015）『在日朝鮮人：歴史と現在』岩波書店

Morley, David and Robins, Kevin（1995）*Spaces of Identity: Global Media, Electronic Landscapes and Cultural Boundaries*, Routledge

Morson, Gary Saul（ed.）（1986）*Bakhtin: Essays and Dialogues on his work*, University of Chicago Press

Morson, Gary Saul and Emerson, Caryl（eds.）（1989）*Rethinking Bakhtin: Extension and Challenges*, Evaston, Northwestern University Press

Mosse, George, L.（1975）*The Nationalization of the Masses: political symbolism and mass movements in Germany from the Napoleonic wars through the Third Reich*, Howard Fertig: New York =（1994）佐藤卓己、佐藤八寿子訳『大衆の国民化：ナチズムに至る政治シンボルと大衆文化』柏書房

長田彰文（2005）『日本の韓国統治と国際関係：朝鮮独立運動とアメリカ』平凡社

中野晃一（2015）『右傾化する日本政治』岩波書店

中野敏男（2001）『大塚久雄と丸山眞男：動員、主体、戦争責任』青士社

成田龍一（2010）『〈歴史〉はいかに語られるか：1930 年代「国民物語」批判』筑摩書房

―――（2012）『近現代日本史と歴史学』中公新書

Negri, Antonio, Hardt, Michael（2000）*EMPIRE*, Harvard University Press =（2003）水嶋一憲、酒井隆史、浜邦彦、吉田俊実訳『帝国：グローバル化の世界秩序とマルチチュードの可能性』以文社

―――（2004）*Multitude: war and democracy in the Age of Empire*, Penguin Putnam =（2005）幾島幸子、水嶋一憲、市田良彦『「帝国」時代の戦争と民主主義』NHK ブックス

―――（2012）*Decrations*, Argo-Navis =（2013）水嶋一憲、清水知子訳『叛逆：マルチチュードの民主主義宣言』NHK ブックス

Newcomb, Horace M. & Hirsh, Paul M.（1983）Television as a Cultural Forum: Implication for Research, *Quarterly Review of Film Studies*, Summer

Nielson, Greg Matc（2002）*The Norms of Answerability: social theory between Bakhtin and Habermas*, Albany, State University of New York Press

新倉貴仁（2017）『「能率」の共同体：近代日本のミドルクラスとナショナリズム』岩波書店

西川長夫（1998）『国民国家の射程　あるいは〈国民〉という怪物について』柏書房

―――（2001）『増補　国境の越え方：国民国家論序説』平凡社

小熊英二（2002）『〈民主〉と〈愛国〉：戦後日本のナショナリズムと公共性』新曜社

小熊英二、姜尚中編（2008）『在日一世の記憶』集英社

大沼保昭（2007）『「慰安婦」問題とは何だったのか：メディア・NGO・政府の功罪』中公新書

───（2015）『「歴史認識」とは何か：対立の構図を超えて』中公新書

大澤真幸（1998）『戦後の思想空間』筑摩書房

───（2004）『帝国的ナショナリズム：日本とアメリカの変容』青土社

───（2007）『ナショナリズムの由来』講談社

───（2009）『ナショナリズム論・入門』有斐閣

───（2018）『自由という牢獄：責任・公共性・資本主義』岩波書店

太田修（2015）『新装新版日韓交渉：請求権問題の研究』クレイン

白楽晴（2001）『朝鮮半島統一論：ゆらぐ分断体制』クレイン

Renan, Ernest（1887）Qu'est-ce qu'une nation? *Euvres Complètes*, vol.1, Calmann-Lévy, pp.277-310 ＝（1990）Bhabha, Homi K.（Edit.）*Nation and Narration*, Routledge, pp.8-22 ＝（1997）鵜飼哲訳「国民とは何か」『国民とは何か』インスクリプト、41-64 頁

Riker, William H.（1982）*Liberalism against populism: a confrontation between the theory of democracy and the theory of social choice*, Waveland Press ＝（1991）森脇俊雅訳『民主的決定の政治学：リベラリズムとポピュリズム』芦書房

劉傑、川島真編（2009）『1945 年の歴史認識：「終戦」をめぐる日中対話の試み』東京大学出版会

Said, Edward Wadie（1978）*Orientalism*, Aitken, Stone & Wylie Limited ＝（1993）今沢紀子訳『オリエンタリズム 上・下』平凡社

───（1993）*Culture and imperialism*, Gillon Aitken Associates Ltd. ＝（1998）大橋洋一訳『文化と帝国主義 1』、（2001）大橋洋一訳『文化と帝国主義 2』みすず書房

酒井直樹（2012）『日本思想という問題：翻訳と主体』岩波書店

───（2017）『ひきこもりの国民主義』岩波書店

佐々木てる（2014）「在日コリアンとシティズンシップ：権利と国籍を中心に」『移民政策研究』Vol.6, 44-57 頁

Sassen, Saskia（2006）*Territory, authority, rights: from medieval to global assemblages*, Princeton University Press ＝（2011）伊藤茂訳『領土・権威・諸権利：グローバリゼーション・スタディーズの現在』明石書店

佐藤健二（2001）『歴史社会学の作法』岩波書店

佐藤成基（1995）「ネーション、ナショナリズム、エスニシティ：歴史社会学的考察」『思想』845：110-127 頁

───（2000）「ナショナリズムのダイナミックス」『社会学評論』Vol.51, No.1/2000：37-53 頁

塩川伸明（2008）『民族とネイション：ナショナリズムという難問』岩波書店

Smith, D. Anthony（1986）*The Ethnic Origins of Nations*, Blackwell publishers ＝（1999）巣

山靖司訳『ネイションとエスニシティ：歴史社会学的考察』名古屋大学出版会

───（1991）*National Identity*, Penguin Books Ltd, London ＝（1998）高柳先男訳『ナショナリズムの生命力』晶文社

───（2004）*Chosen peoples: sacred sources of national identity*, Oxford University Press ＝（2007）一条都子訳『選ばれた民：ナショナル・アイデンティティ・宗教・歴史』青木書店

Spivak, Gayatri Chakravorty（1990）*The Post-colonial Critic*, Routledge ＝（1992）清水和子、崎谷若菜訳『ポスト植民地主義の思想』彩流社

───（1988）Can the Subaltern speak? in *Marxism and the Interpretation of Culture*, University of Illinois Press ＝（1998）上村忠男訳『サバルタンは語ることができるか』みすず書房

───（1999）*A critique of postcolonial reason: toward a history of the vanishing present*, Harvard University Press ＝（2003）上村忠男、本橋哲也訳『ポストコロニアル理性批判』月曜社

Stallybrass, Peter & White, Allon（1986）*The Politics and Poetics of Transgression*, Methuen & Co. Ltd ＝（1995）本橋哲也訳『境界侵犯：その詩学と政治学』ありま書房

Stam, Robert（1989）*Subversive Pleasures: Bakhtin, Cultural Criticism, and Film*, The Johns Hopkins University Press ＝（2002）浅野敏夫訳『転倒させる快楽：バフチン、文化批評、映画』法政大学出版局

Suleri, Sara（1992）*The Rhetoric of English India*, The University of Chicago Press ＝（2000）川端康雄、吉村玲子訳『修辞の政治学：植民地インドの表象をめぐって』平凡社

Tamir, Yael（1993）*Liberal nationalism*, Princeton University Press ＝（2006）押村高他訳『リベラルナショナリズムとは』夏目書房

Todorov, Tzvetan（1984）*Mikhail Bakhtin: The Dialogical Principle*, Trans, W. Godzich, Manchester, Manchester University ＝（2001）大谷尚文訳『ミハイル・バフチン　対話の原理』法政大学出版局

Thompson, John B.（1981）*Critical Hermeneutics: A Study in the thought of Paul Picoeur and Jurgen Habermas*, Cambridge University Press ＝（1992）山本啓、小川英司訳『批判的解釈学』法政大学出版局

Tomlinson, John（1991）*Cultural imperialism: a critical introduction*, Printer Publishers, London ＝（1993）片岡信訳『文化帝国主義』青土社

───（1999）*Globalization and culture*, Polity Press Limited ＝（2000）片岡信訳『グローバリゼーション：文化帝国主義を超えて』青土社

Vertovec, Steven（2009）*For love of the country: Transnationalism*, Routledge ＝（2014）水上徹男他訳『トランスナショナリズム』日本評論社

Viroli, Maurizio（1995）*For love of the country: An Essay on Pattiotism and Nationalism*, Oxford University Press ＝（2007）佐藤瑠威、佐藤真喜子訳『パトリオティズムとナショナリズム：自由を守る祖国愛』日本経済評論社

和田春樹（1987）『私の見たペレストロイカ：ゴルバチョフ時代のモスクワ』岩波書店

―――（1992）『歴史としての社会主義』岩波書店

―――（2002）『朝鮮戦争全史』岩波書店

―――（2015）『慰安婦問題の解決のために』平凡社

Williams, Patrick and Chrisman, Laura（ eds.）（1994）*Colonial Discourse and Postcolonial Theory*, Columbia University Press

Williams, Raymond（1981）*Culture* =（1985）小池民男訳『文化とは』晶文社

山口二郎（2010）『ポピュリズムの反撃：現代民主主義復活の条件』角川書店

山之内靖、ヴィクター・コシュマン、成田龍一編（1995）『総力戦と現代化』柏書房

山脇直司、内田隆三、森正稔、米谷匡史編（2001）『ネイションの軌跡』新世社

安田浩一（2015）『ヘイトスピーチ：「愛国者」たちの憎悪と暴力』文藝春秋

米原謙他（2011）『東アジアのナショナリズムと近代』大阪大学出版社

吉田徹（2011）『ポピュリズムを考える』NHK 出版

吉田裕（2005）『日本人の戦争観：戦争史のなかの変容』岩波書店

吉見俊哉（1997）「祝祭、境界侵犯、文化の政治学」『ミハイル・バフチンの時空』セリカ書房

―――（2002a）「メディアとしての天皇制」『岩波講座天皇と王権を考える 10　王をめぐる視線』岩波書店

―――（2002b）「冷戦体制と『アメリカ』の消費：大衆文化における「戦後」の地政学」『岩波講座近代日本の文化史 9』岩波書店

―――（2004）「文化ヘゲモニーと対抗的実践」モーリス＝鈴木・テッサ、吉見俊哉編『グローバリゼーションと文化政治』平凡社

―――（2007）『親米と反米：戦後日本の政治的無意識』岩波書店

―――（2012）『夢の原子力』筑摩書房

―――（2017）『大予言：〈歴史の尺度〉が示す未来』集英社

―――（2018）『トランプのアメリカに住む』岩波書店

吉見義明（1995）『従軍慰安婦』岩波新書

吉野耕作（1997）『文化ナショナリズムの社会学：現代日本のアイデンティティの行方』名古屋大学出版会

吉澤文寿（2015a）『日韓会談 1965：戦後日韓関係の原点を検証する』高文研

―――（2015b）『新装新版　戦後日韓関係：国交正常化交渉をめぐって』クレイン

【韓国語】

白　楽　晴（1987）「韓国社会の性格と民族運動の課題」『創作と批評』15（4）：6-99 頁
（ペク・ナクチョン）

―――（2007）「6 月抗争以後 20 年、どこまで来ていてどこへ向かっていくか」『黄海文化』06：177-188 頁
（ファンヘ）

チャン・ギュシク（2014）「1950-1970 年代『思想界』知識人の分断意識と民主主義論の軌跡」『韓国史研究』（167）12：289-339 頁

張　俊　河著、コウ・ミョンチョル編（2017）『張俊河エッセイ選集』知識を作る知識

チャン・セジン（2013）「市民の telos と 1960 年代半ばの『思想界』の変転」『西江人文論総』12：43-83 頁

チェ・ガンミン（2005）「近代言説の伝道師、『思想界』を語る」『今日の文芸批評』3：51-67 頁

チェ・ジャンジブ（2002）『民主化以後の民主主義：韓国民主主義の保守的起源と危機』フマニタス

───（2009）『民衆から市民へ：韓国民主主義を理解する一つの方法』石枕

チョ・ドンシ（2005）「韓国新聞の 1945-2005 年光復節社説：政治統一が多く日帝遺産清算はほぼない」『新聞と放送』417：56-61 頁

曺喜昐編（2003）『韓国の政治社会的支配言説と民主主義動学』一緒に読む本

曺喜昐（2010）『動員された近代化：朴正煕　開発動員体制の政治社会的な二重性』フマニタス

チョ・セヨル（2010）「親日人名辞典編纂の争点と意義」『歴史批評』91：269-297 頁

趙　杭　済（2014）『韓国公営放送の正体性』カルチャルック

チョン・ジョンファン（2005）『終わらないシンドローム』青い歴史

ゴ・ジョンヒュ（2004）『李承晩と韓国独立運動』延世大学出版部

ゴ・ウォン（2010）「憲政体制論の視覚から見た 4 月革命の歴史的起源」『韓国政治研究』19（2）：47-75 頁

ゴン・イムスン（2010）『スキャンダルと反共国家主義』エルピ

グォン・ボドレ（2011）「『思想界』と世界文化自由会議：1950-1960 年代冷戦イデオロギーの世界的連鎖と韓国」『アセア研究』54（2）246-288 頁

韓　相　震（1987）「韓国中産層概念と性格究明のための試み」『韓国社会学会社会学大会論文集』6、韓国社会学会、3-15 頁

韓国反託反共学生運動記念事業會（1986）『韓国学生建国運動史：反託反共運動中心』韓国反託反共学生運動記念事業會出版局

韓国放送学会編（2011）『韓国放送の社会文化史』ハヌル

韓日連帯 21’ 編（2008）『韓日歴史認識論争のメタヒストリー』根と葉

ヒョン・デソン編（2008）『韓国と日本の歴史認識』ナナム出版

Jameson, Fredric & Paik, Nakchung（1990）「マルクシズム、ポストモダニズム、民族文化運動」『創作と批評』1990-3、268-300 頁

ジョン・ビョンジュン（2005）『雩南李承晩研究』歴史批評社

───（2010）『独島 1947：戦後独島問題と韓米日関係』石枕

ジョン・チョルヒ（1996）「中位動員と 6 月抗争：社会運動組織の構造的・文化的統合」『韓国社会学』第 30 集、65-91 頁

鄭　根　植他（2011）『（脱）冷戦と韓国の民主主義』ソンイン

鄭　根　植、李柄天編（2012）『植民地遺産、国家形成、韓国民主主義 I・II』本ワールド

ジョン・ギョンウォン他（2005）『メキシコ・キューバ韓人移民史』韓国外国語大学出版部

ジョン・イルジュン（2010）「全斗煥・盧泰愚政権と韓米関係：光州抗争から6月抗争を経て6共和国まで」『歴史批評』2010.2、296-332頁

ジョン・ジンソク（2001）『歴史と言論人』コミュニケーションブックス

ジョン・ジンソク、キム・ヨンヒ、ハン・ジンマン、バク・ヨンギュ、ソ・ジェギル（2008）『韓国放送80年、その歴史的照明』ナナム出版

ジョン・ヨンゴン（2015）『敵対と動員の文化政治：韓国反共映画の制度化』ソミョン出版

ジョン・ヨンフン他（2014）『韓国の民族主義と脱民族主義』韓国学中央研究院出版部

ジョン・ヨンウク（2003）『解放前後米国の対韓政策』ソウル大学出版文化院

カン・ジョンフン（2008）「最近韓国史研究における脱民族主義傾向に関する批判的考察」『韓国古代史研究』韓国古代史学会12：57-90頁

_{カン・ジュンマン}
姜 俊 晩（2004a）『韓国現代史散策 1940 年代編1・2』人物と思想社

―――（2004b）『韓国現代史散策 1950 年代編1・2』人物と思想社

―――（2004c）『韓国現代史散策 1960 年代編1・2』人物と思想社

_{カン・ジュンマン}
姜 俊 晩、キム・ファンピョウ（2004）『犠牲者と罪意識』ゲマゴウォン

カン・サンヒョン（1999）「1960 年代韓国言論の特性と変化」『1960 年代社会変化研究：1963-1970』百山書党

_{キム・チョル}
金 哲（1999）「親日文学論、近代的主体の形成をめぐって」『民族文学史研究』8 民族文学史学会報告論文、6-24 頁

_{キム・ドンチュン}
金 東 椿（2006）「韓国分断国家形成と市民権：朝鮮戦争、初期安保国家下における国民と市民権」『経済と社会』70：168-189 頁

―――（2011）「冷戦、反共主義秩序と韓国の戦争政治：国会暴力の行使と法治の限界」『経済と社会』89：333-366 頁

_{キム・ドンソン}
金 東 成（1996）『韓国民族主義研究』オルム

_{キム・ドクジュン}
金 得 重他（2007）『死して国を守る』ソンイン

_{キム・ドクジュン}
金 得 重（2009）『パルゲンイ（빨갱이）の誕生：麗順事件と反共国家の形成』ソンイン

キム・ギオク（2009）「世界化時代の開けた民族主義：韓国民族問題と民族主義をめぐる省察と展望」*Trans-Humanities* 2(1)：41-75 頁

キム・ギュンゾン、キム・ギチャン（2003）『ドキュメンタリーと歴史：韓国テレビドキュメンタリーの形成』ハヌルアカデミー

キム・ゴンウ（2003）『思想界と 1950 年代文学』ソミョン出版

―――（2009）「1964 年言説地形：反共主義、民族主義、民主主義、自由主義、成長主義」『大衆叙事研究』12：71-90 頁

キム・ホギ（2007）『韓国市民社会の省察』図書出版アルケ

_{キム・ヒョンスク}
金 賢 淑（2006）「韓末民族の誕生と民主主義言説の創出：民主主義歴史叙述を中心

に」『韓国東洋政治思想史学會』5(1)：117-140 頁

キム・ヘス（1995）「政府樹立直後李承晩政権の統治理念正立過程」『梨大史院』28：317-352 頁

キム・ヒョウシン（2007）「韓国近代文化の春園李光洙とイタリアのファシズム」『民族文化論総』37：551-622 頁

キム・ジンギ他（2008）『反共主義と韓国文学の近代的動向Ⅰ』ハヌルアカデミー

───（2009）『反共主義と韓国文学の近代的動向Ⅱ』ハヌルアカデミー

キム・キジュ（1997）「古下宋鎮禹の教育思想と教育活動」『歴史学研究』11：495-514 頁

キム・ミラン（2012）「『思想界』とアカデミズムそして学術的なことに対する大衆的認識の形成方式：1953-1960 年代までを中心に」『大衆叙事研究』18(2) 193-234 頁

キム・ミンチョル、ジャン・ワンイク（2011）「親日反民族行為の真相究明と財産国庫帰属」『歴史と責任』創刊号、10-37 頁

キム・サンウン（2009）『ジャン・ジュンハ評伝』時代の窓

キム・スジャ（2004）「李承晩の一民主義の斉奏と論理」『韓国思想学』22：437-471 頁

キム・ウソン（2005）「ベトナム参戦時期韓国の戦争宣伝と報道：1965-1973 年政府議会資料と朝鮮日報から見たベトナム戦争の社会的現実」ソウル大学修士論文

キム・ヨンヒ（2009）『韓国社会のメディア出現と受容 1880-1980』コミュニケーションブックス

───（2012）「ジャン・ジュンハの言論思想研究」『韓国言論学情報』8：50-70 頁

李 柄 天他（2003）『開発独裁と朴正熙時代：我が時代の政治経済的起源』創作と批評社

イ・グクウン（2008）「未完のプロジェクト：48 年体制と大韓民国」『市民と世界』14：34-49 頁

イ・ヘスク（2008）『米軍政記支配構造と韓国社会』ソンニン

イ・ジョンシク（2000）「日帝強占期親日知識人の現実認識：李光洙の場合」『歴史と現実』37：175-197 頁

───（2012）『21 世紀に見直す解放後史』慶熙大学出版文化院

───（2006）『大韓民国の起源』イルジョカク

イ・ネス（1999）『物語放送史』種をまく人たち

イ・ワンボム（2001）『38 線割定の真実：1944 ～ 1945』知識産業社

───（2008）「解放直後共産主義者たちの革命段階論」『精神文化研究』31(3)：5-40 頁

───（2009a）「金性洙と大韓民国政府樹立」『東洋政治思想』8(1)：45-67 頁

───（2009b）「建国起点論争：1919 説と 1948 説の両立」『現象と認識』33(4)：71-90 頁

イム・ジヒョン（1999）『民族主義は謀反だ：神話と虚無の民族主義言説を超えて』ソナム

イム・ジョンクック（林鐘国）（1966）『親日文学論』民族問題研究所

マ・ドンフン（2011）「1960 年代初期テレビジョンと国家」『韓国放送の社会文化史』ハンウル

民族問題研究所（1997）『親日派とは何か』アセア研究所

盧 正八（1995）『韓国放送と 50 年』ナナム出版

パク・チャンピョウ（2007）『韓国国家形成と民主主義：冷戦自由主義と保守的民主主義の起源』フマニタス

─────（2008）「民主主義観点から見た 48 年体制の特性と遺産」『市民と世界』14：15-33 頁

パク・チャンスン（2016）『民族・民族主義』小花

パク・ホンソ（2016）「冷戦期韓国の国家暴力とアメリカの対応：4・3、4・19、5・18 の事例より」『統一と平和』No.8,Vol.1：45-78 頁

朴 玄琮、鄭 昌 烈編（1985）『韓国民族主義論Ⅲ』創作と批評社

パク・ジュンソン（2016）「6 月抗争とは何だったのか」『明日を開く歴史』2016.6、176-190 頁

朴 明 林（2003）「韓国の初期憲政体制と民主主義」『韓国政治学会報』37(1)：113-134 頁

─────（2014）『朝鮮戦争の勃発と期限 1・2』ナナム出版

パク・テヒョン（2009）「ベトナム戦争の再現様式研究：1980 年代以降登場した韓国映画を中心に」東国大学大学院修士論文

パク・ヨンシル（2003）「解放以後李範奭の思想と活動」『歴史と社会』31：91-127 頁

ロバート・スカラピノ＆李 廷植（2015）『韓国共産主義史』石枕

思想界研究チーム（2012）『連戦と革命の時代、そして思想界』ソミョン出版

尚虚学会（2005）『反共主義と韓国文学』深い泉

シン・ギウク（2006）『韓国民族主義の系譜と政治』創作と批評社

シン・ジンウク（2008）『市民』本ワールド

ソ・ドンソク（2012）『朝鮮戦争期文学言説と反共プロジェクト』ソミョン出版

ソ・ジョンチョル（2005）「ラテンアメリカと韓国人移民：アルゼンチン韓国人社会と現地適応」『ラテンアメリカ研究』18(3) 155-186 頁

徐 仲 錫（1991）『韓国現代民族運動：解放後民族国家建設運動と統一前線』歴史批評社

─────（1995）「李承晩と北進統一：1950 年代極右反共独裁の解剖」『歴史批評』29：108-164 頁

─────（1996）『韓国現代民族運動研究 2：1948-1950 民主主義・民族主義・そして反共主義』歴史批評社

─────（1997a）「李承晩政府初期の一民主義」『震檀学報』6：155-183 頁

─────（1997b）「呂運亨死去 50 周年：南北を一緒に悩んだ人たち 分断体制の打破へ身を捧げた張俊河」『歴史批評』8：62-85 頁

─────（2005）『李承晩と第一共和國：解放から 4 月革命まで』歴史批評社

─────他（2010）『戦場と人たち：駐韓 UN 民間援助司令部（UNCACK）資料から見た
韓国戦争の日常』ソンイン

ソン・アンナ（2009）『児童文学と反共イデオロギー』青銅鏡

宋建鎬・姜 萬 吉編（1982）『韓国民族主義論』創作と批評社

─────編（1983）『韓国民族主義論 II』創作と批評社

ユウ・ヒョンミ（1996）「『テベク山脈』と反共イデオロギー研究」京成大学大学院修
士論文

ユウ・ソンヨン、バク・ヨンギュ、イ・サンギル（2007）『韓国メディア社会文化史』
韓国言論財団

ユウ・ソンヨン（2017）『植民地集団トラウマ：韓国社会集団不安の起源を探して』青
い歴史

ユン・インジン＆キム・ギオク（2005）『民族問題の再省察：民族主義と国民正体性』
韓国社会学会シンポジウム論文集：119-144 頁

ヤン・ドンアン（2016）『大韓民国 '建国日' と '光復節' 考察』百年間

ヤン・ジンオ（2008）「『筆過』の論理とその文学的意味」キム・ジンギ他編『反共主
義と韓国文学の近代的動向 I』ハヌルアカデミー、329-362 頁

ヨン・ジョンウン（2003）「安浩相の一民主義と政治教育活動」『歴史研究』12：7-38
頁

【韓国の新聞】

朝鮮日報（1945.12 月〜）
東亜日報（1945.12 月〜）
京郷新聞（1946.10 月〜）

【韓国の雑誌】

『思想界』1953.4 号〜 1967.12 号、思想界社
『新天地』1948.8、韓民党はどこに行くのか、25-30 頁

韓国公共放送における
歴代「8.15」ドキュメンタリーシリーズ目録

番組名 (和訳)	サブタイトル (和訳)	番組名	サブタイトル	放送日	制作者
(国立映画製作所制作) 光復 30 周年特集　文化芸術 30 年	文学 30 年	광복 30 주년 특집 문화예술 30 년	문학 30 년	1975 年8 月 4 日	강대영 (映像消失)
(国立映画製作所制作) 光復 30 周年特集　文化芸術 30 年	音楽 30 年	광복 30 주년 특집 문화예술 30 년	음악 30 년	1975 年8 月 6 日	강대영 (映像消失)
(国立映画製作所制作) 光復 30 周年特集　文化芸術 30 年	映画 30 年	광복 30 주년 특집 문화예술 30 년	영화 30 년	1975 年8 月 8 日	김동석 (映像消失)
(国立映画製作所制作) 光復 30 周年特集　文化芸術 30 年	演劇 30 年	광복 30 주년 특집 문화예술 30 년	연극 30 년	1975 年8 月 11 日	강대영 (映像消失)
(国立映画製作所制作) 光復 30 周年特集　文化芸術 30 年	美術 30 年	광복 30 주년 특집 문화예술 30 년	미술 30 년	1975 年8 月 18 日	강대영 (映像消失)
8・15 特集シリーズ	民族の独立	8・15 특집시리즈	민족의 독립	1976 年8 月 9 日	정수웅 (映像消失)
8・15 特集シリーズ	民族の前進	8・15 특집시리즈	민족의 전진	1976 年8 月 10 日	이상엽
8・15 特集シリーズ	国力の伸張	8・15 특집시리즈	국력의 신장	1976 年8 月 11 日	장한성 (映像消失)
8・15 特集シリーズ	北朝鮮の実情	8・15 특집시리즈	북한의 실정	1976 年8 月 12 日	(映像消失)
8・15 特集シリーズ	統一への念願	8・15 특집시리즈	통일에의 염원	1976 年8 月 13 日	최종국 (映像消失)
8・15 特集　民族の受難		8・15 특집　민족의 수난		1977 年8 月 11 日	방원혁
8・15 特集　暗黙期の闘争		8・15 특집　암흑기의 투쟁		1977 年8 月 12 日	안국정
8・15 特集　光復の歓喜		8・15 특집　광복의 환희		1977 年8 月 13 日	최종국
8・15 特集　遺徳の現場		8・15 특집　유덕의 현장		1977 年8 月 14 日	이상엽 (映像消失)

番組名 （和訳）	サブタイトル （和訳）	番組名	サブタイトル	放送日	制作者
8・15 特集　韓国を見る世界の眼		8・15특집　한국을 보는 세계의 눈		1977 年 8 月 15 日	나형수 （映像 消失）
光復節特集　新たな 8.15		광복절 특집 새로와라 8.15		1977 年 8 月 15 日	김무영 （映像 消失）
ドキュメンタリー韓国 30 年	民族の故郷ソウル	다큐멘타리 한국 30 년	민족의 고향 서울	1978 年 8 月 14 日	장한성
ドキュメンタリー韓国 30 年	化学工業	다큐멘타리 한국 30 년	화학공업	1978 年 8 月 21 日	최재만 （映像 消失）
ドキュメンタリー韓国 30 年	企業と金融	다큐멘타리 한국 30 년	기업과 금융	1978 年 8 月 28 日	강대영 （映像 消失）
光復 34 年ドキュメンタリー　漢江は流れる		광복 34 년 다큐멘타리 한강은 흐른다		1979 年 8 月 13 日	최종국 （映像 損傷）
特集ドキュメンタリー　忘却の歳月	日帝末在日韓国人の受難史（受難の離域）	특집다큐멘타리 망각의 세월	일제말 재일 한국인의 수난사 （수난의 이역）	1979 年 8 月 14 日	강대영
特集ドキュメンタリー　忘却の歳月	南太平洋の冤魂	특집다큐멘타리 망각의 세월	남태평양의 원혼	1979 年 8 月 15 日	정수웅 （映像 損傷）
フィルムで見た光復当時		필름으로 본 광복 당시		1979 年 8 月 14 日	안국정
8.15 特集ドキュメンタリー	第 1 部 日帝 36 年	8.15 특집 다큐멘타리	제 1 부 일제 36 년	1980 年 8 月 11 日	강대영
8.15 特集ドキュメンタリー	第 2 部 光復以降	8.15 특집 다큐멘타리	제 2 부 광복 이후	1980 年 8 月 12 日	
8・15 特集	日本のルーツ韓文化の現場を行く	8・15특집	일본의 뿌리 한문화의 현장을 가다	1981 年 8 月 12 日	정수웅
8・15 特集	誰が 38 線を引いたのか	8・15특집	누가 38 선을 그었나 ？	1981 年 8 月 13 日	장윤택
8・15 特集	日本はどう敗北したか	8・15특집	일본은 어떻게 패전했나	1981 年 8 月 14 日	
秘録 8.15	長い 36 年	비록 8.15	기나긴 36 년	1982 年 8 月 11 日	안국정 （映像 破損）
秘録 8.15	最も暑かった 8 月	비록 8.15	가장 뜨거웠던 8 월	1982 年 8 月 12 日	
秘録 8.15	解放後 3 年	비록 8.15	해방그후 3 년	1982 年 8 月 15 日	

番組名 （和訳）	サブタイトル （和訳）	番組名	サブタイトル	放送日	制作者
8.15 特別海外企画 移民韓国このように 成功した	洋服屋三兄弟	8.15 특별해외기획 이민한국 이렇게 성공했다	1 3 형제 의류 상	1983 年 8 月 8 日	
8.15 特別海外企画 移民韓国このように 成功した	草原を走る 10 世帯	8.15 특별해외기획 이민한국 이렇게 성공했다	2 초원을 달리 는 10 세대	1983 年 8 月 9 日	
8.15 特別海外企画 移民韓国このように 成功した	密林の中の異 貌人	8.15 특별해외기획 이민한국 이렇게 성공했다	3 밀림속의 이 방인	1983 年 8 月 10 日	
8.15 特別海外企画 移民韓国このように 成功した	ペンを捨てて 荒野へ	8.15 특별해외기획 이민한국 이렇게 성공했다	4 펜을 던지고 황무지로	1983 年 8 月 11 日	
8.15 特別海外企画 移民韓国このように 成功した	アルゼンチン のバレー魔術 師	8.15 특별해외기획 이민한국 이렇게 성공했다	5 아르헨의 배 구 마술사	1983 年 8 月 15 日	
8.15 特別海外企画 移民韓国このように 成功した	素足で走った	8.15 특별해외기획 이민한국 이렇게 성공했다	6 맨발로 달렸 다	1983 年 8 月 16 日	
8.15 特別海外企画 移民韓国このように 成功した	アメリカのパ ソコン界を揺 るがした男	8.15 특별해외기획 이민한국 이렇게 성공했다	7 미국의컴퓨터 계를 흔든 사 나이	1983 年 8 月 17 日	
8.15 特別海外企画 移民韓国このように 成功した	固執の技術	8.15 특별해외기획 이민한국 이렇게 성공했다	8 편 옹고집 기술로 이룬 기업	1983 年 8 月 18 日	
光復節特集　光復38 年連続実録企画	秘録8.15光復 前後	광복절특집　광복 38 년연속실록기획	비록 8.15 광 복전후	1983 年 8 月 15 日	이상엽
光復節特集　光復38 年連続実録企画	その後の北朝 鮮	광복절특집　광복 38 년연속실록기획	그 후의 북한	1983 年 8 月 16 日	김홍섭
光復節特集　光復38 年連続実録企画	失った離散 40 年	광복절특집　광복 38 년연속실록기획	잃어버린 이 산 40 년	1983 年 8 月 17 日	이영일
光復節特集　光復38 年連続実録企画	釜関連絡船	광복절특집　광복 38 년연속실록기획	부관 연락선	1983 年 8 月 18 日	이동석
光復節特集　光復38 年連続実録企画	続. 38 線は 誰が引いたの か	광복절특집　광복 38 년연속실록기획	속 38 선은 누가 그었나	1983 年 8 月 19 日	장윤택
光復節特集　土、新 たに握ってみよ		광복절특집　흙다시 만져보자		1984 年 8 月 15 日	윤군
光復節特集　光復39 周年に見た北朝鮮の 実情		광복절특집　광복 39 주년에 본 북한실 상		1984 年 8 月 15 ～ 17 日	이기청 （映像 消失）
8.15特集　韓国80年 の記録	奪われた 36 年	다큐멘타리 8.15 특 집　한국 80 년의 기록	빼앗긴 36 년	1985 年 8 月 11 日	강대영

番組名 （和訳）	サブタイトル （和訳）	番組名	サブタイトル	放送日	制作者
8.15特集　韓国80年の記録	大韓民国の誕生	다큐멘타리 8.15 특집　한국 80 년의 기록	대한민국의 탄생	1985 年 8 月 12 日	（映像破損）
8.15特集　韓国80年の記録	暴風の中で育った国	다큐멘타리 8.15 특집　한국 80 년의 기록	폭풍속에 커 온 나라	1985 年 8 月 13 日	
光復 40 周年特別企画　シリーズ韓国人の条件　14 編		광복 40 년특별기획 시리즈 한국인의 조건 14 편		1985 年 8 月 1 ～ 16 日	（短編シリーズ）
8.15 特集ドキュメンタリー　4 学年 1 組今彼らは		8.15 특집다큐멘터리　4 학년 1 반 지금 그들은		1986 年 8 月 13 日	길환영
8.15 特集ドキュメンタリー　韓国スポーツ 100 年このように走ってきた		8.15 특집다큐멘터리 한국스포츠 100 년 이렇게 달려왔다		1986 年 8 月 14 日	고선희
8.15 映像エッセイ 土		8.15 영상에세이 흙		1986 年 8 月 15 日	김광림
8.15 特集座談　在日学者たちが見た今日の韓国		8.15 특집좌담 재일 학자들이 본 오늘의 한국		1986 年 8 月 15 日	이규환 （座談）
8.15 企画　韓国人の 1 日		8.15 기획 한국인의 하루		1987 年 8 月 12 日	금웅명
8.15 特集　国会議事堂		8.15 특집　국회의 사당		1987 年 8 月 14 日	전용길 （映像破損）
光復節特集　韓国被爆者その後 44 年	女性たち	광복절특집　한국피폭자 그 후 44 년	여인들	1989 年 8 月 6 日	이규환 （映像消失）
光復節特集　韓国被爆者その後 44 年	解放 44 年被爆 44 年	광복절특집　한국피폭자 그 후 44 년	해방 44 년 피폭 44 년	1989 年 8 月 12 日	전용길
光復節特集　強制徴用九州の恨み		광복절특집 강제징용 큐슈의 한		1989 年 8 月 9 日	길환영 （映像破損）
8.15 映像企画　荒波を乗り越えて		8.15 영상기획 격랑을 헤치고		1989 年 8 月 15 日	금웅명
光復節特集ドキュメンタリー　大韓民国臨時政府		광복절 특집 다큐멘터리 대한민국 임시정부		1989 年 8 月 15 日	김옥영 김영신
光復節 45 周年特別企画　太平洋戦の魂たち	第 1 編回想	광복 45 주년 특별기획 태평양전쟁의 원혼들	제 1 편 회상	1990 年 8 月 9 日	이성완 권혁주
光復節 45 周年特別企画　太平洋戦の魂たち	第 2 編沈黙の恨	광복 45 주년 특별기획 태평양전쟁의 원혼들	제 2 편 침묵의 한	1990 年 8 月 10 日	

番組名 （和訳）	サブタイトル （和訳）	番組名	サブタイトル	放送日	制作者
光復節45周年特別企画　ある日本人		광복 45 주년 특별기획　어떤 일본인		1990 年 8 月 14 日	길환영
KBS集中企画　光復節特集	特選ドキュメンタリー鴨緑江	KBS 집중기획 광복절특집	특선 다큐멘터리 압록강	1991 年 8 月 12 日	
KBS集中企画　光復節特集	韓国の中の倭色熱風	KBS 집중기획 광복절특집	한국속의 왜색열풍	1991 年 8 月 13 日	
KBS集中企画　光復節特集	独立運動家の子孫たち	KBS 집중기획 광복절특집	유강이의 8.15 독립운동가의 후손들	1991 年 8 月 14 日	홍순호
KBS集中企画　光復節特集	朝鮮総督部	KBS 집중기획 광복절특집	조선총독부	1991 年 8 月 15 日	이규환
8.15 特選ドキュメンタリー　戦後の世界秩序	忘れられない瞬間	8.15 특선 다큐멘터리 전후의 세계질서	잊을 수 없는 순간들	1992 年 8 月 10 日	（映像破損）
8.15 特選ドキュメンタリー　戦後の世界秩序	現代史の黎明期	8.15 특선 다큐멘터리 전후의 세계질서	현대사의 여명기	1992 年 8 月 11 日	
8.15 特選ドキュメンタリー　戦後の世界秩序	あの時、時節、そして	8.15 특선 다큐멘터리 전후의 세계질서	그때 그 시절, 그리고	1992 年 8 月 12 日	
8.15 特選ドキュメンタリー　戦後の世界秩序	原爆か生命か	8.15 특선 다큐멘터리 전후의 세계질서	원폭이냐 생명이냐	1992 年 8 月 13 日	
8.15 特選ドキュメンタリー　戦後の世界秩序	目覚めた龍	8.15 특선 다큐멘터리 전후의 세계질서	잠에서 깨어난 용	1992 年 8 月 14 日	
8.15 特集　集中企画　日本はどんな国なのか	個人と集団	8.15 특집 집중기획 일본은 어떤 나라인가	개인과 집단	1992 年 8 月 11 日	이상요
8.15 特集　集中企画　日本はどんな国なのか	日本的実用主義	8.15 특집 집중기획 일본은 어떤 나라인가	일본적 실용주의	1992 年 8 月 12 日	조경숙
8.15 特集　集中企画　日本はどんな国なのか	官僚が引っ張る社会	8.15 특집 집중기획 일본은 어떤 나라인가	관료가 이끄는 사회	1992 年 8 月 13 日	이상요
8.15 特集ドキュメンタリー　静かな人間の大地		8.15 특집다큐멘터리 조용한 인간의 대지		1992 年 8 月 15 日	박정옥
光復節企画　特派員報告ジミョンカン教授の日本通信	私の日本 20 年	광복절 특별기획 특파원보고 지명관 교수의 일본통신	나의 일본 20년	1993 年 8 月 9 日	윤명식
光復節企画　特派員報告ジミョンカン教授の日本通信	職分と調和	광복절 특별기획 특파원보고 지명관 교수의 일본통신	직분과 조화	1993 年 8 月 10 日	김병국 남기석

番組名 （和訳）	サブタイトル （和訳）	番組名	サブタイトル	放送日	制作者
光復節企画　特派員報告ジミョンカン教授の日本通信	日本の地主公務員	광복절 특별기획 특파원보고 지명관 교수의 일본통신	일본의 지주 공무원	1993 年8 月 11 日	안홍수
光復節企画　特派員報告ジミョンカン教授の日本通信	伝統と未来	광복절 특별기획 특파원보고 지명관 교수의 일본통신	전통과 미래	1993 年8 月 12 日	
光復節企画シリーズ	韓日アジェンダ日本歴史教科書	광복절 특별기획 시리즈	한일현안 일본 역사교과서	1993 年8 月 10 日	김기표
光復節企画シリーズ	サハリンのカレイスキー	광복절 특별기획 시리즈	사할린의 카레이스키	1993 年8 月 11 日	
特別ドキュメンタリー　竹島 365 日	遠い東海の寂しい島 1992.3.31〜9.11	특별다큐멘터리　독도 365 일	저 멀리 동해 바다 외로운 섬	1993 年8 月 13 日	최훈군
特別ドキュメンタリー　竹島 365 日	1992.9.12〜12.31	특별다큐멘터리　독도 365 일		1993 年8 月 14 日	
特別ドキュメンタリー　竹島 365 日	1993.1.1〜4.2	특별다큐멘터리　독도 365 일		1993 年8 月 15 日	
8・15特集ドキュ景福宮		8・15 특집다큐 경복궁		1993 年8 月 15 日	오태수
光復節特集ドキュメンタリー	これは世界最高コリア技術	광복절 특집 다큐멘터리	이것은 세계 최고 코리아 기술	1994 年8 月 10 日	정순길
光復節特集ドキュメンタリー	解放世代新世代	광복절 특집 다큐멘터리	해방세대 신세대	1994 年8 月 11 日	
光復節特集ドキュメンタリー	民族の先覚者ソジェピル	광복절 특집 다큐멘터리	민족의 선각자 서재필	1994 年8 月 14 日	이미경
光復節特集ドキュメンタリー	新宿ヤンサンバク	광복절 특집 다큐멘터리	신주쿠 양산박	1994 年8 月 15 日	정순길
光復節特集ドキュメンタリー	サハリンのカレイスキー	광복절 특집 다큐멘터리	사할린의 카레이츠키	1994 年8 月 15 日	정순길
光復節特集　特派員通信日本人の韓国理解隠れた歴史を探して		광복절 특집 특파원통신 일본인의 한국 알기 숨겨진 역사를 찾아서		1994 年8 月 14 日	김병국 김성묵
光復節特別緊急入手 激動の記録解放政局 1 年		광복절 특별기획 긴급입수 격동의 기록 해방정국 1 년		1994 年8 月 14 日	조대현 황용호
光復 50 周年　KBS10大企画	韓民族探査ルーツ第 1 夜ソラソラ青いソラ・中国	광복 50 주년 KBS 10 대 기획	한민족 탐사 뿌리 제 1 편 솔아솔아푸른 솔아 – 중국	1995 年8 月 5 日	김한곤

番組名 （和訳）	サブタイトル （和訳）	番組名	サブタイトル	放送日	制作者
光復50周年　KBS10 大企画	韓民族探査 ルーツ第2夜 カレイスキー の招魂歌・ロ シア	광복50주년 KBS 10대 기획	한민족 탐사 뿌리 제2편 까레이스키의 초혼가 - 러 시아	1995年 8月6日	김광필
光復50周年　KBS10 大企画	韓民族探査 ルーツ第3夜 大韓民国人た ち 異域人の 備忘録・日本	광복50주년 KBS 10대 기획	한민족 탐사 뿌리 제3편 이역인의 비 망록 - 일본	1995年 8月12日	서은섭
光復50周年　KBS10 大企画	韓民族探査 ルーツ第4夜 大韓民国人た ち・アメリカ	광복50주년 KBS 10대 기획	한민족 탐사 뿌리 제4편 대한민국사람 들 - 미국	1995年 8月13日	김한곤
光復50周年ドキュ メンタリー　激動の 記録	第1編　歓喜 と試練	광복50주년 다큐멘 터리 격동의 기록	제1편 환희 와시련	1995年 8月8日	김규태
光復50周年ドキュ メンタリー　激動の 記録	第2編　高度 成長時代の明 暗	광복50주년 다큐멘 터리 격동의 기록	제2편 고도 성장시대의 명암	1995年 8月9日	황용호
光復50周年特集 日本を改めて見る		광복50주년특집 일 본을 다시 본다		1995年 8月13日	김명성
光復50周年特集 まだ終わっていない 金の戦争		광복50주년특집 아직도 끝나지않은 김의 전쟁		1995年 8月14日	김성묵
光復50周年　時代 の英雄たち		광복50년 시대의 영 웅들		1995年 8月14日	김현
試練と栄光　映像で 見る光復50周年		특집 다큐멘터리 시 련과 영광 영상으로 본 광복50년		1995年 8月15日	김웅종
光復50周年企画 景福宮戻した自尊心		광복50주년 기획 경복궁 다시 찾은 자 존심		1995年 8月15日	오태수
ドキュメンタリー5 部作　ホンボンド	ホンボンドを 探しに	다큐멘터리 5부작 홍범도	홍범도를 찾 아서	1995年 8月15日	조원석 （映像 消失）
ドキュメンタリー5 部作　ホンボンド	長白山原始林 にて	다큐멘터리 5부작 홍범도	장백산원시림 에서	1995年 8月15日	
ドキュメンタリー5 部作　ホンボンド	あ、自由詩	다큐멘터리 5부작 홍범도	아, 자유시자 유시	1995年 8月15日	
ドキュメンタリー5 部作　ホンボンド	ハンカイ村の パルチザン	다큐멘터리 5부작 홍범도	한까이마을의 파르티잔	1995年 8月15日	
ドキュメンタリー5 部作　ホンボンド	老革命家の秋	다큐멘터리 5부작 홍범도	노혁명가의 가을	1995年 8月15日	
光復50周年企画 金ジュンヨプ50年		광복50주년 기획 김준엽장정 50년		1995年 8月16日	이학송

番組名 （和訳）	サブタイトル （和訳）	番組名	サブタイトル	放送日	制作者
光復 50 周年報道企画 発掘取材独立軍 その現場		광복 50 주년 보도기획발굴취재 독립군 그 현장		1995 年 8 月 18 日	신동환
光復特別企画	新井の望郷歌	광복절 특별기획	아라이의 망향가	1996 年 8 月 13 日	최병찬
光復特別企画	歌い終え損なったアリラン	광복절 특별기획	못 다 부른 아리랑	1996 年 8 月 14 日	지종학
光復特別企画	初公開 スミソニアン近代韓国風物展	광복절 특별기획	최초공개 스미소니언 근대한국풍물전	1996 年 8 月 15 日	
光復特別企画	韓日基本条約 第 2 条	광복절 특별기획	한일기본조약 제 2 조	1996 年 8 月 16 日	신재국
光復節特集 李ハラの告白ソンガム島へ埋もれた子供たち		광복절 특집 이하라의 고백선감도에 묻힌 아이들		1996 年 8 月 15 日	이남기
8・15 特集 日本の原型を探して		8・15 특집 일본의 원형을 찾아서 (2TV)		1996 年 8 月 15 日	오태수
8.15 特集 日本を見る二つのテーマ	靖国神社	8.15 특집 일본을 보는 두가지 테마	야스쿠니신사	1997 年 8 月 12 日	이도경
8.15 特集 日本を見る二つのテーマ	東京戦犯裁判	8.15 특집 일본을 보는 두가지 테마	도쿄전범재판	1997 年 8 月 13 日	김형석
8.15 特別企画 21 世紀を走る韓国人		8.15 특별기획 21 세기를 뛰는 한국인		1997 年 8 月 14 日	
8.15 企画 世界碩学が見た韓国の未来		8.15 기획 세계석학이 본 한국의 미래		1997 年 8 月 15 日	
建国 50 年特別企画ドキュメンタリー大韓民国五つのテーマに見る日韓関係 50 年		건국 50 년 특별기획 - 다큐멘터리 대한민국 5 가지 주제로 보는 한일관계 50 년		1998 年 7 月 23 日	장기랑
8.15 特別企画 再び走る韓国 韓国人愛国、これからは実践だ		8.15 특별기획 다시 뛰는 한국 한국인 나라사랑 이제는 실천이다		1998 年 8 月 15 日	이상출
KBS スペシャル 国境を越える島、対馬島		KBS 일요스페셜 국경을 넘는 섬, 대마도		1999 年 8 月 8 日	윤찬규
大河ドキュメンタリー 20 世紀韓国史 解放	土からの解放	대하 다큐멘터리 20 세기 한국사 해방	땅으로부터 해방	1999 年 8 月 9 日	（企画意図異なる）
大河ドキュメンタリー 20 世紀韓国史 解放	無知からの解放	대하 다큐멘터리 20 세기 한국사 해방	무지으로부터 해방	1999 年 8 月 10 日	

番組名 (和訳)	サブタイトル (和訳)	番組名	サブタイトル	放送日	制作者
大河ドキュメンタリー　20世紀韓国史解放	植民からの解放	대하 다큐멘터리 20세기 한국사 해방	식민으로부터 해방	1999年8月11日	(企画意図異なる)
大河ドキュメンタリー　20世紀韓国史解放	独裁からの解放	대하 다큐멘터리 20세기 한국사 해방	독재로부터 해방	1999年8月12日	
大河ドキュメンタリー　20世紀韓国史解放	戦争からの解放	대하 다큐멘터리 20세기 한국사 해방	전쟁으로부터 해방	1999年8月13日	
大河ドキュメンタリー　20世紀韓国史解放	性からの解放	대하 다큐멘터리 20세기 한국사 해방	성으로부터 해방	1999年8月21日	
大河ドキュメンタリー　20世紀韓国史解放	イデオロギーからの解放	대하 다큐멘터리 20세기 한국사 해방	이데올로기로부터 해방	1999年8月28日	
大河ドキュメンタリー　20世紀韓国史解放	貧困からの解放	대하 다큐멘터리 20세기 한국사 해방	빈곤으로부터 해방	1999年9月4日	
大河ドキュメンタリー　20世紀韓国史解放	時間からの解放	대하 다큐멘터리 20세기 한국사 해방	시간으로부터 해방	1999年9月11日	
大河ドキュメンタリー　20世紀韓国史解放	半島からの解放	대하 다큐멘터리 20세기 한국사 해방	반도으로부터 해방	1999年9月18日	
KBSスペシャル　従軍慰安婦7年間の記録：息遣い		KBS 일요스페셜 종군위안부 7 년간의 기록：숨결		2000年8月13日	변영주
8.15特集　沿海州で会った4ヶ国韓民族		8.15 특집 연해주에서 만난 4 개국 한민족		2000年8月15日	양원석
光復55周年特別企画　南北離散家族交換訪問3泊4日の邂逅		광복 55 주년특별기획 남북이산가족교환방문 3 박 4 일의 만남		2000年8月18日	
8.15企画　日本を見る二つのテーマ	歴史教科書波紋	8.15 기획 일본을 보는 두가지 테마	역사교과서파문	2001年8月11日	김형석
8.15企画　日本を見る二つのテーマ	小泉熱風	8.15 기획 일본을 보는 두가지 테마	고이즈미열풍	2001年8月12日	홍성협
光復節特別企画3部作　発掘ドキュメンタリー独立戦争	銃を持った	광복절 특별기획 3 부작 발굴다큐멘터리 독립전쟁	총을 들다	2001年8月15日	박석규
光復節特別企画3部作　発掘ドキュメンタリー独立戦争	戦争、再び始まる	광복절 특별기획 3 부작 발굴다큐멘터리 독립전쟁	전쟁, 다시 시작되다	2001年8月16日	박석규

番組名 （和訳）	サブタイトル （和訳）	番組名	サブタイトル	放送日	制作者
光復節特別企画3部作 発掘ドキュメンタリー独立戦争	それは勝利した戦争だった	광복절 특별기획 3부작 발굴다큐멘터리 독립전쟁	그것은 승리한 전쟁이였다	2001年8月17日	권오대
ポストワールドカップ8.15企画 大韓民国再発見	大韓民国の誕生	포스트 월드컵 8.15 기획대한민국재발견	대한민국의 탄생	2002年8月13日	박현민（音なし）
ポストワールドカップ8.15企画 大韓民国再発見	大韓民国、汗と涙の上に立つ	포스트 월드컵 8.15 기획대한민국재발견	대한민국, 땀과 눈물 위에서라	2002年8月14日	임세형（音なし）
ポストワールドカップ8.15企画 大韓民国再発見	大韓民国、新しい時代へ挑戦する	포스트 월드컵 8.15 기획대한민국재발견	대한민국, 새로운 시대에 도전하다	2002年8月15日	김형석（音なし）
ポストワールドカップ8.15企画 大韓民国再発見	ワールドカップ世代、大韓民国を抱擁する	포스트 월드컵 8.15 기획대한민국재발견	월드컵세대, 대한민국을 포용하다	2002年8月16日	송재헌（音なし）
8・15特集ドキュメンタリー 日本人の理想郷湖南平野農村		8・15특집다큐멘터리 일인들의 이상향 호남평야 불이농촌		2003年8月14日	이영철
8・15特集ドキュメンタリー 鈴木健二の韓国の広島		8・15특집다큐멘터리 스즈키켄지의 한국의히로시마		2003年8月15日	
8・15特集 一緒に歩くアジア		8・15특집 함께가는 아시아（2TV）		2003年8月15日	임혜선
KBS特別企画 韓国社会を語る8.15企画占領下民族言論を解剖する		KBS특별기획 한국사회를 말한다 8.15 기획. 일제하 민족언론을 해부한다		2003年8月16日	
KBS日曜スペシャル 在日の祭り		KBS 일요스페셜 자이니치의축제		2003年8月17日	김일중（光復節特集ではない）
KBS特別企画 8.15企画韓国社会を語る朝鮮半島平和の条件	第1夜新しい脅威	KBS 특별기획 한국사회를 말한다 8.15 기획 한반도평화의 조건	1편새로운위협	2004年8月14日	양흥선
8.15企画 初公開ベールの中の日韓条約：韓日政府はなぜ40年間沈黙するのかKBSスペシャル		8.15 기획 최초공개 한일협정비밀문서 : 한일양국정부는 왜 40년동안 침묵하나 KBS 일요스페셜 베일속의 한일협정		2004年8月15日	（映像なし）
光復節特集 パラオの悲劇太平洋に行った朝鮮人たち		광복절특집 팔라우의 비극 태평양으로 간조선인들		2004年8月15日	임혜선

番組名 （和訳）	サブタイトル （和訳）	番組名	サブタイトル	放送日	制作者
KBS特別企画 8.15 企画韓国社会を語る 朝鮮半島平和の条件	第2夜 日帝下民族言論を語る	KBS 特別기획 한국 사회를 말한다 8.15 기획 한반도평화의 조건	2편 일제하 민족 언론을 해부 한다	2004年 8月21日	
光復60年特別3部作 人物現代史 発掘、解放空間の人物左右 を超えて一つに	呂運亨	광복 60 년 특별 3 부작 인물현대사 발굴, 해방공간의 인물 좌우를 넘어 하나로	여운형	2005年 1月7日	김창범
光復60年特別3部作 人物現代史 発掘、解放空間の人物左右 を超えて一つに	趙素昂	광복 60 년 특별 3 부작 인물현대사 발굴, 해방공간의 인물 좌우를 넘어 하나로	조소앙	2005年 1月14日	김기용
光復60年特別3部作 人物現代史 発掘、解放空間の人物左右 を超えて一つに	金奎植	광복 60 년 특별 3 부작 인물현대사 발굴, 해방공간의 인물 좌우를 넘어 하나로	김규식	2005年 1月21日	김정중
光復60年特別ド キュメンタリー 青 春の青い光大陸に咲 く		광복 60 년 특집다큐 청춘의 푸른빛 대륙 에 피다		2005年 8月7日 8月14日	김형일 （記録 形式）
光復60年特別企画4 部作 私たちは8.15 をどう記憶している のか	天地がひっく り返ったのだ	광복 60 년 특별기획 4 부작 우리는 8.15 를 어떻게 기억하는 가?	천지가벌컥 뒤집혀진거여	2005年 8月10日	이옥정
光復60年特別企画4 部作 私たちは8.15 をどう記憶している のか	もっぱらカラ ダだけで始め たのだ	광복 60 년 특별기획 4 부작 우리는 8.15 를 어떻게 기억하는 가?	홀랑 맨몸에 서 시작했지	2005年 8月11日	남성우
光復60年特別企画4 部作 私たちは8.15 をどう記憶している のか	よくも生きの びたな	광복 60 년 특별기획 4 부작 우리는 8.15 를 어떻게 기억하는 가?	용케 살아남 았는기라	2005年 8月12日	홍현진
光復60年特別企画4 部作 私たちは8.15 をどう記憶している のか	何のためにあ んなに喧嘩し たのか	광복 60 년 특별기획 4 부작 우리는 8.15 를 어떻게 기억하는 가?	뭐땜에 글케 싸웠는기라	2005年 8月13日	
光復60年特別企画 日本は8.15をどう 記憶しているのか	記憶のブラッ クホール、天 皇	광복 60 년 특별기획 일본은 8.15 를 어떻게 기억하는가?	기억의 블랙 홀, 천황	2005年 8月13日	윤한용
光復60年特別企画 日本は8.15をどう 記憶しているのか	ヒロシマの二 つの顔	광복 60 년 특별기획 일본은 8.15 를 어떻게 기억하는가?	히로시마의 두얼굴	2005年 8月14日	
光復60年特別ド キュメンタリー 青 春の青い光大陸に咲 く		광복 60 년 특집다큐 청춘의 푸른빛 대륙 에 피다		2005年 8月14日	（トー ク形 式）

番組名 （和訳）	サブタイトル （和訳）	番組名	サブタイトル	放送日	制作者
環境スペシャル光復60年特別企画　竹島	生命の島	환경스페셜광복 60 년 특별기획 독도	생명의 섬	2005 年 8 月 17 日	송철훈
環境スペシャル光復60年特別企画　竹島	ヘジュン山の秘密	환경스페셜광복 60 년 특별기획 독도	해중산의 비밀	2005 年 8 月 24 日	
8.15 特集　乙巳条約100 年その時日本が誕生した	日露戦争	8.15 특집 을사늑약 100 년 그때, 일본이 탄생했다	러일전쟁	2005 年 9 月 24 日	황대준（音なし）
8.15 特集　乙巳条約100 年その時日本が誕生した	明治の遺産	8.15 특집 을사늑약 100 년 그때, 일본이 탄생했다	메이지의 유산	2005 年 9 月 25 日	
光復60 年特別企画　韓国知性史時代を動かした人たち		광복 60 년 특별기획 한국지성사 시대를 움직인 사람들		2005 年 10 月 26 日	김형석
光復60 年特別企画　韓国知性史時代を動かした人たち		광복 60 년 특별기획 한국지성사 시대를 움직인 사람들		2005 年 10 月 27 日	
光復60 年特別企画　韓国知性史時代を動かした人たち		광복 60 년 특별기획 한국지성사 시대를 움직인 사람들		2005 年 11 月 2 日	
光復60 年特別企画　韓国知性史時代を動かした人たち		광복 60 년 특별기획 한국지성사 시대를 움직인 사람들		2005 年 11 月 3 日	
KBS スペシャル 8.15 企画　解放できなかった魂：朝鮮人BC 戦犯		KBS 스페셜 8.15 기획　해방되지못한 영혼 : 조선인 BC 급 전범		2006 年 8 月 12 日	이호경
KBS スペシャル 8.15 企画　靖国との戦争	靖国と 3 人の女性	KBS 스페셜 8.15 기획　야스쿠니와의 전쟁	야스쿠니와 세여자	2006 年 8 月 13 日	이호경
8.15 特集ドキュメンタリー　行こう！熱い山河へ		8.15 특집다큐멘터리　가자! 뜨거운 산하로		2006 年 8 月 15 日	
KBS スペシャル 8.15 企画　靖国との戦争	国際共同闘争の記録	KBS 스페셜 8.15 기획　야스쿠니와의 전쟁	국제공동투쟁의 기록	2006 年 8 月 20 日	（映像なし）
KBS スペシャル 8.15 企画　金子文子	金子文子 1	KBS 스페셜 8.15 기획픽션드라마 가네코후미코	가네코후미코 1 부	2006 年 8 月 26 日	（ドラマ形式）
KBS スペシャル 8.15 企画　金子文子	金子文子 2	KBS 스페셜 8.15 기획픽션드라마 가네코후미코	가네코후미코 2 부	2006 年 8 月 27 日	
8.15 特集ドキュメンタリー　朝鮮皇族李ウ彼はなぜ靖国にいるのか		8.15 특집다큐멘터리　조선황족이우그는왜야스쿠니에있는가		2007 年 8 月 14 日	황용호

番組名 （和訳）	サブタイトル （和訳）	番組名	サブタイトル	放送日	制作者
水曜企画　8.15 特集　故郷の春		수요기획 8.15 특집 고향의봄		2007 年 8 月 15 日	이창준
光復節企画　大韓民国の未来、海		광복절특집 대한민국의 미래 바다		2007 年 8 月 15 日	대전국 제작
大韓民国 60 年大企画特集　李承晩		대한민국 60 년 대기획특집 이승만 2 부작	1 부	2008 年 8 月 2 日	
大韓民国 60 年大企画特集　李承晩		대한민국 60 년 대기획특집 이승만 2 부작	2 부	2008 年 8 月 9 日	
光復節企画	在日、悩む魂	광복절특집	자이니치, 고민하는 영혼	2009 年 8 月 14 日	
光復節企画	コレア大韓国人安重根	광복절특집	코레아우라 대한국인　안중근	2009 年 8 月 15 日	
光復節企画歴史スペシャル　高宗皇帝その死の真実		광복절기획 역사스페셜 고종황제 그 죽음의 진실		2009 年 8 月 15 日	황대준
KBS スペシャル 1945 年韓半島は日帝の決戦基地だった		KBS 스페셜　1945 년 한반도는 일제의 결전기지였다		2009 年 8 月 16 日	이완희
国権侵奪 100 周年特別企画　私たちに投げる質問	1910、国を失う	국권침탈 100 주년 특별기획　우리시대에 던지는 질문	1910 나라를 잃다	2010 年 8 月 10 日	
国権侵奪 100 周年特別企画　私たちに投げる質問	文明の二つの顔	국권침탈 100 주년 특별기획　우리시대에 던지는 질문	문명의 두 얼굴	2010 年 8 月 11 日	
国権侵奪 100 周年特別企画　私たちに投げる質問	止まった時計	국권침탈 100 주년 특별기획　우리시대에 던지는 질문	멈춰버린 시계	2010 年 8 月 17 日	
国権侵奪 100 周年特別企画　私たちに投げる質問	竹島、そして平和の道	국권침탈 100 주년 특별기획　우리시대에 던지는 질문	독도, 그리고 평화의 길	2010 年 8 月 18 日	
光復節特集ドキュ東京攻撃プロジェクト、ウィロウス飛行学校		광복절 특집다큐 도쿄 공습 프로젝트 윌로우스비행학교		2010 年 8 月 13 日	김정중
挑戦 100 年跳躍 100 年　光復節企画	韓国と日本、未来を語る	도전 100 년 도약 100 년광복절기획	한국과 일본, 미래를 말한다	2010 年 8 月 14 日	（座談）
挑戦 100 年跳躍 100 年　光復節企画	光化門 100 年ぶりの招待	도전 100 년 도약 100 년광복절기획	광화문 100 년만의 초대	2010 年 8 月 15 日	이은택 장기하
国権侵奪 100 周年韓国と日本 5 部作	因縁	국권침탈 100 주년 한국과일본　5 부작	인연	2010 年 8 月 14 日	김종석

番組名 (和訳)	サブタイトル (和訳)	番組名	サブタイトル	放送日	制作者
国権侵奪 100 周年 韓国と日本 5 部作	敵対	국권침탈 100 주년 한국과일본 5 부작	적대	2010 年 8 月 21 日	
国権侵奪 100 周年 韓国と日本 5 部作	共存	국권침탈 100 주년 한국과일본 5 부작	공존	2010 年 8 月 22 日	
国権侵奪 100 周年 韓国と日本 5 部作	変化	국권침탈 100 주년 한국과일본 5 부작	변화	2010 年 8 月 28 日	최지원
国権侵奪 100 周年 韓国と日本 5 部作	対決	국권침탈 100 주년 한국과일본 5 부작	대결	2010 年 8 月 29 日	최지원
国権侵奪 100 周年 独立の道 1 万里大長 程		국권침탈 100 주년 독립의 길을 따라 1 만리 대장정		2010 年 8 月 18 日	최우영
光復節企画 歴史ス ペシャル 振興武官 学校 100 周年 2 部作	反日闘争基地	광복절기획 역사스 폐셜 신흥무관학교 100 주년 2 부작	항일무장투쟁 기지	2011 年 8 月 11 日	임기순 이승하
光復節企画 歴史ス ペシャル 振興武官 学校 100 周年 2 部作	満州名のない 戦士たちの独 立闘争	광복절기획 역사스 폐셜신흥무관학교 100 주년 2 부작	만주벌 이름 없는 전사들 의 독립투쟁	2011 年 8 月 18 日	
光復節企画 記憶の 再構成 1945.8.15		광복절기획 기억의 재구성 1945.8.15		2011 年 8 月 14 日	장영주 전재현
光復節特集 私は大 韓帝国の外交官だ ロシア公使李ボンジ ン		광복절특집 나는 대 한제국의 외교관이 다 러시아공사 이 범진		2011 年 8 月 15 日	
8.15 特集ドキュメン タリー 風の衣竹島 を抱く		8.15 특집다큐멘터 리 바람의 옷 독도를 품다		2011 年 8 月 16 日	김종탄 정재학
光復節企画 在日の 月はどこに昇るのか		광복절기획 수요기 획 자이니치의 달은 어디에 뜨는가		2012 年 8 月 15 日	안해룡
光復節特集 光復軍 韓ヒョンソクのアリ ラン		광복절특집 광복군 한형석의 아리랑		2012 年 8 月 15 日	김현 김세건
光復節企画 歴史ス ペシャル大陸の反日 武装闘志者朴ヨンマ ン		광복절기획 역사스 폐셜 대륙의 항일무 장 투쟁론자 박용만		2012 年 8 月 16 日	임기순 이인수
光復節企画 独占発 掘竹島の証言		광복절기획 독점발 굴 독도의 증언		2012 年 8 月 19 日	이인수
光復節企画 終わら ない戦争日本軍慰安 婦	アジアの被害 者たち	광복절기획 끝나지 않은 전쟁 일본군위 안부	아시아의 피 해자들	2013 年 8 月 8 日	김영철
光復節企画 終わら ない戦争日本軍慰安 婦	望郷の恨	광복절기획 끝나지 않은 전쟁 일본군위 안부	망향의 한	2013 年 8 月 15 日	

番組名 （和訳）	サブタイトル （和訳）	番組名	サブタイトル	放送日	制作者
光復節特集　朝鮮総督部最後の 25 日		광복절특집 조선총독부 최후의 25 일		2013 年 8 月 15 日	류충래
8.15 企画 戦争と日本	戦犯になった朝鮮青年たち	8.15 기획 전쟁과일본	전범이된 조선청년들	2014 年 8 月 1 日	나원식
8.15 企画 戦争と日本	1937、南京の記憶	8.15 기획 전쟁과일본	1937, 난징의기억	2014 年 8 月 8 日	김무관 김영선
8.15 企画 戦争と日本	裕仁と終戦勅書	8.15 기획 전쟁과일본	히로히토와 종전조서	2014 年 8 月 15 日	고정훈
8.15 企画 戦争と日本	忘却する国、贖罪する国	8.15 기획 전쟁과일본	망각하는나라, 속죄하는 나라	2014 年 8 月 23 日	고정훈
光復 70 周年特別企画　70 年の歳月 70 の物語		광복 70 년 특별기획 70 년의세월 70 가지 이야기	1 편	2015 年 7 月 29 日	（座談）
光復 70 周年特別企画　70 年の歳月 70 の物語		광복 70 년 특별기획 70 년의세월 70 가지 이야기	2 편	2015 年 8 月 5 日	
光復 70 周年特別企画　70 年の歳月 70 の物語		광복 70 년 특별기획 70 년의세월 70 가지 이야기	3 편	2015 年 8 月 12 日	
光復 70 周年特集 韓半島運命の激戦	1 東アジアひっくり返される、日清戦争	광복 70 년특집 한반도 운명의격전 다큐 1	1 동아시아뒤집히다 청일전쟁	2015 年 7 月 30 日	나영
光復 70 周年特集 韓半島運命の激戦	2 終わっていない覇権、日露戦争	광복 70 년특집　한반도 운명의격전 다큐 1	2 끝나지않은 패권 러일전쟁	2015 年 7 月 31 日	고정훈
光復 70 周年特集 韓国人の健康はどう変わったのか	韓国人の体型	광복 70 년특집 한국인의 건강은 어떻게 변해왔나　4 부작	1 편 한국인의 체형	2015 年 8 月 4 日	
光復 70 周年特集 韓国人の健康はどう変わったのか	ガン	광복 70 년특집 한국인의 건강은 어떻게 변해왔나　4 부작	2 편 암	2015 年 8 月 5 日	
光復 70 周年特集 韓国人の健康はどう変わったのか	伝染病	광복 70 년특집 한국인의 건강은 어떻게 변해왔나　4 부작	3 편 전염병	2015 年 8 月 6 日	
光復 70 周年特集 韓国人の健康はどう変わったのか	精神健康	광복 70 년특집 한국인의 건강은 어떻게 변해왔나　4 부작	4 편 정신건강	2015 年 8 月 7 日	
光復 70 周年特集 捕まえられた少女たち、ミャンマー前線で消えた		광복 70 년특집 끌려간 소녀들 버어마 전선에서 사라지다		2015 年 8 月 9 日	
光復 70 周年特別企画　スーパーコリアの夢	第 1 夜 未完の光復コリア	광복 70 년특별기획 수퍼코리아의 꿈	1 편 미완의 광복 코리아코리아	2015 年 8 月 11 日	

番組名 （和訳）	サブタイトル （和訳）	番組名	サブタイトル	放送日	制作者
光復 70 周年特別企画　スーパーコリアの夢	第 2 夜 スーパーコリアへの道	광복 70 년특별기획 수퍼코리아의 꿈	2 편 수퍼코리아로 가는 길	2015 年 8 月 12 日	
光復 70 周年特集 日本人の良心宣言竹島は韓国の領土だ		광복 70 년특집　일 본인의 양심선언 독 도는 한국땅이다		2015 年 8 月 12 日	김규호
光復 70 周年特集ドキュ　李相高、炎の時間	隠れ戦略家	광복 70 년특집다큐 이상설,불꽃의 시 간	가려진전략가	2015 年 8 月 12 日	나운한 강민희 （청주 국）
光復 70 周年特集ドキュ　李相高、炎の時間	不運な時代の天才	광복 70 년특집다큐 이상설,불꽃의 시 간	불운한 시대 의 천재	2015 年 8 月 13 日	
光復 70 周年特別企画　二つの分断一つの統一	統一の贈り物	광복 70 년특별기획 두개의분단 하나의 통일	통일의 선물	2015 年 8 月 15 日	이재정
光復 70 周年特別企画　二つの分断一つの統一	統合への道	광복 70 년특별기획 두개의분단 하나의 통일	통합으로 가 는 길	2015 年 8 月 16 日	
光復 70 周年特集 人間劇場	ミョンリョル氏の望郷歌 1	광복 70 년특집 인간 극장 5 부작	풍차 아지매 명렬 씨의 망 향가 1	2015 年 8 月 17 日	
光復 70 周年特集 人間劇場	ミョンリョル氏の望郷歌 2	광복 70 년특집 인간 극장 5 부작	풍차 아지매 명렬 씨의 망 향가 2	2015 年 8 月 18 日	外注製作
光復 70 周年特集 人間劇場	ミョンリョル氏の望郷歌 3	광복 70 년특집 인간 극장 5 부작	풍차 아지매 명렬 씨의 망 향가 3	2015 年 8 月 19 日	
光復 70 周年特集 人間劇場	ミョンリョル氏の望郷歌 4	광복 70 년특집 인간 극장 5 부작	풍차 아지매 명렬 씨의 망 향가 4	2015 年 8 月 20 日	
光復 70 周年特集 人間劇場	ミョンリョル氏の望郷歌 5	광복 70 년특집 인간 극장 5 부작	풍차 아지매 명렬 씨의 망 향가 5	2015 年 8 月 21 日	
光復 70 周年特別企画　世界碩学が見た大韓民国経済 100 年	運命を変えた選択	광복 70 년특별기획 세계석학이 본 대한 민국 경제 100 년	운명을 바꾼 선택	2015 年 8 月 18 日	이준화 박병길
光復 70 周年特別企画　世界碩学が見た大韓民国経済 100 年	世界へ向かった疾走	광복 70 년특별기획 세계석학이 본 대한 민국 경제 100 년	세계를 향한 질주	2015 年 8 月 19 日	
光復 70 周年特別企画　世界碩学が見た大韓民国経済 100 年	産業の戦士たち	광복 70 년특별기획 세계석학이 본 대한 민국 경제 100 년	산업전사들	2015 年 8 月 20 日	
光復 70 周年特別企画　世界碩学が見た大韓民国経済 100 年	終わらない挑戦	광복 70 년특별기획 세계석학이 본 대한 민국 경제 100 년	끝나지많은 도전	2015 年 8 月 21 日	

番組名 （和訳）	サブタイトル （和訳）	番組名	サブタイトル	放送日	制作者
光復節特集　反日武装闘争の先駆者金ギュホン		광복절특집 항일무쟁투쟁의 선구자김규홍		2015 年 8 月 20 日	

注：この目録は韓国放送局（KBS）が毎年発行している『KBS年鑑』（1962 ～ 2016 年）を参考に筆者が作成したものである。KBSアーカイブスの映像保存記録と異なる可能性があり得る点をお断りしておく。

年　表

年度	政治／政権	メディア	社会情勢／韓国	国際動向
1894（明27）	朝鮮 大韓帝国		東學革命（甲午農民戦争）	日清戦争
1897（明30）			大韓帝国宣布（高宗・10月）	九州の炭鉱に朝鮮人労働者導入
1898（明31）				戊戌の政変
1900（明33）				義和団事件
1904（明37）				日露戦争
1907（明40）			高宗→純宗即位	ヘーグ密使事件（高宗）
1908（明41）		『少年』創刊（11.1）		九州関西に朝鮮人労働者導入
1910（明43）	日帝植民統治期	『天道教月報』発行（8.13-）	韓国合併条約（경술국치 8.29）	
1911（明44）				
1912（明45）				中華民国成立
1914（大3）				第一次世界大戦
1917（大6）				ロシア革命
1919（大8）				パリ講和条約、国際連盟規約調印
1920（大9）		『朝鮮日報』創刊（3.5） 『東亜日報』創刊（4.1） 雑誌『開闢』創刊（-1926）		
1922（大11）				ソビエト連邦結成
1923（大12）				関東大震災
1924（大13）		『朝鮮日報』復刊（9.13）		
1926（昭1）		映画『アリラン』大ヒット、朝鮮博覧会（5.13-）	純宗死亡（4月）	
1927（昭2）		京城放送局開局（JODK 韓国語・日本語混合放送）		
1931（昭6）				満州事変

年度	政治/政権	メディア	社会情勢/韓国	国際動向
1932（昭7）		朝鮮放送協会改称		
1933（昭8）		第二放送（朝鮮語）放送開始		ヒトラー内閣成立
1935（昭10）		初地方（釜山）放送局開局		
1936（昭11）		『東亜日報』孫基禎選手写真事件（8.25）		二・二六事件ベルリン五輪
1937（昭12）				日中戦争、総督府「皇国臣民の警詞」制定
1939（昭14）				第二次世界大戦
1940（昭15）		『朝鮮日報』『東亜日報』廃刊（8.10）		フランス、ドイツに降伏日独伊三国同盟締結
1941（昭16）				真珠湾攻撃
1942（昭17）			朝鮮青年徴兵制実施（5.8）	連合国宣言
1943（昭18）				大東亜宣言、カイロ宣言
1944（昭19）				ノルマンディ上陸作戦
1945（昭20）	米国軍政期（-1948）	JODK終了、ソウル中央放送局へ改編『朝鮮人民報』創刊（9.8）『朝鮮日報』復刊（11.23）『東亜日報』復刊（12.1）	日本敗戦と朝鮮解放（8.15）朝鮮建国準備委員会発足（8.15）米国軍政宣布（9.2）	ヤルタ会談（2.4-11）、東京大空襲、ポツダム会談（7.27）モスクワ協定（12.16-26）
1946（昭21）		新聞及び刊行物に関する法令88号（5.29）、『朝鮮人民報』発行停止（9.6）『京郷新聞』創刊（12.6）	一次米ソ共同委員会（3.20）10月抗争	日本国憲法公布
1947（昭22）			二次米ソ共同委員会（5.21）	
1948（昭23）	第一共和国・李承晩：リ・スンマン（1-3代：1948-1960）	国営放送誕生（公報庁放送局）	済州島「4.3事件」大韓民国政府樹立（8.15）麗順ヨスン事件（10.19）戒厳法（11.24）国家保安法公布・施行（12.1）	

年度	政治/政権	メディア	社会情勢/韓国	国際動向
1949（昭24）			反民族的行為特別調査委員会発足（1.8）	中華人民共和国成立
1950（昭25）			朝鮮戦争開戦（6.25）仁川上陸作戦（9.15）	
1951（昭26）				サンフランシスコ条約調印（9.8）
1952（昭27）			海洋主権平和ライン宣言（李承晩）2代大統領選挙（8.2）	
1953（昭28）		『思想界』創刊（53.4-70.3）	朝鮮戦争休戦（7.27）「独島義勇守備団」上陸	
1954（昭29）				
1955（昭30）				
1956（昭31）		HLKZ-TV試験放送（5.12）	3代大統領選挙（5.15）	
1957（昭32）		DBS-TVがHLKZ-TVを引受・改変（2月）		
1958（昭33）				
1959（昭34）		DBS-TV火災（2.1）		在日朝鮮人帰還協定調印・帰国船第一便新潟港出港
1960（昭35）			3.15不正選挙 4代大統領選挙（8.12）4.19革命	日米安保条約調印（岸信介）・ベトナム戦争（-75）
1961（昭36）	第二共和国：伊潽善：ユン・ボソン（4代：1960-1962）	KBS-TV開局（ソウルテレビジョン放送局、ソウル国際放送局開局）（12.31）	5.16クーデター（放送業務は公報部放送管理局へ移管）	日韓首相会談（池田勇人・朴正煕）
1962（昭37）				キューバ危機
1963（昭38）	第三共和国（1963-1969/1969-1972）		5代大統領選挙（10.15）第三共和国出帆（12.17）	
1964（昭39）	朴正煕：バク・ジョンヒ（5-9代：1963-1979）	D-TV（TBS）開局（12.7）	6.3抗争（日韓条約反対）	

年度	政治/政権	メディア	社会情勢/韓国	国際動向
1965（昭40）			日韓基本条約及び四協定調印（6.22）	第一教科書訴訟提訴（家永三郎）
1966（昭41）		KBS-TV全国放送網確立『毎日経済新聞』創刊（3.24）		中国文化大革命第二教科書訴訟提訴（家永三郎）
1967（昭42）			6代大統領選挙（5.3）	
1968（昭43）		ソウル中央放送局・ソウル国際放送局・ソウルテレビジョン放送局を「中央放送局」に統合	公報部➡文化公報部	
1969（昭44）		MBC－TV開局（8.8）		
1970（昭45）				
1971（昭46）			7代大統領選挙（4.27）	
1972（昭47）		「韓国放送公社法」公布	維新体制成立（10月維新：10.17）8代大統領選挙（12.23）	7.4南北共同声明沖縄本土復帰
1973（昭48）	第四共和国（維新体制：1973-1979）	KBS公営化（←国営）	金大中拉致事件	第一次オイルショック
1974（昭49）			朴大統領暗殺未遂事件	
1975（昭50）				
1976（昭51）		KBS汝矣島移転		ベトナム統一（7.2）
1977（昭52）				
1978（昭53）			9代大統領選挙（5.18）	靖国神社、A級戦犯合祀
1979（昭54）	崔圭夏：チェ・ギュハ（10代：1979-1980）		釜馬事態（10.16）朴正熙射殺（10.26）10代大統領選挙（12.6）	
1980（昭55）		「言論統廃合」KBS中心の中央集中型ネットワーク体制	5.18光州抗争11代大統領選挙（8.27）全斗煥就任（9.1）	
1981（昭56）	第五共和国：全斗煥：ジョン・ドゥ ファン（11-12代：1980-1988）		12代大統領選挙（2.25）	

年度	政治/政権	メディア	社会情勢/韓国	国際動向
1982（昭57）			教科書問題（-83）	日本最高裁、第二教科書提訴破棄差し戻し判決
1983（昭58）			『朝鮮日報』「克日の道は日本を知ることだ」連載開始	中曽根康弘、日本首相として初韓国公式訪問
1984（昭59）			全斗煥日本訪問	
1985（昭60）				
1986（昭61）		KBS受信料拒否運動（85-88）＋社会民主化・言論民主化運動並行	アジア大会	NHKハングル講座放送開始、『新編日本史』検定最終通過
1987（昭62）			6月抗争（民主化運動） 6.29民主化宣言（盧泰愚）	
1988（昭63）	第六共和国：盧泰愚：ノ・テウ（13代：1988-1993）	『ハンギョレ新聞』創刊（5.15）	7・7宣言（民族自存と統一繁栄のための大統領特別宣言） ソウルオリンピック 13代大統領選挙（12.16）	
1989（平1）			海外渡航自由化	バブル崩壊
1990（平2）		放送法改正、TV文字放送実施EBS-TV開局（12.27）	『ハンギョレ新聞』「挺身隊 怨念の足跡追跡」（伊貞玉）韓国挺身隊対策問題協議会結成	ドイツ統一、慰安婦問題に対する政府関与否定（日本政府）
1991（平3）		SBS-TV開局（12.7）	日本政府に対する訴訟提起（金学順）	日韓首脳会談（海部俊樹・盧泰愚）
1992（平4）			韓中国交成立、在ソウル大使館前の「水曜集会」開催 14代大統領選挙（12.18）	日韓首脳会談（宮沢喜一・盧泰愚）
1993（平5）				河野談話
1994（平6）	文民政府：金泳三：キム・ヨンサム（14代：1993-1998）			金日成死亡
1995（平7）		ケーブルTV登場（多チャンネル時代開幕）		阪神・淡路大震災、村山談話「女性のためのアジア平和国民基金」発足
1996（平8）				

年度	政治／政権	メディア	社会情勢／韓国	国際動向
1997（平9）		衛星放送開始	IMF（金融救済申請） 15代大統領選挙（12.18）	「新しい教科書をつくる会」設立総会
1998（平10）			日本大衆文化開放政策開始（〜2004）	
1999（平11）	野党政府： 金大中：キム・デジュン（15代：1998-2003）			
2000（平12）		「統合放送法」（KBS公益性強化）	ノーベル平和賞（金大中）	金大中訪朝・金正日と首脳会談
2001（平13）				「新しい歴史教科書」「新しい公民教科書」修正・合格、小泉純一郎首相就任、9.11テロ事件
2002（平14）			FIFA World Cup日韓共催 16代大統領選挙（12.19）	小泉純一郎訪朝
2003（平15）				
2004（平16）	野党政府： 盧武鉉：ノ・ムヒョン（16代：2003-2008）		韓流ブーム	
2005（平17）			日韓基本条約関連韓国側外交文書公開（盧武鉉）	
2006（平18）				
2007（平19）			17代大統領選挙（12.19）	盧武鉉訪朝・金正日と首脳会談 「女性のためのアジア平和国民基金」解散
2008（平20）				
2009（平21）	保守与党再執権：李明博：イ・ミョンバク（17代：2008-2012）	「放送法」改正（総合編成チャンネル承認） J-TBC（中央日報系）、TV朝鮮（CSTV：朝鮮日報系）チャンネルA（東亜日報系）、毎日経済TV（MBN:毎日経済新聞系）		
2010（平22）		総合編成チャンネル事業者決定		
2011（平23）		総合編成チャンネル開始	在ソウル大使館前処女像設置	東日本大震災 金正日死亡
2012（平24）			独島上陸（李明博） 18代大統領選挙（12.19）	

年度	政治/政権	メディア	社会情勢/韓国	国際動向
2013（平25）	朴槿惠：パク・クネ（18代：2013-2016）			
2014（平26）			セウォル号沈没事件（4月）	バラク・オバマ大統領訪韓（4月）
2015（平27）				
2016（平28）			韓日日本軍慰安婦合意（12月）	開城工団（北朝鮮）稼働全面禁止（2月）
2017（平29）	文在寅：ムン・ジェイン（19代：2017-）	文在寅大統領就任（5月）	朴槿惠弾劾され解任（4月）	ドナルド・トランプ大統領就任（1月）北朝鮮ミサイル発射実験
2018（平30）			第1次南北首脳会談（4月）第2次南北首脳会談（5月）	第4次安倍改造内閣出帆（10月）
2019（平31/令1）				日本新元号「令和」発表（4月）

あとがき

　振り返ってみれば本書のテーマに気づいたきっかけはずっと頭の中に残っていた昔の記憶だった。おぼろげな記憶の中の「8.15 ＝ 光復節」への思い出には小学校入学前頃からの自分の中の不思議な体験があった。父親は漸く経済的に安定期に入っていった韓国で続々と開発されて普及し始めていた新しい家電が好きな人だったので、我が家には周りより早くテレビがやって来た。当時小学校入学前頃の幼い私は、白黒のテレビのアニメ番組に夢中だったので、午後 4 〜 5 時頃の子供向け番組の時間帯になると兄弟やお隣の友達と皆でテレビの前に座って目を大きくしながら観ていた。ところが、「8.15 ＝ 光復節」になると、楽しみにしていたアニメなどの番組は所謂「8.15 ＝ 光復節」特別企画番組一色へ勝手に変更されて、すっかり違う内容へ編成された。幼心に、こうした「強引」な変更に違和感を覚えていた。また、幼い自分が初めて「在日」に出会ったのも「8.15 ＝ 光復節」を記念するために放送されていた企画番組の中で登場していた「在日」であった。祖国を懐かしみ涙する「在日」の人たちを見ながら、「なぜ涙するのか」がよく理解できず、幼い自分はちょっとした驚きとともに、何となく憂鬱な気分になった。毎年こうした「通過儀礼」のような繰り返しが我が家にやって来たテレビとともに子供の時期を塗りつぶしていた。私にとって「8.15 ＝ 光復節」は、そういった記憶が強く残るものである。

　日本に来てから、大学院に通いながら東京の「朝鮮奨学会」で在日 3 世の大学生や院生のグループにハングルを教えるアルバイトをしていた。その時初めて実物の在日コリアンに出会った私は彼らと色々とコミュニケーションを重ねる中で、「日本に来る前に韓国で知っていた『在日』とは一体何だったのか」と内心衝撃を受けた。アルバイトは約 2 年間続いたが、

とても楽しくて素晴らしい経験をさせて頂いた。

　それから随分時間が経過した。しかも今私は韓国から離れていて（本文の第5章の中で取り上げた所謂「ニューカマー」になる）、日本での暮らしも随分長くなってきた。本書は学術書として執筆したが、恐らく学術的な内容の基盤は自分の過去の経験と記憶から支えられていると思う。日本から韓国を眺め直しながら本書をまとめたからである。しかしながら、本書の執筆に当たって最も気を配ったのは、徹底的に学術的な理論に裏付けられた考察を目指すことであった。非生産的な感情的葛藤や根拠の乏しい対立に客観的な視点を持つことは、人々に今の韓国と日本を理解してもらうための研究者としての使命の一つかも知れないと考えたからである。本書を手に取ってくださった読者に本書の意図が伝わると嬉しく思う。

　本書が刊行されるまで多くの方々にお世話になった。特に、韓国公共放送局（KBS）のアーカイブスの学術利用が整備できていなかったため、歴代の「8.15」ドキュメンタリー映像や放送関連の資料を確保するのは簡単ではなく、随分苦労した。幸い、本書で取り上げた番組制作者及び番組関係者の方々から諸々とご協力を頂いたので無事にまとめ上げることができた。改めて、お世話になった韓国公共放送局の制作者と関係者の方々に心よりお礼を申し上げたい。それから、研究に関しては、学会や研究会の中でお世話になった研究仲間たちや、関連領域の先生の方々から貴重なご意見を頂いた。特に構想の初期の段階からお世話になった吉見俊哉先生（東京大学）に感謝する。校正作業の中で原稿を読み返しながら端々見えてくる吉見先生のコメントの痕跡が心に沁みる。貴重なご意見を頂きながら、全てを十分に反映できなかった点があるのならば今後の仕事の中で活かすと約束することでご理解を頂ければ幸いである。いずれにせよ、放送現場や研究領域において大変お世話になった全ての方々のお名前がここで取り上げられないのをどうかお許し頂ければ幸いである。

　それから本書は、JSPS 科学費（課題番号 16K04118）のご支援を頂いた成果である。記してお礼を表す。また、刊行まで大変お世話になった明石書

店の大江道雅社長をはじめ、限られた短い編集期間にもかかわらず素晴らしいサポートをして頂いた岡留洋文氏にお礼を申し上げたい。

　最後になるが、「8.15＝光復節」を一つの学術研究テーマとしてまとめるまで、国や民族、世代、領域を超えて、「8.15＝光復節」に取り組むという本書の意図を共有してくださり、惜しみない証言や、ご意見、ご指導、ご協力をくださった全ての方々に、改めて心よりお礼を申し上げたい。皆さま、どうもありがとうございました。

　2019 年 9 月　　　　　　　　　　　　　　　　　崔　　銀　姫

〈著者略歴〉

崔 銀姫（Eunhee Choi）

　現在、佛教大学社会学部教授。専門はメディア研究（社会情報学）。東京大学大学院社会文化研究科博士課程途中退学。ソウル大学言論情報研究所客員教授（2010 年）。

　単著に『表象の政治学』（明石書店、2017 年）（韓国語翻訳版、2018 年）、『日本のテレビドキュメンタリーの歴史社会学』（明石書店、2015 年）、共著として『社会情報学ハンドブック』（東京大学出版会、2004 年）等がある。

「反日」と「反共」
──戦後韓国におけるナショナリズム言説とその変容

2019 年 10 月 31 日　初版第 1 刷発行

著　者	崔　　　銀　姫
発行者	大　江　道　雅
発行所	株式会社明石書店

〒 101-0021 東京都千代田区外神田 6-9-5
電　話　03（5818）1171
Ｆ Ａ Ｘ　03（5818）1174
振　替　00100-7-24505
http://www.akashi.co.jp
装丁　　　明石書店デザイン室
印刷 / 製本　モリモト印刷株式会社

ISBN978-4-7503-4921-3
（定価はカバーに表示してあります）
Printed in Japan

表象の政治学

テレビドキュメンタリーにおける「アイヌ」へのまなざし

世界人権問題叢書91

崔 銀姫 [著]

◎四六判／上製／480頁　◎4,800円

戦後60年間、数多く作られたアイヌ関連のドキュメンタリーは「アイヌ」の何を明らかにし、どのようなイメージを視聴者に与え、また変容してきたのか。「アイヌ」を創ってきた戦後の公共の放送空間を膨大なドキュメンタリーの分析とあわせ言説と表象から読み解く。

●――― 【 内容構成 】 ―――●

序　章　日本のテレビ放送におけるアイヌの表象

第Ⅰ部　連続する「救済」のまなざし

第一章　「観光アイヌ」とは何か――まなざしの歴史的な変容をめぐって

第二章　帰属意識とは何か――一九六〇年代と二〇〇〇年代の番組比較

第Ⅱ部　主体化する「他者」

第三章　儀礼と記憶
　　　　――『幻のイオマンテ～七五年目の森と湖のまつり』(一九八四年放送)を中心に

第四章　アイヌ文化の復元における「幻想」と「差延」
　　　　――『イタオマチプよ海をめざせ』(一九八九年放送)を中心に

第Ⅲ部　グローバル化の中の「アイヌ」

第五章　樺太とディアスポラ・アイヌ
　　　　――『失われた子守歌(イフンケ)』(一九九一年放送)を中心に

第六章　一世紀を隔てた「アイヌ」の表象
　　　　――『アイヌ太平洋を渡る～アメリカ』(一九九六年放送)を中心に

終　章　テレビドキュメンタリーと他者性――アイヌ表象をめぐって

〈価格は本体価格です〉

日本の テレビドキュメンタリーの 歴史社会学

明石ライブラリー160

崔 銀姫 [著]

◎四六判／上製／272頁　◎4,000円

1957年、日本初のテレビドキュメンタリー『日本の素顔』(NHK)が誕生した。その歴史的・社会的な背景を当時の先行的かつ日常的なメディアであったラジオ（録音構成）と映画（記録映画）の連続性と非連続性から探りつつ、放送史に果たした役割と意義を体系的に考察。

●━━━━【内容構成】━━━━●

序 章　テレビ研究への新たな地平
一　テレビの「ドキュメンタリー」を考える／二　ドキュメンタリーと「放送空間論」／三　諸概念の定義をめぐって

第Ⅰ章　ドキュメンタリーの芽生え
一　「アノニマスな声」の放送空間／二　メディア史におけるラジオの『日本の素顔』の意義／三　テレビドキュメンタリーの黎明／四　小結──放送空間の連続性

第Ⅱ章　テレビドキュメンタリーの誕生
一　『日本の素顔』の胎動／二　『日本の素顔』の放送空間

第Ⅲ章　民放におけるテレビドキュメンタリーの登場
一　「テレビ」というマスメディアの確立／二　『ノンフィクション劇場』の放送空間／三　『ノンフィクション劇場』の意義／四　テレビドキュメンタリーのブーム

第Ⅳ章　戦後東アジアにおける放送空間のダイナミズム
一　一九八〇年代のドキュメンタリー放送空間／二　『シルクロード』(NHK)の衝撃と意義／三　一九九〇年代の中国CCTVのドキュメンタリーの成長と模索／四　二〇〇〇年代の韓国KBSのグローバル化戦略と大型番組制作／五　小結

終 章──新たな放送空間のために

〈価格は本体価格です〉

対話 韓国民主化運動の歴史
行動する知識人・李泳禧の回想
世界人権問題叢書[101]
李泳禧、任軒永著
舘野晢、二瓶喜久江訳
◎5800円

「徴用工問題」とは何か？
韓国大法院判決が問うもの
戸塚悦朗著
◎2200円

日本の朝鮮植民地支配と植民地的近代
李昇一、金大鎬、鄭昞旭、文暎周、鄭泰憲、許英蘭、金㝷榮著
庵逧由香監訳
◎4500円

帝国日本の再編と二つの「在日」
戦前、戦後における在日朝鮮人と沖縄人
金廣烈、朴晋雨、許光茂、任城模、尹明淑著
朴東誠監訳
金耿昊、高賢来、山本興正訳
◎5800円

日本の朝鮮植民地化と親日「ポピュリスト」
一進会による対日協力の歴史
ユミ・ムン著
赤阪俊一、李慶姫、徳間一芽訳
◎6500円

祖国が棄てた人びと
在日韓国人留学生スパイ事件の記録
金孝淳著 石坂浩一監訳
◎3600円

朝鮮戦争の起源1・2[上・下]
ブルース・カミングス著
鄭敬謨、林哲、山岡由美訳
◎各7000円

朝鮮戦争論
忘れられたジェノサイド
世界歴史叢書
ブルース・カミングス著
栗原泉、山岡由美訳
◎3800円

戦争社会学
理論・大衆社会・表象文化
好井裕明、関礼子編著
◎3800円

グローバル化する世界と「帰属の政治」
移民・シティズンシップ・国民国家
ロジャース・ブルーベイカー著
佐藤成基、髙橋誠一、岩城邦義、吉田公記編訳
◎4600円

包摂・共生の政治か、排除の政治か
移民・難民と向き合うヨーロッパ
宮島喬・佐藤成基編
◎2800円

右翼ポピュリズムのディスコース
恐怖をあおる政治はどのようにつくられるのか
ルート・ヴォダック著
石部尚登、野呂香代子、神田靖子編訳
◎3500円

中国共産党とメディアの権力関係
改革開放期におけるメディアの批判報道の展開
王冰著
◎4800円

中国帰国者をめぐる包摂と排除の歴史社会学
南誠著
◎5000円

日中韓の相互イメージとポピュラー文化
国家ブランディング政策の展開
中国社会研究叢書[2]
石井健一、小針進、渡邉聡著
◎3800円

インドネシア 創られゆく華人文化
民主化以降の表象をめぐって
北村由美著
◎3800円

〈価格は本体価格です〉